近代中日關係研究 第一輯 1

高橋是清自傳

上塚司編
陳鵬仁譯著

LITERARY TIMES
蘭臺出版社

手記者的話

上塚司 記

我在高橋翁身邊二十多年。但我真正為翕作事是翁最成熟老練的時候，而且遭受非常困難的局面，挺身為國家奮鬥的時代。因此，我時時刻刻目睹翁之純忠至誠，由之學習很多。

爾後，無論翕在朝或在野，一直在翁膝下，接觸其謦咳。時常陪伴在翁身邊，對我來說就是最大的感激和修養。

翁之在朝在野，皆有神韻縹渺之風趣和分量。翁之所言所行，包藏無限的言外之意。我每一次前往翁處，受其教訓，一言一句，銘刻肺腑，不知不覺間，行筆記錄下來。在這過程中，有時候在表町之翁的客廳或會客室，或在院子的草坪上，或在大臣辦公室，或在汽車中或在湘南葉山之別墅，由翁親自口述，我把它一一，完全不漏地記錄下來。

在這期間，我覺得我應該把翁之一生的回憶記錄下來，並得到其同意。春天早上，冬季之黃昏，我記錄下來的筆記簿，多達三十幾本。我欲留存我所尊敬之翁的言論原封不動地細心留意記錄下來。我所耽心的是，以我不成熟的筆桿和心境，到底能不能傳達翁之蘊奧。因此這個故事之中，完全沒有筆記者自己之私見和第三者之意見。但我所筆記的故事，每完成一節，都請翁親自過過目。翁甚至親自執筆補正過。其補正不止一次或兩次，甚至三次、四次和五次。

本書是將其充滿極其波瀾、重疊、坎坷之七十多年的回憶，化費幾年工夫，翁親自口述之名符其實的自白。我深信任何有關翁之記錄，不可能比本書正確無誤，是即本書是翁自己故事唯一無二的古典。

本書是將曾經在東京、大阪両家朝日新聞所發表文章，全面予以重新整理，訂正，將其收為一本，以高橋是清翁自傳刊行，我要由衷感謝翁之盛情隆意，現在要再以感恩之心，向翁致最高之敬意。

一九三六年一月三十日　上塚司記

我的成長—高橋是清

高橋是清

起初我完全沒有發表自己傳記的想法。不過為了留給子孫，從幾年前，就利用時間開始寫其大概下來，整理了日記、雜記簿、往還信件等資料。

由於是從明治維新以後的資料，因此多種多樣而非常廣泛。依序整理之後，自認為可能有資料價值者，全部交給上塚君。上塚君將其分類，就各項資料他便來問我。對此我回憶口述，由上塚君作筆記，騰寫之後拿來給我看。對這我又加以補充，最初並沒有分順序，就某一件事為中心口述，寫好之後再確認所述內容是否事實。這樣繼續了幾年。

爾後，東京、大阪朝日新聞來交涉其發表，才開始整理順序口述。

這由上塚手記，然後用稿紙寫好拿來給我看。我因為眼睛不好，無法一一加以補充訂正，乃要上塚君唸給我聽，以確認有沒有事實上的錯誤。而這樣完成的就是本書。這一次以自傳成書出版，其補正、校訂、編輯一切請上塚君代勞。本書之補遺，相信上塚君會繼續作。

一九三六年一月　　高橋是清

譯者的話

陳鵬仁

譯完《高橋是清自傳》之後的我，由衷覺得我做了非常重要和非常有意義的一件事，因為這一本書的確非常有史料價值和學術價值。我們常常在批判日本軍國主義之不是，而高橋就是反對日本軍國主義的典型的日本人。

高橋是一生生命極為坎坷的人，他一出生不久就給人家做養子，十三歲多到美國，歷盡滄桑，游盡苦海；譯者七歲喪父，小學畢業十三歲多到日本做少年工，造飛機軍艦……。所以對於高橋之命運很能夠認同。

高橋之所以偉大，在於他是在做事，不是在做官。他曾任首相之後，因其財政專長，應邀出任田中義一、犬養毅、齋藤實、岡田啟介四個內閣之財政部長，推動軍需通貨膨脹政策，拯救了經濟大恐慌的日本資本主義，被譽為財界的守護神。一九三六年二月二十六日，高橋被日本軍國主義者暗殺（二二六事件），當時他是財政部長，因不配合陸軍之要求，遂被軍國主義者槍殺。在中華民國（包括今日之台灣），擔任過行政院長的人，不可能再擔任別人的閣員，這是在作官，不是在做事的心態和社會傳統。日本就有曾任首相的宮澤喜一出任小淵惠三內閣的財政部長；今日之安倍晉三內閣之副首相兼財長的麻生太郎曾任首相。包括日本，歐美各國比較有此種情形，但中國就沒有這一種文化。

高橋是清是日本第一流的權威財政專家，日俄戰爭的時候及其戰後，在英國、美國、德國和法國募集十三億日圓之外債，這是非常驚人的數字，這是一百一十年前的十三億日圓，在今日簡直是天文數字。因此高橋成為明治日本之元老和重臣的「寶貝」。他一生淡薄名利，為國為民鞠躬盡粹，我以其為我做人的楷模，願我國亦能出現這樣大公無私無我的人物，在此種意義上，或可以比美中華民國國父孫中山先生。

二〇一六年十二月十二日，西安事變九十週年紀念日

9 譯者的話

上卷目次

（十）秘魯銀山之失敗及其後來的落魄時代

下卷目次

（十五）爆發俄日戰爭

（十六）出國募集外債

〔一〕我成長的時代

出生第四天便開始大起大落人生（從寄養到養子）

我一出生（安政元年，一八五四年）不到三、四天，便被寄養仙台藩的高橋家。經過大約兩年，（東京）三田聖坂之規模相當大的糖果店，希望我給他們作養子，而來我出生老家川村家商量。此時，川村家也正在找有沒有人要我去作養子，因此順手推舟，決定與我絕緣要我去當養子。於是川村家遂去寄養我的高橋家想把我帶回去。但高橋家的祖母卻說：「已經養育兩年的這個可愛小孩如果給武士還差不多，要給町人（商人）實在太可憐。我們雖然是足輕（最低階級的武士……譯者）要他作養子也不錯。」而到留守官員大浪太兵衛那裡去商量。

祖母經常出入大浪家，她也常帶我到大浪家去，他們妻女老少都很疼我。大浪很親切地對祖母說：「妳說得對，馬上收他作養子好了對官廳就報親生子。」因此高橋家決定收我為養子，乃又去川村家商量。當然川村家不會反對，乃婉拒糖果店之請求，我便與川村家絕緣，成為高橋家的人。如此這般，我便以高橋覺治之親生子，姓高橋，以至今日。

人生真不可思議和不可預料。那時如果我成為糖果店的養子，我或許一輩子開了糖果店也不一定。至少必定與現在的情況完全不同。人的一生，是會在瞬間決定的。

由於這一種來龍去脈，我便成為高橋家的成員，惟因高橋家是准許其佩帶刀劍的足輕武士，所以高橋家與我娘家一直有來往。祖母有時候也帶我去川村家，見見生父庄右衛門守房。

迨至五、六歲時候，祖母告訴我：我不是出生高橋家，而是來自川村家。但川村從來沒有表示過他是我的生父。我雖然知道他是我的真正父親，但我卻裝不知道這回事，去川村家時，只是想要去很有派頭的家的心情而已。

從美國回來在文部省（教育部）服務之後，我經常與川村家來往。生父庄右衛門，有時候也會飄然過來，和我喝酒聊天。此種時候川村還是稱我為「桑」（先生），從沒有表示過他是我父親的態度。

明治維新之後，川村家境困苦，在（東京）深川閻魔堂橋旁邊開一家圓子湯店。此時，每個月我一定訪問位於露月町之川村家一次，此時可能要開圓子湯店，需要錢，因此川村義母對我說：「我實在沒有面子對你說這一種話，由於時世，家境困難，此次因為突然需要用錢。我著實很難對你開口，可否幫忙我們二十五圓？」我現在還記得清清楚楚，義母這一番話使我高興極了。當時我已經是大學南校（東京大學預科）的老師，我立刻高高興興地把錢送過去。

現在，高橋家有父親守房親自畫的鍾馗和飛鳥山春景的畫。鍾馗的畫是朱筆，畫風相當豪爽。這是五歲時父親畫給我的。飛鳥山的畫，記得畫於明治八年（一八七五年，以下用西曆）左右。我請他畫個東西給我作紀念，明治維新以後父親沒有再畫過畫，因他前年遊過飛鳥山，遂答應把飛鳥山風景畫給我。及至一八七七年，父親把畫送來給我。它落款探昇翁。當時父親笑著說明道：男人到七十歲可以稱翁，今年我已經七十，因此落款翁。

一八七八年三月（我二十四歲），長子降世，五月節日（五月五日為日本男孩子節日），父親寄來在房間裝飾的絲綢五月幟。它畫著鍾馗，其上面畫了高橋家家紋笠。這雖然很舊了，現今仍然保存在高橋子爵家裡。

生父庄右衛門守房，隔（一八七八）年病得很厲害。於是我請在橫濱開醫院的舍面茲洋醫去診斷。雖然盡了最大力量，終於該年七月二十八日離開人間。（關於我親父母及義父母之種種，請參閱上塚司所述本書附錄）。

與親生母只見一面（三歲左右）

我與親生母親之緣，極為單薄。因一出生就給寄養別人家，所以沒有一般社會上吃親生母親的奶，在其慈愛下長大。祖母告訴我，我三歲時養父母高橋寬治及其妻文兩個人，一起把我抱起來參拜了赤坂的氷川神社。此時偶然在氷川神社境內遇到我的親生母親金（平假名日音譯）。因金和文互相認識，於是開始寒暄。據說當時親生母是十八歲，個子不高，稍微胖一些，圓臉，眉目清秀，捲起頭髮，看起來好像二十四、五歲的樣子。義父母沒有明白告訴親生母，親生母好像在心中瞪著我既懷念又恩愛，恍然不想離去的模樣。養父母眼看生母充滿恩愛，母子之情深切，瞭解生母心中，流淚而告別。這是我首次見到親生母親，也是最後見面。這是一八五六年的事。

從這時候，社會開始動亂。一八五三年（嘉永六年）六月，美國黑船來到浦賀，日本國內如滾鍋動搖不堪。京洛志士橫行，尊王攘夷之聲充滿天下，隱然出現於六十餘州各處。一八六〇年（萬延元年）三月三日，發生櫻田門外之變（江戶幕府大老井伊直弼在櫻田門外被水戶、薩摩藩十八名流浪武士暗殺之事件，譯註），社會更加不安，充滿殺氣，沒有工作可作，生意不景氣。

我日漸長大，如後面所說，我在大崎猿町壽昌寺仙台藩的菩提所服務。那時，養祖母聽說我親生母親嫁到濱松町的賣鹽魚店生了一個女兒，因社會這麼混亂，隨時隨地會遇到意外狀況，兄妹應該見見面，互相認識為好，養祖母有一天來壽昌寺這樣告訴我。

可是這一家賣鹽魚店究竟在那裡，我和祖母都完全不知道。我偶然得悉賣鹽魚店的菩提所是高輪的妙源寺，認為只要到菩提所就能找到賣鹽魚店的所在地，於是我和祖母一道去訪問妙源寺，問問和尚，問出其所在地。

可是萬萬不料，高高興興欲去見我親生母親，她竟然兩年前已經去世，成為永遠呼喚不回來的人，乃與和尚邊走邊哭回來，前往和尚告訴我們的濱松町賣鹽魚的店。

魚店老闆叫做幸治郎，祖母和我到達時，後妻「阿鈴」正在抱著為亡妻之遺兒「奧加聶」（我的義妹）餵奶。

魚店老闆幸治郎，前妻去世之後不久便取後妻「阿鈴」，襲命前妻之名字叫做「阿金」。這一位後妻心地非常好，翌年她生了兒子直次郎，因前妻生的嬰兒只有兩歲，後妻阿金桑為尊重前妻，徵得幸治郎同意，將自己親生兒子直次郎給別人養，讓前妻的女兒奧加聶吃她的奶。

祖母和我往訪時，阿金告訴我們其來龍去脈。我聽了非常感動。但祖母不知何故，沒有告訴對方我是前妻的兒子，奧加聶的哥哥。

幾年之後，一八六七年（慶應三年）我十四歲，要由仙台藩留學美國時，祖母又帶我去訪問賣鹽魚的店，此次才告訴對方我的身世，要到很遠的國家去留學。後妻阿金得知奧加聶有這樣了不起的義兄，而非常高興。

這一天，因為祖母的建議，阿金抱著奧加聶，我們四個人前往芝妙源寺掃我生母瑞香信女之墓。當時，祖母令我寫下生母之法名，一併觀世音菩薩守札放在我的守札，祈禱亡母和觀世音菩薩能保佑我。

好運的小孩

世人都說我是一個樂觀論者，我回顧過去，也覺得好像是這樣。但真正的原因是什麼，我靜思默想，想起我三、四歲幼小時候的往事。那時，仙台中屋敷（公館）東北通用門側有稻荷祠（五谷小神社），經常有許多小孩在這裡玩。因和我們住處也很近，所以我也常常去玩。有一天，照樣去玩。似都是由褓姆或小姐帶去的。可是有一天，突然通知說藩主夫人要來參拜，大家都被趕出去稻荷祠。當時可能只有我一個人在稻荷神殿後面，此時藩主夫人帶來隨員參拜。此時夫人的隨員中有一個下女是我後來學漢學之鈴木諦之助君的妻子，她曾在皇宮服務，藩主夫人非常欣賞她，後來她嫁諦之助君。夫人上殿在神前參拜時，我從神殿後面爬出來，據說到夫人面前，拉著漂亮衣服說「歐巴桑，好美麗衣服」。

夫人和周遭的人都非常震驚。在大家不知道將會如何收拾時，夫人說「這是誰的小孩，好可愛」，於是女隨員回答說「這是高橋家的小孩」。據稱這話還沒有說完我就爬上夫人膝蓋上。聽完了這番話，我父親等惶恐萬分，擔心會不會發生什麼麻煩事，正在操心的當天晚上，鈴木太太來轉告：夫人希望明天把這個小孩帶去和她見面。

夫人在芝新錢座有上公館，住在那裡，要去這個地方，因家庭貧窮，沒有像樣的衣服可以穿，故遂去求救川村家。把手邊的好東西拿去當舖，當天晚上作了糯袢，完成一切準備，隔天參殿。此時夫人特別高興，不但沒有生氣，反而賞賜許多東西而回來。於是人們都異口同聲傳遍說「高橋的小孩好幸福」，而為大家所羨慕。這是理所當然的。足輕的小孩得到藩主夫人的欣賞，這是空前的事。「幸福的人，幸福的人」這樣風聲也傳到我這個小孩的耳朵。於是自己是幸福的人這樣信念，牢牢銘記在我心靈深處。

在我五歲之前，御三家（德川幕府血統最親近的三族）之一家要到京城，大家都到馬路去觀看。我也去芝露月町等候，隊伍快到時，平常很疼我的一個奧巴桑在街道對面搖手要我過去，於是我突然跑出去。我拼命跑，但不知何故，我跌倒了。此時前驅的兩位騎馬士遂衝過來，於是我被馬蹄踏到了。大家嚇一跳，趕緊把我抱起來看，卻完全沒有事。仔細一看，只在我的馬掛上有馬蹄草鞋的腳印而已。真是一個奇蹟。

後來仙台藩之馬的指南岩淵英記這個人聽到這一件事時說，兵不愧為御三家的馬士。此種時候如果騎馬者慌慌張張拉緊韁繩，一定會踏死人。所以他讚美御三家之騎馬士。

這時，大家也傳說高橋的小孩運氣好，幸福的小孩，連小孩的我也聽到。因此從小時候我就認為自己是很幸福，運氣好的一個人。所以再怎樣失敗，如何困難，我都相信自己一定能夠克服這樣的困境而努力。現在回想起來，這可能是使我成為樂觀主義者的原因。

從私塾生到放洋（十二歲左右）

由於上面所述原因，我就在芝愛宕下的仙台住宅（原文為屋敷），由祖母養育長大。這個仙台屋敷裡，有三家負責連絡的（叫做留守居役），三家專門寫文書的（稱為物書役），六十多家足輕小卒住宅。連絡者有時候會調動，他們都是帶著妻子兒女由仙台來。我祖母一直在照應這些連絡者來到江戶（後來之東京）時之太太們。客人來的時候，我祖母便指揮下女，準備飯菜，照料他們，因此我祖母都和連絡者關係很好，極受尊重。我家是足輕，雖然隸屬於連絡者，但在足輕之中，我祖母最受到尊重，經常出入於連絡者家中。

記得是一八六一年（文久元年）左右，派來了大童信太夫這個連絡人。年幼的我所聽到的是，這個武士年輕有為，英氣煥發，非常能幹而獲選。這個人很能判斷社會之變遷，認為必須把握外國之情勢。因此特別留意仙台藩有意研究洋學的年輕武士。

不久，大童桑母親去世，葬在大崎猿町的壽昌寺（伊達政宗公之正堂田村氏——松島瑞巖寺之雲居和尚得度落飾戒名稱為陽德院殿榮庵壽昌大師一之發願而開基）的仙台藩的菩提所。因大童桑非常孝順，故每月忌辰一定前往掃墓，然後上寺與和尚聊天，玩圍棋。我祖母也經常去參拜壽昌寺。

有一次，該寺和尚對我祖母說，需要一個能幫忙的小孩，請其能夠推介。當時的寺廟是一個飛黃騰達的門徑，將武士的子弟作為侍僮，成人之後買武士的股份，使其將來成為很優秀的武士，這是當時的風尚。事實上我祖母的義弟在芝增上寺服務時，得到法律工作人員（與力）股份，他姓齊藤，成為旗本（直衛武士團）之小武士，而為大家所羨慕。我祖母以為足輕不可能升官，故不要我去作足輕。因此和尚說需要小學徒時，正好我在祖母身邊，她遂問和尚這個小孩行不行？和尚當場點頭，因而不久我便去這個寺工作。

大童桑每月忌辰都一定來壽昌寺，參拜之後就和和尚用餐，一起下圍棋消遣，待到黃昏。此時我都一直在旁邊侍候，所以大童桑有時候會和我說說話，也聽聽和尚對我的觀感。自然也漸漸和他熟識。

如前面說過，大童桑洞察時勢，認為舊方法不行，因而進行各方面改革。首次予足輕以西洋兵式訓練的也是他。他更與當時之先覺福澤諭吉先生來往，並請福澤先生翻譯外國報紙，以作研究外國情勢之用。福澤先生有時候也會來訪問大童桑。又據說福澤桑第一次出國時，大童桑曾交福澤桑三千兩，請他購買洋槍，但福澤桑用那一筆錢買了洋書，寄給仙台藩。

由於這種原因，大童桑之研究外國情勢日深，進而感覺有必要派人到橫濱學習英法的學問。問題是要派誰去。這個人選非常不容易。當時在江戶的藩士都是輪替勤務，多為單身漢。有妻子小孩的是住在中宅邸的六十戶左右的足輕小武士。因此大童桑便準備從這些足輕小卒的小孩中來選拔。一個人決定我；另外一個人就非常難產。此時足輕之組頭和某人推薦了一個人，這個人當時叫做鈴木六之助，是後來曾任日本銀行之出納局長的鈴木知雄君。

可是大童桑不認識六之助。於是把六之助帶來自己家，令其看門一陣子，觀察其人品以後再說。其結果認為還可以，於是決定派我和鈴木到橫濱研修洋學。這是一八六四年（元治元年）的事情，鈴木和我都是十二歲。

祖母的關愛——碰到失火

一八六四年是前述櫻田門事變之後不久，幕府只有其名，威信掃地，尊王攘夷之聲瀰漫四方，繼而發生坂下門外之變（水戶浪人殺傷老中南藤信正事件）、生麥之變（殺傷英國人事件），在下關，攘夷最激烈的長州（今日之山口縣）開始砲轟美國、法國和荷蘭商船，引發戰爭；英國軍艦前來襲擊鹿兒島，也在開戰。

對於長州藩砲擊外國軍艦之消息傳到京都之後，朝廷便遣派勅使前來嘉勉，基於真木和泉之建議，下達攘夷親征之詔。天皇詩歌曰：

執戈衛國之武士九重御階櫻風吹動

此時攘夷論者勢頭好大，看到洋人，隨時隨地動戈，為非常不險惡的時代。

此時我和鈴木要去橫濱研修英學，最擔心的是我祖母。橫濱是相當危險的地方，在讓小孩去之前，祖母和大童桑商量，要事先去看看，而真的去視察。

回來之後，祖母以為橫濱這個地方，出入只有一座吉田橋，萬一浪人破壞吉田橋，便不能進出。她不能讓自己可愛的孫子一個人到這樣地方，她想一道去為其作飯，照料起居等一切，乃與大童桑商量。

大童桑覺這樣很好。因為是只有十二歲的小孩，必須有人照顧，妳去最好不過，因而贊成我祖母一道去。

正好此時橫濱太田町，有一個支那（中國）語口譯人員太田源三郎。因他的住宅院子有空地，遂由仙台藩租借此地，在這裡趕緊蓋了大約十張榻榻米大帶著廚房的小房子，我們便住在這裡。我們是祖母、鈴木和我三個人，加上一直在學法文的仙台藩的木村大三郎，這個人後來叫做木村信卿，官至陸軍少佐，算是我們的監督，大家住在一起。當然燒飯等一切家事由我祖母包辦。

到了橫濱之後，起初我和鈴木跟著「黑本醫師」夫人學英文。因黑本夫妻要回家鄉，便把我們交給巴拉傳道教師夫人。因此我們兩個人每天一早便到巴拉夫人家去學習。

一八六六年冬天，照樣到巴拉夫人家上課時候，吉原失火。因我們的家在太田町，很想回去，但巴拉夫人以現在上課中，絕對不同意我們離開。不久巴拉家隔壁英國領事館快要蓋好了，但其屋簷著火，吃驚的巴拉夫人，才同意我們回家。

那一天早上，我祖母為領取那一個月分的補貼去了江戶不在家。我和鈴木回來時，火勢已經迫近。為了搬走寢具，我們兩個人遂用寢具包好帶回來的教科書搬出去屋子外面。我和鈴木拼命避開火勢過程中，我們兩個人終於失去聯絡。幸好我遇到認識的鄰居，我問他該往哪裡去，他說吉原的河對面有埋高的地方，到那邊好，於是幫我扛寢具，把我帶去。當時。吉原的衣紋坂馬路一帶火勢很大。不得已，我把棉被舖在地上，坐在其上面看著情況。此時有過至今令我難忘的一件事是，船上的外國水兵，用竿子救援在吉原和埋高地間逃難的老幼男女的情景。

此時，英國阿兵哥看到扛著寢具的鈴木同情他，遂替他扛棉被，把他帶到有英國營房的淺間山方面。據稱當時鈴木送他們一些錢，他們沒有收，而到淺間山下酒店，請他們喝酒而高高興興回去。鈴木在那裡觀察了一陣子，開始擔心我，並找我，走到辨天池附近。在那裡碰到早晨前往江戶，在神奈川台聽到橫濱失火趕回來的我祖母。她們兩個人擔心我，到處尋找，找到埋高地，發現我在棉被上睡覺。三個人興高采烈。因肚子餓，祖母帶我們去吃東西。

因為失火，吉原自不在話下，太田町、辨天通，日本人的店舖和住宅。幾乎變成廢墟，因其餘勢，外國人居留地，一部分燒掉。

如此這般，我們的房子也被燒光，因此我們搬回江戶的藩邸，寢具交托朋友，只帶著教科書，頭一天在神奈川台住一晚，隔天棲身江戶。

回到藩邸，其內部情況完全變了。首先看到的是藩邸的情形。元來藩邸有大約兩百二十公尺四方面積這麼大，日蔭町通一帶是馬場，其他三方是足輕的大雜院，中央是一個空地。可是不知道從什麼時候這個廣大空地變成農地，畫成幾塊，分給足輕，叫他們栽種自己喜歡的東西，包括茄子、胡瓜以及其他蔬菜。

另外改變的是，開始新式步兵的操練，孩子訓練打鼓，練習擊劍和柔道。在另一方面，漢學學校出現順道館，教務主任是玉虫佐太夫氏，在教養青年子弟。凡此都是我們不在的時候所發生的變化。

當小僕人

至於失火以後橫濱的情形，當時流傳浪人會襲擊外國人居留地，甚至大失火也是浪人放火的風聲，因此幕府自失火以後，在橫濱與神奈川間之渡船和吉田町關卡加強警備，嚴格管制進入橫濱的人。在以往，對於帶刀要進入關內者，都必須有藩的印鑑才能帶進去，失火以後管制更加嚴格。因此我們也就沒有回去橫濱。

此時來了太田常次郎這一位譯讀的老師。他勸我們說，「既然已經開始學英文，現在最重要。在江戶多待，必將忘記所學的英語。還是去橫濱學習比較好。因為住處被燒掉，乾脆就去當異人館的小僕人如何？」太田氏和我祖母也蠻熟，因而遂決定請太田氏安排。

那時有一家通稱「金柱銀行」的英國銀行（Banking of Coopeation of London India China），其經理象特需要一個小僕人，他請與其熟稔的太田氏推介。

太田氏與我祖母談這一件事，祖母和大童桑商量，大童桑說「不會讓他們在江戶多待。也將叫鈴木六之助到橫濱，既然有這樣的地方，就叫他去吧。」贊成我去。

太田常次郎桑遂把我帶去當金柱銀行的小僕人。這家銀行有三個經理級的主管，三個人皆有小僕人，小僕人負責打掃房間和作用餐時候差事。三個人之中，除我以外還有一個日本小僕人，另外一個人是屬於當時駐紮橫濱山上之英國兵通稱「赤隊」（紅隊，因為紅隊每天以樂隊為先峰，走著市內街道）士兵的兒子。而為有如這些小僕人之龍頭的就是藝州（今日之廣島縣）織田藩士。他當時二十二、三歲。也是為學習英國學而來橫濱的。

我在這裡幹小僕人，有空時就到太田常次郎桑處去學習譯讀，或自己用功，沒有特別上學校讀書。

可是銀行卻有馬夫、廚師，也有無賴，他們早晚喝酒，賭博，無所不為。當時我雖然是十三歲小孩，卻長得比較老成，個子又大。

因此開始和馬夫、廚師喝酒，搞各種惡作劇，每天用捉老鼠器抓老鼠，用「象特」的烤牛肉器烤老鼠吃，有一次象特從樓上看到這種事，他很溫和地說「不可以再用我的道具烤老鼠」，令我非常難為情。

又象特床上的西洋蚊帳邊兒，可能是作為鎮石，綁著好多天保錢（硬幣）。諸馬夫說，用天保錢作鎮石太可惜，叫我把這些錢拿來，於是我用小石頭取代它。我取代它三、四個以後覺得這樣作不好而作罷。

那時候流行所謂洋妾，即一到晚上，老太婆要把日本姑娘帶到外國人住宅，馬夫們非常討厭這一種勾當而搞惡作劇。我也覺得好玩而參加。即先把帶路之老太婆的提燈打下落地，變成黑暗時搶洋妾們的簪等等丟棄，眼看她們吃驚跑掉，我們便拍手叫好。因此，我的風評江河日下，這是理所當然的事。

不久，鈴木六之助和大槻文彥等人在淺間山下租了洗衣服店的客廳，每天到太田桑那裡去上課。鈴木有時候還會到我這裡聊聊天，他大概聽到我的壞風評。有一次他來我這裡，告別之前他說，他將奉派赴美深造，因你在異人館和馬夫、工友一起混，聲譽極差，可能出局。我想：我們兩個人一道奉派到橫濱，萬一只有鈴木一個人赴美，我落選，將對不起祖母。如果藩不派我出洋，我應該自己想辦法出去。於是我便和小僕人龍頭的織田商量。我說：「老這樣下去也不是辦法，我想到外國去。有沒有空手而能夠去外國的方法？如果有，拜託幫幫忙。」

他說：「有。最近常常有外國船隻來，好好拜託船長的話可能用你作小僕人。你如果真的想去，我來試試看。」我說「拜託拜託」，織田點頭了。

〔二〕流浪海外時代

意圖出走外國

正當此時，織田來說，有一艘英國捕鯨船長說需要一個小僕人，如果乘這條船可以到外國，惟因其為帆船，很辛苦，如果我願意，他將替我交涉。

我說辛苦沒有關係，我願意去，於是和船長會面。船長看著我問說，「你要到外國的目的是什麼？」我回答說「我想學學英文，什麼地方都行，只要能學英文。」他說「如你所看到，這一條船是捕鯨船，是帆船，雖然最後會回到倫敦，這需要一年半載，不過在船中都說英語，你可以充分學到英語。如果這樣也行，我可以用你為客艙僮僕。到達倫敦之後，我將幫你找到你能夠上學的地方。」我說「謝謝您，拜託拜託」。

我問他這一條船準備何時離開橫濱，他說將在這裡停靠一個半月左右。我回去之後將與船長談話經過轉告了織田。織田也贊成我的計劃。不過我雖然決定要去外國，但問題是要怎麼樣對受過大恩的祖母說明這一件事。如果說明，祖母也許會阻止我去。萬一被祖母阻止，一切將付諸東流。本來想默默地出去，但又擔心祖母，真不知該如何是好。

織田很同情我的立場和心情，他認為如果不對祖母說清楚，她必將非常傷心，但又想不出更好的辦法。思考大約一個星期，初步決定：上船之後，寫信告訴祖母，請她能諒解。此時仙台藩士星恂太郎，為學習英國兵式來到橫濱。這個人後來成為榎本武揚（曾任遞信、文部、外務、農商務等大臣……譯者）手下，駐五陵郭（北海道箱館奉行，江戶時代某一部門行政長官。）。當時為著生活，在名叫班利特的美國商人店舖工作。這個店舖對各藩賣步槍等等，星氏一邊幫忙商務，一邊研究英國式兵學。

星氏比織田年紀稍微大一點，他們兩個人感情很好，有一天織田對星氏說：「有一個你藩出身的高橋，因為這樣那樣的原因希望乘捕鯨船出洋。如果告訴其祖母，深怕被阻止，一直思考，決定上船後寫信給他祖母請她能體諒，高橋一個半月之後將出發。據說，一起奉派到橫濱研修的鈴木六之助將由藩派往美國。高橋以僮工住在異人館服務，因周邊的人不好，致使其風評欠佳，因此將被取消，既然要派遣鈴木，是否也把高橋一起派去。」

對此星說：「是的，因勝桑（安房，海舟，最早橫渡太平洋的日本人之一，為日本海軍創始人，曾任海軍卿……譯者）之子鹿要留學美國，庄內藩將由高橋三郎陪同，勝桑建議連絡負責人大童信太夫仙台藩是不是由富田鐵之助同行，故仙台藩決定富田留學。剛好也要派在橫濱的小孩一道去，鈴木已經決定，高橋因為行為不檢，成為問題。不過高橋既然有這樣決心，照你意思，讓我和大童來談談看看，你把高橋帶來，和我見見面。」

織田回來之後對我這樣說，因此隔天我去看了星。星對我說：「據說你拜託織田要坐捕鯨船到外國，這個志氣雖然可嘉，但以你的年齡是有問題。此次藩要派遣留學生，你應該會在其中，不要去坐捕鯨船，你帶著這一封信去江戶看看大童氏。」他遂把介紹信交給我。

於是我帶著這一封介紹信到了江戶，去拜訪大童桑。大童桑看到我便以很輕鬆態度問我「你來幹麼？」我說「這一次藩決定派鈴木和我去研修洋學。星桑叫我拿這一封信來看大童桑。」

於是大童桑笑著說，「是嗎，這件事其實還沒有決定，你到橫濱去等吧。」

我以為我的出洋已經確定了，乃興高采烈地回到橫濱，告訴星和織田，並請織田對捕鯨船說明理由，婉拒搭乘捕鯨船，靜待時機之到來。

即將離開祖國：一八六七年春天

一八六七年（十四歲）晚春，我們獲准前往美國。勝小鹿、富田鐵之助、高木三郎之三位，皆由藩給予進學校讀書所需之費用，大童桑對星桑說，因鈴木和我年紀還小，必須在美國找照顧者，星遂對老闆班利特這樣說。班利特說：

「剛剛好，我父母在舊金山，我人在日本，弟弟是軍人，目前在華盛頓，父母很寂寞。所以可否把這兩個小孩交給我父母來照顧。」

大童桑覺得這樣實在太好了，我祖母也很放心，決定把我們兩個人交給班利特父母看管，藩遂把我們兩個人的旅費和學費全部直接交給了班利特。

如此這般，船隻快要開航的某一天，祖母把我叫去並給我一把短刀說：「這是祖母由衷的餞別。這絕不是要害人的。男子漢最重要的是要愛惜名譽。為了義，或丟了臉，或許有必須死的一天。為其萬一，（祖母）給你這一把短刀。」並詳細教我切腹的方法。

又仙台藩的文書官員鈴木諦之助寫了這樣的和歌勉勵我：

出大海之外國　忽忘我日本國

這一首歌是用扇子寫的，我覺得這是很好的教訓。在美國期間，我把它當作座右銘，但不知道何時丟失，現在找不到了。那時候，我們還是挽髻，穿日本衣服。因馬上要出洋，必須剪髮，穿西服。可是當時只有縫製洋人西裝的店，幾乎沒有作日本人穿的西裝店。不得已，只有用那時正在流行的白金巾棉織品作背心和褲子，用黑綢織品作上衣。這件上衣非常特別，小孩上衣卻是有一排鈕扣的大禮服。帽子是用法國型的板紙來作，用白布條在其後面垂下來作為遮日之用。當時還沒有鞋子店。真糟糕。找舊鞋，找遍橫濱市內都沒有小孩子能穿的鞋子。都是英國大兵留下來的大人鞋子。最後找到我能穿的婦女舊鞋子，但不是皮的，而是絲緞作的。對我來說還是太大，但勉強把它買回來，總算完成了全身束裝的準備。

在等待準備出發的時候，七月二十三日（一八六七年）美國輪船科羅拉多號由香港開進橫濱港口。我們預定搭乘這一條船，上船的前一天晚上，祖母親自幫我剪斷了髻，變成披散頭髮。說來也很奇怪，這個髻放在我的古手文庫，現今還留著。

七月二十四日，祖母陪我上船，但船裡有很奇怪的味道，因此祖母連船上招待的紅茶都沒有喝，但我們高興得不得了。

喝酒把旅費花光

我們所搭乘的科羅拉多輪，於一八六七年七月二十五日上午六時，依三發號砲為信號，往舊金山出發。從現在看來，這一條船好小，是不到六、七百公噸的外國輪船。那時候，往還美國的船，每個月一班，由香港經由上海、橫濱，開往舊金山。這是中國人移民美國的時代，此時許多中國人也乘這一條船。

富田、高木、勝三個人皆坐上等艙。上等艙的日本人還有筑前藩（現今福岡）的五、六個書生。帶他們去的是平賀磯三郎，就是現今在大阪的工學博士平賀義美君的父親。我和鈴木與中國人坐下等艙。

當時，同樣坐下等艙的還有薩州藩（今日之鹿兒島）的伊東四郎（後來出任海軍軍令部部長的伊東祐亨大將），固葉英次郎和藝州藩（廣島）的中尾某等人。伊東桑個子好大，因為是夏天，他都穿縐綢的單衣，留大髻，有一點像個相撲力士的樣子。其大髻，上船前剪是剪了，但還是有這樣的味道。船中，下等和上等，區別得非常嚴格，下等艙者，不能隨便到上等艙去。下等艙光線差，臭氣熏天。加以許多人住一個大房間，睡床是用四根柱子和布作的吊床，吊成上下三層，伊東、固葉、鈴木和我便睡這樣的吊床。

早晨八時左右就要開始打掃。為了衛生，我們都會被趕往甲板上，房間燒辣椒來燻。

打掃完畢之後回房間。早餐放在好大鐵桶，和中國人一起吃。至於廁所，在外輪車上面床擺著三、四個像四斗木桶，上面放著板。大家就在那上面「方便」。一去看看，有許多中國的男女在那裡「辦事」。因為實在受不了，所以我都乘上等艙客人去餐廳的時候，偷偷去用上等艙廁所。鈴木也學我而這樣做。還有，富田桑說，如果想吃什麼東西，他房間有，可以去吃，所以富田桑去餐廳時候，我們便到他的房間去。此時順便望望其餐廳，好吃的東西一大堆，與下等艙者有天淵之別。富田桑的房間有各種各樣的餅乾和水果，所以我們也就不缺吃。因此我們可以免得和中國人一起吃下等艙的食物。

這是船開出橫濱大約一個星期以後的事。坐下等的日本人乘客，我以為只有我們四個人，但事實上還有許多日本人。因為大家暈船，不露面，所以不知道有多少日本人，其中一個好像是口譯人員，是我在橫濱時代的前輩，我忘了他的名字，因他上唇有一點裂痕，故大家喊他「三個嘴」。他說，這是大阪獨樂巡回團早竹虎吉之一行，是由葡萄牙人達羅沙率領，要到美國和歐洲演出。

在船上還有過許多事。如前面所說，伊東桑是一個大兵，他經常穿著浴衣大喝其酒。他問我「你能不能喝酒？」我說「我會喝」。我在「金柱銀行」當小僕人時學了喝酒而且蠻喜歡喝。因他都穿著浴衣，不方便去酒吧買酒，因而都叫我替他去買酒。我便說「買酒工錢」而一起喝。後來覺得老喝人家的也不好。上船時候富田桑給鈴木和我各一枚二十美元的金幣，於是三次中一次是用自己錢買酒喝。這樣，二十美元很快就花完了，最後連不喝酒的鈴木的二十美元金幣也被我喝酒花光了。

舊金山的少年土包子

航海二十三天，科羅拉多輪於八月十八日（一八六七年）上午十一時，抵達舊金山。富田氏一行立刻坐上來迎接的馬車前往舊金山一流的「李克好司」飯店。

我們是預定由從前和偷跑沒有什麼兩樣來美國研修的一條十次郎，或越前藩（今日福井縣）之窪村純雄來接我們，把我們送到「班利特」家。可是不知何故都沒有來接我們。等了一陣子還是看不到人影，伊東桑說：

「既然沒有人來，這樣等也不是辦法，我帶著給『市立大學』之金子這個人的介紹信，我們去找他。你也一道來替我口譯如何？」

我說「好嘛，一道去」，我們兩個人便開始走路。當時伊東桑穿著可能是鹿兒島之黃色扣子的呢絨海軍衣服，很神氣地走著。我穿着棉緞的大禮服，在船裡弄得皺皺巴巴的縮小到膝蓋的白金巾的洋褲，和女性穿的鞋子跟著伊東桑後面毫不在意地走著。

穿著如此奇怪的衣服，樣子古古怪怪的兩個男人，在所見所聞盡是稀奇的大馬路晃著，由別人看來一定是一幅漫畫。街上的幾個人，敲著我的帽子走過去。年紀小的我，不知道我的穿著樣子很奇怪，受到輕蔑，而高高興興地看著街上的種種和馬車鐵路，一再問怎樣去「市立大學」的方向。

好不容易找到市立大學，但學校放暑假，他們說不知道金子氏到那裡去了。伊東桑大失所望，此時我們想起來或許有人來接我們，應該回去剛才那一條船看看，開始走回去，卻不知道剛才走來的路。此時我忽然想起來，我們所坐的船，進入舊金山灣之後，不知道為什麼，在桅杆上掛起日本國旗。這使我很高興。我說到高的地方往海方面看，看到日本國旗，那一條船就是我們坐過來的船，於是我們便到高的地方，果然看到日本國旗。我們便高高興興地往這個方面趕路。

回到船以後不久，迎接的人來了。鹿兒島的谷本來接伊東一行，一條君來接我和鈴木，於是我們和伊東一行告別，各奔前程，我們到一條君住處。後來據說，伊東和固葉兩君雖然到達舊金山，立刻搭該船，與前述之谷本一道回去日本。在明治維新動亂，庄內藩士兵砲擊芝．田町之薩摩公館時，固葉氏在那裡，因而喪生，當時伊東氏也在薩摩公館，幸好他乘船逃往品川海面，逃過一劫。

我們於隔天前往「利克好司」訪問富田氏一行。此時富田氏鄭重其事地大發雷霆罵我說，「你應該坐這一條船回去！」他知道我在船上喝酒，甚至把鈴木的錢也都喝光。一條表示，他將好好管束我，保證不會讓我亂搞，但還是不原諒我，這樣去道歉兩三天，富田氏的火氣才消退。於是一條把我們兩個人帶到班利特家。

最近，整理東西，我很意外地發現此時從舊金山寫給父母的信。它寫著：

啟上一筆，順寒之節，祖母雙親大人諒必無恙萬幸。小犬二十五日上午六時，經過二十三天航海順利到達美國，上午六時晴天順利抵達班利特住宅，請放心。前日曾經中國郵輪寄出一信，慢三四天，請諒，亦曾寫信問候壽昌寺各位，請父母大人也代為向其致意。祖母電報及父親大人電報皆於十一月十九日敬悉。船中亦接到母親大人電報及來信，在船中時或看到鯨魚，六之助曾兩三日暈船，但無恙，小犬一切順利安抵美國。船中受富田先生諸多照顧，日日吃麵包，食物相當不錯。下等食物以花生米絞猪油，極難吃。船中有橫濱之佐藤百太郎者，認識祖母。到達美國專此奉告。惶恐言。

十二月三日

高橋和喜次御兩親樣

做美國人家庭的工人

到了班利特家受到熱烈歡迎，你們就住這裡，你們的房間是廚房那邊的那一個房間，我和鈴木一起住。老夫妻看起來人很好，於是我們很放心。

開始的時候很歡迎我們，食物也給我們應有的東西吃，但卻日漸變差，似乎都是他們吃剩下來的食物。而且也沒有讓我們上學校讀書。因為沒有其他傭人，所以燒飯作菜，打掃房間，跑腿等等都是我們兩個人的事。到中午時刻，老太太便給我們麵包奶油，和一掛上葡萄或其他水果，叫我們在房屋外面狗屋旁邊吃。不特此，叫我們給從在橫濱的兒子弄來的百合根施買回來馬糞肥料。除一整天在房屋周邊工作之外，每天，老太太到市場買東西時，都要帶著好大籃子跟著，帶回來馬鈴薯、蔬菜等等，白天不但不能到學校，在家裡也不能用功。於是我和鈴木商量，要在晚上看書。因從樓上看到我點油燈，以點油燈危險，不准這樣做，故晚上看書也不行。

由於食物如上所述，因此到晚上肚子餓得要命。因對面有麵包店，五分錢可以買一大片。我和鈴木便偷偷買麵包吃，好可憐。

由於與所想像的情況完全兩樣，因而我開始不滿，我不是為替人家做小弟而來的，這與先前的約定不同，所以我決定不工作，命令我作什麼，我都不聽從。鈴木是一個老實小孩，雖然不願意，但還是勉強在作。因此老太太什麼事都叫鈴木去幹。我即叫他不要作，予以阻礙。

老太太可能對我開始死心，或許認為令我和鈴木在一起，會影響鈴木，鈴木也會變壞，故有一天她對我說，她在奧克蘭有一個很有錢的朋友，她有事要去，問我想不想跟她一道去。我覺得老待在這裡也不是辦法，能看看不同的地方也不錯，遂跟她一起去。

那個時候的奧克蘭，正如其名稱，一面全是橡樹，只有一條街道，是大約一百二十英尺的十文字市鎮，房屋分散，不過賣衣服的，帽子，鞋店、雜貨店皆有。我們下車的車站，簡直只有其名，只有一個三十公尺長，寬大約十公尺的避雨屋頂而已，連一個椅子也沒有。而有錢人的家，位於河邊風景很漂亮的地方，宅第也很大，田地和院子極大，養有牛馬。公館非常漂亮，只有兩個年輕夫妻住在這裏，有洋人和中國人各一的幫傭。據說其父母和弟兄姊妹都在華盛頓。

從奧克蘭回來以後，班利特夫妻問我喜歡不喜歡那一家，我老實回答很喜歡。於是說：「你去那邊好不好？那一對年輕夫妻非常親切，先生是舊金山的銀行職員，每天來回舊金山。太太在家裡白天沒有事，可以教你讀書。」

因此我回答說「願意去」，於是班利特老先生請我和一條一起到他的辦公廳。現在想起來，班利特老先生的職業是公證人，所謂辦公廳是公證公所。

我們一去，看到上一次在奧克蘭見面的年輕老闆。旋即班利特拿出一分文件交給一條，要我們兩個人簽字。一條看著它，因他由法文轉到英文不久，看不懂其內容。聽班利特的說明，得知兩件事：（1）我要去住勃朗家裡；（2）去之後可以讀書。因為能夠讀書，故我馬上在那文件簽了字。因為我是從來就不會懷疑人家所說話內容的年齡，完全不懂什麼是學問，在橫濱時候與黑本太太學，黑本太太暫時回國時則與巴拉太太學習，以為英學是要從太太學習的，因此一條看了文件以後說，「好像你去他們家，要三年……」，他還是毫不在乎。

不特此，我很神氣地回去說給鈴木聽，使他羨慕不已。

搬到奧克蘭

簽字的第二天，我便搬到奧克蘭。我沒有什麼行李。我空手到約好的奧克蘭渡船，果然年輕主人勃朗來接我，他把我帶到勃朗家，成為他們家的一員。年輕主人每天一早就去舊金山，要到黃昏時刻才回來。在這期間，年輕太太不是在彈琴就是看看書，有空時便教我「史賓舍利安」英習字，複習讀本，非常疼我。

經過大約一個星期後的某一天，飯後勃朗夫妻在客廳談話大約九點鐘左右，我與平常一樣準備睡覺，脫下鞋子的時候，太太喊我過去。於是我光著腳走進飯廳，此時主人責備我說「怎麼可以光著腳來？」太太說「小小的腳蠻可愛的，對於剛從日本來，不懂事的小孩，不要這樣責備他」。替我說話。但主人還是恨恨地命令我說「去穿鞋子」。太太說「我來量量你的尺寸，不必穿了」。我覺得我作了對不住人家的事，而只是帶著笑容，於是太太說，「我來替你作穿的」，並開始替我量身。主人有好幾個兄弟，其中有跟我年齡、身高差不多的，便將其改縫，替我作了兩三套上衣和褲子。

這一家有中國人廚子和一對愛爾蘭夫妻。中國人作料理、洗衣服、劈柴，愛爾蘭人照顧兩隻馬和奶牛，以及從事田野工作。

有一天，一大早這個愛爾蘭人騎馬匆匆忙忙要出去，我驚訝問他「去幹什麼？」他說「要去請醫生來」。旋即來了一個醫生和年紀蠻大的婦女。不久樓上有嬰兒的哭聲。我說「樓上有嬰兒在哭。來了醫生和婦女，他們來幹什麼？」愛爾蘭人說「你不知道嗎？誕生了嬰兒」。這叫我嚇一大跳。其太太前兩天還到田野，上上下下樓梯，和平常沒有什麼兩樣，現在竟生了一個嬰兒。這令我想起我幼小時候的往事。我被高橋家養育時候，高橋家也生了幾個嬰兒，都是幾天就夭折，只有廣次這個小孩活了將近一年。但這個小孩也死了。那時我傷心得抱著其屍體大哭而特哭。後來祖母說「家裡已經習慣了小孩之死，並不覺得怎樣，因和喜次哭了，大家也哭起來。」

今日我主人家生了嬰兒，因想起廣次的事，所以剛出生的嬰兒可愛得不得了。惟因禁止進入產婦房間，無法看到嬰兒。

擔任牧夫

經過大約三個星期，護士也回去了。因此奉命早上八時，送熱水去給嬰兒洗澡是我第一次進入產婦寢室。我很想看看嬰兒的臉。產婦為了給嬰兒洗臉，在臉盆用冷水加熱水使其成為溫水，然後把嬰兒脫光，在臉盆給予洗臉，是胖胖的很可愛女兒，我高興極了。

給她洗澡之後，便把嬰兒放在隔壁房間，再怎麼哭也不管，我覺得嬰兒太可憐，乃說嬰兒在哭，是不是想吃奶？產婦說「餵奶定有時間，沒有問題，小孩哭反而是好事」，所以小孩再哭，在時間外，絕不給奶吃。但我覺得好可憐。

因此，樓上一有哭聲，我便跑上哄哄嬰孩，並告訴產婦：讓嬰兒這樣哭實在太可憐。

經過一個月左右，嬰兒不哭了，按照所定時間餵奶，什麼事也沒有。至此小孩的我深感：嬰兒應該這樣教養才是。

雖然不哭了，我還是每天到樓上去看嬰兒兩三次。

由於這種原因，愛爾蘭太太似乎覺得我是一個誠實而有情有義的小孩。現在回想起來，勃朗太太那麼疼我應該是基於這一種原因。

可是不久，主人解聘了中國人。中國人走了之後，沒有人作吃的，於是由愛爾蘭太太開始作三餐飯。她還拼命教我和鼓勵我作菜。此外，我還要清理洋燈，打掃房間，擦擦窗戶玻璃等等。不過還有時間用功就是了。

可是不知道何故，主人和愛爾蘭人發生爭執，愛爾蘭人夫婦也因此而離開了這個家。由之沒有人看管牛馬。於是主人要我照顧牛馬。不過在橫濱的「金柱」時代，我曾和馬夫一起混過，因此還稍稍懂得一點看管馬的方法。事實上我來這裡看到馬，就很想騎騎，所以我回答說可以騎馬，我願意幹。主人說並問：「騎騎可以，但你騎過馬嗎？」我說「沒有」。他說「要特別注意，馬是不能勉強的，要聽馬的話。」因主人准許我騎馬，所以我很高興。

我每天一早起來，就把馬牛牽出來，帶往田地，找草長得最好的地方，用繩子把牠綁起來，令其在二、三十公尺周邊，繞著吃草。至於照顧，因我看過愛爾蘭人用刷子給牠擦身，照那樣作，牛和馬都很聽話。到黃昏，把牠們帶來畜舍，給東西吃。牛馬對於照顧牠們，給東西吃的人是非常順從的。這裡有一個辣手的事就是擠奶的問題。本來擠奶是愛爾蘭人的工作，現在要我來代勞，但我怎弄都弄不好。擠出來的奶，其鐵桶常常被牛用後腳把它踹翻，真是不知道該如何是好。

不久，主人又把解雇的中國人叫回來了。那個中國人負責擠牛奶，作菜和洗衣服；我照顧牛馬、料理田地工作和用鋸子鋸柴。但劈鋸好的柴是中國人的工作。當時，奧克蘭有許多木材，火爐都是用薪柴，不用煤。

所以一個星期的六天，天天做這樣的工作，星期天我就騎馬跑遍廣大原野。

和中國人吵架

離開勃朗家大約三里路，有名叫卡比登・羅嘉的富豪。這個人與勃朗家有親戚關係，常常來玩。羅嘉的千金也常常來。

有一天小姐來並說：「你們國家名叫保兵衛的這個人在我們家，很認真工作，就完全不懂英語，希望你有時候來幫我們口譯。」

因我以騎馬為樂趣，遂一口答應，星期天我便騎馬過去。

保兵衛這個人姓關口，比我大十歲左右的樣子。在這裡的薪水是大約二十五美元。

那時不懂話者的薪水是二十五美元。這是一定的行情。中國人也是一樣。經過半年，稍稍懂話，也會作料理，馬上會給六十美元。能洗衣服，就給九十至一百美元。因此當時的中國人，像潮水一般，每一班輪船，都擠得滿滿的，來美國作工。在中國人之中，有這樣說法：來美國三年，沒有存款一千美元者是差勁的人。普通的人，三年半左右，就能儲蓄一千美元。這個人便帶這一筆錢回家，再叫其兄弟親戚去美國打工。問在美國待過兩年的人，在美國就只買一雙長筒鞋，十一美元，其他的東西，統統由中國寄來，守錢奴般地存錢。但日本人有一些不同。有一天羅嘉的小姐來勃朗家的時候說：

「日本人和中國人非常不同。在我們家的保兵衛，我注意看他第一次拿到薪水時要買什麼，他首先買的是黑本的（英文）辭典來用功。中國人就存錢，非常不同。」因此她非常佩服日本人。

話歸正傳。我則仍然一到星期天便騎馬到羅嘉家。有一次的星期天早上，我想出門時在心裡想：中國人如能早一點擠好牛奶多好，這樣就能夠把牛早一點帶去田地，可是不知何故，這一天，他一直不給擠奶。這個中國人大我七、八歲的樣子，因為我很生氣，以為他在故意為難我，因此便把還沒有擠奶的牛帶去很遠的地方綁在那裡，我就趕快騎馬到羅嘉家去。

黃昏回來的時候，夫人問我說：「據稱今天廚子還沒有擠奶之前你就把牛帶去很遠地方而出去了。」我回答說「今天是星期天費（中國人姓）明明知道我會與往前一樣，一早就要出去，卻不擠奶，所以我走了。」她以很和藹的口氣對我說以後不能這樣作，那一個晚上就過去了。

可是隔天早上，這個中國人擠奶之後，把牛帶出去綁好回來，開始拼命鋸薪柴。如前面所說，鋸薪柴是我的差事。於是我善意地將其解釋為：今天洗衣服沒有薪柴，所以他在替我鋸薪柴，因而我便開始劈薪柴。可是中國人卻來勢兇兇地斥責我說「你怎麼可以搶我的工作」。劈柴是中國人的差事。於是我不認輸地反臉說「奇怪，因你做我的工作，所以我才要替你來做你的工作。既然這樣，你就不要鋸薪柴。」因而中國人又說：

「今天是星期幾？不是星期一嗎？你也不是不知道星期一洗衣服需要許多薪柴，你卻沒有鋸薪柴。你是不是想妨礙我的工作？好。我不需要你幫忙，我自已的事我要自已作，你不要多管閒事。」

他這樣向我挑戰。對於中國人這樣意外的說法，我怒髮衝天，立刻拿起鋸，準備打他，他馬上逃跑，我追他，向其丟去，沒有打中他，而碰到小屋木門。這個傢伙好像嚇壞了的樣子。但我還是氣得要死，於是從抽屜裡拿出離開日本時祖母交給我說：「這是受到侮辱時要切腹自殺用，不能用來害人的短刀偷偷放在我的口袋裡。」中國人看到此種情形，非常害怕，乃將小斧子放在自己口袋，以防萬一。在這樣雙方殺氣騰騰的氣氛下，我忽然想起祖母的告誡「堪忍」（忍耐）這兩個字。即該忍耐的必須忍耐。但祖母告訴我：忍耐重要但受到侮辱時要自殺。既然要自殺，就先把對方幹掉。但把對方幹掉，自己會怎樣呢？我忽然產生了這樣的疑問。

黃昏主人回來，吃完晚餐，其夫妻在聊天的時候，我突然去找他們問：「萬一我殺了中國人會怎麼樣？」主人以很奇妙的表情說：「殺了人你也會被殺，你為什麼問這樣的事？」

我回答說「費這個傢伙惡口罵人，侮辱我，我不干休。」說明其來龍去脈。於是主人說：

「我聽過這一件事，但你也不對，昨天早上還沒有擠奶之前就把牛帶去遠處綁住，今天早上沒有鋸薪柴，該作而沒有作的你是不對的。」他這樣勸我。

我被出賣人身了

對於主人的這個說法我相當不滿。於是我回去自己房間思考了一天。殺了中國人自己也會被殺，這花不來。跟這樣傢伙換生命，實在太不值得了。但又不肖與這樣的人在一起。所以那一天黃昏主人回來時我便對他說：「我想離開，我討厭和這個傢伙在一起。」主人回答說「你不能隨便離開。因為我用錢買了你三年。你和你的朋友都簽了字。」我大吃一驚。當時簽的竟是賣身契，這實在太可惡了。頓時我直覺我不能這樣待下去，必須想辦法逃。於是我對主人說：

「那麼請給我一天工夫，讓我明天去舊金山和朋友商量看看。」主人怒喝「狂妄！」突然給我一個耳光。我被打耳光時不由地放了屁。我覺得有一點不大好意思，雖然生氣還是保持笑容，在旁邊的太太對其先生勸說：「您不要這樣動粗」以安慰我。

隔天早上我還是很生氣。主人從前一天晚上好像也很擔心我的態度的樣子。此時在陽台的主人叫我「把馬具帶來！」因我還在生氣，遂去把馬具扛來丟給主人，馬上離開。眼看這個情景的太太說「不要那麼粗魯，把馬具送回去擺好。」因她勸導我，我乃照她的意思這樣做。

這一天，我去舊金山，告訴一條這一件事。一條拼命喊「糟糕，糟糕」。我說「我不想回去了，你說呢？」

一條勸我說：「不行，如果這樣做將是全部你的錯。你要再稍微忍耐一下，這個問題由我來解決。」我也這樣想。如果不回去主人家而逃亡的話，事情必將更加複雜，會給大家製造麻煩，小孩的我在心裡想：自己想離開很難，不如在這個家胡鬧，鬧得不可開交，使對方束手無策，不得不開除我，於是我開始每天搞壞洋燈，打破碟子，隨時隨地破壞東西。但毫無效果。主人夫妻看到這種情況都不生氣。太太反而勸我說搞這樣粗暴的事情不好，因此我反而覺得難為情。

這個時候，在華盛頓之勃朗的父親約翰．羅斯．勃朗要出任駐中國公使，因要到中國，乃由華盛頓帶了許多家族和傭人回到奧克蘭的家。其中有兩三個十一、二歲的小孩。因下女們回來，房間和洋燈的打掃由她們負責，牛馬大概賣掉了，所以我什麼事都不必做。我因為虛歲才十五歲，自然而然地和孩子們成為好朋友，因而和他們玩了將近兩個月，過了非常愉快的日子。

旋即他們一家人要到中國去，此時老勃朗夫妻對我說：「我們要到中國去。我們的親戚在舊金山海關服務，非常親切，你去他的地方如何？這樣你白天可以和主人在海關幫忙學習事務。晚上有空時，可以與其女兒請來的家庭教師學習學問。最好能去他們的家。」

老勃朗很親切地這樣說，並給我們二十美元的金幣。那個時候，我的心情已經好起來，而且玩了兩個多月，以前的事已經不在心裡頭了，因此答應了老勃朗的建議。因要告別，他們家的人們，分別給我五美元、十美元不等的賞錢。

得悉明治維新

老勃朗一家人要到中國，我便到舊金山碼頭去送他們。此時，其海關官員的親戚也來送行，因此當場就把我帶走。他和他的太太都非常親切。他說，他在海關工作，你也來幫忙，這樣你既可以學學工作和語文。如果想讀書，你可以跟他太太和女兒學習。為了我的住宿，他們還替我買了毯子和睡床用的東西，並給我一個房間。

當天我回去對一條說明了這樣情況，對此他說：「這當然也可以，但這一次去。又必須呆三年。到海關學習工作，與其小姐學習也不錯，但還是不能上學。現在是好機會，留下來，不要去好了。」他拼命地這樣勸我。

他說的也對，最近我得到四、五十美元，小勃朗將我每個月四美元的薪水替我存在銀行，故暫時不欠錢。我說：「他們那麼親切地替我買了寢具，不理好像對不起他們。」對此一條說：「話雖然是這樣說，但他們認為他們是買你作奴隸的。南北戰爭以後，奴隸之買賣是違法的，但對方知法而犯法，我們有我們的說法和辦法，不要去好了。」他堅決留我。於是我下定決心不理，雖然我心裡覺得很過意不去。不過對方也沒有再來找我，因此我與這一家的關係，至此完全斷了。那時候，林董氏（曾任外務大臣……譯者）的親戚佐藤百太郎在賣日本茶葉和日本雜貨的美國人店工作。這個人是醫生佐藤泰然的兒子，記得他比我小一歲，他曾是橫濱時代在黑本桑那裏一塊上學的伙伴。我到他那裡去說明了情況，於是他說：

「既然這樣，那麼你就來我的店好了。現在店裡人手不足，很傷腦筋。到黃昏時刻，我得送貨，忙得要死。你來店裡住宿，對我將幫助很大。送貨時對方還會給一毛錢或兩毛五銅板的小費。」我說「那就這麼辦」，於是我遂搬到佐藤的店裡去住。

我在美國這樣那樣搞的時候，日本國內發生了天翻地覆的大變化。一八六六年十二月二十九日，孝明天皇聖壽三十六，偉業成一半，突然仙逝。隔年元月，明治天皇踐祚，十月十四日，密詔薩長（薩摩、長州）二藩討伐德川幕府，土佐諸候山內豊信、安藝諸候淺野長勳，規勸將軍德川慶喜奉還政權給朝廷，慶喜深知難保祖業，遂上書朝廷，奉還政權，奏請政令出於一途。這是下密詔同一天之事。

我完全不知道祖國這樣的變動，仍然在佐藤店從事送貨的工作，此時我收到來自日本名叫「莫西荷格沙」（平假名音譯……譯者）的報紙，它報導說，對於德川家處分不滿的一部分志士，號稱彰義隊，聚集上野，擁護輪王寺宮拒絕官軍命令，五月十五日，官軍冒雨由四面圍攻上野，放火寬永寺，彰義隊只有誓死之勇士，官軍竟費三天工夫，始得攻克。

一條和我們集會，覺得上野一地竟花了三天，幕府或有取勝的希望。

擺脫奴隸之身（十五歲左右）

不久因明治維新之戰爭情況，日漸明朗，富田、高木二氏由紐約來說準備回國。他倆說，因開始戰爭，必須回去看一看，並說：一下子回去日本有一點危險，所以他們準備先去上海，看看情況之後，如能回日本就回去，如果不行，將回來美國，因此要我們在這裡，等候消息。我們表示希望一道回去，但他們說在這裡等其連絡比較好，故決定這樣做。

此時，我和一條兩個人對富田氏說，因為這樣那樣我被賣成奴隸的情況，富田氏非常吃驚，說首先必須拿回來契約書，商量結果，以接到藩的命令，訴請當時受幕府所委託舊金山名譽領事布魯克斯協助。於是富田氏帶著寫好受到藩命令之書信，拜訪布魯克斯，請他設法取消該項契約書。

為聽取雙方的主張，布魯克斯請來班利特，與我方互相對質。可是富田、一條兩位的英語都不靈光，高木稍微好一點，但我在旁邊聽，覺得有一些誤解。高木稱：「我們的主張是對的，因此你們之接受我們所要求取消契約是理所當然的事。」惟其說法不夠周全，發音又不準確，使班理特將agree（同意）聽做angry（生氣），對君子生氣，爭來爭去，互相談不攏，無法達成協議。後來得知這是一種誤解，大家哄堂大笑。對質結果，我方主張：第一，請公開仙台藩交給班利特有關高橋、鈴木兩個人費用（金錢）的清算書；第二，要求廢棄奴隸契約書。班利特表示：我的確收了錢，但將高橋賣給勃朗三年五十美元是因為我墊了從橫濱到舊金山的船資五十美元的緣故。於是布魯克斯說，清算暫時不談，現在決定還班利特代墊的五十美元，同時廢棄賣身契約書，於是我得到人身的自由。

我和班利特的問題得到解決之後，富田桑說，乘此機會，也應該把鈴木從班利特家要回來，令鈴木離開班利特家。

因此，我去想和鈴木見面，班利特家卻不准我進去。不得已我躲在籬笆，等鈴木到田地時候轉告他富田氏的意思，但鈴木似在猶豫不決的樣子。

我說：「富田桑要你離開，明天我再來，你好好想一想，明天再見。」隔天我再去見他並問「給主人說了沒有？」他說：「還沒有。因為其祖母要去洛杉磯親戚處，決定要帶我去。常來的醫生也要一道去。所以我想去了洛杉磯回來之後再提出。」

我回來之後這樣告訴了富田桑，富田桑非常擔心說：「他們想把鈴木帶去鄉下把他藏起來，在這之前和他見面，叫他趕快逃，為了防止萬一，問他什麼時候出發？」

於是我又到籬笆等鈴木並這樣告訴他。他說：「不必操心，萬一的時候我單獨可以逃出來。明天就要出發，請這樣轉告富田桑。」

我這樣轉告了富田桑，富田桑說：「鈴木在受騙，好，明天去在路上把鈴木搶走」。於是以富田桑為首，我們商量了搶救鈴木的辦法。

那時候的夏威夷移民

隔天，富田、一條和我三個人，前往班利特家附近等待時果然老太婆、醫生和鈴木出來了。富田桑喊鈴木「到這裡來」，鈴木便過來了。鈴木走過來的時候，醫生也加快步伐跟過來。不管三七二十一，我們帶著鈴木趕快走，卻走進了死胡同，而給醫生抓到了。醫生拉住鈴木，叫其回家。富田桑激昂地指著自己喊叫「Me, Tomita, me, Tomita, Japan」，他大概覺得說日本的富田就行。於是鈴木說「請放心，萬一他們要藏我，我一個人會逃回來」。而被醫生帶走。

我們非常擔心鈴木的安全，但一個星期左右以後，他回來了，並向班利特告了長假，到了我們這裡來了。我們看了鈴木的清算單子嚇了一跳。我的情形還好，鈴木的部分，把班利特父親穿舊的法蘭絨襯衫和舊褲子都當作新造的來扣錢。不過清算之後還有一些錢。爾後，鈴木搬到一條處跟我一起住。

旋即富田氏一行，由舊金山回國。我以在等待富田氏連絡期間，必須多賺幾個錢，因此吃一毛錢的飯，仍舊在佐藤店做送貨的工作。

此時，越前（今日福井縣之一部分……譯者）之某一個醫生，趁明治維新之動亂，大買特買一文不值的東西帶來美國想大撈一筆。而為其口譯前來美國的就是宇和島（四國愛媛縣南部……譯者）藩士城山靜一。

可是在城山到達稍前，舊金山的報紙報導說這一次日本政府派來了城山領事。其目的是要來救援在夏威夷的日本人。當時，在夏威夷，大約有三百名日本人，被雇用在從事耕作。都是經由班利特的介紹，以月薪四美元的很便宜待遇的契約勞工。這些人的處境很慘，生病就不給工資。據稱，甚至於有的女性分娩，都無法處置而自殺者。

因此，我們以為日本的領事真的要來，乃前往迎接城山，城山從船上穿著八丈長外掛和服和博多織日式裙子下船。馬上將其帶往一條住處，因其穿著太離譜，附近的人風傳來了日本女人。不久，這個城山開始穿著西裝走在街上，於是人們便說這個女人變成男人，又在大驚小怪。

旋即對城山說報紙的報導內容，城山驚訝說：「我也是經由班利特介紹來的，班利特這個傢伙既然這樣壞，我在這裡或將面臨更糟糕的事，我要回日本。」要回國，必須謝絕口譯人員，並與醫生絕交。因此他遂與醫生斷絕關係，與我們一起居住。

〔三〕回國與青年教師時代

在回國船中

富田氏等人回國之後，一直沒有任何消息。到底等到什麼時候才會有消息，也毫無把握。加以明治維新以後的情況如何，也完全不清楚。我們非常關心祖國的一切。因此我們商量結果，決定要回去看看。因城山已經和醫生斷絕往來，故手上一分錢也沒有，幸好與班利特清算結果剩餘的錢都在一條手上，用它來支付一條、鈴木、城山和我的船費（一個人五十美元），另外還各買一套現成的西裝。記得這樣下來，一條手上似乎還有一些錢。

上船之後，我們去找事務員商量：「以五十美元的票，可以不可以給我們不和中國人在一起的房間？」

一般來說，當時去美國的日本人很少，偶爾有人去，多是去作學問的。因此都有教養和很有禮貌，但中國人都是去打工的，根本不能比，船長以下船員都對日本人很好，所以對於我們的央託表示：「知道了，現在非常忙，船開了再說吧！」。船出去金門灣以後，船員便來帶我們去房間。那是有三張雙人床，是三層的房間。向海面的有一個圓窗，房間的門是能夠關緊的。中央的床，已經有兩個個子大的中國人在用，故我們使用上下的床。一條和鈴木睡上面；我和城山睡下面。

可是這麼小的房間睡六個人，晚上關門睡覺，實在有一些不舒服，加以中國人會大打鼾聲，亂放屁。太過分了，於是我們四個人便商量，如何才能把兩個中國人趕到上面或下面臥鋪。

城山說很簡單。我們睡上下鋪，上面者把紙屑，果皮等等故意丟在他們床上；睡下面的，從下面用腳踢中國人的床鋪，使其滾下來。大家說這是一個妙招，當天晚上，我們立即採取行動。

因為無緣無故從上面床鋪掉下來紙屑、果皮，下面用腳踢床鋪，驚慌失措的一個中國人從床鋪滾下來。中國人在說些聽不懂的話。但似乎也沒有勇氣向我們挑戰。毫無反應，一點效果也沒有，令我們束手無策。於是我們決定其放屁時再採取措施。

中國人大概也覺得惹不得我們，故終於開始拍我們的馬屁。他們從掛在房間的袋子掏出乾鮑魚來，把擺在房間外邊的水果拿來請我們吃。因此自不好意思一直整他們，而和他們成為好朋友。

但我們的惡作劇並沒有因此而停止。每天早上開始打掃房間的時候，以為了衛生為理由，燻辣椒要把下等艙客人趕往甲板上，打掃房間完了之後，中國人便會在下等客艙大房間的幾個地方開始賭博。

有一天，我們照樣在船裡走馬看花時，遇到事務員在打散中國人的賭博。問其理由，他說「船裡禁止賭博，但他們卻賭個不停，真是糟糕透了。」

「那，我們來幫你們忙，好不好？」事務員欣然同意，於是我們每天「巡邏」船內，協助取締賭博。所以中國人非常害怕我們。特別是城山亮出小刀，時或拔出來威脅，因此我們一到賭博的地方，他們便奉獻水果等等，表示請多多關照。我們四個人在航海中，大有征服了七百多名中國人的感覺，而非常神氣。跟去美國時候的情況完全兩樣。

又由於中國人不愛乾淨，所以我們要求和中國人不同的地方吃飯。事務員答應我們在廚房檯上吃。作料理的是中國人，他知道我很會吃，因此都會烤大牛排給我吃。他常笑著說「你是三個荷蘭」。意思是說你吃三個洋人的份量。當時洋人都說荷蘭。

回國一看 我是天涯孤客（十五歲左右）

如此這般，城山靜一、一條十次郎（後來的後藤常）、鈴木六之助（後來的鈴木知雄）和我四個人，於一八六八年（明治元年）十二月，返抵橫濱。

一八六七年，我和鈴木首次前往美國時，幕府所發出國許可證的身分是仙台藩的農民。城山看到它說，仙台藩在明治維新的戰爭是賊軍，帶這一種許可證登陸會發生麻煩，乾脆把它丟進海裡，所以我們兩個人便把許可證（證照）丟進海底。

浮在曙光天空的祖國河山，特別是橫濱港口，令我懷念不已，但除城山以外的其他三個人，都是屬於賊軍的戶籍，天邊地角，突無棲身之所，有如草木之飄搖，身心不能定。

船停靠之後，海關的人（原文為運上所的人）馬上上來。不知道要來幹什麼，其中一個人，好像是熟人，我一直想，是去年赴美時的船上等艙的一個筑前藩士，這個人忽然喊「耶呀！」，我也喊「耶呀！」沒有交談。因為回到祖國太高興了，竟然忘記自己立場，彷彿打了招呼。後來我告訴了平賀義美這一件事，平賀說他是某某（我忘了他的名字），去了美國以後搞了些壞事，被勒令回國，應該是這個人。

因把證照丟進海裡，所以登陸過關會發生問題。我們商量結果，決定空手，穿著新西裝上岸。

城山告訴我們：「要盡量說英語，佯裝是外國人通過關卡，直往神奈川台的富田屋（旅館）等我，我處理你們的行李之後再去找你們。」

我們三個人在船上故意講英語，走到運上前面時唱英文歌，這樣很順利通關，去了神奈川的富田屋。

我們等城山等了好久好久，正在擔心時候他來了，那時已經過了中午。他說：「久等了，在檢查行李時，從高橋的行李發現一支手槍，為此花了許多時間。為什麼有手槍呢？」

我表示，如前面說過，我赴美時，祖母教我切腹之方法的同時，給我一把短刀，教導我男子漢萬一時之因應。到了美國之後我一直珍惜它，有一次，一個美國人看到它，非常好奇，並問「為什麼帶這樣東西？」我說，這是祖母送給我護身用的，於是他拼命拜託我與他的手槍交換，交換之後，我把手槍擺在行李下面，忘記了。當然萬萬沒有想到它會在海關發生麻煩。

隔天，我們三個人和城山由神奈川前往江戶。時間還不到黃昏。我們三個人穿西裝，因而以為不會有人認識我們，在芝居町大搖大擺走路的時候，突然有一個小傢伙喊「和喜桑，和喜桑」，叫著我的小名。回頭一看，是在芝口之仙台中宅邸出入的名叫清平之梳頭店的小傢伙，是我小時候一起玩的童年朋友。因很久違，故我不由地想走近對其開口，此時城山和一條突然大聲罵這個小傢伙，因非常兇猛，這個小孩拼命逃離。

城山隨即提醒我說：「仙台藩的情況都還不清楚，現在萬一被看出來你剛從美國回來怎麼行。必須特別留意。」

來到露月町，我出生的川村家就在這裡。於是我對一條說「這是我生父的家，現在不知道情況如何？」對此一條說「是嘛，太好了，如川村能庇護你最好，我去商量看看。」他令我們在外邊等，他一個人進去。旋即出來說：「看那個樣子好像不肯。這樣做，隱藏的事情傳開出去反而不好。而且據說，川村家最近必須搬家。」因而城山說：「既然如此，我們只有去牛込的賣湯圓店之一途。」因其他人也沒有特別目標，故大家便跟著城山一道去。

從森有禮氏學童到大學南校教師

不久，我們到達了牛込堀端町的湯圓店。其後面有一座小小而很適合隱密居住的兩層建築物。城山與其屋主商量結果，我們決定從這一天開始隱藏住在這裡。

我們盡量不出門，完全不和外面接觸，這樣隱居大約一個月，在這期間，城山將我們三個人的事情告訴了森有禮桑，請他幫幫我們的忙。

當時，森桑從西方回來出任朝廷官員，擔任外國官權判事，住在神田錦町。一八六七年，森桑由歐洲回日本，經過舊金山時，與一條、鈴木見過面，認識森桑。因此森桑答允幫我們三個人的忙，讓我們住在他那裡。他以我們三個人再使用從前的名字很危險，故森桑更改鈴木為鈴木五六郎，我的名字為橋和吉郎，一條自己改名為後藤常。這是一八六八年十二月，我十五歲時候的事。

當時，森桑二十三歲，單身，生活非常簡單。家裡只有一個會計，為岸田吟香的侄子，十八、九歲，以及作飯的夫妻。他個性毫不在乎，萬事任人去幹。他早晨起床，就自己打開避雨木板套窓，和學童等一起用早餐。

起初，先生的菜是另外作的，但森桑看到此種情形，認為這樣差別不可以，乃命令和學童們一起吃。

經過五、六天之後，先生把我們叫去說：「還是來定功課。我來教英學。漢學跟後藤學。不過我實在太忙，所以我只教最行的人。由這個人來教其他的人。」結果所謂這個人選擇了我。課程決定之後，森桑教我，然後由我再教其他人。教書法的是金井之恭。

旋即，毛利之藩士內藤誠太郎、中原國之助，肥後之藩士江口高確等兩個人，前來森桑家當學僕（寄宿人家協助家務而求學的青少年）。但後面兩個人，不久就轉到別的地方去，一直在森先生家的是我們三個人，和內藤以及中原兩個人。

隔年（一八六九）元月，成立大學南校（後來的東京帝國大學之一部分……譯者），森桑以其不必再教我們，要我們上學，於是我們辦了手續。但以我們三個人都能讀和講英語，遂把我們編入正規班，要我們去橫濱外國人居留地，跟擔任道路工程師的巴列學習，及至三月，以英語不錯，我們三個人便被任用為大學南校教官（老師）的三等助理。

當時，仙台藩投降謝罪之後，藩主蟄居於芝增上寺。明治維新當初之藩論，分成勤王佐幕（支持天皇和擁護幕府）之兩派，據稱，勤王論多為國學者所主張，結果佐幕論占上風，反抗官軍。可是投降謝罪之後，倡議勤王攘夷者卻突然得勢，洋學者便被逮捕，因此當時之權威學者玉虫左太夫氏竟遭受逮捕坐牢，沒有經過任何調查就被砍頭。

由於這樣情勢，故勤王派以整肅洋學者來對朝廷表示忠貞，他們聽說我們從西洋回來，便暗中派遣偵探，監視和意圖逮捕我們。可是那時候我們是大學南校的老師。學校位於今日之一橋商科大學的地方，校內有教師的宿舍，因此不久我們便搬到這裡。可是有一天，鈴木驚慌失措地跑回來說：

「不得了，在學校門外，後藤被仙台藩的兩個人抓走！」

我覺得這怎麼可以。豈有此理，今日，後藤是朝廷的官員，仙台藩的人怎麼可以隨便抓他，於是我和鈴木遂去找森先生，告訴他這一件事。森先生說：「好，明天早上我去仙台公館與藩的辦事員談判，你們也一起來。」當時，仙台公館在日比谷見附。我們陪著森先生前往，森先生和田中辦事人員見面並嚴正表示：「現在後藤是大學南校的教師。不可以隨便逮捕和監禁，請趕緊把他交給我，同時希望不能再犯這樣的錯誤，這三個仙台藩人，由我來負責。」

田中辦事人員啞口無言，表示同意。於是森先生將我們三個人的戶籍設在他那裡。我曾暫時成為鹿兒島縣士族森有禮戶籍就是由於這種原因。

閒居的藩公

我們回國之後雖然隱身於牛込湯圓店樓上，可是正如俗語所云，風聲傳千里，我們回國之事，故鄉仙台都已經知道。

正在此時，鈴木六之助的生父古山龜之助，為藩公事前來江戶。他在江戶到處找我們。我祖母聽到此項消息，也想到江戶找我，她說她相信一定能夠找到我，惟家人以老人家一個人去不行，故講好以後全家人一起去找我。

古山到處找，終於找到我們所住位於錦町的森邸。他好像很急的樣子，穿著草鞋坐在門口椅子與我和鈴木見面。我們告訴他，我們受到森桑非常的照顧，他說他既然知道我們的消息而放心，因有急事，需要趕緊回去而告別。

鈴木之父親既然得知我們的住處，自然也會傳到江戶藩邸的人們，因此有一天，駐紮江戶之名叫淺井利平者來訪。他要受雇前仙台藩時，因需要一個親戚，乃以高橋為表面上的親戚，所以與我祖母等人也非常熟。他來說：

「現今樂山公（前仙台藩主……譯者），蟄居於增上寺。向公報告你們從美國回來，公很想召見你們，晉見公吧。」於是替我們辦理了其手續。

那一天，我和鈴木穿著由美國帶回來的西裝，由淺野帶領前往增上寺。在大約八張榻榻米大好小的房間恭候時，樂山公帶著兩個手下進來了。淺井把我們兩個人介紹給樂山公。我們座下來向其鞠躬。站在旁邊的武士以西裝的領帶為圍巾而小聲說：「在御前，把圍巾拿掉如何？」我說「這是領帶，帶著才合乎禮節。如果沒有領帶，就像一個工人。」對方笑著說「是嘛」。繼而樂山公問說：

「你們（在美國）滯留多久？那邊情況如何？」我們兩個人分別奉答。樂山公又問「作不作外國詩？」

「我們還沒有達到這樣地步」，「那麼吟詩呢？」我說：「沒有特別練習過，不過我可以背誦一兩首。」幸好我記得沙鑑特．李達第四卷的詩，故遂背給他聽。

The Spacious permanent on high, With all the blue
ethereal sky.

The Spring is coming.
Hark! the little bird is singing.

「那是什麼意思？」

我回答說：「一首是說，天空永遠廣闊，眼前盡是綠色……，另外一首說，春天來了，春天來了，君聽聽小鳥叫。」

樂山公說「是嘛」，好像很滿意的樣子。樂山公又說：「要繼續作學問，為朝廷盡忠。」然後看看左右命令說：「為使其作學問，給他們兩個人津貼」。於是左右的人祝福我們兩個人說：「因為到了外國，以足輕身分，竟能晉見（藩主）。千萬不能忘記這個榮譽。」

然後淺井說：「藩主已經有交待，所以再過兩三天，去看看田中事務員，他會給你們學費。」

兩三天以後，我們往訪位於日比谷的藩邸。田中事務人員說：「恭賀你們最近晉見樂山公，據稱公曾經有重要吩咐，太好了，惟因財政困難，無法補貼太多，現在決定每月各補貼二分錢。」並給予兩分錢。

我們謝謝他並領了兩分錢。爾後我和鈴木商量，「目前我們受到森桑照顧，不需要學費。藩邸既然財政困難，我們不要領這個錢好了。」因此往訪田中辦事員，予以婉謝。

達拉斯、林格事件當時

記得這是一八七〇年左右的事情。在大學南校發生了所謂達拉斯、林格事件。

達拉斯是橫濱的商人，是家世非常好的出身，據稱其祖父或誰出任過美國的副總統。他是一個極為人品高尚的人。

林格隊長係由上海來日本的人，這兩個人皆受過相當的教育。當時，護寺院原的大學南校前面有平地，外國人教師的宿舍就在這裡。

達拉斯的家，南校教師深澤要橘與其住在一起。林格的家，小泉敦教師經常在出入。這些教師之所以和外國人有如同居，是為了學習英語。

可是這兩個老外，竟然開始養起小老婆。當然不可能把妾女帶到宿舍，因此有時候到小老婆那裡去過夜。而這兩個日本人教師或給予介紹女朋友，或陪同老外去過夜的地方。

有一次，在佛爾別基先生邸的我的房間，年輕教師們在輪讀歷史書的時候，小泉慌慌張張跑進來說，剛剛接到校方通報，在須田町附近，達拉斯、林格兩位先生被砍，在大馬路的紙張店正在醫治。大家非常震驚，立刻趕往現場。兩個人靠在堆積於店鋪前面的日本紙呻吟。附近的醫生趕來正在洗滌和縫傷口，都是由背後砍的。林格的脊背被砍一刀，達拉斯的脊背和肩膀被各砍一刀。店鋪前面血跡斑斑。

旋即大學東校的醫師趕到，說天氣冷，要起火爐使房間暖和。紙店前面地方太小，極不方便，正好對面「西加拉基」的聚首茶館地方大，設備又佳，遂移往該處，將高大約四尺的棉堆積起來，在其上面鋪布，作為床鋪，令他們兩個人躺下來。受傷人的處置告一個段落之後，問了紙店老闆當時的情況，他說店員結了當天的帳，結束生意，只留便門，正門還沒有關。此時兩個老外滾進來，他們就是達拉斯和林格。

因說「我們是大學南校老師，被砍，請立刻連絡學校」，故我們立即連絡學校。傷勢嚴重，趕緊請來醫生，因為是附近醫生，他先用蒸餾酒洗傷口，縫傷口之前，他喝了許多酒，開始縫的時候手還是在發抖。林格為人非常剛強，大概覺得自己生命危險，要縫其傷口時，掏出手錶說，他死了以後，請學校能將這一隻手錶交給其遺族。達拉斯很衰弱，不能說話。

移往「西加拉基」之後，懂英語的老師得幫忙看護，南校的小博士箕作奎吾桑為其看護長，指揮一切。因此我們每天都去幫忙口譯，聽聽病人意見，協助照料。

達拉斯、林格受傷兩天之後，英國公使巴克斯由橫濱率領騎兵前來探望。當然日本政府也非常關心，作了應有的處置。附近醫生縫得很差，因此大學東校的醫生重新改縫傷口。將「西拉加基」前面大約二十公尺馬路暫時禁止馬匹、車輛之通行，馬路上鋪菰，使走路者沒有腳步聲音。由於它是日式房屋，必須調適溫度。為著避免產生碳，乃使用透紅木炭以保持房間的暖和。

因治療得當，病人已經好得多的時候巴克斯來，巴克斯對於日本政府的處置似很滿意的樣子。

經過大約三個星期，傷勢漸癒，精神好起來，也能說說話了。但我們仍然輪流去照顧他們，當病人精神好的時候，我們問了那一天晚上的情況。原來，林格的妾住在日本橋附近，達拉斯的小老婆住在神田方面。那一天晚上，林格和達拉斯帶著林格的妾，由小泉提燈走在前面，準備要去達拉斯妾的住處。走到神田附近，左邊有一排小攤店。以妾為中間，林格和達拉斯牽著妾的手，走到小攤店旁邊。當然小泉提著弓形提燈走在前頭。

此時達拉斯被砍，達拉斯瞬間繞小攤店左邊去。第二刀砍了林格，被砍的林格向前跑。繞小攤店之達拉斯再由右邊出來馬路時又被砍一刀。妾沒有事，小泉也一起逃。那時店舖都關門了，喊救人也沒有用。到須田町附近，紙店的門還開三尺左右，遂跑進去求救。小泉從這裡回來，裝若無其事，到我房間。

得知此種情況之後，我們覺得小泉這個人實在太可惡和沒有出息。給洋人介紹妾女，發生狀況時竟自已逃回來，是男人之垃圾。而且逃回來之後，還假裝若無其事，大家看不起小泉，排斥他，結果被學校革職。

後來抓到了砍達拉斯的人，記得是土佐（今日之高知縣）的出身，他的理由是：「覺得皇國的婦女被夷狄帶去不成體統。」

達拉斯聞悉抓到犯人，乃說「啊，抓到了嘛。我們已經沒有生命的危險，希望不要判犯人死刑。」於是我說：「發生這種事，畢竟是因為你們的行為不好所致。你們兩個洋人中間挾著一個日本婦女可能是欲砍殺你們的動機，加害者是有相當氣慨的人，如果使其受教育，懂得世界之大勢，或許能成為偉大的人物也說不定，你既然這麼想，替其請命，讓他到美國修業如何？」對此達拉斯說：「你說的很對，我來設法為其請命。」

一個月左右以後，兩個人幾乎恢復了健康，能夠在房間走動了。他們兩個人表示，希望早日回去宿舍。有一次他們對深澤說：「這裡都是男人，太單調，是不是把妾叫來。」大家都說：「我們都在這裡，怎麼可以叫妾來，我們不能和妾在一起」而大表不滿。他們回去宿舍以後，據稱叫妾來照顧他們。

發生這個事件的隔天，學校當局認為本校教師之中是不是有人砍殺，而來調查所有的刀。當時因為我的刀有血，大家覺得很奇怪，但這是前一天晚上，老鼠跑進我的房間，躲在衣櫥後面，我把牠刺死，我的刀才有血。於是大家哄堂大笑。所以當局一定調查很多地方。

最後，砍殺的人被判斬首。

那時候的森有禮

一八六九年年初，森先生主張廢刀論，為其先鋒。政府又召集官員組織會議所，森先生擔任議長，神田孝平氏是副議長。我們聽過森先生和神田先生有關時勢的演講好幾次。森先生之廢刀論的兩案如下：

（一）除官吏士兵外，廢止帶刀應為隨意。

（二）雖然是官吏，廢止短刀應屬隨意。

他在會議所會議提出這兩案，皆被否決。不特此，攻擊森先生的聲音充滿於所謂志士之間，身邊危險，因此晚間要去訪問三條（實美）公或岩倉（具視）公時，鈴木和我便跟著馬兩側予以保衛。

不久，攻擊森先生的聲音也起自其故鄉鹿兒島人。向來以武自豪的鹿兒島人，竟主張廢止為武士之靈魂的帶刀怎麼行，喧騰的責難聲音滿天下，政府由之驚慌失措，雖然有岩倉、大久保（利通）二公之庇護，森先生終於被免職，奉還位記（位階），回去故鄉。

如此這般，森先生回去鹿兒島，我們仍然在大學南校服務。不久，政府請在長崎的佛爾別基博士出任大學南校的教務長，住在校園裡，因而我們跟隨佛爾別基博士輪讀歷史書。我同時也聽聖經講解，自然而然地成為耶穌基督徒。

及至一八七〇年，森先生依勅命，再次由鹿兒島出來，出任小辨務使（相當於公使）前往美國。當時森先生說，「本來我很想把你帶去，因有好幾個比你年長的想去，所以或許無法把你帶去也說不定。不過因你也想去，故我會盡量想辦法把你帶去。」那時，明治維新前我在橫濱的前輩，江川太郎左衛門之手下的矢田部良吉前來大學南校擔任教授。因老朋友，跟我弟兄般親密。他比我年紀大，會話雖然並不怎麼樣，但英文比我念得好。因他很希望能夠出國，故我告訴了森先生：「如果有帶我出去的可能性，是否可以不要帶我而帶矢田部君去？」森先生說，你把他帶來看看，於是我把矢田部帶去和森先生見面。矢田部有如我的哥哥，非常頑固，極堅持己見。

介紹了矢田部之後，我又去看了森先生，我請問森先生意見，他說這個人稍有狡猾之風。惟因你極力推薦以代替你，而且他也有其優點，尚未確定，或許會帶他去。我回來之後老實告訴了矢田部此種情況，矢田部說：「森桑真的很厲害，我也有此感覺。許多人不知道我的這個缺點；他馬上看出來，實在了不起。但我必須改正這個缺點。不知道他會不會帶我去？」矢田部很佩服森桑的慧眼。他終於如其所願由森桑帶去美國，進康乃爾大學深造，專攻植物學，後來擔任大學教授。

當時，我擔心的是，跟我一起在森桑家當學童而很想跟森桑去美國之長州的內藤誠太郎是否去的成美國。森桑既然要帶去新認識的矢田部，自不能不把內藤帶去，內藤後來改名堀誠太郎，曾任山口縣農業學校老師，我擔任任日本銀行馬關支店長時代，和他見過一兩次，不久死了。

〔四〕放蕩時代

其機緣與「兩百五十兩」

森先生前往美國之前，他曾經把我的事，交託佛爾別基博士和當時之大學大丞（校長）加藤弘之桑。我也拼命用功，等著森先生把我叫去美國的一天。

可是因偶然事而著魔。這是一八七〇年（十七歲時）秋天的事。當時我住在佛爾別基先生家，有一天我從學校回來自已房間時，平常沒有太多交往的三個相當不錯的人物在等著我。他們是大學南校的低年級學生，是住在洋人教師宿舍之原越前藩家老職的子弟們：是本多貴一、本多丑之助、駒輿楚松的三個人。「來幹什麼？」我問。他們說：「最近要請格利費斯教授到福井藩學校任教，命令本田貴一要作陪回去故鄉。雖然專程出來作學問，現在要回去實在太可惜，惟因是父親之請求，藩之大參事的命令。這是我們三個人太不用功而好玩曝光的結果。問題是我們有借款，要回去也回去不了，不知道該如何是好。所以想拜託您，替我們想想有沒有還債的辦法。」

我問：「那就太麻煩了，到底有多少債？」「必須有兩百五十兩」。當然我不可能有那麼多的錢，我說幸好我有關係還算不錯的遠親商人，我去跟他商量看看，於是遂去淺草找牧田萬象商人說明理由，請他幫忙。這個人說：「既然因為這樣要幫忙朋友，我來想想辦法，不過我自已也沒有那麼多錢，我來試試看，盡量在兩三天之內給你送過去。」

隔天，他送來了一兩金幣、兩分金幣、一分銀幣等等一共兩百五十兩的錢。我寫了借據給他，同時把這三個人叫來，交給他們錢，他們非常高興謝謝我而回去。

可是過了幾天，這三個人又來說，他們向大參事報告準備十月份要回去，可是大參事卻說：「你們是家長要你們來作學問的，現在要你們回去，你們一定心不甘，情不願。不過以你們過去的作為，家長是不會同意你們留下來的。如果你們真正要改心換面努力用功，這一次我可以替你們求求情。」他們拼命拜託大參事幫忙，結果不必回去了。因我幫他們借到兩百五十兩大筆款項，本田貴一又不必回去，所以要設宴好好感謝我。

我說「這實在太好了。正如大參事所說，你們要好好讀書。晚餐要到那裡去？」說是兩國的柏屋。

遊妓院

我生平沒有去過這樣好的日本料理店，這是第一次，我首次在正宗的酒席看到藝妓，這也是第一次。因我是主賓，他們三個人（兩個本多及駒），皆非常賣力款待我。宴會的一切，皆由越前的商人福井屋包辦。

他們三個人，好像和藝妓都蠻熟悉和很要好的樣子。當時，我幾乎是無底，非常能喝酒，在大喝特喝的時候，我忽然發現：這一天我是主賓，但大家卻都在故意疏遠我，輕蔑我的樣子。

仔細一看，他們三個人都穿很好的衣服，穿著絲綢的衣服或外掛，帶博多或仙台平的裙子，腰佩的刀劍是黃金造的，我的刀也擺在一起，但那是一八六九年創設神祇官，國學者的丸山作樂氏等拼命倡議必須鼓吹神道，也對我們大學南校教師，禁止我們剪頭髮，要結髮，去神祇官時，必須穿著武士禮服帶大小兩刀，所以我到柳原花一兩二分錢買了武士禮服和大小刀。此時我也帶著這兩把刀。不特此，我穿的是棉布上衣，小倉的裙子。其身價當然差得一萬八千里。我頓覺問題出在這裡時，散會了。此時諸藝妓競相把三個人的刀，用紫色綢巾包起來雙手恭送到門口；我的刀則被丟在壁龕，這使我深感受到料理店侍應生和藝妓的侮辱。

我被這些女人侮辱是什麼道理？是不是因為我的穿著太差的緣故？我萬萬不能無視這一種人的輕蔑。

我既然接受了人家的歡宴，自應該回請。我決定我的服裝和刀劍要作得不會被輕蔑，在同一家料理店叫同一批藝妓請吃飯，乃請來前面所說的福井屋（當時在日本橋銀町專門做舊衣服生意的福井數右衛門）告訴這樣情形，要其替我做和那三個人穿的同樣衣裳和裙子，刀劍渡金的也無所謂，要黃金的，請他張羅一切，並問他什麼時候請合適，他說：「萬事我明白了，若是，新年快到了，元旦那一天如何？一切我來安排。那一天要給藝妓一些紅包，她們是很單純的。只要穿著、刀劍好一點，小費給得大方，必將完全改變其態度。」乃決定元旦晚上宴請他們。

那一天，我約他們三個人先去我常去的本石町澡堂洗個澡，然後趕去柏屋。

這一次與上一次情況完全兩樣，我得到和他們三個人沒有什麼差別的款待。得知這些人是看服裝和花錢大方不大方來對待的。

佛爾別基先生的一句話

玩的時候，他們三個人唱歌，跳舞，但這些玩意我都不懂。那時候的舞，是角甚句的舞，歌是明治維新後的一些流行歌。他們三個人建議我學學唱歌、舞蹈，因一到晚上，他們便前來我所住佛爾別基家教我唱歌和跳舞。

佛爾別基先生的廚師從窗戶看到這種情況嚇了一大跳。他大概覺得我發瘋了，好像馬上告訴了鈴木五六郎的樣子。於是鈴木來忠告我：「你現在在幹什麼，前幾天佛爾別基的廚師來告訴我，橋桑是不是發瘋了？一到晚上就在大聲唱歌跳舞，跟從前的橋桑完全兩樣。而且最近常常很晚才回來。你要自愛一點。」

此時，我在心中，對於鈴木實在抬不起頭來。既然給廚師看到，佛爾別基先生一定已經知道此事。晚上很晚回來，看門的雖然都替我開門，佛爾別基先生也一定知道。既然如此，自不方便住在這裡。於是和福井數右衛門商量，他說「那搬到我這裡來好了，幸好裡頭的房間沒人住。」因此我遂去看佛教爾別基先生表示：「因為個人的理由，想到外面租房子。」他說：「你是森桑去美國時交給我看管的，不過你既然想到外面去住，沒有問題，不過你如果想回來，歡迎你隨時回來。」同時從桌子上拿了一本有註解的通稱家庭聖經交給我。這是佛爾別基先生給我講解耶穌教時常用的那一本聖經，是封面黑色的好大一本。他交我這一本聖經時說，「我送你這本聖經，每天一定要看一遍。」

我的放蕩日甚

由於這種原因，我便搬到福井數右衛門的地方。這樣一來，我就不必看任何人臉色，故我的放蕩越來越厲害。

因此和藝妓開始交往，自然而然地學校也不大去了。當時愈來愈放蕩的一個原因是，友人山岡次郎君奉藩命要放洋，一再有歡送會、留別會，每一次都到藝妓家裡所致。

有一次，我和山岡因為福井數右衛門的介紹，帶著藝妓到淺草去看戲。我們兩個人在樓台，穿著藝妓的長襯衫，大喝其酒。休息時間，三個外國人和兩個日本人一起走亮相台向我們這邊走過來，此時山岡知道發生狀況，遂往後看，不知情的我，信口開河，一看亮相台這些人竟是學校的外國人老師。他們嚇一跳，我更嚇壞了。事竟至此，我沒有面子留在學校，那一天晚上一回家，我立刻提出辭職。

加藤弘之桑（大學南校校長）說：「你突然提出辭職，到底是怎麼一回事？森君吩咐說早晚要把你調到美國去，在此之前要我照顧你。」

我品行為不檢，沒有資格教別人，覺得非常沒有面子。因此拜託准許我辭職。」

「那麼，你另外有工作嗎？」

「沒有。」

「留在學校沒有關係，一直到森桑把你調到美國去。」

他這樣很親切地慰留我。但我在戲院外國人老師和同事面前出了這樣的洋相，而且其他同事也好像都知道這一件事，我的良心實在不許我留下來。這樣我請求加藤桑，加藤桑表示：「你既然有這樣的決心，那也沒有辦法。」而准許我辭職。由於此種原因，當時我雖然有一些儲蓄，但很快就花光了。加以我代墊那三個人的借款，每個月要付利息，無法還本金，實傷透腦筋。加以福井，看我辭職，沒有收入，知道我已經沒有存款，態度遂開始冷淡起來。

他甚至於說：「你不能白吃，希望你出些伙食費。」

因此我把書和衣服統統賣掉。只有留下佛爾別基先生送我的那一本聖經。即使過著那麼頽廢的日子，我還是大體上每天看聖經一次。這樣我慢慢開始覺得過這樣的生活不行，必須改正過來，惟因迷上女人，無法停止放蕩。

管理藝妓三絃（十八歲左右）

賣掉衣服和書，我勉強過了一陣子時光，可是福井卻要把我趕出去。看不下去的熟識藝妓東家桝吉（本名奧吉），叫我搬到她家裡去。

桝吉是越前福井之賣裝飾品店的女兒，原來是很富裕家庭出身，所以對於藝事頗有底子。她大我四歲的樣子，我住在福井屋時，她有時候來過夜，暗中在抽屜裡等給我放些錢。我就拿這個錢到柳橋（風化區）去玩。

可是到桝吉家，卻有其父母和所養小藝妓住在一起，特別是其父母明顯地不歡迎我這個不速之客。於是我終於開始做管理藝妓之三絃的工作。

當時，桝吉是日本橋第一流的藝妓，我既然年輕又最調皮，所以乘桝吉的酒席最熱鬧時候，我便去接她。結果本來很熱鬧的酒席便馬上冷清起來，我覺得這非常好玩，限定的時間一到，每天晚上我都這樣做。

劍道家的千葉（周作）年輕先生，大捧特捧桝吉的場，每天晚上請桝吉過去。那一天晚上我照樣去接桝吉。桝吉遂準備回家，酒席的燈馬上暗淡了。旋即藝妓、酒女等五個人左右來到門口。因大家彼此都認識，我便提著燈到別人簷下迴避。下來一批男士一邊吟詩，一邊唱歌出來。

此時先出來的一個酒女突然喊叫「啊，橋桑在那裡橋桑在哪裡。」千葉的伙伴都知道我和桝吉的親密關係，我在搞鬼，因此喊說「揍他！」而追過來。我遂熄燈，拼命逃跑。剛好是夏天，到處有涼台。我趕緊躲在涼臺底下，得以倖免。這是我一生滑稽的失敗之一次。

在此之前，在福井屋時代，住在芝的祖母，大概得悉我的放蕩，來過福井屋。那一天剛好桝吉在我這裡過夜，妹妹藝妓，早上從家裡送來飯菜。此時，福井太太來說「你在芝的祖母來了」，我非常震驚。但我住在最裡頭房間，無處可逃。兩個藝妓在驚慌失措時，我祖母進來了。

祖母說「好久不見，看起來你好像很好的樣子，這兩位呢？」我狼狽不堪，於是我突然回答說「她們是鄰居」。

祖母說：「是嘛，謝謝照顧我孫子，他年紀還小，請多多關照。」因為非常有禮貌而客氣，於是兩個藝妓覺得很難為情而溜了。

我以為我會受到祖母的責難，可是她卻說：「你已經不是應該被別人說東道西的年紀，你要好好思考，不要貽誤自己的一生。老生常談，祖母朝夕在祈禱神佛，希望你能出人頭地。」她諄諄這樣告誡我，並拜託福井屋能多多協助我。桝吉對於我祖母這樣的態度，好像非常感動的樣子。後來她要我搬到她的家這可能是一個很大的原因。

我將往何處去

我雖然搬到桝吉家，但我的環境卻如上所述。男子漢怎麼可以這樣沒有出息，我開始討厭自己；有一天黃昏，我在桝吉家前面，仰天思考的時候，突然有人從後面喊我。他是我在明治維新前在橫濱時代認識的小花萬司。

「你不是和喜桑嗎？好久不見。」他問。

「噢，你是小花君，你現在在幹什麼？」

「我在內務省（內政部）。你呢？」

「沒有事。正在想找個事情作做。」

「剛好。最近肥前的唐津藩（今日之佐賀縣北部）創立英語學校，正在探尋老師。前幾天，內務次官渡邊桑還問我有沒有什麼人，要我幫忙找，我覺得林董三郎（後來的林董）不錯，遂去找他商量，林說他目前在美國公使館擔任秘書，不想去唐津。你去如何？」

「去當然可以，不過請你再把事情說明詳細一點。」

他說「唐津藩還沒有洋學校，首先要建立英語學校，其次要訓練法國式步兵，正在找操練的教官和吹喇叭的老師。這些都找到了，惟找不到英語老師。待遇是帶伙食，月薪一百圓。你如果去，受託的我也會很有面子。怎麼樣？」

由於這樣來龍去脈，去唐津的事，進行得很順利，我也和該藩的家老（總管）友常典膳氏（曾任眾議員之友常穀三郎君的父親）見面，正式決定去唐津。

於是我遂預借若干薪水，訂作西裝，還一部分借款。為本多等人借的兩百五十兩，無法立刻償還，我便重新寫借據，明言今後將以每月由唐津藩領取的薪水還本金和利息。

到唐津，當然我一個人去，惟因祖母年紀大，需要有人照料，乃決定東家的桝吉停止做事，由她照料祖母，乃租在淺草之牧田萬象（幫忙設法兩百五十兩的人）的後面房子，跟我祖母一起住。惟東家還有年小藝妓，為其費用，我每月各匯十圓給她們，安排一切，我改名東太郎（用東家桝吉之姓），前往唐津。

起初，當然桝吉想作我的妻子。我以為這樣也很好。因此桝吉辭去工作，與我祖母同居，可是我去唐津以後，她的父母拼命要求她回家。開始時她拒絕了，但她無法堅持下去，加以牧田萬象在戀慕桝吉，因不聽話而受到種種壓迫，終於與我祖母商量，得到對方保證，終於離開了我祖母。

爾後桝吉結了婚，在日本橋開設酒茶館，二十年前五十多歲去世。

老妓女的忠言

去唐津，大老的友常典膳氏也一道前往，他說為初見面禮，要請我吃飯，而被帶到吉原（以風化區馳名……譯者），這是我第一次到吉原。

記得是金瓶大黑。宴會之後到了老妓女房間，令我嚇一大跳，因為其客廳擺著當時之洋學者求之不得的《威布史達》大英文辭典和《加諾》邏輯學書，其旁邊堆著《八犬傳》等等。

旋即老妓女來了。她是名叫小少將的女性，她取出《八犬傳》開始大說特說仁義禮智信。並稱：

「你第一次到這裡來，但這樣年輕的你不應該來這個風化區。你要好好用功俾出人頭地，所以你不可以再來這裡。」她很誠懇地給我這樣非常意外的意見。

這番話使我深感：吉原的老妓女不能和柳橋的藝妓相比。惟因有洋書使我百思不得其解，我乃問她「那些洋書妳看得懂嗎？」她說「我看不懂。惟因有看得懂的客人，所以擺在那裡。」

連婦女都對我提出這樣意見，這令我深深反省，鞭策我必須努力奮鬥。

不久我們由江戶出發，海路到達神戶，訪問當時的兵庫縣令的神田孝平桑，談了要去唐津的事。神田桑談到在國外之公子乃武桑來信等等。我們由神戶直往長崎，從長崎搭船到鯛の浦，由此地坐轎踏上唐津領內。藩方以遠來的老師要到，特地派少參事，帶馬、轎子來國境迎接。

當時一道去的有法國式操練的山脇老師，多田喇叭老師，他們都是幕府的武士。我以為操練的老師將騎馬。他卻不騎，喇叭老師也不騎，自然由我騎馬，他們兩個人坐轎子。因我在美國時騎過馬，所以駕馬能夠隨心所欲。一鞭驅馬，便走在前面，轎子遠遠落後，我第一個插足其「首都」。路上舖砂，掃得整整齊齊。出迎者皆正襟排隊，歡迎極為盛大而隆重。

一行被迎至城門前御使者公館。晚上，來了四十名左右藩士，幫忙接待，在大廳開始酒宴。按照當時的習慣，在這種宴席，會比賽喝酒，使對方喝輸，算是勝者。從東京海路至神戶，由神戶直往長崎，酒都不錯。可是唐津的酒是所謂地酒，加以山脇、多田兩君都不喝酒，因此由我一個人以四十多人為對手，比賽喝酒，真是很辣手。惟因如此，我便很出名，他們都說英學老師比步兵老師偉大。

英語老師

我遂整修城內的士族邸作為學校，立刻招來五十名學生，開始上課。可是按照當時之唐津藩的規定，士族家庭禁止彈三弦琴，婦女只能彈一般琴。城邑禁止經營料理店，藩士要在外面喝酒，米店、布莊或魚店後面有大接客廳，在那裡請附近姑娘斟酒。

由於藩風是這樣，所以漢學、擊劍極盛，攘夷風氣很濃厚。因此不少年邁者反對英學。加以我是披頭散髮，不佩戴刀劍，這個模樣給唐津藩不小衝擊自不待言。

我去唐津的時候，青少年沒有一個剪普通頭髮的，但五十個學生統統披頭散髮不帶刀子，於是許多青少年向他們看齊。因此受到擊劍人們的嫉視。

有一天晚上，我和兩三個藩士在城邑喝酒時候，學校失火燒掉。據稱這是由於反對派放火的緣故。

當時恰好唐津藩主要搬到東京，其原來城堡空出來，我便建議用它作學校，曰：「既決定開國進取之方針，倡議英學，營造法國式步兵之機會，為貫徹此項宗旨，應順今日之時勢，根本喚醒頑固者流之耳目。為此首先藩主應為其模範，請將城堡開放作為學校。」

幸好，藩主和大老都贊成我的意見，不久城堡遂變成耐恆寮（英學校名稱）。

當時之五十名學生在藩的青年中，都是非常優秀的人才。因此從ABC教起，不到半年，就有能替我教初學者的人。

與把學校遷到城堡的同時，增加學生名額至兩百五十人，以藩費培育。因我的借款也全部還清，故我的月薪不必一百圓，乃決定每月只領六十圓，其他四十圓交給學校作為維持費之一部分。我一心一意努力於奠定學校之基礎，並與藩的大老商議一切。

後來我得知唐津藩，從明治維新之前，就以製紙、捕鯨魚作為藩之兩大直營事業。我調查其製紙事業，每年至少有將近四萬圓的利益，乃以其中的一萬五千圓作為維持學校之費用，奠定了耐恆寮的基礎。

當時，我由唐津寫信給祖母，它這樣寫著：

敬啟者，天氣寒冷，諒一切順遂，為頌。為金錢事，曾令祖母很不自由，因領到三月之薪水，借款已全部還清，請釋念，惟自十二月起，月薪將是六十兩，請能理解，萬象之三百兩，已還清，如有餘款請能取回為禱。只是交代此事。

十月四日

祖母大人　遙祝健康 萬華順利

上述所謂借款，是為福井藩之本多、駒等人代借之二百五十兩的餘款。

酒量日日七、八瓶

我在耐恆寮的教授方針，與在大學南校所實施的一樣，在教室完全以英語來教，盡量不用日語。

可是學生本身無法判斷，現在自己所學的英語，與外國人對話時，到底有沒有用。很想和外國人見面，試試看。

有一次，唐津的港口進來一艘外國船，要裝煤。機會難得，有人建議把學生帶去，實地研究，我便去看外國船船長，說明這樣情況，問他願意不願意和我學生見面，他表示非常歡迎，我便把最好的十四、五名學生帶去。

首先我對船長說：「我在教這些人英語，他們都沒有見過外國人，和外國人談過話，懷疑自己學的英語到底和外國人交談時通不通。今天我把他們帶來試一試，或許會亂問，有失敬的地方，但請不要客氣，盡量問，把它當作英語的練習，拜託拜託。」船長欣然同意，拿出啤酒等款待大家。

於是學生們開始爭先恐後地，用在學校所學的英語，想和船長交談。他聽了之後就予以回答，至此他們才知道自己學的英語是真正的東西，而非常高興和放心。當時之學生現今還在世的有天野為之博士、曾禰達藏博士，現今在唐津之工學士吉原禮助君，法官的掛下重次郎君，銀行家大島小太郎君等等；去世者有化學家的渡邊榮次郎君、工學博士辰野金吾君，西脇、山中、鈴木諸君。

如上所述，耐恆寮的教學有過相當的成果，但在另一方面，我來唐津以後更加喝酒。早上上課前喝涼酒，中午喝一升，晚上找來學校的幹事等舉行酒宴，每天平均喝三升（七瓶半）。甚至學會吃鷄肉喝酒而養鷄。星期天，帶著幹事、學生、工友等五、六個人到村落買鷄回來，在城裡養，每天晚上宰兩隻，吃鷄鍋料理。

那個時候，我把對方名字忘了，在各藩流行著能說善辯之士，去游說各藩，各說其信念和見解，互相辯論，駁倒對方者算是很有面子。

有一次，我獲得佐賀藩的有志之士要來唐津遊說的消息，當時之佐賀藩遠比唐津藩有權威，人材也多。各藩大抵上由藩侯出任知事，其重要親信擔任大參事或其他職務。因此各藩之間，有過今日無法想像的明爭暗鬥。

由於這種原因，佐賀縣的有志之士來唐津藩，萬一給駁倒時非常沒有面子。不贏沒有關係，只要能論辯平手就行。藩的大老聚首討論，討論不出一個適當人選。最後要我代打。因大家的意見，故我接受了。那一天，我借別人的正式武士服裝，佩戴刀劍，以武士模樣上場，佐賀藩來了三個武士。接待人員將其請到御使者公館。好好款待。

時間一到，我單槍匹馬前往御使者公館。來者的其中一個人，背向壁龕柱子很神氣地坐在那裡。其他兩個人在隔壁房間。

酒宴之後，馬上開始議論。令我驚訝的是，對方在拼命主張共和政體。當時，許多人在看福澤（諭吉）先生的《西洋事情》一書，可能受其極大影響，大張旗鼓地在主張共和政體，萬萬沒有想到其與日本政體不相容。

我去美國目睹共和政體，特別是實際觀察村議會或市議會，非常清楚其腐敗情形，我說明其情況，痛論日本不可以採用共和政體，對方贊成我的說法，輸了。

意外的是，當時的日本，只有東京到橫濱的一條鐵路，這個人竟倡議鐵路之利益，大力主張普及鐵路，以開發產業，對於這個議論，我非常佩服，讓他一步。如此這般，彼此很愉快，圓滿結束。

得悉此種情況之唐津藩的人。都覺得很有面子，而非常歡欣。

自習漢學

在唐津也曾經有過這樣的事。耐恆寮搬到城堡之後，唐津藩的前輩，主管學校的少參事中澤健作，以學校的一室作為自己房間，每天都在學校。這個人學荷蘭學，也與神田孝平桑等人一起學習過，神田桑給我的信也提到唐津有中澤這個人。有一天這個人對我說「東桑，你年輕英學好，不學漢學很可惜。你學學漢學如何？如果不嫌棄我來幫你。」因我也一直有這個想法，應該學學漢學，乃回答「拜託拜託，念什麼呢？」他說「先開始念《日本外史》如何？」

我馬上買來《日本外史》請教他。因我幼小時候素讀過四書，覺得這樣念也不錯，乃先請中澤桑讀三遍，然後由我來讀。於是中澤桑開始讀最前面的兩三頁。爾後由我來讀，但有幾個地方讀不出來。這樣試了一個禮拜左右，可是過去念的現在卻忘記了。

耐恆寮的學生中有不少人讀過漢學。我覺得我跟中澤桑學日本外史，讀三遍還不會，將被學生瞧不起。爾後中澤桑也不是每天都來。因此我就不再和中澤桑學習，自己另外買《玉篇》，每天晚上喝酒之後，靠《玉篇》來看日本外史大約三個小時。開頭的三本念得很辛苦，以後就好多了。靠著辭典用功經過大約三個月，我把日本外史全部看完。在這期間，很睏的時候我就灸我的指甲。因灸許多地方，人們看到其痕跡，常常問我到底怎麼一回事。

有一次中澤桑看到我的灸痕，問我怎麼樣拉？我接受你的建議開始學漢學，因感覺自己不長進，認為必須自修，每天晚上飯後用功三小時左右，開始愛睏時就灸灸自己，因而稍稍能讀外史了。現在我來讀，讀不對的就請你給我改正，有好幾個人名不會唸，他教我這些人名的唸法。中澤桑聽完之後，很滿意的樣子。

這是我回日本以後，真正學漢文的開端。因此我的腦袋才有日本的歷史。讀完日本外史之後，我讀了國史略。我的漢學素養，僅僅如此。

到了唐津以後不久，壽昌寺的和尚，當時是艉毛山的神官，他原來是佐賀的人，據稱其故鄉有叔叔和叔母，所以我曾騎馬去看過離開唐津十二、三里的其叔父叔母家，說和尚所說明治維新當時的情況給他們聽。

那時候，我的放蕩可能傳到美國三界去了，可能為了勉勵我，內藤和矢田部都來了「你是無藥可救的人，趕快給藝妓生小孩，教育教育小孩吧。」等等絕交的信。而這也給我極大的勉勵。

因酒而吐血

一八七一年十二月（十八歲）月底，因學校休假，我去參觀了唐津藩的捕鯨魚。當時捕鯨魚還是藩營。

一行三人，先去呼子（地名）參觀船饅頭，去一個島（忘記其名稱），在庄屋（村長）家等著捕鯨魚回來。

船場有一個看守所，唐津藩的少參事穿著武士禮服坐在那裡。其後山高台上插著旗桿，在那裡看守人用望遠鏡瞪著。發現鯨魚就升起旗，此時在下面的捕鯨魚船馬上要出動。

到達島嶼是除夕晚上，因我從早上就不停地大喝特喝其酒。三個人說，還沒有捕到鯨魚之前，我們來喝酒，到晚上，輪流一個人睡，兩個人喝酒，好像虹在吐氣，一直喝酒。

經過兩天，元月（一八七二年）三日捕到鯨魚。是一條非常可愛的小鯨魚。當初豎起蓆旗時報告說看到三隻鯨魚，雌、雄在兩側，中間是小鯨魚，接到這個消息的鯨船，立刻出動。其勇猛，有如往昔出去船戰，八個人坐的船好幾條，並排櫓舵，大聲疾呼，向海面而去。各船皆有投魚銛的人。

旋即逮到最前面的小鯨魚。大鯨魚跑掉了。不過逮到小鯨魚，雌（母）鯨魚一定會回來找小鯨魚，大家認為抓到母鯨魚是時間的問題，結果還是逮到了。

抓到了母鯨魚，島上的居民總動員，打鼓敲鑼，熱鬧翻天。把鯨魚運回來之後，先用大刀割取大約一尺四方的肉，將其放進鍋子，爾後讓島民隨便取用。於是不分老若男女，各取仍然在滴血的魚肉而去，非常雄壯無比。

鯨船統統回來之後，為慶祝其盛舉，我們贈送酒桶。

晚上，少參事送來各種各樣鯨肉。於是又開始酒宴。所吃的鯨肉，遠比在唐津吃的，要美味得多。

學校開學是七日，五日返抵城內。遂去家老（總管）等人家拜年。到處被請喝酒，五日六日，連續喝酒兩天。

七日舉行開學典禮。早晨學生列隊，擺了四斗桶酒，首先我喝了一大碗酒，然後把碗交給第一排同學，依次輪下去。

隔（八）日，文部省的視學官要來視察。因此大家說教育場所酒味這樣重不好。我說「元旦喝喜酒，更何況還沒有開學，應該無所謂」。我沒有理它。隔天視學官來的時候，我先說明酒味重的理由。

八日晚間，照樣喝酒睡覺，突然覺得胸部痛，終於吐血。大家驚慌失措，遂請鑾熟剛由長崎前來上任的唐津醫學校老師兼醫院醫師來診斷，他說：

「不得了，我一直勸阻你不要喝太多酒，你喝得太多，是中酒毒，你恐怕沒有命了。」他這樣嚇我。

不過一個禮拜左右之後，情形好得多，能在房間內走動了。我的房間在樓上，樓下每天晚上。老師和幹事們在那大吃鯨肉、鷄肉、香菇吃酒。不知何故，病後不喜歡此種味道。特別討厭酒味。

因病日癒，遂洗個澡到樓下，進去房間一看，老師們在喝酒。「老師要不要來一杯？」我說「我覺得臭臭地，不想喝。」其中一個人大喊說「揑著鼻子喝就沒有問題。」我照樣作，的確很好喝，因而我又變成「酒鬼」。

唐津的騷動

此時，學校日漸順利和安定。我以男性學英學，女性也應該學學英學，以瞭解西方情勢，藩的前輩也有人贊成，結果曾禰達藏博士之妹妹奧有（平假名日音譯）、友常典膳氏千金奧泰、佛克（皆平假名日音譯）三個人率先入學。我們的構想是想用這三個人作老師，以便開辦女子英學校。

奠定了學校基礎之後，必須聘請外國人教師，由外國訂購有關圖書。這一切，最好和佛爾別基先生商量，因此不久我便回來東京。

回來東京之後，我遂去拜訪佛爾別基先生，商量學校事，先訂購當前所需圖書。此時從唐津有兩個藩士，匆匆忙忙趕來稱道：「先生不在時發生了天大的事。唐津藩被伊萬里縣合併，在唐津成立分機構。因有人密告藩之製紙事業的益金分配問題，故友常大參事以下主要人物皆被伊萬里縣拘留，加以伊萬里縣官員進入學校庫房，拿走製紙款項和帳薄。

學校被勒令關閉，藩士統統被命令閉門蟄居，藩中有如沸騰之鼎，青年們皆不知該如何是好。因此請能設法早日復校。另外，在伊萬里縣，耶穌基督教徒皆遭受砍殺，他們在調查先生是否與耶穌教有關係。」非常緊張。

於是我遂去看佛爾別基先生，轉告唐津藩派來的密使所說的話，訂購圖書，已經訂了沒有辦法，聘請外國人教師事，暫時按下。至於對基督信徒之無理壓迫和學校之復校，特別請佛爾別基先生向政府建議，我自已也去內務省有所陳情。內務省有關人士表示：「伊萬里縣似乎搞得太過分。內務省希望寬大處置，我們會叫他們適可而止。」於是我放了心。

由於此種原因，我決定立刻趕回唐津，由東京直往長崎，由長崎坐轎，星夜趕回唐津，抵達唐津時，城內有若禁蟬，肅靜極了。

首先，我趕往伊萬里縣唐津出張所（分機構），嚴詞與對方談判其無理處置，對方「同意學校之開校」，學校乃於一個星期左右，恢復上課。

但被伊萬里拘禁的友常君以下幾個人，不得釋放，我遂設法給他們送去零用錢。

不久，傳來唐津說，友常君曾意圖刺喉嚨自殺，藩中由之非常動搖不安。但其情況不甚嚴重，友常君沒有死。在這過程中，內務省來了指示，友常君等人，皆獲得赦免，回到唐津，這是一八七三年的事。

〔五〕供職大藏省—失業—文部省—校長—無業遊民

辭掉唐津之耐恆寮工作，回來東京，是一八七三（我十九歲）秋天的事。在此之前，驛遞寮之前島密君問鈴木知雄，認識不認識懂英文的人。因鈴木告訴前島我已經回來東京。前島說「我想跟他見見面」，因而我和鈴木去看了前島。前島說：「郵政事務剛開始，必須準備一切。也得請外國人來，到時請你作口譯。在此之前，翻譯翻譯美國的郵政規則如何？」我說作作口譯、翻譯美國郵政規則可以，而當場答應。於是遂應邀去大藏省，由大藏大輔井上馨桑給我大藏省十等出仕派令。當時驛遞寮隸屬於大藏省，位於東京大地震時燒掉的舊遞信省地址。

前島君的副手是真中忠篤，為人非常親切而有禮貌。當時我年輕力壯，中午時頃，我就附近叫來日本麵和酒，大吃大喝，對此舉，辦公廳的人，好像很不以為然的樣子。不久，前島交來翻譯原文，因而我說「如果只是翻譯，我可以不可以不必到辦公廳來，在家裡翻譯？」前島說「可以，不過對於工作要有所規定」，乃決定每個月翻譯十行紙二十字的稿紙，二十五張以上送去辦公廳。

那個時候，我住在佛爾別基先生處，邸內大雜院還有後來的獲得博士學位的曾禰達藏君、箕作佳吉君等，我令他們幫忙翻譯。可能因為我不上班，在家裡工作，在官員之間發生問題，因此有一天，前島把我叫去並說，「你不上班，單位也還沒有搞定，好像你一個人是特別待遇，造成種種麻煩，不好意思，以後請你上班。」同時確定我的編制。

我的課長是五島，長條辦公桌，課長坐在中央，其對面是我的位置。課長和我兩邊都有其他職員。有一天，五島課長拿來一張茨城縣西野紙，要我寫佈告文。這個佈告文是要貼在日本橋橋站的。因我從來沒有寫過這樣的東西，我以「要我寫在馬路上貼出來的東西，我不會寫，因我沒有練過毛筆字。」而予以婉拒。

他說「什麼？怎麼寫都沒有關係。」硬要我來寫。因我有一點不服氣，遂說我練練再來寫，遂在他交給我的西野紙上開始練習毛筆字。坐在我旁邊的一個職員同情我說，「要求任何人寫佈告文是有問題的。它有它的專人。擺在那裡沒有關係，等一下有空時我來幫你寫。」因我不齒課長之無理要求，故有一陣子我沒有上班。

拒絕接受「免職命令」

有一次，前島君對我說：「口譯和翻譯的工作，今後會愈來愈多。可能會人手不足，所以最好能再找一個人。」我到處物色，當時能把外國人的話口譯很好的人才的確很少。從前我在大學南校擔任教師時，同事之中有鴨池宣之者，他為人溫純，口譯也不錯。這個人行。當時他在華族學校教書，我遂去找他說明情況並謂：「來遞信寮工作如何？總比當學校老師有趣。」我這樣遊說他兩三次，他終於動心，決定辭去教職。

至於待遇，因我擔任十等出仕時前島君說：「暫時這樣，外國人來了以後再說。」因此新找來的人，也一樣待遇，因此對於鴨池我也這樣告訴他。

因鴨池下定決心要來，故我去告訴前島，前島竟在眾人面前稱：「現在你一個人都已經嫌太多，怎麼能夠雇用不必要的兩個人？」此時長官（首長）、課長、課員全部在這個大辦公廳辦公。因對於這個說法覺得非常意外，我遂怒氣衝天地反駁他說：「那，你為什麼拜託我？鴨池也不是沒有工作。他現在是華族學校的老師。因你說還需要一個人而拜託我找，現在我找到人了，你卻說不用，我不懂得你在搞什麼鬼？」大聲叱咤之後，我拂袖而去。

我同時附上辭職書，令人送去。辭職書這樣寫著：「我不能理解你今天所說的話。不錯，你是我的長官。但這不是我拜託你而來的；而是你請我來的。今日竟在同事眾人面前大言不慚說我是多餘的人。身為長官用不必要的人，實對不住朝廷，我不齒在你手下作事，因此寫此辭呈，請立刻賜准。在辭職書我不寫此項理由。但現在我要辭職是由於今日上午你不負責任的失言。」

令人送去辭職書幾天之後，有人送來「免出仕」，並要我寫收據。我說我提出辭職書，希望准許我辭職，怎麼給我的是「免出仕」（免我的職），真豈有此理，因此我拒絕再收到他們的東西。

由於這樣來龍去脈，我在驛遞寮的差事，在糊裡糊塗中辭掉了。上面以為他們免了我的職，但我還是認為我是依願免職的。我離開之後，塚原周造君進去，因此，在我履歷表中，以後我從來不寫在驛遞寮這一段。

重作學生——英譯《膝栗毛》

大學南校以後逐漸完備，成為擁有法學、理學、工業學校諸藝學、鑛山學各科之開成學校（為日後之東京帝國大學，也就是今日的東京大學……譯者），從前我教過的學生小村（壽太郎，曾任外相……譯者）等，便是開成學校的新學年一年級學生。

於是我自已思考，認為這樣不行，必須再進修，乃投考和進入開成學校。即從前的老師變成學生。

我認識末松謙澄君，就是在這個時候。此時，我仍然住在佛爾別基先生處，佐佐木高行侯爵之千金靜衛桑，跟佛爾別基先生之小姐學英文。這時有一個青年經常陪同靜衛桑來學英文。有一天，這個青年照樣坐在雜院簷下廊子，我便請他進來聊天。我們兩個人由之變成很好的朋友，而這個人就是末松謙澄君。

當時我的生活狀況是，開成學校有一位老師叫做馬卡迪博士，是經濟學系的教師。他是傳教師，在中國多年。他請我把《玉篇》的讀法用羅馬拼音寫給他，為此他每個月送我十圓作為報酬。此外，去年到越前的格里費斯氏回來東京，出任開成學校的理學老師，他有意撰寫有關日本事情的著作，端出好多東西交給我，要我口譯，由其筆記。其中最長的是《膝栗毛》一書。我口譯時，格里費斯先生的妹妹（後來出任一橋學校老師）經常在其身邊聽著，因有彌次郎兵衛、喜多八之五十三次（關卡），有相當下流的話，不方便在她面前說出來，這種時候便請她到隔壁房間。他也每個月送我十圓，這二十圓是我的學費。午餐和佛爾別基先生家族一起吃，早餐晚餐，佛爾別基先生的廚子幫我送到我房間，所以糧食完全由佛爾別基先生供應。當時伏見宮貞愛親王十六、七歲，很年輕，在大學南校修法文，有時候和佛爾別基先生家屬一起用餐，我也奉陪。

有一天，我請末松君進來房間聊天，得知他「由豐前出來不久，目前在佐佐木家當書童」。我問他：「將來想做什麼？」他說：「我運氣好考上了剛成立的師範學校，我想去唸。」

政府於一八七二年五月，創辦東京師範學校，以箕作秋坪氏為校長，正在招考官費生，末松君考了這個考試。

我問：「是嘛，師範學校畢業以後要做什麼？」「畢業以後去做小學教員」他回答。我說：「現在去做小學教員也沒有什麼意思。你是幾百人應考者中考上的，你會漢學，再學學洋學如何？」「這個固然很好，但我沒有錢，沒有辦法。」

我說：「英學我來教你，你教我漢學。每天你陪她來，在這裡等的時候這樣作就行。」於是我們開始交換教授英學和漢學。

為末松謙澄君—與箕作校長談判

末松君和我的交換教授，我沒有用普通方法，一下子讀巴列的《萬國史》。末松的進步非常驚人。在這過程中，佐佐木高行侯爵夫人（當時高行桑剛從外國回來），得知我的事，乃再三透過末松，希望我教其公子高美氏英文。夫人的構想是，要我祖母、弟妹全部搬到佐佐木邸的大雜院，將其一部分當作教室，在那裡給小朋友教教英文。

末松之進師範學校的時間已到，因其英文之進步特別快速，故我勸末松「不要去師範學校如何？」他的心動了，隨即去和佐佐木夫人商量，夫人非常生氣，他說：「你從鄉下出來，在我家脫掉草鞋，用功考上師範學校，可以享受公費，現在怎麼可以隨便放棄？」末松回答說「因為高橋拼命這樣勸我」。「高橋桑既然這樣說，那也沒有辦法。但以後你的事，我們一切不管了。」他垂頭喪氣地來這樣告訴我。於是我說，「佐佐木的奧桑說了這樣的話嘛，既然這樣，那他們的家庭教師我也就不去了。」我這樣安慰了末松（末松後來成為伊藤博文的女婿，曾任好幾任大臣，擁有文學、法學雙科博士、子爵……譯者）。

末松隨後去訪問箕作師範學校校長，說明同樣意思，結果又被大訓一頓。箕作說：「三百多名應考者中只錄取一百五十人。想進來者多的是。你來應考獲得錄取，怎麼可以突然放棄？如果製造這樣例子，許多考取者隨便不來怎麼辦？」

被訓一頓的末松又來找我。

我以「剛剛收到錄取通知，拒絕有什麼關係？年輕人只滿足做小學教員？怎麼可以妨害要立大志，努力奮鬥的人？我去和他理論。」遂去找箕作氏，與其辯論結果，得到了他的同意。

推銷外國新聞

由於如上所述理由，末松放棄上師範學校。因此我們兩個人必須自己賺取學費，我慢慢思考結果，因末松的英文已經相當進步，於是我提議翻譯西方新聞，賣給日本的報館。當時日本只有日日、朝野、讀賣、報知四家報紙，其內容大多是日本國內的新聞，沒有一個報紙刊載外國的事情。於是我想：佛爾別基先生那裡有許多英美報紙。尤其是倫敦之有圖片的報紙，有非常好玩的報導，我來口譯，末松來把它寫成文章，賣給報館如何，他問說「會有人買嗎？」而非常擔心。我說「買不買，拿去才知道」。

於是去向佛爾別基先生借來報紙，翻譯之後拿去朝野、讀賣、報知去試，都被拒絕。最後拿去日日，此時岸田吟香氏偶然剛出來。他是我在橫濱赫本先生處學英文時，給赫本先生教漢字的老師，在赫本先生處見過好多次面。

岸田氏下面有一位名叫南喜山景雄者，跟他們兩個人談，他們都覺得「蠻有意思」，並問「有沒有現成的？」遂給他們看，對方看完之後說「這蠻好玩，那就拜託了」。隨即決定稿費等等，稿費為二十字二十行稿紙一張五毛錢，但稿費之計算，限於刊登的字數為限；題材由譯者自由選擇。

與日日新聞社談妥之後，我們便馬上開始翻譯並送給報館。當時的日日新聞是西野紙折半的半面報紙，有一天，它刊出我們翻譯的文章，末松喜如若狂。高興得無法形容。

及至月底，我們兩個人連袂到報館去準時領取稿費。南喜山氏表示：「到底刊登了多少字數還沒有計算，你們一個月究竟需要多少錢？」「兩個人最少需要五十圓」我們回答。南喜山氏沒有說什麼就給我們五十圓。自此以後，不管報紙有沒有刊登，每個月給我們五十圓。

這個時候，我和末松君商量寫作專著，稍微留意，有一天看到佛爾別基先生的小姐在看《聰明的少年們》這一本書。看了一下，覺得非常有趣，遂借來該書，和末松君開始翻譯。譯完之後，取名《西洋童蒙鑑》，加上插圖，作好版本，卻沒有錢出版。不久，中村敬宇先生出版了《西洋童兒鑑》一書。一看竟是同一本書的翻譯，給他搶先一步，遂失去出版的機會。據稱，當時的翻譯稿件，還保留在末松子爵家裡。

進文部省（二十歲左右）

因無法拒絕佐佐木夫人堅請我去擔任家庭教師，我遂告別佛爾別基公館，與祖母和弟妹搬到佐佐木家之雜院。末松因師範學校事件以後，不好意思再待下去，不久便搬出佐佐木公館。

那個時候，末松已經能夠自立，查辭典自己可以翻譯了。日日新聞社，不但西洋新聞，甚至寄來橫濱的公報（GAZETTE）、先鋒報（HERALD）等英文報紙請其翻譯。這些大多是社論，但都是末松查辭典翻譯的。在這期間，因我患腳氣病，在佐佐木公館休息。

腳氣病稍稍好了之後的某一天，我去訪問了森（有禮）先生。森先生駐美兩年有半，一八七三（明治六）年七月回國，創立明六社，大聲疾呼要振興日本教育。會員有福澤諭吉：神田孝平、箕作秋坪、西村茂樹、津田真道、加藤弘之、阪谷朗廬、杉亨二等，網羅一代的大儒，這些人有的舉辦演講會，有的透過其機關雜誌（明六雜誌）伸論其經綸，宣揚其主張，因此明六社立即成為新思想的大本營，知識界的燈塔。

森先生看到我便問說「你現在在幹什麼？」我說「因我的學問趕不上自己教過的學生，所以又在開成學校學習。」他說「這當然是好事，不過你實在不必再作學生。幸好文部省請來莫雷博士，沒有口譯者，你去如何？」這是我進文部省的原因，那是一八七四年十月，我二十歲的時候。

由於森先生之推薦，我奉命文部省出仕，上班頭一天，我借用佐佐木老侯爵之燕尾服去。既然作了官吏，自不便再打擾佐佐木家，遂搬到芝之仙台雜院。

福地櫻痴與末松謙澄

末松仍然在日日新聞社工作，從事筆耕，因我搬家，他遂來和同住。當時，末松的月薪為五十圓，等同日日新聞社的成員。他以笹浪萍二筆名，主要寫社論。

當時，我和末松君（有時候加上朝野新聞的末廣鐵腸君等），下班之後回家，幾乎每天就各種各樣問題展開議論，晚飯等著我們，點燈還在討論。其結論便成為末松君的社論。我們兩個人，有時候乘遊船，邊喝酒吃東西，邊議論。有一次在船中我談到我放蕩事，我第一次去的是柏屋，末松便說這太有意思了，找一天我們去懷舊懷舊如何，因此我們有一天去柏屋吃晚飯。此時認識的藝妓來了好幾個。在此席上，末松為我作了這樣一首詩：

會逢隅田水心樓　銀燭華莚卻惹愁
喚起三年以前夢　鴛鴦襟裡不知秋
柏屋又名水心樓。

有一天，末松垂頭喪氣地回來。並說「我的工作完蛋了。報社來了福地源一郎這個人。他是一個泰斗，我將被踢開。」非常洩氣。我說「不可能，福地氏的年齡比我們大得多，是世人公認的權威。這樣的人進來也不會把你趕走。他既然是權威，不是拜他為師就好了嗎？」我這樣鼓勵他。因此末松又振作起來，繼續留在報館，日得福地之欣賞，更由於福地之介紹，認識伊藤（博文）桑和西鄉（從道）桑，後來又陪同傑藍特氏去朝鮮。人的命運，真是很難想像。

我的結婚（二十三歲左右）

在這裡，我必須說一說異父妹妹香子的事。我十四歲時，將要到美國的時候，祖母把我帶去鹹魚店之高橋幸次郎家，與異父妹妹香子見面，告訴我們是兄妹，這在前面已經說過。

爾後，一八七三年（我二十歲）十月，因為森桑之建議，我進文部省工作，任十等出仕，搬到芝愛宕下仙台公館雜院，因為同樣在芝，與新錢座的鹹魚店很近。因此我們家與鹹魚店時常有來往。

那時候，還蠻健康的祖母常常帶香子到我們家裡來。她個子比較高，看起來比實際年齡大一點，皮膚白白，蠻漂亮的。明治維新之後，旗本（高級武士）及手下之子女因生活困苦，有的去當藝妓，甚至有去當妓女的。據稱，因香子長得蠻漂亮，故各方藝妓店曾來動過她們家的腦筋。

當時，作鹹魚店生意，生活還可以，但決不富裕。我祖母曾經聽說過香子家在考慮要把香子送出去，我祖母以為如果要把你妹妹送去藝妓般家，不如把她要到我們家裡。於是馬上和鹹魚店交涉。因對方點頭，香子遂到我們這裡來。香子那時候大約九歲左右，因與從前的生活方式完全不同，加以祖母的教訓特別嚴格，受不了，所以她有時候逃回其老家。後來祖母和我諄諄告誡，她想通了。經過三，四個月以後，她就不再逃回其老家了。

關於香子之教育，商量結果，當時末松有一個詩人朋友鱸松塘的千金叫做采蘭的老師，她在下谷七曲（地名）的家，私下收有四、五個徒弟。末松因詩的關係，與其父親有來往，遂令香子進該私塾，學習禮節（作人的道理）和作漢詩。

她在這個私塾學習一段時間，爾後在仙台公館對面有秋田公館舊地，當時二本松（地名）的林正次郎，以不到兩百兩把它買下來，令大鳥圭介、荒井郁之助、澤太郎左衛門等函館之敗將住在其四角落。此時荒井氏之院內，住有名叫篠田雲鳳的老女士。她是開拓使之女學校老師，在其住家收有幾個塾生。據傳，其風評相當不錯，遂將香子由鱸塾轉到雲鳳塾，在那裡讀漢書和學書法。

在塾生中，有一位名叫西鄉奥柳者（戶籍上名字為佛吉，佛吉是平假名日音譯），非常疼愛我妹妹。我祖母有時候也會和她在一起，所以相當清楚這個女性。當時我還沒有結婚，祖母覺得我應該早一點結婚而在暗中找新娘，祖母看中這個女性乃對我說「這個女人還不錯，娶她如何？」我說「只要祖母認為好，我沒有任何異議。好吧。只要祖母喜歡，就我求之不得。」因此我便和這個女性結婚。

這是一八七八年（我二十三歲時候）的事。那時我常常到後藤常處，勸他早日出去社會，此時他有一個叫做小出秀正的朋友。小出是下總（千葉縣）佐倉之藩士，為工部大學教授，是一個化學家。因後藤作媒，香子便和小出約定要結婚。

妹妹之死——我在其臨終的感觸

爾後，依照約定，香子和小出結了婚，生一男一女，男孩子三歲，香子病中時夭折，不久香子留下長女去世。

在此之前，我在後藤家修行佛教時，香子時或到這裡來。每次她聽後藤和我談佛教事，她都非常有興趣的樣子。香子生病的時候，我剛從秘魯回來（一八九〇年六月，我三十七歲），當時我住在小石川大塚窪町；就香子而言，我是唯一她能依靠的人，因此非常想念我，而我也覺得她非常可憐，所以一有空，我便從早到晚，到本鄉竹早町小出住處去照料她。

香子是肺炎。加以在病中長子夭折，因此對她打擊很大。當時她三十一歲，長得很清秀。她拉著我的手，瞪著我說「我很想恢復身體的健康，哥哥有沒有什麼辦法？」好可憐，我不知道該怎麼說。

此時我忽然想起來，乃說「不要那麼洩氣，妳不是在番町跟我研究過佛教嗎？妳想起那個時候的事情好了。」聽完了我的話之後，香子立刻放開我的手，把雙手放在自己胸上，靜靜合掌，於是一直沒有血氣，一副死相的她，頓時臉色變紅，演變成活生生的莊嚴面貌。最後以完全放心而喜悅地往生。

關於（宗教）信仰，祖母曾經告訴過我，撫養祖母的叔母生病，齊藤直藏和祖母一直在其身旁照料她。她雖然病得那麼厲害，但好像不肯死的樣子。此時偶然祖母和齊藤的心靈一致，一起對叔母說「叔母，不要忘記平常之自己的信心。」她始似放了心的樣子，顯現笑容說「南無……」而斷氣。因此祖母經常說，人要死的時候，往往放不下心，想不開，有所迷妄。此時身邊的人要予以提醒，使其放心而去。

一八八九年（我三十五歲），祖母生病，我早晚看護。祖母多年來的習慣是，即使生病，每天早晨都要唸經。由於八十七高齡，自兩三年前就有老人痴呆症，而在去世兩三天前，突然不唸經了。

我拼命思考其理由，但想不出其答案。生病之後，祖母一直睡在有佛壇之房間，因為太冷，便把她的床移到有暖爐的洋式房間。此時我忽然想起來，遂把祖母恭奉的觀音菩薩請出來，並說「阿媽，妳忘了重要的事」，此時祖母好像想起什麼似地起身，精神飽滿，叫我替她換穿衣服，換好衣服之後她說心情愉快，並好像在口中唸經似地，合掌而往生。臨終時，即使是英雄，也往往會卻步，心會空虛，這樣時候身邊的人，應該給予提醒提醒才是。

莫雷博士與開成學校之改革

我在文部省服務時，開成學校校長任命伴正順。在這前後，開成學校請來了有問題的教師。更離譜的是，住在橫濱的外國人，屠宰牛的老板也來擔任老師，校規極為紊亂。因我非常憤慨這樣情況，乃以喬木太郎的假名，在日日新聞抨擊校規紊亂兩三次。刊登這文章的那一天，田中文部大輔要去見外國人，要我擔任口譯，一起乘馬車出去。在馬車上，田中桑提到喬木太郎攻擊開成學校一事，並問「這個人到底是誰？」我回答「那是我」，並說「今日的開成學校大有整頓的必要。伴氏是一個好人，但不適任作經營學校的校長」。田中桑說「寫的是你嘛，你說的也不錯，這種事在給報紙寫之以前，最好能直接告訴我一聲」。我說「那就不再寫了，我以為告訴您也沒有什麼用，所以才給報紙寫」，於是田中桑問我：「以誰來作校長最好？」我回答說「如果由現在跟我一起在莫雷氏手下作事的前輩富山義成君作校長，學校會更好，我想不出其他人」。田中桑說「是嘛，讓我來好好想一想」。因此我把報紙的文章停了。

富山義成君是明治維新前，與森桑、鮫島桑一道由仁禮（景範）桑帶去美國的一個人，他能與外國人自由交談，和莫雷博士在美國的時代就很要好。而且他是一位很虔誠的基督徒，非常忠厚的君子，我認為以他作校長，大夠資格和名望領導教師們。

爾後伴氏辭職，富山氏出任校長。他出任校長之後，既與文部省有聯絡，與外國人教師之意思的溝通也圓滿，至此開成學校名符其實地成為專科學校，並為社會所認同。

這個時代的文部省，有四、五個視學官，一直在出差全國各地，以視察教育狀況，並提出其視察報告。我則將這些報告譯成英文轉達莫雷氏。莫雷氏很清楚，自己是為建立合乎日本之歷史和國民性（國情）的教育制度文部省請他來的，因此他非常賣力。

教育的狀況進入莫雷氏的腦袋之後，莫雷便親自去考察。記得那時是富山氏陪同莫雷氏去的。莫雷回來之後，曾經對我說過其感想。

他說，九州的一個小學，有一個老師，同時在同一個地方教三個班的學生。那個老師是一位和尚，他一方面在黑板上出數學的題目，讓學生作業。另外一班在寫毛筆字。第三個班在讀課本。莫雷氏看了讀課本的課，老師手拿扇子，看著扇子發問。莫雷氏覺得很奇怪，遂問其扇子作什麼用，和尚回答說，他把每天要問的問題重點寫在扇子上，莫雷氏稱讚他的認真和用心。莫雷氏又說，教育一方面也需要從經濟層面來考量。在美國，從來沒有過一個老師同時教三個班的學生這樣經濟的教育，真是了不起。他說他一定要報告美國當局。

擔任西鄉從道氏之歡宴及夫人們之口譯

這個時代之文部卿（教育部長）是西鄉從道（頂頂大名之西鄉隆盛的胞弟……譯者）桑。他平常不大上班，萬事交給文部大輔田中不二麿氏處理。可是自富山氏出任開成學校校長之後，逐漸與外國人接觸之機會增多，有一次西鄉桑邀請外國人晚宴。地方是從前的聖堂，我被指定口譯出席。那一天的晚宴很隨和溫馨，外國人也覺得非常滿意。

西鄉夫人也參加，因在宴會中嬰兒哭起來，褓姆抱來要餵奶。夫人便在其座位上給嬰兒吃奶。目睹此種情況的外國人，似乎都非常驚訝。我因為看下去，遂建議夫人在另外房間餵母乳比較好，西鄉桑也給她暗示，她遂抱著嬰孩到隔壁房間去。當然外國人對此事很驚訝，但並不覺得噁心。那個時候的嬰孩就是現今的從道桑。

晚宴之後，大家隨便聊天，從道桑喜歡說笑話，使大家興高采烈。他拉著一個個子大的外國人說：「請坐這個椅子。您坐下來之後，我就把整個椅子送給您。」這個外國人一本正經地坐下來，西鄉桑便把手放在椅子上哈哈大笑。大家一起哄堂一起大笑。那一天真是好好玩。被日政府雇用的外國人，從來沒有受過其長官這樣的待遇。

文部大輔的田中桑，自告奮勇地努力於瞭解外國人之日常生活和交際情形，莫雷先生之住宅在本鄉加賀屋敷內的時候，田中桑即令其夫人住在莫雷先生處兩個月。一到星期六，我和田中、富山兩氏，一定應邀到莫雷博士住宅同進晚餐。這種時候，莫雷先生與田中大輔的談話由富山桑口譯；田中夫人與莫雷夫人的交談，由我傳譯。

原來，莫雷先生之所以來日本，是因為在美國認識伊藤博文公爵，據說係由伊藤公爵所決定，或由伊藤公爵所推薦。由於這種關係，有一次伊藤公爵夫人應邀前來晚餐。那時夫人之間的談話還是由我口譯。這是我第一次見到伊藤夫人，她很能喝酒。她說她今天喝醉了，莫雷夫人看她這個樣子反而覺得很有意思和好玩。

當時日本要人之如何重視接待外國人，從田中夫人住進莫雷博士家學習可以窺悉。莫雷博士是學者，不是經濟家，但每天從本鄉的住家到文部省上班，經過本鄉可能思考過土地之利用，故他跟我談過這樣的事。記得是稻葉宅邸，是非常廣大的諸侯宅邸，注目這個事實的莫雷博士說：

「日本人對於都市土地之利用一無所知。比現今迂迴之本鄉大道，切開稻葉宅邸，直通昌平橋，在其兩側創辦商店，即稻葉宅邸將是價值連城，為什麼沒有這樣的腦筋呢？」

我也覺得空在那裡實在太可惜，也曾經對別人這樣說過，但據稱地主的稻葉侯爵不點頭而沒有實現。當時那一帶的土地，一坪是五毛錢。所以莫雷博士不只是文教，似也很關心經濟等問題。

勝海舟先生之非凡—千金當女僕

記得這是一八七三年（我二十歲）的事情。勝海舟先生之宅邸還在赤坂氷川町的時候，莫雷博士說想去拜訪勝海舟先生，要我問問對方什麼時候方便，聯絡結果，決定某一天去訪問。原來，莫雷博士在美國時，是勝小鹿君（勝海舟先生之公子）數學老師。因此認為既然來日本，自應該去看看勝桑，轉告小鹿君的消息，使其放心，這是他要訪問勝桑的目的。

當時之勝海舟先生，雷名響於天下，為社會讚仰之標的。那時我還沒有見過他，但很景仰他的人格。這一次莫雷博士要去訪問他，要我擔任其口譯。去之前，我以為勝海舟一定住在堂皇豪屋，門口有幾個個子高大用人，門禁森嚴。可是出面迎接的竟是十六、七歲的漂亮姑娘，穿著棉布和服，在台階上伏著雙手文文靜靜地恭迎莫雷博士，並說請稍候，而走進裡面的舉止之優雅高尚，使我大驚特驚。

旋即穿著粗俗衣服，上面皮著棉製小倉外掛的老人，光著腳出來，並說「請上來，不必脫鞋子」，領我們進去。從玄關上去，往右邊走去客廳，它是純粹日式房屋。在屋簷下擺著三個椅子。

「請座」，引導人請我們坐下，隨即他也坐下來。這個人，我一直以為他是勝家的管家人。莫雷博士似乎也這樣想的樣子。可是這個老翁就是勝海舟本尊，這令我再嚇一跳。

莫雷桑恭恭敬敬地對他詳細報告了小鹿桑的近況，由我口譯。此時出現了一位年紀相當大，穿著白領黑紋禮服，拖著和服下襬的老太太。於是勝先生介紹她說「這是我內人，小鹿的母親」。

這又使我嚇一跳。因為一個是穿著粗俗衣服被誤以為是看門的，一個是穿白領黑紋禮服，拖著和服下襬出現，其對照，實在非常特別。莫雷博士對勝夫人也同樣報告了小鹿桑的近況。對此勝桑夫妻說，小鹿因為承蒙莫雷博士親切照顧和指導，學業順利，表示深忱的謝意。因夫人站在那裡，我遂起身請她坐下，但她終於沒有坐。彼此問候完了之後，夫人便進去裡頭。

於是又開始勝先生和莫雷博士的交談。由於莫雷博士是數學的老師，勝先生便稱：「這是很好的機會，我來請教自己解不開的兩三個問題。」因為是高等數學，當時的我完全不懂。因而我說：「這個太難了，我無法口譯。」因此勝先生遂叫用人拿來硯台和紙張，用荷蘭文或什麼，在紙上畫圖，比手畫腳問。莫雷博士也在紙上作答。我只是默默看著。這是我口譯生涯中，毫無用武之餘地的一次。

過了一陣子，我們告別了勝家。在馬車中我說：「我不懂，今天真是很糟糕。」莫雷桑說：「他提出這樣問題，實在了不起。」莫雷桑有沒有替勝桑解答問題我不得而知，但莫雷桑卻一再稱贊勝桑之偉大。

回到文部省以後，我將今天去訪問勝桑所驚訝的一切經過說給同事聽，他們說：「她是勝桑家的千金。要讓首次見面的人出乎意料之外，使人大吃一驚，這是勝桑特別的作風。」

當時，天天有天下之所謂志士來勝桑家與其辯論。如果由血氣方剛的男子出面接待，容易發生意外，故特別令其千金出面。據稱這樣一來，這些傢伙便會乖乖回去。

爾後，莫雷博士可能還再去訪問過勝桑，但勝桑之傳譯，我一律婉謝。可能由畠山富義成君去。記得當時的千金就是已故目賀田男爵夫人。

孤高之友與辭去校長經緯

一八七五年（我二十二歲）十月，因為博覽會要務莫雷博士要出差到外國，我調任大阪英語學校校長。我遂開始準備上任的工作，完全就緒之後，我去向後藤常（一條十次郎）辭行。

後藤從美國回來之後，一時曾和我們在森桑那裡待過，大學南校教員時代我們也在一起，一八七〇年，鮫島（尚信）桑出任駐法國公使時，他以外務省書記生（主事）跟著去。

駐法國大約三年回國。他的漢學不錯，曾經熱衷於老莊之學，我在上佛爾別基先生之基督教課程時，他也很熱心地一起聽過課。最後我成為基督徒，他沒有受洗。他去法國之後，開始研究佛教，回國之後，他的英語、法語都很好，外務省很需要這種人，可是他卻自動辭職，搬到番町之山本達雄君邸隔壁，完全不與社會交往。朋友們拼命勸他，但他一概不聽，堅持到底，最後終於不跟任何人見面，由之再也沒有人去找他。因為他是我的前輩，我很希望他能再出江湖，所以休假時我都去找他，勸他再出去社會。但他卻說：「在出去社會之前，自己必須修養。連自己都不行的人，要去作官吏是錯誤的。」反而勸我研究佛教。所以我去後藤處告訴他我將要到大阪一事，他卻非常失望地說：

「世上的人都從我離去的時候，只有你一個人常來看我，因此我非常高興。可是你也勸我出去社會工作，但我說我要等到我做人行才可，這個議論還沒有獲得解決。因此我們必須先解決這個問題。如果我輸了，我聽從你的話，如果你輸了，你要聽我的。」

因此我說：「這有道理，讓我們好好來討論。」所以那一天晚上或隔天晚上，我們討論了三更半夜。討論結果，我沒有贏面，因此依照約定我說：「好，我聽你的，那大阪怎麼辦？」他說「你立刻去辭職」。

我說：「現在突然要辭職，我總得去向平常對我很好的田中文部省大輔、督學局長野村素介君以及同事服部一三君辭行，這時我應該怎麼說？」他說：「不要說理由，只說我另有自己想法就行。同時馬上提出辭呈，把旅費、津貼等退還。」其實此時我已經作西裝等用了旅費津貼等相當多的錢，因後藤還有儲蓄，遂借其儲蓄償還。由於上述的來龍去脈，我遂去文部省，沒有說明什麼理由，只說自己另有想法，提出辭呈。這是我得到大阪英語學校校長派令第四天的十月十四日，連去一次都沒有，便「依願免職」。文部省的人都說，高橋發瘋了。

因此我遂搬去番町之後藤住處與其同居，完全不和社會接觸，兩個人專心研究佛書。可是經過大約半年左右，我們兩個人對於佛教之主旨，意見不合。現在回想起來，我覺得他的悟道還不到家，有問題。他迷信如果沒有私心，作什麼都沒有關係，走進邪道，與我的見解格格不入，因此我們兩個人終於各走各路。此時肥田昭作君擔任東京英語學校校長，於是我去該校作教員。這是一八七六年（我二十三歲）五月的事情。

可憐的佛爾別基先生的晚年

在此之前，傳說莫雷博士要來文部省，於是佛爾別基先生跟我商量說：「如果這樣，我得走路了。我得租房子，不過不容易找。我覺得乾脆買一個屋敷，即使小小的，來蓋自己房子……。」那時還是修改條約之前，外國人沒有擁有不動產土地所有權。因此佛爾別基先生說；「日本政府還不承認外國人之不動產土地所有權，所以要蓋自己房子，必須借用別人名義。我想一切拜託你，請你幫我買一個屋敷。當然一切錢由我來付，全部登記你的所有。萬一你變心，否認我的所有權，我也沒有任何怨言。」

當時，佛爾別基先生是文部省顧問，開成學校的教務長，有許多高層官員的知己。高層官員中，想知道外國情況的都會去請教他。尤其是加藤弘之、辻新次、杉孫三郎等人，常常來請教佛爾別基先生。

他雖然與那麼多很有地位和名望的人交往，卻那麼看重我這個窮書生，我當然覺得很有面子，卻覺得自己不是這個料子，想予以婉拒，後來又思考佛爾別基先生的立場，他拜託我應該也有其苦衷，因而接受了。

找來找去，我找到駿河台鈴木町有一所很好的屋敷，遂與對方交涉和成功。這個屋敷，除有日式房子之外，還有很大的空地。因此決定在這個空地蓋一個木造雙層洋房。

佛爾別基先生在建蓋洋房過程中，整修日式房屋住在那裡，洋房一蓋後就馬上搬進去。他告訴我說，日式房屋是空的，如果你願意，你隨時可以搬來住，於是我便搬到這裡來。

這個房屋可能是從前之旗本的宅邸，很好的平房，更有大雜院。我的長子是賢是在這裡出生的，那是一八七七年，我二十四歲的時候。

隔年，佛爾別基先生決定要回去美國。因而對我說：「日本政府曾經給我很多薪水，但現在沒有什麼財產，只有這個宅邸。因要回國，希望你幫我賣這個房子。」

於是我找跟我要好的有錢人茅野茂兵衛和辻金五郎商量。他們兩個人便說：「既然這樣，那我們來買好了。」

這到底值多少錢？綜合買屋敷之錢和洋房建築費為六千多圓。至於地毯、窗簾、家俱等等花了多少錢，佛爾別基先生也不清楚。如能賣到六千圓到七千圓佛爾別基先生便很滿足。佛爾別基先生說，這是已經住過的房子，不知道能賣幾個錢，因為急得要回國，「所以椅子、桌子就送了」；茅野和辻也很同情佛爾別基先生立場，以「因為沒有價錢的標準，很難判斷，六千五百圓我來買。」茅野買了。佛爾別基先生也非常高興，不久離開日本，回去美國。我也同時離開這個房屋，搬到茅野家的樓上。

因佛爾別基先生要回國，層峯嘉許其多年對日本之貢獻，乃敘他勳三等，授予旭日章和賞賜《大日本史》等等。當時賜頒外國人勳三等算是例外中之例外。

佛爾別基先生於一八七八年夏天，帶著家眷登陸舊金山之後，暫時住進魯斯．浩斯飯店，旋即在第二街租房子住。

當時，他曾寫信給我和鈴木，它這樣寫著：在被喻為物價便宜的舊金山，要扶養九個人的家族，實在很不容易；在日本的時候，大家都對我們很親切，生活又經濟，在這裡，情形完全兩樣，今後恐怕生活不到兩年。唯一的長處是水果豊富。

經過大約兩個月以後，他給我寫信說：恢復健康以後他要回日本來。在舊金山當然也可以傳道和辦教育，但認為在日本遠比在舊金山更能盡天職。如果去日本，可能是單身，或只帶幾個家族去。我不想再做日本政府的傭人。如果有教育方面的工作，我可以考慮，其他方面的一切，將婉拒，準備專心做翻譯和傳道工作……。

佛爾別基先生離開日本之後，非常感謝日本人的深情厚意，覺得日本是很好生活的地方，極想念日本。在這一封信的後半，他一再說希望明年秋天能夠回到日本。

爾後，他和我好久沒有連絡，及至一八八九年（我三十六歲），因秘魯銀山的事，我前往美國，去加州鄉下訪問過佛爾別基先生的家族。當時佛爾別基先生在日本，夫人因生病沒有見面，其千金告訴我說：「我現在擔任小學老師，生活還可以，不過很想再去日本。妹妹在舊金山的幼稚園當保姆。弟弟基多也在舊金山工作。」看起來，這個家庭是蠻可憐的。隔（一九〇〇）年，我從秘魯回日本，一天有事我去橫濱，偶然遇到佛爾別基先生。無需說，他是以傳教師身分來日本的，但他現今的境遇很差。佛爾別基先生首次來日本時雖然是傳教師，但他把重點擺在教育，比本職的傳教師，他更把精神集中在教育。

事實上，來東京之前，在長崎時代他就專心於教育，其門徒有大隈（重信）侯爵等許多肥前（佐賀縣）的人。因此他應聘到大學南校前來東京時，被稱為肥前生的書生一夥人，便轉學大學南校來。所以，他不是以宗教家，而是以教育家身分工作，尤其作為大學南校教師，得到政府優厚待遇，而為其他傳教師所嫉妒和非難。

因此，第二次以傳教師身分來日本時，其日語遠比其他傳教師要好得多，傳道和文章都出人頭地，但在傳教師之間，風評並不好。當時佛爾別基先生悄然說：「我現在是傳教師，但我很想歸化日本。日本政府如果能夠月薪一百圓我便能夠生活，我希望作日本人，終生為日本奉獻。」我雖然很同情佛爾別基先生的處境，惟我自己因秘魯鑛山之失敗，實在無能為力。因此我去請加藤弘之、辻新次、濱尾新君協助，他們也非常同情他，並向文部省等盡力，但在事情還沒有結果之前，他便因腦溢血而去世，是極其悲慘的結局。

趕走去吉原風化區的校長

我在東京英語學校任職中，曾和赤羽四郎君倡議創立書生之間的討論會，成立之後議論各種問題，尤其致力於修養品行，振肅風紀。

正當其時，「摘花新聞」報導肥田校長去吉原玩的消息。對此事大家非常憤慨，認為為人師表者怎麼可以這樣隨便，乃與赤羽去找肥田校長詰問：「報紙的報導是真的還是假的，如果是假的，應該反駁。」對此肥田桑回答說「很遺憾不能說是假的」，「那沒有辦法，辭職好了」，「不錯，我會辭，不過背後有要把我趕走，以便取代我的人物。現在如果接受你們的忠告而辭職，正中其下懷，這是我不能接受的。所以等弄清楚其內幕之後再辭職。」換言之，即使他離開了，也不願意把這個位置交給這個野心家，這是肥田的意見。而肥田懷疑的是為其對手的服部一三君。就服部而言，這完全是冤枉的事。

我和赤羽很誠懇地勸告肥田說，「你既有學問，什麼都會，不做校長，在其他方面也都能找到工作，如果要轉到別處，我們也願意效一臂之勞。」我們既然迫校長辭職，自不應該留下來。與赤羽商量結果，我們兩個人決心離開。

惟這一種事必須報告當局，於是赤羽和我便去向當時之文部小丞九鬼隆一氏報告其經過，對此九鬼小丞說：「我聽到你們兩個人創辦討論會等，以矯正校風，提升學生氣概，非常高興。我很希望你們能夠使校風更加高尚，以提升學生之氣質。以因你們勸告校長辭職，所以自己也應該辭職這種想法，從你們私情來說也許是說的通，但從校方來說，像你們這樣有志氣的人非常重要，因此我不能同意你們辭職。我也知道報紙所報導有關肥田校長的事。因為是壞事，所以我準備予以處分。本來肥田之處分不必等你們提出，因此希望你們兩個人能留在學校。」

我們說：「因我們勸告校長辭職之同時表明要同進退，所以我們不能留下來，請早日找到好的校長，以端正校規，於是我們轉職，赤羽辭職外務省，我變成無業遊民。」

和馬場辰猪君辯論貿易問題（二十四歲左右）

我和赤羽在東京英語學校的一隅舉辦討論會，討論時事，倡議要振興風紀時，社會在逐漸發生變化。

在此之前，一八七三年九月，對於征韓論廟堂之議破裂，西鄉（隆盛）以下，主張征韓論者，統統挂冠。這些人，有如負虎嵎，蟠踞各處，隱然成為政府之敵國。一八七四年一月，副島（種臣）、後藤（象二郎）、板垣（退助）等八個人上呈設立民選議院之議，但時機尚早論占優勢。由於這種原因。發生佐賀兵亂，社會情勢日益惡化。但政府完全不在乎這種情況，推行各種改革，實施新政。如此這般日本之社會組織和行政組織遂產生想像不到的大變化。

而為反對這種改革和新組織起來的就是熊本的神風連，秋月藩宮崎一夥之亂，以及萩（地名，山口縣）之前原一誠等之起兵。因此。自一八七四年至一八七七年，不是以征韓論為中心，就是因為思想上，產生硬軟、新舊兩派，互相衝突，在各地相繼發生動亂。由於是這樣的時代，一切方面雜然混沌，無法歸一是理所當然的事。

當時，京橋有以小野梓君為會長的共存同集這個團體。就今日的術語來說，這是一種政治俱樂部，同好之士，每每聚會，交換政治經濟上意見，有時候則對特殊問題舉行討論會等等。在這個共存同集，馬場辰猪君（他是與板助板垣先生熱心推動自由民權的人，有學問，能辯善道，可惜在美國費城去世。如果在今日，他一定是率領一黨的大政治家）可能繼承亞當．斯密和曼徹斯特派學說，主張今後日本經濟政策應該採取自由貿易主義，非常熱心。但在絕少有人討論財政經濟對策的當時，沒有人反對他的主張。可是有一次，我在東京英語學校的討論會席上坦率主張保護貿易論。基於這個原因，小野梓君和赤羽四郎君鼓勵我在共存同集，對於馬場君之自由貿易論，發表反對的演說。

我在這個演說，首先從外國貿易之必要論述到最近之貿易趨勢，自嘉永（一八五三年）以後列國對日本的貿易政策，由於這是對方知我，我不知對方的戰爭，所以對方子彈能打到我，我打不到對方。每戰必敗是當然的。因此我國每年要送出八百萬圓金幣。當今防衛是第一，出去戰鬥是第二。兵法有云：善戰者首要要使對方不得勝。要使列國不勝我，只有使用保護稅之一途，這是我的前言，繼而我提出具體的數字，引用內外之實例，後進國家之我國產業之發展，要振興輸出，以維持貿易之均衡，欲擁有自主獨立之經濟立場，只有採取保護貿易主義之一途，我花了一個半小時，講述其理由。聽眾當然主要是會員。就我個人而言，這個演說我化了極大工夫，當時的講稿現在還在我手上。

一八七七年左右是，干戈相見，政論沸騰，上下如同鼎沸的時勢。在此種情況下的公開席上，討論自由貿易乎保護貿易乎之純粹經濟問題，作為一個話題，在這裡應該是值得提出來的。

〔六〕養牧業——翻譯業——投機師

牛奶事業的魅力

我還任職東京英語學校時，好久沒有聯絡的福井數右衛門來說，牛奶事業很有前途，希望你出資金，於是鈴木和我湊了幾百圓去投資。

爾後一陣子，說有利益，每個月很老實地送幾個錢過來。迨至一八七七年春天，他又拿來在長野縣之牛馬養豬市場屠牛所等計劃，請我能給他提供資金。

福井之所謂計劃是，長野縣之馬市場改良，當時在長野縣，各處有馬市場，各有其市日。其馬販子，單單長野縣就超過一萬人，皆在做買方和賣方之中間人以賺取佣金。賣方，賣馬，把錢收在口袋裡，買方帶錢來買馬。為賺取這些人的錢，市場附近便有賭場。被引誘成為賭徒的，老練的賭徒便絞盡腦汁，將其全部金錢詐光，使其身無分文，最後將其趕出去。名義上是市場，實際上無異是賭場。福井到長野縣政府建議改革市場，使其名實相符的牛馬市場。長野縣政府非常贊成，並委託他去進行。

福井說：「我的工作到這裡，但必須找很能幹的人來負責和推動。幸好你在美國搞過牛馬，所以請你到信州（長野縣）去搞好這一件事。」

我問福井：「應該怎樣改良市場？」他說：「以各地市場搞成會員組織，以該地方之馬販為會員。對各會員每年徵收一圓會費。長野縣有一萬幾千馬販，每年至少可以收到一萬幾千圓會費。已經對縣政府說好，獲得新市場許可之後，對馬販聚集的每一個市場可以收受五十圓禮金。雙方加起來將近兩萬圓。以這兩萬圓作為改良市場的資金。在另一方面，長野縣只用馬，不用牛。這需要對大家遊說用牛的好處。如果有人說要用牛，我們可以負責供應。牛在運到我的屠牛場中，有許多可以作牛哥的，把牠買下來送來長野就行。現在需要先買幾隻牛哥，請你先借給我兩千圓。」

我對服部一三君談此事，並和野村素介君商量，兩個人都非常贊成，特別是當時的長野縣令（縣長）楢崎寬直是長州人，跟服部和野村都認識，可以得到其協助，因此上述兩千圓決定由野村君借給福井數右衛門，由我和服部作保證人。

「奇談」山上洗澡堂

由於上述之來龍去脈，我遂出差長野縣，經由野村素介君介紹，會見了楢崎縣長。我對他說明福井所說有關改革牛馬養豬市場意見，楢崎縣長欣然同意，並表示將盡量予以支援，希望我好好幹。

可是其下面的人都完全不瞭解，有的人竟說：「高橋君你說什麼木竹（木竹是牧畜的日語偕音……譯者），在長野縣種木、竹幹什麼？」實在可笑。

因已經得到楢崎縣長之諒解，遂在松本設立總部，請來福井之同志，以推動新市場之創設。得到兩三個市場許可之後，遂連絡福井火速把牛送過來。

經過一個月、兩個月，福井不但沒有回音，牛也沒有來。因我說過設立市場的同時牛會來，所以我一點面子也沒有。惟因我考慮發生萬一，故在牛到達之前，我沒有收會費。

因太久毫無音信，我開始懷疑，遂寫信問問鈴木知雄。鈴木來信說，他去找福井，每一次都說不在，不與其見面，可是福井卻正在建蓋很豪華的房子。至此我才明白我被福井騙了。同志的會員都在等待著好消息，但責任上我必須把福井的騙局告訴大家，請他們能夠諒解。於是我決定帶會員中之代表人物，士族姓伊藤者回東京一趟。

那時我的路費幾乎全部花光，回東京的費用都可能發生問題。惟覺得既然來到信州，應該欣賞欣賞著名的諏訪湖湖水，乃由松本來到湖水之畔，上橋本亭料理店，叫來新肴開始喝酒。湖水既漂亮，又有溫泉，我不由地住了兩個晚上，大吃大喝一番，幾將錢花光。即將要出發時伊藤說：

「來的時候我們兩個人都座轎子過來，一直到今天大花其錢，享受玩耍，今日離開時如果走路，那太難看了。這前面還有一個山坡，過了山坡就無所謂，所以是不是座轎子到山坡上。」

我說：「那就叫我的轎子過來，你是我的跟班，跟著後面走好了。轎子要坐到山坡下或到山坡上還不清楚，所以工資不必叫旅店付。」

我遂坐轎子出發，到達山坡下，沒有什麼人時我對伊藤說「這種地方走路比較有樂趣。我不要坐轎子了。」他說：「您那麼胖，能走路越過山坡嗎？」我說：「我很喜歡走路。來信州搞牛馬養豬市場的人，還走路越不過這樣山坡，那像什麼話？」我遂下了轎子，付了大約七百公尺路程的工資，叫轎子回去。

於是我和伊藤兩個人開始走路，卻已經黃昏了，必須找地方過夜。惟此時不是養蠶的季節，旅店都不營業。好不容易找到要讓我們住的一家。不過這一家沒有洗澡堂，隔壁有，要我們到隔壁去洗。

到隔壁澡堂洗澡的時候，我覺得有很奇怪的味道。以為是藥澡，洗得很開心回來之後對伊藤說「很難得，這個地方還有藥澡」。伊藤說「不可能。不可能是藥澡」。他去看了看洗澡堂之後回來說：「那不是藥澡，而是舊洗澡水。是大家洗過的，您看，您身上有許多像黑烟子。」

一看，真的有髒的東西。於是用水把它冲冲，真是糟糕透了。不過洗澡還是比不洗好。

對女人的惡作劇

要吃晚飯。因為很累，遂叫他們準備酒。端來的竟是像妓女館用的紅色餐桌，上面是烤鹹魚和溫酒。旁邊坐著怪樣子的藝妓。我問伊藤「你叫她們來的嗎？」他說「不，我只吩咐她們準備晚餐」。因為這裡像個下流的妓女館，所以吃完飯後我說「不必彈琴，妳們回去」，令女性先走，並對伊藤說「這樣下去或許會有些麻煩，又沒有錢，早一點睡覺吧」，乃叫伊藤令人鋪被子吊蚊帳。可是對方說，現在因為不是養蠶季，沒有客人，因此蚊帳統統收在倉庫裡，沒有蚊帳可用。

「那就鋪床，快快」。她們開始鋪床，一看，有兩個床，這都還可以，但每一個床上卻都有兩個枕頭。

這怎麼行，好，我也有我的對策，叫她們送來重達七十五公克的大蠟燭，在點亮大蠟燭旁邊鋪一個，在遠離大蠟燭暗暗的地方另行鋪一個床位，並將剩下的酒潑在暗床位的棉被上面，叫女人們睡這裡，我和伊藤睡在光亮蠟燭旁邊。到半夜，數不清的蚊子聞到酒味，都去咬她們，因此她們一個晚上好像都沒有睡覺的樣子。我們兩個人反而睡了一個好覺。

隔日看帳單，女人費用，竟列四圓。付款以後我身上只剩下一圓多錢。我問伊藤「你有沒用錢？」他回答說「沒有」。

既然如此，自不可能兩個人連袂回到東京。於是我邊走邊對伊藤說：「本來我是準備把你帶到東京去的，但沒有旅費。你就從這裡回松本去好了。這裡還有一圓多，全部給你。我雖然一分錢也沒有，但我要回東京。」

「這我受不起。不能保證先生不會發生什麼事，所以我不能接受這個錢。和先生同艱苦，共患難是應該的。」

「沒有關係，拿去！」我把錢包交給他，他流下眼淚拿著錢包回松本去了。

我和伊藤分手之後，一個人開始慢慢走起路來。不久來到一個山坡下，其驛站有酒餐店。從東京坐洋車來採購生絲的商人，大部分都在這裡下洋車進入信州。因此這些車夫都得找要回去東京的客人。當時已近中午，肚子也餓了，遂進去吃中飯，並問女服務員，「有沒有從東京來，要回去東京的洋車？」她說「有，有」，並把車夫帶來。看起來這個人好像很強壯的樣子，他拉的是當時流行的兩個人坐的洋車。

這個人說：「我今天從東京帶客人來，老闆如果要回去，讓我替您服務如何？」看起來這個人好像很老實，於是我坦白告訴他一切情形。我說：「我第一次到信州來，不知道狀況，把旅費全部花光，現在不知道該如何是好。你可以不可以幫我墊付到東京的一切開支，一切費用到東京之後還你。」

「既然是這樣，沒有問題。因為剛剛客人給了錢」。

「那就請先付午餐費。」「好」。

與車夫的怪緣分

因車夫答應代墊到東京的一切開支，故我便坐上其洋車，由驛站出發。到達東京還有三十多里路程，所以在路上必須住一宿。

車夫和我在車上車下，邊談邊走，到下午三點鐘左右，到達路旁的一家茶館。有好多車夫在哪裡休息。車夫說「我們休息一下吧。這裡有蠻好喝的『再製酒』」。

我說：「再製酒，在東京叫做『真酒』，是用燒酎和味淋調合起來作的酒（用燒酒、糯米和米麴泡製的酒……譯者），喝了會對腦筋不好。」

他說：「東京的是混合味淋和燒酎作的，但此地的是用麴子直接造的，和東京的不一樣，請喝喝看，我們最喜歡喝這個酒。」並端來一茶碗的酒。真的非常好喝。我一下子連續喝了五杯。心情愉快地上了洋車，開始走了。車夫說：

「老闆，您是海量，喝了五杯。」

「因為好喝，不由地喝了五杯。」

「那老闆的酒量是兩升五合到三升的樣子。」（一升為現今之一點八〇三九一公升……譯者）

「為什麼？」

「那裡的一杯等於普通酒的五合。我的酒量是一升五合。所以都喝他們的酒碗三杯。老闆喝了五杯，因此應該是不是兩升五合到三升是您的酒量。」

這使我很驚訝。但我一點也都不醉，只覺得非常舒服，遂在車上睡著了。

究竟睡了多久我也不清楚，晚上很晚時刻，車夫把我帶到一家旅館。那時我幾乎是人事不省，大家把我從洋車上弄下來。到了旅館之後，我真的醉了，什麼也沒有吃喝，我立刻睡覺。隔天早晨，完全不醉了，也沒有酒氣。因此又坐上洋車出發。

因逐漸和車夫親密起來，兩個人遂談起自己身世。我說我是在仙台中屋敷長大的，車夫卻非常驚訝說：

「是嘛，我曾是那裡看家人的六尺（轎夫）。老闆的祖母和家人我都認識。現在想想，我也認識您。」

「真是好奇妙的緣分。」

「的確是很奇妙的緣分。因為我在那裡住得蠻久，所以您小時候的事我也很清楚。」

如此這般，那一天晚上八點鐘左右，我回到駿河台鈴木町的家。我對內人說，這位車夫幫我很多忙，並替我代墊路上所有費用，我問他一共墊了多少錢，他說「賜給四圓就行」。我給他酒喝，並給他五圓。爾後，車夫來訪問過我兩三次，以後就完全沒有消息了。

忙於翻譯工作

回來東京之後，我立刻找福井算帳。福井一直在逃避，說要以兩千圓買牛全是謊話。

其為撒謊，日愈明顯。兩千圓，由服部和我賠給野村素介君，牛馬養豬事業至此結束。辭去東京英語學校教職以後，這幾個月來，我真是傷腦筋透了。

我反省自己，覺得這樣下去不行，乃決心改變方向，專心做翻譯工作。不久佛爾別基先生也將要離開日本，回去美國，因此我結束在鈴木町的住處，搬到當時在神田淡路町，開碾米店之茅野茂兵衛的二樓。

那時正是十年戰役（明治政府和西鄉隆盛之鹿兒島的戰爭）之後，流行霍亂，內務省為制定預防霍亂規則，而設立了衛生委員會。

因這個委員會成員係由日本人和外國人構成，需要把日文翻成英文，英文譯成日文，提案和參考都必須有日英兩文，此項工作由我負責。當時的衛生局長是長與專齊氏，他住在駿河台。因和我住的淡路町很近，常常把我請去，所以我們很熟。加以不僅議案，霍亂顯微鏡試驗的洋書，以及有關在俄國流行之「冬天霍亂」的專書也請我翻譯。

由於這種原文書，我每天必須翻譯到晚上很晚。因我一個人忙不過來，還請衛生局的一等屬（官階）川口君，加州藩的漢學家野口之布君、中澤健作君：大童信太夫君、鈴木之哥哥古山君等來幫忙，由我來口譯，請他們作筆記或騰寫。

在另一方面，文部省之翻譯局長的西村茂樹氏對我也非常好，他請我翻譯北美的歷史、經濟方面的專書。其中有馬歇爾的《產業經濟學》一書。我受託翻譯此書時，日置益

（一九一五年對中國提出二十一條要求的人——譯者）、吉田佐吉兩君是大學生，畢業前都很窮苦，為要幫助他們兩個人，文部省給我的馬歇爾英文書，開頭的幾頁是我翻譯的，其餘的皆由他們兩個人翻譯。日後，原著者的馬歇爾還對譯者來過很懇切的謝函。這一書現今還在校對。

當時的翻譯報酬，英翻日，十行二十字稿紙，一張一圓；日翻英，日文十行二十字稿紙，一張兩圓至兩圓五角。

由於這種原因，翻譯工作多的是，所以收入也非常之多。

復興共立學校

我所租房子的房東茅野老人，在明治維新之前，是出入於加賀藩（今日石川縣南部……譯者）的商人，相當有錢。他的朋友有辻金五郎、辻純一、吉川長兵衛、平田次七、砂糖批發商之大民等等，多是當時的大富翁。他們都是喝茶的名人，常常在茅野隱居處開茶會。自然而然地我也跟他們成為好朋友，由之對於茶道也懂得一點。

有一次，茅野和辻說，茅野家隔壁的大建築物是空的。這個地皮是以要建蓋學校為目的，用佐野造幣局長名義獲得，一八七二年左右創立了共立學校。有外國人老師、日本人老師，深澤要橘是主任，以從事子弟之教育，曾盛極一時，惟因其他又成立了同一類學校，終於無法維持而關閉。現在空的房屋就是該學校的舊址。佐野氏已經不在人間，本來得到該筆土地的目的是要建蓋學校，今日未能達到其目的，實在有辜於佐野氏，用你們的力量把它恢復起來，如果能夠復興，土地和建築物統統免費給你們租用。當時我在大學預備門（預科），深感進來之學生的程度太差，在入學之前應該給予加強學力，故立刻和同事之鈴木知雄、森春吉等商量。他們兩個人也非常贊成，遂決定進行。

惟這個建築物實在太老舊，能夠當作教室用的只有一兩個房間。必須建蓋新的教室。與茅野、辻談結果，決定新蓋平房建築物，花了二百五十圓，新蓋了二十五坪左右的教室。於是將舊建築物的二樓當作宿舍，下面作為教室，小房間作辦公室用。而這就是後來的共立學校，今日之開成中學的前身。開學之後，很意外地報名者很多，成績不錯。因預備門的入學考試結果，共立學校出身者的及格率最高，由之學校的風評更上一層樓。至於老師，好幾個人是預備門的同事，因此學校的收入也隨之而增加。當時大岡育造（後來曾任眾議院議長，文部大臣等……譯者）君是學校的幹事，是那個時候請進來的一個人，記得是佐野局長之女婿伊藤介紹的。大岡君擔任幹事時，取得了代言人（律師）資格，不久，因為大阪櫻間要三郎事件（殺人事件，以正當防衛而獲判無罪）而馳名於世。

插手投機買賣（二十七歲左右）

我自搬到茅野之二樓之後，一邊在大學預備門和共立學校執教，同時也賣力於翻譯工作，因此沒有多久便有四、五千圓儲蓄。我的錢，存在辻金五郎擔任經理的第四國立銀行之分行。

有一次，茅野等人說，最近貨幣的價值變動得很厲害，在橫濱很流行經紀業。尤其是近日。紙幣滑落得很厲害，佐野（常民）大藏卿（財政部長）非常擔心，乃從大藏省拿出銀幣在橫濱出售，其出售手續完全委託我們。於是我們將萬事交給采野仲介人處理。大藏省出售銀幣，紙幣的價格一定會上漲。這是賺錢的最好機會。絕對不會虧錢的，你願意不願意參加我們的陣容。

「我第一次聽到這樣的事情。從前我完全不知道什麼是仲介業。我也不想賺太多的錢。不過我知道目前有許多欠缺學費的有為青年。我想至少能夠培養二、三十個有為青年，將來設立國會時，他們能成為議員，目前要養一個學生，一年一百圓夠了。銀行的存款利息是一成，要養三十個學生，有三萬圓本錢就夠。我想要的是三萬圓。現在我只有四、五千圓，要靠翻譯存三萬圓談何容易。既然那麼容易賺錢，我願意參加，但不會虧錢嗎？」我問。

老人們說：「既然是行市，當然有時候也會虧錢。但這一次是不會虧損的。即使是虧錢也不會連累你。你說是要培養學生，你更應該參加我們的陣容來多賺一點錢才對。」

我說：「既然是這樣，那我也參加好了，不過賠錢的時候，我能負擔的就是存在銀行的那四、五千圓而已。」結果我也參加了。大約經過兩個星期，說：「你的一千多圓利益，暫時存我們這裡。」我回答說「我既然委託你們，你們處理就好。」

當時之神田區長澤簡德又與老人們非常要好，常常應邀參加茶會，我也出席，所以我和他也很熟。這個人在茶會說：

「據說現在在野蒜（地名）建造港口，竣工之後，其原野的地價必將大漲。我們一起來買其原野如何？」因此我也插了一腳。

在這期間，政府曾出售銀幣幾次，由之一時銀幣一圓大致為紙幣一圓七角左右者，曾回昇至一圓二、三角，但經過十天左右之後，又滑落到從前的情形，達不到目的。政府也不可能一直虧下去，因此停止出售銀幣。可是受政府委託者，不知道政府已經停止拋售銀幣，一直在出售銀幣，其結果仲介商的采野接受各方面客人之定購，遭受極大損失，客人不肯負擔損失，幾乎瀕臨破產。

對於買賣銀幣之虧損一事，我完全不知情。有一次采野老人來說：「我們所作交易，結果虧損大約兩萬五千圓。不付這個錢，我實在無法活下去。其他客戶也不肯付損失。你們的金額最多，如不解決這一筆，我不便責備其他客戶，我不敢說現在要你馬上付，但希望你能寫一張借據。這幾天，我本來要去看看茅野、辻兩君的，他們兩個人都參拜伊勢神宮去了，不在家。但我的店已經命在旦夕，進退維谷，請你幫幫我的忙。」這簡直是晴天霹靂，馬耳東風。

我真是不知道該如何是好。不錯，我既然是伙伴之一，自應該有所作為。幸好辻純一沒有參加這個陣容，我遂去聽取他的意見。他說：「不管這樣重大事而去旅行，實在太不應該。不過采野的立場也很值得同情，在其他伙伴還沒有回來之前，你幫幫他如何？」因此我把銀行的存款五千圓領出來交給他，不足部分，我寫了借據給他。

采野非常感激，並表示，他們兩個人從旅行回來之後會轉告其來龍去脈；你的借據絕不會害你，於是我說，那麼對於我的借據你這樣寫一筆，他寫了，此事乃暫時告一段落。

不久，茅野和辻回來了，我將整個經過告訴他們，他們說這是茅野不對，不可以這樣。我們沒有答應要負擔損失，你一個人這樣處置太那個了，這樣好了，我們共同買的野蒜的權利，全部給你，這樣補償你。但野蒜之建港失敗，原野變成一文不值。

旋即采野老去世，其兒子繼承，他拿出以前我寫的借據來向我要錢，我詳細說明當時之情況，並給他看他父親寫的說不會給我加添麻煩，我因覺得好可憐，我遂將其父親寫的一紙，加上三千圓給他，結束這一場災難。

在仲介生意（原文為相場）我吃過這樣苦頭，我遂有開始研究這個行業的興趣。

那時候，有一個名叫橫田廣太郎的土佐人，他經常出入采野店，作掮客生意，也是采野請教對象之一。

因此，有時候我會和他碰面，也一起吃過飯，我聽過他說過這個行業的種種。他說：

「你既然那麼想研究，乾脆就開一個經紀行，直接和客戶接觸，自然能夠知道其真相，如果你要作，我可以作會員，搞經紀店。」

「這當然可以，不過我完全是為了研究，所以無意把它當作本業。究竟開多久經紀公司才能得知行市？」

「我想至少恐怕需要三個月左右。」

「說要開店，我完全不懂。你能不能替我來搞？」

「既然要成為伙伴，當然我可以負責，不過開了店，你每天要來店裡。」

「我明白了。」

橫田說：「店的負責人，本來應該另外請人，不過我可以來負責。」

爾後橫田來說，「最近在蠣殼町有一個開西洋料理店的大森六治郎這個人。這個人很適當，決定請他作店的負責人。」於是用大森的名義，在蠣殼町一丁目三番地租了一個小店，名叫六二商會，開始做經紀人工作。

揖客的內幕

六二是取大森六治郎的名字而來，這個店的主要業務是仲介米的買賣，營業上的責任由我和橫田來負，但約定每個月要給大森純利益的兩成。

開經紀行，必須擁有交易市場的股份。還有其他各種費用，運作資金，一共加起來需要大約六千圓資金，由我們兩個人分擔，我出資三千圓。

開了店之後，我雖然沒有辦法每天去，但我都盡量過去，去時會從中午左右待到下午，前後大約三個小時，從裡頭看看生意的情況。橫田也從早上就來。每天中午招待大約十位客人中餐。客人之中，有的是熟人，有的是突然來的。因店主時常出入於市場，故自然而然地與許多客人認識。

可是我卻遇到好久沒有連絡，曾是森有禮先生處之書生前長州藩的中原國之助。他告訴我，他現在在作瓦遜的手下，來交易所作交易。他又說，瓦遜這個人在明治維新之前，曾在橫濱金柱銀行作過副經理，我擔任象特小弟時，瓦遜是象特的副手。這個人的小弟是英國阿兵哥的小孩，因此我記得很清楚。

當時，日本米輸出到外國。瓦遜在辦理日本米輸出的業務，所以對於米的市價也很深入。中原說：「現在是瓦遜和糸平（人名）的戰爭。我是瓦遜的代理來買的，糸平是來賣的。這是蠻有趣的戰爭。」

那個時候之蠣殼町的風聞，糸平是「歪鼻子」。糸平有時候出去交易所用手比買賣。我看過他的這一種身影。但另外一種風聞是說，糸平利用其「歪鼻子」的風聲，有時候在交易所只是在比手，實際上是利用其「影武士」，他表面上賣時，其影武士則在買。

又，看看仲介店的因應情形，對於老顧客，他們會透過市場買賣，對於鄉下佬的要求，他們向其要證據金，不透過市場，店本身就直接予以處理。對於客人的損失，一定嚴格要求追證據金。但這一種人本來就是沒有本錢的人，故大多數都付不出錢來。當天的交易就此結束。因自始就沒有通過市場交易，由店裡處理，前述證據金就由店裡沒收，不夠的要其付現款或寫單據。

客人在市場有利益時，客人會要求結帳。此時會對客戶說，稍過一陣子利益可能會更大，盡量請他不要現在結帳。

換言之，客人損失的時候就結帳，追究其損失；有利益的時候就拖，損失時就追求證據金。但對於客人，盡管其交易金額不大，中午都提供相當豐富的午餐，因此很相信經紀行，也就不懷疑其內幕。

在另一面，老客戶和資力雄厚的要求，透過市場買賣的，都會按照客人的意思結帳，但如前面所述，經紀行的老闆都會說，現在是時機或不是時機的話等等。而結束交易時，很少透過市場結帳，只是經紀行將其差額資金扣下來交給客人，最前面客人之訂購，是透過市場之交易，還是和經紀行連在一起的。因為買賣的結果，經紀行必然有賺錢和賠錢。一句話，客人交易，其實背後經紀行在作買賣，事實上它和賭博非常類似。

因已經理解了整個狀況，故四個月左右就予以結束經紀行，除起初之六千圓資金外，還差大約五千圓，乃由我和橫田共同負擔。

〔七〕又作官吏——公賣專利所長

放蕩經歷受害——從文部省到農商務省

及至一八七一年（我二十八歲）春天，朋友們對我說，老在學校教書也不是辦法，乾脆就來文部省辦理教育事務如何？至此我乃有意到文部省工作，他們便開始替我設法。可是此時發生了一個很大障礙。因為當時之可能為文部小丞的濱尾新君表示，聽說過我的行動放蕩，開過經紀行，作過銀的買賣等等，這一種行為不檢點的人，不宜在主持教育工作的文部省服務。當時之許多文部省上層人士跟我都很要好，但對於濱尾的正論，無法反駁。

我在心裡頭想，這一種人實在太值得尊敬了。濱尾君之反對掮客，放蕩者辦教育是對的，是正確的。但這是因為他覺得我現在還是這樣所致。因此我決定直接去找濱尾君，使其能夠諒解的必要。於是我去訪問住在富坂的濱尾君。

我說：「因為朋友勸我進文部省工作，我答允，但卻聽說在內部你在反對。你反對我的品行是不無道理的，但你以為我現在仍然混這樣那就錯了。」現在我來向你說明其經緯，希望你不能再有這樣誤解。

「我搞經紀公司，其目的是想獲得能夠養三十名左右學生的費用，這已經停止了。至於放蕩，因舊友之中有放蕩的，被帶去過根津的風化區，但這是一種無可奈何的交際，今日這個朋友已經非常認真，不再去風化區了。

因為這一種原因，希望你能夠理解，今日之高橋已經不是昨日之高橋，變成另外一個人了。而之所以想進文部省，是不想執教太久，想辦辦教育事務所致。」

於是濱尾君說：「這是有道理的。如果你說的是事實，我決不會反對你進文部省。希望你早日進文部省。」因此我進了文部省，一八八一年四月，我被任用御用掛，地方學務局工作。當時之文部省一等屬的江木千之君、久保田讓君等是我的同事。

我進去文部省以後不久，成立了農商務省。我偶然看了農商務省之官制，記得這可能是法國官制的翻譯，掌管的事務是發名專利和商標登記之保護。因為是新的工作，要誰來作最適當成為問題，好像找不到適當的人選。因而大家在討論。

此時，我從前之玩伴的舊越前藩士山岡次郎君是藏前工業學校教授，兼商務工程師。這個人知道我曾經因為莫雷博士之推薦調查和提倡商標之登錄和專賣專利之必要，因他對農商務省之河瀨英治局長談過我的事，我遂被農商務省所錄用。這是一八八一年五月的事，我到文部省不到一個月的事情。

我從御用掛降為雇員

我之所以對於專賣專利、商標登錄事務特別感興趣，記得是一八七四年左右開始。那時候我在文部省替莫雷博士口譯，想把黑本那一本著名的辭典再版時，希望能夠獲得日文版版權，莫雷博士跟我商量，看看有沒有什麼辦法。

我遂去內務省查閱有關規定，當時之外國人在日本，擁有所謂治外法權，不適用我國法律。與此同時也受日本法律之保護。我將此事告訴莫雷博士和田中文部大輔，對此莫雷博士說：

「黑本博士是日本醫學的恩人。尤其是那一本辭典日本學術界很廣範地在利用，非常有幫助。看看有沒有什麼特別的辦法，給黑本博士版權。」

因此我去內務省和他們交涉幾次。其結果，內務省說，這是很好值得同情的事，今日外國人有治外法權，無法馬上適用日本的法律，因此不能這樣就允許。這樣作如何：限於版權一事，如果黑本博士願意服從日本法律的話，我們可以特別給他版權。於是我遂轉告莫雷博士，至於黑本博士有沒有得到版權，那就不得而知了。

在作此種交涉的時候莫雷博士說：「日本有保護著作權的版權，但好像沒有保護發明和商標的規定。外國人認為日本人非常靈巧，能夠馬上模仿外國產品，盜用商標，仿造說是舶來品來賣，造成極大困擾。在美國，發明、商標、版權這三樣東西叫做三樣智慧財產（Three Intellectual Properties），被認為在財產中最重要的一種，因此日本也必須保護發明、商標和版權。」

我聽他這樣說，覺得非常有道理。我很想知道這些發明、商標到底是用什麼法律保護的，因莫雷先生不是這一方面專家，也不大清楚。因此我便去丸善（丸善是東京最大專門賣外國書籍的書店，孫中山也經常由它買洋書……譯者）看看有沒有這方面的書，結果什麼也沒有。我覺得大英百科全書或許會有所記載，乃去文部省查看它，幸好有簡要的有關商標和發明的記載。我興高采烈地以它為基礎作了研究，覺得這兩樣東西都非常重要。覺得文部省應該保護這些工業所有權，因此一有機會我便對田中大輔作這樣建議，但都未見實現。不過聽過我的話的人，大家似乎都覺得其重要性。

及至一八七〇年春天，如前面所述成立了農商務省，文部卿河野敏鎌氏轉任農商務卿，大輔為品川彌二郎氏。因為山岡次郎推薦我，我遂轉到農商務省。

當時，有過一些差錯。因為在文部省我的職位是判任（委任級）御用掛。要到農商務省時說是要給我奏任（薦任級）。結果我接到的派令，不知為何有此錯誤，竟是工務局的雇員。山岡很在意我的職位，但我自已卻毫不在乎，這樣進入工務局。

商標與商店字號——商標註冊所長

在農商務省工務局，我屬於調查課，如所預定，我專門作商標註冊和起草專賣規則。農商務省是把大藏省和內務省之部分工作分出來所成立的部會，我問從前之調查主任神鞭知常（曾經幫助過孫中山之中國革命……譯者）君以往之經過，他說：「我也沒有作過充分的調查，因有人說最好問問商業會議所意見，故而諮詢過東京和大阪商業會議所。東京會議所反商標登錄條例，但大阪商業會議所不僅贊成，還要求能制定發明專賣規則。」東京會議所之所以反對，現在回想起來，簡直是天真可笑之至，他們混淆商標和商店字號，商店字號是老闆分給多年來忠於該商店之老掌櫃的字號。註冊成為註冊者的專有物，其他任何人都不能使用，這與日本的經商習慣是不相容的。這是其反對的根本理由。

可是經過一段時間之後，東京會議所可能弄清楚商標與商店字號之區別，表示贊成制定商標條例。

商標註冊條例之調查，大致是上述的情況，由我接辦。我向工務局長富田冬三氏報告其經緯，他便說「在順序上，先弄商標註冊規則，然後再搞發明專賣規則如何？」旋即任命兩三個人做此項工作，我擔任委員長，負責商標註冊規則之撰擬。

如此這般調查工作順利進行，經過大約兩年有半時日，向參事院會議提案，工作人員相當費神和辛苦。因為當時之參事院，具有正確商標知識者極少，大多和東京商業會議所從前的那種觀念，混淆商標和商店字號。因此我一方面撰寫條例草案，同時對社會各方面說明內容及其用意，以增進大家之理解。一八八四年一月，條例正式提出參事院院會。幸好院會之前的溝通奏效，在參事院順利通過，繼而經過元老院之贊成，於一八八四年六月七日，以布告第十九號公布商標條例，該年十月一日開始實施。同時，一八八五年一月，又制作商標條例附則追加案，交付參事院審議。

這個會議，明治大帝陛下親自啟駕。議長座在陛下旁邊，我以特別兼任參事院員外議官補身份，站在議長旁邊位子，擔任此案之說明。

當時，首先我說明商標和商店字號之不同，譬如一提到「正宗」，一般社會便會連想這是優等的酒，是眾所周知的事實。因此不能將其註冊為商標而為其專有。但酢的商標「丸勘」，醬油商標的「龜甲萬」等等，為社會所需要，但這些依其商標，立刻可以想像其釀造廠，成為一種專用，作為商標，應該予以保護，我用美濃紙，把丸勘、正宗、龜甲萬等畫成圖樣，作了說明。其結果，在元老院院會，順利通過。後來，傳說高橋在陛下御前，大顯身手揮著正宗、丸勘圖樣，大聲說明的模樣，而聲名大噪。

當時一般國民對於商標條例理解的程度，看看下面田中芳男君之書信，自可大致瞭解。

公布商標條例之後人民的感觸如何？徵兵令一出，解說和解等通俗出現於世上，比適切於各人身上，大有與民情有關，商標亦然，世上有不少人不重視條例，不知其與自己產業有關，反而狡猾者極其蘊奧，因循者空敷經過，目前說商標之有用，以及不知商標之何物為自己損失之通俗書皆缺，我稍稍看過官報，完全不懂，對別人無從說明，因此想請教，前日出席會議，無座位，故寫此信以請教。頓首。

十月二十一日

田芳拜

高橋君侍史

專賣專利所長（三十二歲左右）

總而言之，商標以上述順序完成了，下來就是撰擬發明專利規則。不久成案之後，照例送請參事院審議。但很難通過。在此之前的一八七一年左右，曾經公布過發明專賣略規則，但迨至實施之時，卻沒有能夠審查的人。不得已，必須聘請諸多外國人。這樣需要花很多費用。可是發明的件數又少，因此於一八七二年三月二十五日，以第一百五號布告停止實施。由之以為很難實施，在參事院的反對意見又很強，乃一時停頓。

此時森有禮先生從外國回來。因他是我的大恩人，我遂去看他。他問我：「最近在幹什麼？」我說在農商務省搞商標註冊規則，現在擔任商標註冊所長，致力於發明專賣規則之制定，好不容易搞好，幾天前送請參事院審議，很多人反對，不容易通過。森桑很高興地說「你在做很有意義的事。如果那麼困難，我來給他們說說好了」。

當時森桑是參事院議官，但絕少出席。爾後有一天他專程出席參事院院會並大力倡議：「既然有人願意幹，請放心，讓其搞成法律如何？」為法案之通過，不遺餘力。如此這般，這個案終於在參事院獲得通過，繼而轉送元老院。

可是在元老院會議，政府部門沒有能夠說明此案的適當人選，故我遂臨時奉命以內閣委員身分，作此案之說明。

在此之前，在元老院，箕作麟祥桑早就感覺有保護發明之必要，起草法國式簡易無審查專利法，非正式地分送給閣僚議官。因此在元老院，有這樣先入為主觀念，有不少人以為法國式無審查許可比我所擬的案要好。但箕作桑本身看了我的案之後，表示我的案比他的案好，贊成我的案。

由於這種原因，元老院雖然有過相當的議論，議論的結果，我的案獲得順利通過，一八八五年四月頒布，該年七月一日開始實施；我於該年四月二十日，奉命兼任專賣專利所長。

與頒布這個規則之同時，當時之制度調查局長的伊藤博文氏通牒農商務卿西鄉從道氏說：

「這個法律在我國首次施行，是非常不容易的法律，應該派遣主任者前往歐美考察和調查。」

因此農商務卿遂命令我準備去考察。經過種種思考之後，我列出在海外必須調查的事項，同時上呈需要盡快遣派調查員前往海外之意見。因為最近頒布商標註冊條例、專賣專利條例實施結果，提出申請者日多，民間亦逐漸認識其效果，所以必須研究海外先進國家之制度和組織，以確立我國之商標註冊專賣專利之制度，使其制度完善。

此時，說是最近在羅馬要召開有關保護發明之萬國會議邀請日本加入會員，我詳細說明以今日日本專利制度之情況，還沒有準備好，加入對日本利少弊多，供上司參考。

吉田大輔和富田工務局長，對於我們的意見皆表示贊同，惟擔心派遣人員至海外的經費問題。可是卿輔調動，吉田大輔取代品川大輔之後，發生常有的權力鬥爭，開始整品川系的人，此事影響了我之派遣海外，反而產生促成這一件事情之結果，十一月十二日，宮島信吉告訴我，呈太政官（後來之首相）之我的報告得到批准。

廢馬養鹿——精神修養到家的前田氏

在此之前，我在農商務省專門作商標註冊和發明專賣之工作，此時農商務省有一個叫做前田正名的書記官。他是精神修養非常好，在極力倡議殖產興業之重要性。

我只聽說過這個人，但還沒有機會和他謀面。記得這是一八八三年（我三十歲）的事情。森有禮先生似乎對前田君談過我的事，前田君傳言說想和我見面，於是我們便在農商務省會面。

當時，我和前田君交談，深感他是一位精神修養到家，非常熱誠的人，令我佩服不已。特別令我感佩的是他的國家觀念。在此之前的我的想法是，這很不容易表達，譬如觀音的信徒去參拜觀音時的心情，即以信徒為自己，觀音為國家的話，國家是很重要的，以為這是我最可靠的東西，可是有如觀音和信徒一樣，國家與自己是分開的另外一個東西，這是我原來的理解。

可是我和前田君談了兩天話以後，發覺我從前的國家觀念是淺薄的。國家並非離開自己而存在的東西。自己和國家是一體的。觀音和信徒合而為一才是真正的信仰。國家也是一樣。後來我才這樣想。

由於這種原因，我由衷敬仰和尊敬前田君。當時的大藏大臣是松方（正義）桑，一八九〇年將開始國會，在此之前要把財政整理好，因而通知各官省，要其盡量整簡和節約。但卻實行不了。因此松方桑規定整理節約剩的錢，可以移作下一年度使用。所以大家便開始設法省錢。

對於整理整頓，我想來一談前田君在農商務省的作法。當要整簡人事時，上司實在不忍心裁員其下屬，於是前田君遂告訴各局（司）把不用的人員統統交給他，他把這些人集合起來設立第四課（科）。其人數好像有四、五十個人的樣子。因為在推動整頓節約，農商務省也廢掉了等同於今日之汽車的馬車和馬。因此有人作了這樣怪句子：

農商務省廢馬設しか（四課日語，諧音為鹿）

這四、五十個課員感奮前田君之精神，天還沒有亮就提著提燈，前往辦公室等著開門；從早到晚拼命工作，因此工作成績輝煌，效率特別高。這是前田君一代的美談，重要的是看你怎麼樣用人。這是前田君用人哲學。

興業意見書的挫折

首先，前田君用第四課的人員開始編纂興業意見書。

一八九〇年開始有國會，其議員一定會有不少律師和新聞記者。這些人大多不懂得我國殖產興業的實際情形，所以必須使這些人得知我國的實際情況。法律規則是將來的事，富國強兵之基礎為殖產興業。

因此著手開始調查舊藩政時代各藩所訂之殖產興業方策，歐美各國之實際設施，以及其效果等等。

那個時候，農商務省內有一個小小房子，前田君住在那裡從事編纂工作。我也協助過此項工作，在撰寫意見書過程中，我們曾經一再思考和討論過，我也在那裡睡過。

這樣完成的興業意見書，多達三十本。今後將以它為基礎，令各府縣政府勸業課調查其地方之產業狀況，同時農商務省也遣派視察官員到各地方從事考察和調查，根據事實樹立妥當的實施方案，準備每年再予以增加、刪除或修正。

當時的農商務卿是西鄉從道桑，品川彌二郎桑是大輔，也是很重視精神修養的人，非常贊成和致力於這個事業。

可是於一八八五年年底，實行官制大改革，此時才稱為農商務大臣，同時大臣和大輔也調動，西鄉卿辭職，谷干城氏出任農商務大臣，吉田清成氏接品川大輔位子，稱為農商務次官。與此同時前田正名君也被調走，至此我們所搞的興業意見書壽終正寢。

現在再看它，的確寫的很好。如果逐年實施它，將弄清楚日本殖產興業之利弊，對日本之發達進步可能有極大幫助。我覺得半途而廢，是日本的不幸。

總而言之，前田這個人的確很偉大，今日之陶器公會、紡織品公會、製紙公會等，一切公會都是前田君製造的。這個人晚年之所以被誤解，是因為他有政府不可靠，應該創設私立農商務省這樣想法所致。加以需要錢，他染指自己外行的事業而被社會誤解，給朋友添加麻煩的結果。

但前田君是把國家和自己合而為一的人物，完全沒有私心，唯以國家為念。如果稍微冷靜從事，應該不會有這樣失敗才對，太過於熱情，這或許是他的缺點。

我開口閉口「根本」、「根本」，在原（敬）內閣時代常常被人家說「你開口閉口根本、國家」，這可能因為在農商務省受前田君之影響所致。譬如現在發生某一件事，要如何處置的時候，我不會思考一時的措施。我要追究其發生的原因，這是從作前田君之意見書時就養成的習慣。因此我的意見往往甚至大多和今日社會的意見不同。

與大藏省衝突——興業銀行條例

在興業意見書中，有設立興業銀行的計劃。可是大藏省似也在作同樣的調查，其成案已經提出參事院。

從這個時候在參事院有這樣的規定：舉凡一省所提出議案內容與他省事務有所關聯時，需要徵詢該省之意見，此時我代表農商務省參加是項會議。

我看了大藏省案之後，覺得其實行方法和農商務省計劃完全相反。

大藏省案是先搞中央銀行，然後在各地方設立分行，和今日之勸業銀行的結構相同。可是農商務省的計劃是，地方先，中央後，譬如農業試驗所，農業共進會，巡迴教師等，有關農事改良各種設備完成之縣才設立興業銀行，在這裏招募一百萬圓資金，中央也認股同樣金額，在各地方成立許多銀行時，為統一這些銀行，才在中央成立中樞的金融機構。

大藏省的方案是，由大藏省自由裁量隨意貸款，貸款之後的責任即監督、收回等等，一切交給農商務省負責。而大藏省之所以希望趕緊成立本案，是因為當時中央政府對於各府縣每年補助土木費八十萬圓以上，而且年年在增加，正在大傷其腦筋。作為其改變政策之方策，準備設立興業銀行，由其補助土木費。這是大藏省案的主要目的。由於這種原因，農商務省絕對不能贊成。

因此此案在參事院會議討論再三，提出院會多次，結果每次皆附託特別委員會。在這個會議，大藏省的銀行局長加藤亘、書記官（秘書）田尻稻次郎、神鞭知常三君出席說明此案，農商務省由我一個人包辦。安場議官等以及議官補好多人贊成我們農商務省的主張。

加藤說，過去開過好幾次委員會，都未能獲得意見之一致。因為委員會意見不一致，所以送至院會還是會交回委員會。這是因為委員會中有農商務省之官員所致。因此提議委員之選定不要由議長指定，要以投票來決定。決定選舉。

投票結果，我得票最高，還是由我擔任委員。於是又召開委員會，會議還是各說各話，沒有結論。此時西鄉農商務卿剛從中國回來。參事院諸議官認為，在委員會討論要得出結論非常困難，恐怕只有在限定的議官的席上，請大藏、農商務兩卿出席，聽聽他們兩個人意見之後再來作決定。

聽到這個消息的我非常震驚，遂去找書記官前田正名、山林局長武井守正、會計局長杉山榮藏和書記官宮島信吉君等，告訴他們這種情況，因農商務卿剛從中國回來，可能不知道事情之經過，在參事院尚未邀請兩卿出席之前，需要讓西鄉卿知道農商務省之主張以及其與大藏省案之不同。結果決定明天一早，由武井、宮島和我三個人去拜訪農商務卿報告情況。隔天早上，我們三個人去看西鄉農商務卿。他遂召見我們，並請我們喝苦艾名酒。我們向他報告參事院院會和委員會開會經過及其結果。對此西鄉桑扳著臉問說：「對於這件事，據說高橋君主張廢案。那個法案是我去中國之前拜託松方大藏卿早日提出的。對此農商務省之代表的你為什麼主張廢案。你說說其理由。」

於是我詳細說明了農商務省之計劃與大藏省案之不同，並表示我主張修改，沒有主張廢案，因而西鄉桑說「明天早上我去辦公廳，聽聽書記官以上人員意見」。於是我們三個人遂回家。

大臣與次官——西鄉侯爵與品川子爵

我們三個人離開西鄉農商務卿公館之後，中途到位於九段下之宮島住處，請來杉山會計局長商量。

在這席上，三個人只都拼命說糟糕糟糕，想不出好辦法。因此我說：「西鄉卿既然稱這個是他請大藏卿提出來的，我們的主張恐怕很難通過。」那一天晚上我先回去了。

隔天早上，我大膽地去訪問品川桑。當時品川桑住在省內之官舍，因胃病，常常在病床上。他令人請我到他睡房並問我說「什麼事，這麼早就來？」我對他詳細說明參事院議事之經緯，以及昨天與西鄉卿見面之情形，我們不能因為卿之意見而如果後退，今後農商務省代表之分量將為之減少。這一次高橋所主張的是高橋之個人意見，不是農商務省決定之意見，我無視農商務省意見，隨便發表私人意見，所以請給我懲戒免職。對此品川桑說：「你在參事院所主張農商務省的立場，我和前田君都非常清楚。關於這一件事情，昨天參事院副議長山田庸三君來找我說，有人認為高橋君說得有道理，他問我這到底是（農商務省）省議，還是高橋的個人意見，我說我們既然相信這個人，以其為代表，他說他個人意見也沒有什麼關係才對。現在你來請求懲戒免職你，我實在感慨萬千。或許會變成你所說的也不一定。總而言之，今天早上的（農商務省）省會議，我將抱病出席」，他正在流淚這樣說的時候，武井守正君來了，並說，「今天早上我準備第一個人來報告的，卻看到高橋先來了，令我嚇一跳。我認為，萬一西鄉卿不同意我們意見時，我想拜託您表示，這是您命令高橋這樣作的，由您一個人負責。」對此品川桑表示「這對我來說不算什麼。

總之今天早上會議我會出席，由我來對西鄉桑說說看。」

武井對我說：「我萬萬沒有想到你會這麼早來。我以為我最早。」因時間不多，我遂去上班，不久西鄉卿也來了。他第一個叫我去說：「昨天因為還有別人。未能充分多聽你的話。你再把大藏省案說給我聽聽看。」

於是我用一個多小時的時間，重新說明農商務省案和大藏省案之不同，以及農商務省為什麼要反對大藏省案的理由。西鄉桑遂說「我明白了。馬上開會」，遂集局長、書記官等，舉行農商務省首腦會議。長桌子，正面一端是議長席，西鄉卿座這裡，其他人按照職位順序就座，我座在西鄉卿對面位子，抱病出席的品川大輔，著和服座在大家後面。西鄉桑說「我希望大家按照順序一個一個表示意見」，大家皆發表意見，但有被西鄉桑問得啞口無言者。其中有一個人說「大藏省隨意貸款，其善後責任要由農商務省來負太不應該，太沒有道理」。對此西鄉桑鄭重其事地斷然說：「陛下把農民交給身為農商務卿的我。所以即使有一家農戶破產，我對陛下就有責任。縱然貸款時沒有協議，大藏省專斷貸款，農商務卿不肯負責，這樣的話是不能說的。」

此時西鄉桑所說的話及其態度，使我感激得無意中流下眼淚。更令我驚訝的是，我以為他完全不懂得經濟，可是他外表雖然茫漠，卻懂得事情之要領，腦筋非常清楚而細密。會議中午不吃飯，繼續開下去。最後由我在大家面前說了早上向西鄉桑說過的一番話。主席的武井守正說：「高橋君既然這樣說，請大家再思考思考」；品川大輔站起來說：「大家的意見和高橋的意見沒有什麼兩樣，就採用高橋的意見如何？」

西鄉桑聽完了這些話之後呵呵大笑說：

「你們讓我學習很多，上了一課。好吧。我來好好對大藏卿說一說。時為下午三點半。西鄉桑請大家吃了薩摩湯大餐分別回家。後來據說，由西鄉桑對松方桑說說，大藏省終於由參事院撤回本案。」

〔八〕赴歐美（美、英、法、德）考察

串田萬藏與吉田鐵太郎

一八八五年（我三十二歲）一月十六日，我得到出差歐美之派令，該月二十日進宮，拜謁聖上陛下，並參拜賢所（皇宮祭祀天照大神靈魂之處）。二十一日拜命農商務省書記官，二十四日，從橫濱港乘船前往美國。

同行者有前三菱銀行董事長串田萬藏君和吉田鐵太郎。我為什麼帶這兩個人去呢？當時串田之父親是第百十三銀行江戶橋分行經理。鈴木知雄君之哥哥古山數高君也在該銀行服務，是老朋友。有一天古山來對我說：

「串田的兒子好像是很不錯的少年，他的父親把他當作有如工友在用。我有時候對其父親說，應該讓他作作學問，其父親卻說：『商人不需要學問。從銀行的小弟幹起就行』，不肯接受。但把那個少年當作小弟用，實在太可惜。」

我說：「是很可惜。他父親既然這樣說也沒有辦法，不過可以建議其父親讓他兒子唸唸公立學校的夜間部。你建議其父親看看。」

古山把我的話轉達了串田父親。其父親大概同意了，不久串田少年便來上夜間部。串田上學以後，學業突飛猛進，成績極好。因此我對其父親勸說：「這樣優秀的少年，最好讓他唸日間部，令其讀大學。」其父親同意串田上日間部。

串田的進步仍然非常之快，一年半就念完一般學生三年要唸的東西，當時共立學校有四、五百名學生，他的成績名列前茅。一八八五年七月，串田便考上大學預備門之入學考試，成為其第一期學生。

此時，決定我之出差海外，我乃於十一月十三日，請鈴木知雄、古山數高、橫田廣太郎三個人到我家裡來，商量和交待我在考察期間的事體。在這席上，有人提到把串田少年帶去美國如何？商議結果，決定由古山說服串田父親，鈴木也從側面敲鑼打鼓。此時串田父親之想法也已相當改變，所以古山給他一說，他便立刻欣然同意，請我把串田少年帶去。

至於吉田鐵太郎，也是於十一月十四日，前田正名君為我舉辦送別會時（與會者為以武井守正、牧野伸顯、杉山榮藏諸君為首，將留學德國之品川彌二郎氏公子彌一君，以及前田君之親戚等等），在此席上，牧野伸顯君說，吉田縣令公子，目前肄業於大學預備門二年級的鐵太郎君將出國深造，沒有伴，故請我順便把他帶去。

由於上述這樣的來龍去脈，我遂和串田、吉田兩君同行。因急急忙忙的動身，我一個人忙不過來，故兌換外幣、輪船房間等等，便請串田父親代勞一切。可是到二十日晚上，萬藏君前來芝紅葉館的歡送會席上說：「船客房還沒訂好，好像訂不到的樣子。」我便於二十一日早上，前往橫濱之輪船公司交涉，因經理還沒有上班，束手無策。我覺得以個人身分交涉不會成功，遂回來東京，前往農商務省，和吉田大輔商量，由大輔電請輪船公司經理中心「務必安排一個上等客艙」。及至晚間，連絡說。將把船上軍官室讓出來，準備了兩個人用的客艙。故我和串田君占用軍官室，吉田君只有買下等船票。

盛大的歡送會

一八八五年十一月十六日，內閣書記官送來「為考察有關保護專賣商標出差歐美各國」之太政官派令。與此同時，西鄉農商務卿把我找去，告訴我政府將告知各國駐紮日本公使之介紹公文和照料信，同時諄諄提醒我，吉田大輔正在旅行中，回來之後，向他領取該大輔之介紹信。

如此這般，我的出差正式決定，到二十四日的出發，只有八天時光。因此忙得一蹋糊塗。即十六日晚上，邀來鈴木、橫田、古山、曾禰、小出以及美土代町之親戚舉辦留別會；十七日，共立學校之有關者在神田開化樓；十八日，工務局同事在上野松源樓；十九日是鈴木知雄、山口慎等其他朋友；二十日，農商務省簡任官在芝紅葉館主持之歡送會，皆極為盛大。尤其是紅葉館的歡送會，農商務卿、大輔皆出席，大家大喝大唱，及至深夜，盡歡而散。根據後來富田局長的說法，過去農商務省雖然也曾經有過好幾次這樣的歡送會，但這一次卿、大輔親自出席，大家這樣和諧可親地盡興還是第一次，真是大家為你祝福。

有一天，我去看了前大輔品川彌二郎氏，他對我說：「我小孩之出國暫緩，最近要把小孩帶去京都大阪。明年春天我將去德國，在那裡當有機會見面。」仍然對於殖產興業非常熱心。回途，我去看了森有禮先生。雖然正在開會，但他還是出來跟我見面，我向他辭行，並請他給我介紹幾個外國人。出發當天我又去看森先生，他說「你要出發了」，並立刻拿起筆來給「伊頓將軍」替我寫了介紹信。該英文信寫了三頁，非常誇獎我，是充滿溫馨而親切的一封信。森先生又說：「伊頓將軍在擔任教育工作，人格高尚，為大家所尊敬，他在歐洲也有許多朋友，你可以坦誠告訴他你的目的，並請他替你介紹有關人士。」

我完成了一切準備之後，於十一月二十三日下午四時，由新橋車站出發，前往橫濱。在新橋車站，有許多人來送行，武井、富田、柳谷、荒川、高蜂、神田、小出、鈴木、日置、馬場、曾禰、山崎、首藤、芥川、田村等諸君，他們送到橫濱，替我壯行。

到達橫濱之後，在弁天橋路西村休息，晚上乘驛遞局小汽艇上了「巴布羅巴太陽」輪船。

購買船票之後，得知這是一條貨輪，客艙很少，設備又不好，因而有人勸說最好改搭下個月五日開航的客輪，惟因這是請吉田大輔幫忙訂的，因此按照預定出發。

此時同船者，除同行之串田、吉田外，日本人還有早川龍介（後來當選愛知縣之眾議院議員）岡部某等八、九人，其中兩個人是女性。他們都是下等艙。上等艙，除我們之外，還有五個外國人。「荷烈斯．佛列加」（柳谷秘書官之熟人）、「約翰．密特頓」（橫濱之商人）、「李布列」（攝影師）、「柯爾」（傳教師）等之外，還有一個外國人。在船中，我和他們互動得很愉快。

在洗手間洗臉——在餐廳出洋相

我們於一八八五年十一月二十三日晚上，上「巴布羅巴太陽」輪，那一天晚上，下了好大雨。我們終於在橫濱海面過了一夜。隔天的二十四日是晴天，風平浪靜，航海極為舒服，我們的船於上午六時半，拔錨解纜。

可是迨至看不到島影時，馬上變天，變成大風雨，爾後的三天三夜風雨交加，輪船與海浪搏鬥，寸步難行。因此船客一直關在客艙裡。

及至二十七日，風雨停止，船客開始前往餐廳。早川君也到甲板上來了。此時他說：我出了好大洋相。因已不暈船了，天氣又好，遂出去甲板上，想洗洗臉，到處找洗手間，找到一個好像洗手間的房間，往裡頭一看，從一個磁器裝置流著少量的水。聽說洋人擅長究理，卻覺得這個太不方便，不得已，我遂掬取其水，洗洗臉，漱漱口，準備要出去時，一個洋人進來，我遂看其用法，這個洋人竟站在那裡小便。此時我才知道那個磁器是小便壺。而哈哈大笑。當時，早川君說他要到美國去賺錢。他帶著好多金魚，但其大半都在船裡死了。

因天氣好，吉田鐵太郎君也上來甲板，並說：「下等艙伙食太差。房間已經沒有辦法，但伙食能不能設法讓我到上等艙用餐？」於是我和船的會計主任商量。對方回答說：「不能和上等艙客人一起用餐，但可以和船的軍官一道用餐。」於是吉田君先付十五美元，隔天早上喜氣洋洋，軍官們還沒有去之前，他一個人便先到軍官餐廳吃早餐。因他不諳西餐，遂就服務員拿來的菜單，按照上面一、二、三順序點了三樣，結果送來三種不同的麵包，又開懷大笑。

在船上成為朋友的佛列加氏，稱贊日本人之美術工藝技能，嘆美大和魂，世界上之尊帝王，重榮譽，尊敬長輩，家族同住，大家工作，日本人之此種美風良俗，乃世界無雙。佛列加在橫濱、舊金山、芝加哥擁有店鋪，專售日本東西。在舊金山和芝加哥有日本商品的陳列場和賣店，而從今日之成績來判斷，日本的陶瓷將是最有前途的輸出品。傳教師柯爾氏說：「你到芝加哥不妨去參觀交易所，就是看其擁擠混亂場面就夠好玩。這個交易所的仲介大約有三十個人，他們時時刻刻向其本店或顧客通報行情，同時接受訂購，幾乎連一分鐘的休息時間都沒有。」

有一年，交易所全體幹部邀請總統阿瑟氏臨駕參觀，阿瑟氏通告某一天中午前來，但超過約定時間十分鐘總統還沒有到。仲介人中午暫停交易，以等待總統之來到，但這十分鐘的浪費是莫須有的。有人抱怨說，這十分鐘他少賺了一萬美元。大家正在爭吵說到十二時二十分，不管總統有沒有到，一定要開始交易的時候，總統趕到了。依照約定，為對交易所員和仲介人演說，總統上了臺。此時有一個仲介人喊叫「演說請簡單一點」。阿瑟氏是一個溫雅的士紳，眼看此情此景，簡單說幾句話就準備結束，而在他的話還沒有完全結束時，交易便開始了。是即仲介人眼中的總統，簡直是有如鄉下的一個警員。

橡樹的回憶——月下的感慨

巴布羅巴太陽輪，由横濱出發的第十五天，亦即一八八五年十二月九日下午在抵達舊金山港外。

旋即防疫官、海關官員、船公司職員等上來，分別為大家辦理登陸手續。這一條船，除我們之外，還有一百二十多名中國人乘下等客艙。因時間已經很晚，不可能讓所有乘客在今天之內統統登陸完畢。因此今日先讓上等艙客人和下等艙日本人只帶手提行李上陸。

及至下午五時半，我們按照船當局吩咐，只帶手提行李上岸。在海關檢查手提行李時，在隔數幾步地方，約翰・密多爾頓同樣在接受行李檢查。密多爾頓好像在和海關官員說什麼，此時該官員突然向我這邊問說「這一把刀是你的嗎？」因很突然我有一點覺得不知道該如何是好，但遂覺察一定是約翰・密多爾頓因帶一把刀，發生問題，故我遂回答說「是的」。海關人員有一些奇妙表情，但事情就這樣過去了。後來密多爾頓對我說，「我一生沒有過這樣不好意思的經驗。我無意中說這是那個日本人的東西。因此海關人員才問你。對此你回答說是，我覺得這樣不好，遂向海關人員說明理由，並繳納二十五美元稅了事。實在對不起你。」

我說：「我因想幫助你，才作這樣回答，那時我也覺得很難為情。你自動繳了稅，太好不過了。」

此時我們從碼頭乘馬車前往宮殿飯店（Palace Hotel），舊金山的情景，與二十年前完全兩樣。變得最多的是城裡的情形，令我感慨萬千。

在舊金山我們預定停留三天，盡量參觀和觀察城裡的種種，以及從前我去過的老地方。

到達的第二天，請佛列加君帶路，視察私設的消防隊。這個消防隊係由火災保險公司所經營，當時市內有兩個消防隊。消防隊員經常在其樓上待命。樓上有好多床鋪，上面擺著防水褲子和鞋子，隨時可以穿用。一得到火災通報，消防隊員便由二樓乘滑板滑下來。立刻令馬拖消防車，同時用蒸氣燒火。馬鞍上面等同頂棚有一個洞，在二樓的馭者就從這個洞下來到達馭者台。這樣從接到失火通報，八分鐘之內就能完成出動的準備。消防隊待機所，為他們的消遣，有鋼琴，掛著許多畫，養小鳥，狗和猴子等等。據稱，猴子常常會作惡作劇，很是頭痛。

這一天黃昏，領事館的宇田川、門井兩君陪我們到奧克蘭。這個地方是我不能忘懷的地方。十四歲時，在此地，我在不知不覺之中被班李特賣給勃朗當奴隸，以牛馬為友，在這鄉村工作了幾個月。這是二十年前的往事。

在清朗的夜晚，我到處尋找勃朗的家族和我所認識的人，因為街市完全變樣，沒有找到。不過我還是不肯死心，仍然努力和很有耐心地找到勃朗家及其老停車場。抬頭一看，有一棵似我曾經看過的好橡樹。

這一棵樹，正是我每天照料牛馬之圍牆中的那一棵大樹，我所養將近一百隻雞晚上就睡在這棵樹下。

在皎皎夜光下，面對很難忘記的這一棵橡樹，我著實感慨萬千。那一天晚上很晚，我前往哥亞街拜訪了佛爾別基夫人。次子的加西君也在座，我們邊喝茶，邊聊天，聊到幾乎快要天亮。

從芝加哥到紐約

到達舊金山第三天下午，我們從奧克蘭車站搭火車前往紐約。火車向西北方向突飛猛進。當時的沿線土地，大多未曾開墾，火車頭煙筒吐出來的火煙，線路兩旁六尺範圍內，為使其不長草，必須翻土是鐵路公司的義務。有的地區，線路兩旁土地，劃成各六百英畝，由政府和鐵路公司分別擁有。而政府所擁有的土地，任何人在那裏如果居住六個月，就可以以一英畝兩角五分美金購買面積一百六十畝以下土地。因此這裡那裡蓋有小房子，並用圍牆把它圍起來。其附近養著牛、豬，有時候還能看到狗熊、鹿和羚羊等等。堪薩斯州，從當時其土地就非常豐饒，居民很多，投資許多土地和新發明的農具。房子都很簡陋（多是平房或雙層木造屋，絕少是用磚蓋的），卻擁有五百到六百英畝土地。

我們邊看著這樣的沿線五天，於一八八五年十二月十七日下午二時，抵達芝加哥。因佛列加氏早已來電報說，他派其兩個日本店員武田、松井兩君前來迎接，並立刻把我們領到格蘭特太平洋大飯店。此時有一個姓高橋的日本人來說：「從今年的元月左右以後，很奇怪，非常流行日本的東西。尤其和服最受歡迎。和服的布料是絲綢，由佛列加店請日本畫工在其上面畫畫。畫一個畫是二十五美元，製成和服賣六十美元。雖然有十幾個畫工日以繼夜地在畫畫，還是供應不了訂購。」

我們在芝加哥逗留兩天，參觀了屠牛場和物品交易所，十九日下午三時半，我帶著串田、吉田兩君，離開了芝加哥鋘本車站。隔天晚上半夜零時半到達紐約，投宿威恩佐爾大飯店。當時的紐約領事是高橋新吉君，在此之前，我在農商務省查閱來自各地領事電報報告中，對我國對外貿易最用心和議論最卓越的就是高橋領事的報告。因此此次來美國之前，我事先寫信給他，告訴他，我一定最想和他見面。到達那一天，因為時間很晚，沒有辦法見到他。隔天早上，早餐後等到中午，還是沒有人影。用地圖找領事館，很遠，又不知道路。遂寫信，托人送往領事館。

迨至下午，高橋領事來說，他及其夫人住在威斯敏斯特飯店，希望我也能搬到這一家飯店。與舊金山領事相反，他非常親切。因此那一天黃昏，我遂搬到威斯敏斯特飯店，和他談到深更半夜。高橋領事談了其身世和抱負。從其言談可以看出他是一位人格崇高的人。他的談話中令我記憶猶新的是：

「紐約這個地方非常腐敗。跟我相當親密，住在鄉下的朋友，有時候會到紐約來，他就很怨嘆風俗之惡化，他家離開我家只有二十英哩左右，卻沒有讓他妙齡的女兒去過紐約。都市很浮華輕佻，鄉下就有這一種人格高尚的人士。美國的精神是這一種人建構起來的。」

新訂造西裝

抵達紐約的第一件工作是訂造西裝。高橋領事看到我的服裝說：「你的西裝是日本製的，不大好看，最好新造一套。」因此隔天便去西裝店訂作燕尾服、晨禮服、男大禮服各乙套以及大衣。但其價錢實在太貴了，簡直嚇死人。因此除農商務省給的錢以外，我還負債大約四百美元。

談到西裝，我想起一件事，即在紐約的時候，有一次高橋看到我的絲絨禮帽說：「你的西裝因為是日本製，很難看，但帽子卻是最新流行的帽子。」這個帽子是十年前佛爾別基先生在西洋所買，因為嫌太小而送給我的，在日本沒有帶的機會，這一次便把它帶來。

對於我的說明他說：「這雖然是最近的流行，但我覺得顏色不大好。我聽說帽子和西裝的款式十年後會回過頭來再流行，今天我竟看到了實物教訓。」

因所訂西裝需要一個星期始能完成，所以這個期間必須人在紐約，於是由高橋領事帶路去參觀幾個地方，包括登上兩百四十英尺之高塔，開車通過一點二五英里長之布魯克林橋去逗逗公園，去第五街之劇場觀賞「帝王」劇，和交易所。

那時候，剛剛由日本來宣傳「日本村落」的活動。去看了一下，有十幾個日本人在那裡「亮相」，給人家看熱鬧，這絕非光榮的事。我在那裡對於他們作了一場不要在外國丟日本人臉的演說。

一八八五年十二月二十三日中午，我接到改革官制的電報。即太政官政制改為內閣制，卿、輔改稱大臣、次官，西鄉農商務卿轉任海軍大臣，谷干城氏出任農商務大臣，前田、武井兩君辭職。在紐約期間正值聖誕節和新年時節，和日僑有過好幾次忘年會和新年會的聚會。當時的日僑，有大久保（利和）、高峰（讓治）、松方（幸次郎幫忙過孫中山革命—譯者）、與倉、桐野（弘）等諸君。又因高橋領事之介紹，跟不少美國人成為朋友。許多是牧師。其中卡達博士、泰拉爾博士等是當年的馳名之士，我與領事一道去訪問或一起去聽演講。因密多爾頓之介紹，我成為聯合同盟俱樂部之臨時會員，並曾出入於該俱樂部。

紐約的律師布利存君，是馳名的律師，據說他尤其通達專利制度，我經由介紹某日去拜訪他。他非常高興，對於專利制度的調查給我非常的善意。他尤其極力倡議圖案保護法之重要性，並建議日本能夠早日制定這樣的法律。他說，今日英國工藝技術之所以如此進步和發展，就是由於這個法律之刺激的緣故。又關於發明物之專利審查方法，不要像美國那樣，只完全信任審查員，像德國那樣，徵詢實際上在工作者的意見，應該好的多。總而言之，他的意見，對我很有幫助。

打字機令我驚奇

一八八六年元月元旦，我在紐約的威斯敏斯特飯店渡過。當天天氣清爽而不冷。首先前往日本人俱樂部禮拜兩陛下肖像，並與留紐約日僑聯歡。因所訂做西裝已經做好，乃乘正月二日晚上由紐約出發的火車前往華盛頓。

有關同行之串田、吉田兩君的處置，到達紐約之後，也和高橋領事商量，決定令他們兩個人進松方幸次郎肄業中之在紐布倫斯威克的拉特學院附屬格朗馬學校就讀。因學校放假中，遂在紐約為他們兩個人找地方住。

一八八六年元月，串田君搬往紐布倫斯威克，旋即進賓西法尼州立賓州大學肄業。他在紐布倫斯威克和賓州大學，成績優異，比美國學生要好的多。尤其在賓州大學，在一八八六年春季的考試，他被推為特別優等生，為當地報紙和校刊所報導。

一八八六年元月二日中午十二時，我和高橋領事由紐約出發，隔日下午八時到達華盛頓。公使館之赤羽、西鄉兩君前來迎接，遂把我送往N街一五一四號赤羽住處。

當時之駐美公使為九鬼隆一氏，公使館除前述之兩位外，有三崎龜之助、齊藤實兩君。我遂去拜訪九鬼公使，碰巧他生病，故要我慢兩三天去專利院。

九鬼公使病癒之後，我們一道往訪內務卿（內政部長），並求見專利院長。因院長不在，被介紹其弟弟。弟弟請來專利院秘書長斯凱拉．茲利氏，吩咐他把我介紹給大家。

從此以後，我每天前往專利院，接受茲利秘書長之懇切指導。茲利氏首先對我說明專利院之組織，然後陪我參觀經理部、申請部、審查部、繪圖部、審判部長室、圖書館、模型式等等，讓我弄清楚各部門之聯絡管道，並給我介紹各部門之負責人。

內務卿為使我方便，特別給我自由出入專利局的通行證，爾後我也能自由出入各部門，帳簿之記法，繪圖之處理，文件之整理方法等，我學得很仔細。石版部主任皮德氏給我說明石版術，更送我其發達過程的樣本。而使我最佩服的是使用打字機。院長口述事情，速記士便用打字機馬上把它打出來。現在當然不會覺得怎麼樣，但四十多年（距今一百多年前……譯者），其速度之快，令我非常驚奇。

如上面所述，在專利院，我受到他們實務的懇切指導。有疑問的部分，我回來住處以後自己細心推敲，一一將其寫下來，以書面請教專利院長蒙哥美利氏、秘書長茲利氏、和紐約的律師布里尊氏。我這樣認真正在專利院作研究的時候，一等審查官補詹姆斯・比・李茲烏特這樣個人曾對九鬼公使表示，他有意應日本政府聘請去幫忙做專利事務，此事轉到我這裡來，我遂回答這個人說，現在的日本專賣專利法只保護國內日本人的發明，是國內法，還沒有達到需要聘請外國人顧問之地步，謝謝其好意。

學習跳舞（三十三歲左右）

在專利院之研究，如上所述，因為秘書長茲利氏之格外厚愛，進行得極為順利。但想到我的研究結果對於日本之專利制度將有很大影響時，我深感自己的責任。因此日夜孜孜不倦地工作，以不負國家之負託。所以專利法規等有關參考資料和模型等等，與茲利氏商量，盡量搜集。特別是美國專利局每週發行的公報、判決錄以及詳細報告書等，都設法取得五年來的紀錄。

可是前者乙份需要十美元，溯及五年份需要三千美元；後者乙份兩毛五角，五年份需要一萬五千美元，我實在束手無策。我絞盡腦汁思考結果拜訪茲利氏，與其商量，能不能「免費贈送」。他說「免費恐怕有困難，用交換方式或許可行」。於是我說以「現在還沒有出刊，我回去以後準備出刊，到時奉寄」為條件，我得到五以還以及今後將發行之公報、判決錄、詳細說明書以及畫圖等等。這些文件由紐約海郵寄回日本，一直保存在我國專利局（特許局）至關東大地震（一九二三年九月一日……譯者），可惜東京大地震時燒失。

如上所述，我在實地研究之同時，也致力於搜集參考資料和文書，其詳細事體我還得問問各部門的直接辦事員。但辦事員中卻有許多是女性。與男性交往我還有自信，和女性打交道我是沒有把握的。就此事我想了很多很久，但想不出一個好辦法。婦女們常常問我「你跳不跳舞？」我覺得學跳舞是一個辦法，遂找一所跳舞學校報了名。校長叫做謝理丹，該夫妻及其女兒是老師。一看，男生少，女生多。每天去專利院是上午十時，因此約好在這之前一、兩個小時去學習。學費是一次兩塊美元。因我從來沒有學過跳舞，故我問說「我能不能學跳舞？」謝理丹氏反而問我：你會不會走路？」我說「會」，「那當然你也可以學跳舞」。

所以到專利院之前，我就去學跳舞。學校校長夫妻及其千金，輪流教我。那裡有年輕的女性，也有太太。年輕小姐之中，有專利局的婦女書記。太太們多是以交際季節為目標，從西部來的有錢人夫人，來東部順便學學道地的舞。因此舞蹈學校不僅有專利局的婦女書記，也認識了許多其他婦女。

驚奇的派對

以舞蹈學校為中心，有各種各樣的插曲。那是一月底左右的事情。照樣去舞蹈學校的某一天，跟我蠻要好的柏利小姐對我說：「過幾天會發生令你非常驚奇的一件事」，我問「什麼事？」「這不能說。不過因為你是外國人，住人家地方，什麼都不知道會嚇一跳，所以要偷偷告訴你，在近日中驚喜派對會到你那裡去，你知道就行了。」我第一次聽到這個名詞，完全不知道這是什麼事。尤其不懂所謂驚喜派對。

於是那一天回去以後我告訴房東主婦這一件事。同時問她驚喜派對是怎麼一回事，聽說要讓我嚇一跳。她說：

「是嘛。你告訴了我一件好事。我來準備一切好了。不過你要打聽他們到底那一天要來。」我再問她驚喜派對究竟是什麼玩意。她說，男女組成一組，兩個人提著辨當竹簍夜間突然來訪。大家把帶來的辨當擺在一起。家人要出席這個派對者也要準備辨當竹簍擺在外邊。大家到齊之後，開始彈琴，唱歌，跳舞。爾後男女抽籤，成為新的派對。再抽籤分配辨當，盡興一夜後解散。她說，當今很流行這樣的遊戲。

因此那一天晚上我也通報了赤羽這一件事。赤羽也非常高興，等待著這一天的到來。有一天到了專利局，有人告訴我今天晚上將要光臨。我回家之後，遂告訴主婦今天晚上要來，請她準備。此時赤羽也從公使館回來，我們也組成兩組派對，一起湊熱鬧，過了非常愉快的一個晚上。

又有一次，舞蹈學校校長謝利丹氏告訴我，「我的子弟們父母對我表示，想讓兒女們穿日本和服，跳跳俄國水夫舞，要我教他們。我和內人、小女商量此事，但不知道日本和服的樣子，結果找到照片上日本女性和服，準備按照這樣來作，你看如何？」並給我看了照片。一看是藝妓者流的相片，不能參考。

我想起來，從前在華盛頓教育博物館，我看過日本女中學生作的和服陳列在那裡，我遂帶謝利丹師千金去博物館，並給她詳細說明和服的穿法和帶子的綁法。以其為範本，二十四、五個母親立即開始作日本和服。作好和服，姑娘們要練習穿和服，希望我去參觀，我去一看，她們穿和服，領子右邊摺在上面，可笑極了。於是我告訴她們怎樣摺（正確是左邊要在上面……譯者）。

這個舞蹈會決定於四月舉行，希望我去欣賞，惟因我已經排好行程，三月底我就去倫敦了。

紀念性的命名——コレキヨ・タカハシ

專利院秘書長茲利氏非常親切。我在美國之專利制度的研究和調查，其所以那麼順利，輕而易舉地得到各種參考書和模型等等，完全是他的幫忙。由於這種原因，我和他的家人也非常親密，我有時候會到他家裡去玩。他家離開華盛頓蠻遠，記得在維吉尼亞州。有一天，他請我到他家晚餐，以去的時候坐火車看不到風景，所以專程讓我坐馬車去。路上有的地方路況很差，我們卻邊賞風景，邊聊天去，因此坐馬車非常愉快。到達他家以後，大家非常和藹可親，有如回到自己的家一般。

完成專利的調查工作，要離開美國之前，他們有一天又請我去晚餐。他夫人生產最小兒子不久，於是夫人說：「我們跟高橋桑這麼要好，現在分離，因高橋桑名字挺難，很難記得。幸好老么還沒取名，我們把他命名和高橋桑同樣名字如何？」我說：「這當然很好，不過到底要取高橋，還是是清，高橋是姓，有如勃朗、史密斯，到處有的姓，所謂洗禮名就是是清。」「那取雙方，叫做コレキヨ・タカハシ好了」。結果他們的最小孩子便叫這個名字。據稱，後來小孩長大，要上學，這個名字太長，因此平常便叫做「コレ」、「コレ」。（「コレ」、「コレ」在一般日語是「這樣那樣、如此這般」的意思，也有人把它當做這個這個用……譯者）。

我所同住的赤羽四郎君，一有空就在玩撲克牌，並勸我也玩這個東西。因我討厭玩撲克牌，所以勸他不要玩，他卻說「外交官如不懂得玩撲克牌，不可能成為名外交官」而非常賣力。因不值得與其爭論這種事，我便說你教我，我就玩。所以赤羽教了我如何打撲克牌。爾後赤羽大概與朋友打撲克牌打輸了，要把他經常在帶的珍珠領帶針賣給我。我覺得好可憐，乃以八十美元把它買下來，這一支珍珠領帶針還在我手上。

我和我從日本出發時候，森有禮先生為我介紹的伊頓將軍見過兩次面。他都很親切地和我會面。第一次見面時他說，他會把介紹信寫好，希望我星期四去拿。我依約定時間去，他遂把寫給幾位著名的美國人介紹信交給我。

有一天，我和羅利尼博士去國務院會見國務卿，國務卿令我們看各種各樣很珍貴的古文書。其中有喬治．華盛頓在學校肄業中所寫的數學答案和聽寫等等。皆寫得既漂亮又整齊，充分證明華盛頓這個人之忠實而慎重的性格。又有獨立宣言之原文和獨立當時美國居民寫給英國皇帝的請願書（這是兩年前，以三萬五千美元，從富蘭克林家買來的）等，是最值得注目的。

現在，我必須前往歐洲大陸，但除英語以外，我不懂法語德語。覺得這樣要在大陸作研究調查非常不方便，便買德語自習書來開始自學。我覺得德語還可以自習，但法語之發音非常困難，不可能自學。因而請羅洛克者來教我。一個星期四次，一個月的費用是十六美元。

名演員的內心表情

專利調查工作告一個段落之後，我於一八八六年三月十日告別華盛頓，歷訪巴的摩爾、費城和新哈芬等各地。

在巴的摩爾，我前往箕作佳吉、櫻井錠二君肄業之約翰．霍布金斯大學，會見了基爾曼校長。其夫人也出面款待，並勸住一晚一起用餐，因行程關係，我婉謝了。十一日下午轉往費城，宿歐陸飯店。

在費城，我參觀了教育局和美術學校等。在教育局偶然被介紹府立學校之監督官麥加利斯特君。他大力倡議兒童之手工教育。也和威旭君談，他力主保護稅之必要性。此時我觀賞了著名明星之戲。他演法國的「卡迪拿爾．利雪留」，其演技之高超，使我想起第九代團十郎之內心表情，令我深感，名演員實不分東西。

爾後我又於三月二十二日再次往訪紐約。主要目的是要和在華盛頓時茲利氏給我介紹的阿爾氏見面。

阿爾氏是美國著名的專利代辦人，他從事此項行業三十五年，是一位非常老練而能幹的專業人士。因我事先以電報告知，故他特地前來車站接我。我乘他的馬車一道去他的辦公室，其工作內容之充實，文書整理得有條不紊，令我非常驚訝和佩服。尤其是他的圖書室，美國的自不在話下，更擺著英國和法國之有關專利的參考書，非常之多。而且這些文件，都仿效華盛頓之專利院方式，分類整理，一目瞭然，隨時能夠找出所需文件。

根據阿爾氏的說法，專利代辦人的主要任務是，根據發明者之請託，製作發明之明細書及圖案，而最困難的是弄清楚發明之請求區域。其應得之手續費，要看工作之難易，所花時間之長短，並沒有一定的標準。

他又說，工廠的發明，大多是工人作的。這種時候，老闆會負擔申請發明品之專利的費用。如果這個發明有價值時，將帶給老闆（或公司），成為其保護者。萬一有人侵犯專利權時，要在犯人住所所在地法院提出訴訟等等，他給我說明了好多對專利事務有益的事。

在新哈芬逗留三天的期間，我和阿爾氏去參觀過威恩斯達連發槍製造公司、掛鐘販賣公司和針製造所等等。以後我和阿爾氏時有來有往。發生有關專利事務等問題時，我就以書面請教他，每一次他都給我很懇切的回信。

二十四日，我回到紐約，投宿威斯特飯店。如此這般我大致完成了在美國的專利制度之調查研究，三月底告別美國，前往歐洲。

倫敦的鄉下土包子

結束在美國的調查工作之後，為前往歐洲，於一八八六年三月三十日，搭乘內華達輪，航行大西洋十天，四月十日抵達利物浦港。

因為我是一個大而化之，什麼事都不在乎的人。以為到了港口一定有旅館的人在接，坐他們的馬車到旅館就是了。

可是在船上成為朋友的克魯斯史密斯告訴我說，船到達利物浦之後必須乘火車到倫敦。因此一定要先知道倫敦的旅館，否則船到了之後，不知道應該把行李送到那裡去，所以最好在登陸之前先決定旅館。

於是我便找船上的旅遊導覽來看，因旅館比較昂貴，我遂留意公寓之類的住處，我找到坡徹斯達花園七號公寓的廣告說，一星期三十先令至四十先令，遂將行李用掛號由船直接寄去，到達倫敦之加林克魯斯火車站，我便搭馬車直往那個公寓。

我按鈴，一個女性出來。我說：「我是日本人，有沒有房間？」她說「現在沒有空房」遂進去，旋即帶出來好像是其母親的婦女出來，並問說：「你為什麼突然來這裡？是不是由美國快遞聽來的？」

我覺得這是一個非常難得的機會，我回答說「是」，她說「可是沒有房間」於是我說：「很糟糕，沒有房間，能不能幫我介紹介紹？因為我的行李將直接運到這裡來。」在這樣交談中談到這個女性的父親生前在日本待過，因此問東問西有關日本的事，我在說明事情時大概放了心，母子兩個人好像在商量什麼似地，旋即母親說：「有一個大房間，因很久沒有使用，沒有整理，你要不要看看？」

我去一看，房間實在太大，又差。但又沒有地方可去，因此只有硬著頭皮住這裡。

住處既定，我遂去訪問日本公使館。公使為河瀨眞孝君，秘書是大山綱介君等。說是今天晚上有日本人會的聚會，希望我能參加，因怕行李送來，故婉拒了，遂吩咐萬一佐佐木高美、園田孝吉兩君來時，請其轉告他們，我已經來倫敦了。隔天早上佐佐木君來訪，遂一道去日本領事館找園田孝吉君。園田問我住那裡，我將來龍去脈詳細告訴他，大家大笑一番，於是有人說「乾脆就搬到我這裡來住如何？」當時我婉拒了他的好意。

園田君於一八七一年左右，是薩摩藩的貢進生，與田尻稻次郎、町田陽藏君等，就讀於大學南校的一個學生，七二年畢業之後，一時曾任助教。因此跟我認識鑾久。英語也不錯，作為領事，與紐約的高橋新吉君，被稱為東西之雙雄。而且他的岳父是，我從唐津回來在長崎跟我同船，跟我非常要好的富永發叔。以後，富永氏要我幫他的千金介紹英文老師，我介紹了佛爾別基先生之千金，而這個女兒就是岡田夫人之姊姊敏子桑。由於這樣的關係，我們有如一家人，很親密，因此在歐洲期間，受到他許多照顧。

梅枝的洗手水盆

在倫敦期間，因為有許多日僑，所以每天很熱鬧。特別是園田孝吉、佐佐木高美兩君，既為舊識，往來特別多。黑田（長成侯爵）、千頭、山內、矢野、添田、真中、鈴木敬作、中田敬義君等，當時也在倫敦，所以時或有機會見面。

佐佐木君的住處，曾經是末松謙澄住過的地方，其房東夫人非常喜歡日本。我常常在那吃得到日本料理（大多是斯基雅基）的招待。到達倫敦一星期左右，我和龜甲萬（醬油公司）的茂木以及千頭去訪問過佐佐木君，得到日本餐的款待。用完餐之後，房東夫人說：「各位日本朋友在一起，請用這個鋼琴唱唱日本歌給我聽聽看？」

我們四個人商量結果，只有茂木稍微能彈鋼琴，其他的人，彈琴自不必說，連歌都不會唱。於是茂木說：「我們四個人在這裡，說什麼也不會，也不像話，看誰隨便唱唱，我來彈彈鋼琴。」大家都不懂音樂，束手無策。但又不好意思不唱，於是我說「我來唱梅枝洗手盆，你彈琴」，茂木說「這我可以彈，還有呢？」「只有一個」。「只有一個，太短，這太奇怪了」。「短，沒有關係，一再重複就行，反正她也聽不懂」。於是決定由我唱，茂木彈琴，我重複唱了二十五遍同樣句子。房東老闆娘好像很滿意的樣子。那一天晚上盡興到凌晨一點半，所以我就在佐佐木君處住了一晚。

有一天，同樣在佐佐木君住處，承蒙介紹日本公使館的一位英國人雇員。他聽聞我是來調查和研究專利問題的，便說：「據稱你是來調查專利法的，若是不要靠英國政府，跟專利代辦人學習比較好。最近，意大利要舉辦萬國（世界）專利會議，去意大利可以見到許多國家有關專利的官員，跟他們研究最好。七、八、九月，許多人會出國旅遊，或到地方去，多不在倫敦，這三個月在倫敦辦不了什麼事。所以最好不要在倫敦。你要作好你的研究工作，最好的方法是多交幾個朋友，並與其成為好朋友。又要與專利代理人學習，都得付相當的報酬。」

又說「英國專利局的行政事務是幾乎沒有什麼可學的。而且不像美國，英國政府不會准許你查閱其一切文件。」他這些話，對於我的研究，是非常寶貴的忠告。

記得是一八八六年四月十二、三日的事。我到領事館去看園田孝吉君，聽說最好近井上勝之助氏夫婦將到達巴黎，園田夫妻將去巴黎迎接。同一個時候，谷農商務大臣也將抵達巴黎，為和谷大臣見面，我講好和園田夫妻連袂前往巴黎。然後園田君來信說，將於二十三日上午九時四十分，由加林十字路車站出發。

在巴黎的原敬

園田領事夫妻和我於一八八七年四月二十三日早上，由倫敦出發，該日黃昏到達巴黎。三井物產之巴黎分行經理岩下清周君前來車站迎接，並把我們送到別列飯店。

隔天一早往訪蜂須賀公使於日本公使館，此時第一次見到原敬（曾任首相，後來被暗殺……譯者）君。他是外務書記官（秘書），到任不久。

谷農商務大臣於四月二十六日到達，隨員奧清輔、樋田魯一兩書記官，以及下屬牧野健藏等，比大臣先到巴黎，住在廣場飯店。谷桑一到巴黎也住這一家飯店。

經過兩三天之後，奧以下隨員說希望住比較簡便的飯店，因此請他們搬到我們所住的別列飯店。因為他們剛從日本來，完全不懂得西歐禮節，所以園田也對飯店老闆和其他客人費了一番苦心的樣子。

當時，巴黎有大藏省派來的加藤濟、河島醇兩君。有一天，這兩個人和園田、我四個人一起用晚餐。河島是從德國來巴黎玩的，與我是首次見面。席上，加藤提出制定興業銀行條例當時參事院一事批評我。我也不認輸，與其議論，雙方之鬥嘴愈尖銳，於是河島說：「這裡也不是參事院，在這裡怎麼可以爭論這一種事？」出面勸解，此一爭議才告平息，決定由加藤招待看戲而告一段落。

及至二十八日，品川子爵到達。我遂去訪問他，此時他把井上勝之助君和伊達等人介紹給我。此時，谷大臣懇切指示：晉見法國總統的時候，你也作為隨員一起去。因此我延期回倫敦的時間到晉閱法國總統之後。在這期間我想作一些專利院之研究，乃請蜂須賀公使向法國政府交涉。我遂與原書記官和宮川主事商量此事。

隔日，往訪商務部，會見專利局長，把用英文寫的提問書交給他。對此局長表示：

「下星期六下午四時，請帶口譯者來，屆時將詳細回答。」於是我又到公使館去商量。結果決定由原君陪同前往。可是原君卻說「我剛來不久，而且對於你的專門事體我也無法口譯，我來交涉對方派懂得英語的人跟你談」。因原君交涉結果，對方決定派懂得英語的人和我面談。

鑑於我在美國之經驗，我想弄清楚一八七六年以後法國之發明專利的明細文件。他們馬上同意；並說「法國沒有保護發明之規定。發明者將其雛型向專利局提出。有時候專利局會自動要求發明者提出方案。發明品之明細說明書和設計圖，依種類區分，以提供一般大眾閱覽。特別是當局認為有幫助的設計圖，會予以放大複製給一般人參閱。」

在這樣情形之下，園田夫人之盲腸發生毛病，因為旅行途中，非常困擾。幸好，遂恢復健康，園田夫妻不久就回去倫敦。

怪傑河島醇

在巴黎的某一天，我往訪谷農商務大臣於其所住飯店。因谷大臣外出不在，故我進會客室等他回來。此時碰巧河島醇也來看谷大臣。當時的日本，正在議論要制定憲法，自然我們的談話也談到這個問題。

河島說「日本開口閉口欽定憲法，其實既然要作憲法，自必須是民約憲法。歐洲和美國都是民約（憲法）」，主張民約憲法。

我說：「對這個問題我並沒有作過特別研究，不過我覺得日本要制定以其國體為基礎的憲法不是理所當然的事嗎？我們不能以歐美先進國家採用民約憲法，日本就必須這樣做的道理。五條之誓文也說萬機要決定於公論。就是說，日本的憲法不是像外國，因為臣民要求才有，而是天皇賜頒的。建國以來皇政之主義實在於此。世界那裡有和日本同樣的國體？日本的天皇英語把它譯成empero，但這完全不合乎事實。日本的天皇是世界唯一而無雙的。因此既然要根據這個國體來制定憲法，當然是欽定憲法。」對此河島憤然說「你根本不懂得憲法之為何物」。

我說：「我國或許還不需要外國所行的所謂憲法。不過既然要制定憲法，必須是欽定憲法也就是根據天皇之意思，為臣民所容許的憲法。」

於是河島說「如果說日本不需要憲法，這個議論是可以成立的。但既然說要制定憲法，我主張必須是民約憲法」。此時他的語氣緩和下來了。

此時樋田魯一和牧野健藏進來說，「剛才我們從外邊回來，想進去房間，聽到你們在這裡大聲爭論。糟糕了，河島或許會抬起椅子來……，現在進去危險，因此從鎖洞觀察。

幸好沒有發生什麼事。」

由於這種原因，我和河島便無所不談了。因此河島說，夏天希望我能去柏林，加藤也會來，讓我們一起旅行旅行德國。因我也這樣想，遂答應去。

作菜本事

一八八六年五月三日上午十一時，奉陪谷農商務大臣晉見法國總統。此時除我以外，奉陪晉見的有奧、樋田兩位書記官以及柴、道家兩位部下。

晉見法國總統之後，五月五日上午九時，我離開巴黎，該日黃昏回到倫敦。在巴黎期間，因園田伉儷好意，回到倫敦之後，我遂搬到肯真頓之荷多蘭特羅特四六號園田孝吉君家。

園田君，他們把我當作自己人，所以我在他們家過著自由而快樂的日子。對於專利制度之研究，我請公使把我介紹給英國政府，以後我再三出入其專利院。當時院長的拉克氏出席在羅馬召開的萬國專利會議，因此我大多和秘書威布氏見面。威布氏寄許多參考資料給我，要我看完之後，以書面提出問題由他回答比較可行。

逐漸了解英國專利制度之後，就研究過美國專利之我而言，簡直想教教他們。我覺得英國之專利制度沒有什麼可學的，唯一能作的重要工作是搜集各種參考書。

迨至五月下旬，專利局長也從羅馬回來了。於是我遂去看他，請他將五年來的明細書及設計圖分給我們。他說：「這沒有什麼問題，不過在程序上請貴國公使正式向我政府當局提出。」於是我去看河瀨公使說明理由，請他和英國政府當局交涉，他卻說：「這一種文件用錢買就好了，我們已經向英國政府要的太多，不好再增加他們的麻煩。」非常冷淡。因此我不再拜託他。

那一天我回去園田家，把這件事告訴他，他問說「園田領事不行嗎?如果可以，我來跟他們談判好了」。於是隔天我又去看專利局長，問他「領事不行嗎？」問拉克氏意向。園田領事在倫敦時間長，英語好，人緣又佳，名聲大噪。所以拉克氏說：「可以，但文件會寄到領事館，由領事館寄回日本。」如此這般，在英國順利得到了參考文件，這完全是園田領事的幫忙，至今我仍然很感謝他。

如前面所說，在倫敦期間，以公使館、領事館為中心，常常有日僑的聚會，過的蠻開心。譬如五月下旬的某一天，河瀨公使伉儷以及其他館員，說要訪問園田領事住宅，由我大揮身手做了日本料理，搏得大家讚賞。又河瀨夫人和左佐木高美等時或來欣賞我作的年糕紅豆湯。

七月上旬，鳥尾小彌太氏前來倫敦，園田領事要請他晚餐，拜託我作日本料理。因意外的日本料理，鳥尾氏非常滿意的模樣。

因講好夏天要去德國，在此之前，我得考察英國之工廠，遂與中田敬義、佐佐木高美、鈴木敬作三君，於七月二日由倫敦出發，前往考察諾真漢之孟列針織品工廠；三日去謝費特住密特朗特鐵路飯店，參觀了約翰布朗紡織織造廠。四日，考察李茲之巴卡．姆迪．法蘭絨工廠，以及奧爾丹的紡織機製造廠、紡織廠，阿巴特的細白布工廠等等。

由與工廠之上層交談中，我得到各種啟示。譬如這個紡織機製作工廠，因為工作性質關係只用男工，如此一來其家屬之婦女沒有工作可做，遂另外在該工廠內設立和經營紡織工廠，主要用男工家屬的婦女作為女工。難怪一到黃昏，從紡織機製造工廠出來的幾乎都是男工；由紡織工廠和紡紗工廠出來的都是婦女，名符其實地真正作到男女分工之地步，真是非常難得。

五日，前往曼徹斯特宿皇后飯店。當時格拉特斯頓內閣正在辦理大選中，記得這裡是他的選區。所以酒店，除非有醫生的指示，非喝酒不可的人買不到酒。這種嚴厲取締令我非常驚訝。在這裡我參觀了交易所、勞工學校和市政府等等。

六日，前往坡爾頓，住維多利亞飯店，參觀索荷煉鐵工廠等，七日轉往利物浦，住亞歷山特利亞飯店，參觀博覽會；八日，住白金漢之皇后飯店，參觀丹吉斯之蒸氣及瓦斯機器工廠，九日回到倫敦。

在柏林

我在巴黎時，因和河島醇、加藤濟等約定，乃於七月十六日上午八時半，由倫敦維多利亞車站，前往柏林。

下午十時三十分到達達茵巴羅，天空的月亮特別美麗。立即搭乘前往佛拉興的輪船。多佛爾海峽風平波浪靜，隔（十七）日上午六時許到達荷蘭的佛拉興。登陸不久即搭乘前往柏林的火車。

將近下午一時，抵達奧巴好踐車站，掛白圍裙的侍者在車上，開始送來便當。我因肚子餓，叫他送一個來，卻一直沒有送過來。到下午一時半，火車由奧巴好踐開了。我問其他客人：「為什麼不給我送便當來？」

他問：「你有沒有事先打電報訂？」

「沒有。」

他說：「那當然不會送過來。在這一班火車要吃中飯最好的地方是這個火車站。所以都是在前一個火車站打電報訂。」因今天早上五點半到達佛拉興之前吃了早餐，所以肚子特別餓。而且好像在賣便當的火車站都不停。迨至下午三點左右，到達威斯特法利亞之哈姆火車站，在這裡才買到麵包和火腿。但麵包硬得沒有辦法吃。火腿鹹得要死，沒有賣飲料，因餓，硬吃下去，結果肚子開始痛起來。

大約下午六時經過哈諾巴，八時半斯填達爾，下午十時四十六分到達柏林。車站搬運工人來了，我把行李點交給他，請他送往中央飯店，到沒有問他名的號碼就出來了。我同時要其他搬運工人替我叫馬車到中央飯店，他指著眼前的建築物說那就是。

我把行李統統交給剛才的那一個搬運工人，什麼收據也沒有拿，擔心行李會不會順利送到，到了飯店，一看，完全沒有差錯。真是了不起。

隔天我訪問公使館，奉告我到達柏林。濱尾新君幾天前從沙克索尼旅行回來，故我和公使一道去看他。在這裡，遇到青山胤通君和白石（直治）、中澤兩位工程師。

我和濱尾、中澤兩君吃午餐，他們兩個人說，住旅館不如住公寓，於是中澤君替我找，找到井上哲次郎（哲學家，對儒家思想、王陽明頗有研究……譯者）住的公寓有房間。當時在柏林的主要日本人，除前述之幾位外，公使館員有井上勝之助和小松英太郎；商人有川崎甚兵衛、伊勢勝一行，河島醇、奧清輔、中村元雄等一行，他們比我早一步抵達柏林，是從法國過來的。

俾斯麥哲學

在柏林，奧清輔、中村元雄等一行住在同一個公寓，每天請繆拉博士來給我們上大約兩個小時的課。我也每一次都去聽，上課的主題譬如說是「俾斯麥之為人」；「一八六四年至德法戰爭結束期間之俾斯麥的政治生涯」；「君子之大權」；「國家及國土之組織」等等。聽講者為奧、中村、田以及其他兩三個人，中村的隨員本田口譯。河島醇每天都說要到學校而出去，但沒有出去在住處上課時他便擔任口譯。

七月一個月，我專門整理在美國和法國所作調查之原稿，和聽膠拉博士之講課。由於我沒有學過德文，故在德國之調查非常費事。不得已請來一個懂得英文的助理，迨至八月初，以兩個月一百馬克，請來一位姓「華格那」來協助。

這樣到八月初，始得拜訪專利局長。見面對其說明調查之目的，請其給予有關專利之各種法令和參考書，他欣然同意，並給我介紹兩三個局員。

以後我再去專利局，局長不在，和一位名叫休得的人會見。他說他手上有有關保護發明商標圖案之現行的法律的英文譯本，並把它拿來說：「這是為提出墨爾本博覽會時用而印的，印刷部數不多，現在只有這一本，所以你可以來抄。」因此把它借來全部把它抄下來。因此我的調查工作也就輕而易舉了。

在德國，我也提出文件的交換。休得說：「這需要辦理由日本公使館向德國外交部提出，由外交部轉到內政部的手續。這雖然是形式上的事。」於是我遂去公使館，請其向德國政府提出明細書圖案等之交換，所以也順利達到交換文件之目的。

在柏林的時候，我見過京都之紡織大老的川島兩三次。這個人帶著他們家祖先傳下來的紡織品和布料樣本來爭取對方之訂購。他說，根據他的經驗，「將來日本也一定會開始保護圖案，對它最應該留意的是圖案和顏色的區別。日本不僅要保護圖案，也應該把重點放在顏色的配置才對。我的紡織品和布料的圖案，在德國和法國常常被人家偷。明天我把樣本寄來，請你好好把它比較看看。」隔天他寄來了樣本，仔細一看，圖案和顏色的配置的確像極了。

有一天，我和井上哲次郎君兩個人在動物園散步，進一亭喝酒，關等人也進來。此時中國公使的情人某婦人也進來，井上開始對她講話，大家開玩笑，非常熱鬧，這個婦人突然拉著我的手，要我和她一起走。因喝醉了，我被帶走，後來成為大笑話。

有一次，與認識的一位婦人座火車出去郊外。在車廂內，我們對面坐著好像是母女的兩個女性。她們兩個人邊看著我，拼命在說話。我問同行的婦女，她們在說什麼？她說，女兒在說「這個人不懂禮貌，在貴夫人面前盤著大腿」，母親說「他是外國人，不懂得德國的習慣。旅行者往往會有這一種情形」。

發明與審判

隨逐漸調查和研究，我發現德國和法國之專利制度，遠比美國落後。

有一天，在公使館，我被介紹柏林屈指可數的專利代理人雨果．巴達基氏，我便問他：「在德國現行法底下，工業所有權者有沒有得到充分的保護？」他說：「沒有得到充分的保護。德國現行法有許多缺點。」一舉出以下三點：第一是在公報刊登商標、圖案、專利等等。因為在公報刊登，故一般人不看公告。因此不可能知道什麼獲得保護。第二是不承認數字和話語為商標。新創造之東西的名稱，應該有作為商標予以保護的價值，但德國現行法並不予以保護，作為商標登記，要有某種形象（Image）才行。第三是化學品沒有列入保護的範圍，太狹窄了。譬如說，化學品沒有給予專利。但化學品之保護是非常重要的。又德國的檢查太過於嚴格，申請的六成不及格。所以遠比美國沒有得到保護。

巴達基氏就現行法，更指出以下三個缺點。

一、專利公告後經過三年，有人提出無效之抗議，也完全不接受。

二、再次發現失去之技術時，給予發現者專利權。

三、對於專利，有人爭議發明之先後時，後提出申請者明明是先發明者時，應以後申請者為正當之發明者。

現行法還沒有這三項規定，因此他說他將於近日中向政府當局提出補充和追加這三樣規定的意見書。

如上所述，德國的現行法還不夠完美，因而有識之士，便在大力倡議修改法律。而巴達基氏就是其中最有力的先鋒。

當時，德國之工業所有權統統要在法院登記。換言之，申請者必須親自去法院，在簿子上填寫申請年月日，其地址及姓名。申請者所提出之商標、發明模型，統統得到法院之保護。如上所述，在德國，在保護工業所有權上，法院扮演最重要的角色，因此有一天，我和大久保、關等人去參觀了法院。那時，布輪聶曼、貨斯兩君替我們做了很懇切的說明，因兩君都不說英語，所以完全沒有聽懂他們在講什麼。實在無可奈何，旋即大久保和布輪聶曼用法語開始交談，至此才知道其說明的意思。

可是在這個時候，很意外地我得到極重要知識。就是說，侵犯登記保護的發明權者，立即將被送到普通法院。因法官沒有有關發明之技術上的知識，故往往會作錯誤的判決，發明效力由之極端減少。英國和美國特別是英國，在有規則以前，即以不成文保護著發明者之權利，可是德國就沒有這樣的辦法。因此，像英美有諸多判決例，或者民間有可作參考之技術家以前，有關發明之最後審判，必須在專利局辦理。當局時我立刻想到這一點。

沉默的飯局

及至過八月（一八八六年）中旬，加藤濟通知，他將經由別爾久姆前往柏林。說是當天上午到達，所以河島表示今天中午要吃日本料理大餐，前一天晚上便去採購材料，我從早上就在廚房準備做日本料理。

旋即加藤由前往迎接的牧野、本田等陪同來到河島住處。我在廚房準備做菜忙，沒有去打招呼，據說加藤在二樓洗澡。

中午左右，午餐準備好了，我不脫廚師衣服，到了河島房間。可是加藤卻躺在長椅上面，河島、奧和中村都分別坐在那裡，不說話，很掃興。飯桌上的餐具都已經準備好了。於是我給加藤打招呼並說：「飯菜我都做好了，準備用餐吧，河島你先上桌。」

加藤說：「高橋君，你幫我找找住的地方如何？我不想在這裡吃午餐。」因為很唐突，使我非常驚訝。我問說：「因為聽說你要來，昨天河島專程去買菜，我把菜都已經做好了，怎麼說不想吃？」加藤說：「因有難言的理由，所以我不想住這裡，拜託幫我找住的地方。」此時中村插嘴說：「事情是這樣的。剛才博士來講課。河島幫他口譯，博士和河島的議論太激烈，於是我說你是為兩個人口譯的，因為議論太多，致使老師講課停下來，如果這樣請別人口譯好了，因我這樣說，河島生氣，兩個人遂吵起架來。」

於是我說：「兩個人吵嘴沒有什麼關係。料理是我做的，所以吃完了再走吧。」大家上桌了，可是主人的河島和主賓的加藤，從頭到尾沒有交談過一句話。飯後，加藤一再拜託我幫他找住處，不得已我介紹他到凱撒飯店去住。加藤在柏林滯留兩個星期左右，後來又與奧清輔鬧翻。所以九月三日加藤要離開柏林時，沒有人願意與其餐敘歡送他了。

現在回想起來，在巴黎，加藤提出參事院事，挑起與我議論，首次與其會面，此時河島仲介，於是我們兩個人沒有再爭論下去。這個加藤以客人身分來到柏林，竟與河島衝突，此次輪到我扮演仲裁角色，但沒有成功，很沒有面子。

河島與加藤之間，河島在巴黎時似乎就與其格格不入的情況。河島說，加藤來巴黎之前，他把大藏省之有關事項已經調查清楚。尤其對香菸專利作了一番詳細研究，並由法國政府取得了參考文件。此時聽說加藤來巴黎是為了研究香菸之專利，覺得再麻煩法國政府也不好，乃問加藤：「你是來要研究什麼的？」加藤回答：「我不能說。我是奉松方卿之秘密命令來作研究的。」「什麼？是松方的秘密命令？」河島非常氣憤，從此時加藤的心事就欠缺分明。河島認為，他說的不是私事，是有關國家體面問題，是和加藤商量，連這一種心情都不理解，因此河島無法理解加藤的心理。

老農凱恩的人生觀

不知不覺間，我逗留柏林時間已經相當長，吹起秋風來了。加以回國之時間日近，我遂於九月八日上午五時二十分離開柏林之列爾得爾車站，經由漢堡回到英國。奧清輔君、牧野、關兩君說剛好也要去漢堡，順便送送我，所以一起坐火車到漢堡。

火車橫超廣闊的德國北部原野，當天晚上十時許到達漢堡，我們立刻住進克拉恩王子飯店。

隔天往訪日本之名譽領事包左連氏。他說：「在這裡值得看的只有威達根氏的燻魚工廠。這家工廠是秘密不許別人參觀的。因聽說你們要來。你們不是企業家，是農商務省的官員，不會偷工廠的秘密，已經得到對方之同意，所以你們應該去看看。」因此，我們從到達的第二天就去參觀這一家工廠。

那一天黃昏，我們應卡爾．羅特氏邀請，往訪位於漢堡郊外巴連費爾特之養父凱彥引的住家。這個家宅非常廣大，有森林、有池塘，其周邊幾十畝田地，據說都是為凱彥氏所有。

凱恩氏之歲數已近古稀，但身體非常健壯。我們一到他家，這位老翁手拿長柄鍬在戶外迎接我們，並領我們走進其邸宅內。

廣大的邸內，整理得一絲不苟。分成幾個區域的菜園，種植各種各樣的菜，其一隅之牛舍、馬舍，有幾十隻頂好的牛馬，排列得整整齊齊。其小舍非常乾淨，奶牛，在小舍幾十隻牛排在一齊，用機器。至於馬，耕田地的，拖馬車的，騎的，皆不一樣，多是駿馬。凱恩翁指着遠遠廣大山林耕地：「從街市到這裡的所有土地都是我的。這一大遍土地本來有三個村落，因土地日瘦，不能耕種，山林的樹枯死，苦難連年，村落人們無法生活，遂遷到別的地方去。我以領事館員服務於南美多年，三十多年前退休，回到家鄉，目睹家鄉田地山林荒廢。因此我把他們的土地森林統統買下來。因當地的樹木長不好，我覺得把其他地區的樹木移植過來可能會好一點，乃把我住過的南美樹木移植過來。結果長得非常繁茂，飛來許多鳥，兔子開始安居。我自己親自耕田，搞好灌溉，施以肥料。那邊的池塘是養魚池。養的魚拿到市場去賣。冬天結冰，把它儲藏起來，運到城市去賣。我這樣慘澹經營三十多年，如今你們所看到，土地變成極其豐饒。」凱恩老先生的臉現出緋紅顏色。他談得不亦樂乎。他又說：

「人生接觸土地最為快樂。親密土地就是要拿長柄鍬勞動的意思。村落的人不勞動，只是說東西長得不好而離去。」

他回顧過去三十多年之用心經營，以及今日之成果，好像很得意和滿足的樣子。

凱恩翁身邊，有一位三十歲多一點的女性。她英語說得相當流利，後來得知她是老翁的千金，為荷爾夫人，她先生正在日本作貿易生意。夫人說：「聽說今日您們要光臨，我兩個兄弟到我們家的山打鳥去了。應該很快就會回來。」果然，這兩個人不久便回來了。

旋即主人領我們到餐廳，桌上是名符其實的山珍海味。凱恩老翁望著我們說：「今天晚上的盛饌，除鮭魚外，多是在我的土地上生產的東西。……你是從倫敦來的，我就請你喝喝你喝慣的酒。」於是他從衣囊拿出許多鑰匙並說「這是酒倉的鑰匙，我不會把這交給別人，我自己管」，遂從酒倉拿出啤酒和葡萄酒等等並說「倫敦人喜歡喝這個，我相信你也在喝」，而開了黑啤酒，並幫我倒。

那一天晚上我得到非常優厚的款待。邊聽老翁的經驗談，令我不勝感激。當天晚上我們不由地作客太久，致使望著月亮回旅舍。如此這般，我在漢堡前後逗留四天，遂與奧、牧野、關三氏告別，乘開往英國之輪船聶利沙，於九月十一日下午九時動身，天空月亮特別亮麗。

歸船似箭

因在英美德法之專利制度的調查研究大致上告一個段落，我乃於一八八六年十月七日離開倫敦回國。我所搭的船，經過哥倫坡之後，跑得極快，比所預定快三天，抵達香港。但因接駁船的關係必須在香港停留一個星期。在漫長的出差之後，即將回國之際，必須空等一個禮拜，實在受不了，我遂丟去在倫敦所購買之船票，另外買一張其他公司船票，因此到達香港的隔天早晨，我就往日本出發。這條船，都沒有停靠長崎和神戶。提早九天，我於十一月二十六日，安抵橫濱。

然後搭火車在東京新橋車站下車，杉山會計局長來說：「請你直接前往農商務省」，所以我沒有回家就直往農商務省。我問說「是什麼事？」

「因賣山林局農務局所主管之土地的錢有大約八萬圓。各局長主張，希望將其分給各局使用。因專利局係由工務局分離出來的，故工務局和專利局一共兩萬圓；其餘的分給農務局和山林局。因工務局本來就沒有土地，故分配比較少。雖然作了這樣的決定，因聽說你要回來，很想聽聽你的意見，所以請你直接來辦公廳。」

「要把八萬圓分給各局使用，這也不是辦法，乾脆把八萬圓全部交給我好了。」

「要作什麼用途？」

「我要用這一筆錢來設立專利局。」

「你不在期間，農商務省內部形勢完全改變。究竟有沒有可能，你去和吉田次官談談」他說。

因此隔天早上就往訪吉田次官於其邸宅；說明制定商標、圖案、保護發明三個法律之必要，同時建議設立一專利局的獨立部門，建蓋其建築物，將農商務省拋售土地之八萬圓作為新蓋專利局之費用，他聽完我的說明以後，以很不高興的表情說：

「你一回來就提出這樣的問題，我實在無法回答你。首先你應該提出你出國之調查報告，一切以後再說。」

我雖然很不滿，因上司的命令，我便立刻開始撰寫調查研究報告。因為非常緊急，故我請當時之專利局次長（副局長）的首藤君和檢查官的小出君幫忙。

經過兩三天之後，杉山會計局長來找我並說：「吉田次官對你說的很不好聽。高橋這個傢伙很沒有禮貌，有如美國人的態度。站在人家面前，講話隨便；對此我說，他是一個非常坦率的人，所以對任何人他都會這樣毫不客氣地說話。我替你美言幾句。你到底對次官說了什麼話？」

我說：「是的，我大致說明了我的調查研究之後，認為我國應該完全修改今日之專賣專利法和商標註冊條例，同時制定新的圖案條例。希望把這八萬圓交給我來運用，他說你所說的這個問題，他無從回答，並說你還是先提出你的考察報告以後再說。我以我自己在做這一件工作，因他這樣說，我覺得吉田這個人太不懂道理，非常不爽，但我現在正在撰寫報告書。」

於是杉山提醒我說：「你如果把他當作和品川桑、前田一樣，那將是大錯特錯。你說話要特別小心。」

在此之前，在華盛頓的時候，聽過有關吉田清成這位仁兄的事。某一天我應邀去日本朋友家喝茶時，在座的一個美國議員問我說：「你認不認識曾任駐美公使的吉田這個人，他現在在幹什麼？」我回答說：「他現在可能是農商務省次官」，於是他說：「這個傢伙非常不講理，我們都給他騙了。」因有關我國所派遣公使之榮譽，我聽到我國公使被人家說壞話，乃質問他：「所謂不講理到底搞了什麼事？」

他說：「要把馬關的償款償還日本時，拼命利用我們，事成之後都沒有給予說好的報酬。這個人實在太沒有誠信了。」

我回國之後見到吉田次官時，很坦白告訴他這一件事並問：「到底有沒有這種事體？」他很不高興地說：「我不知道有這種事」。由於這種原因，因此對我沒有好感也說不定。

情。

完成專利法規

回國之後，我花了大約一個月時間完成撰寫調查研究報告，這是一八八七年元月的事情。

旋即立刻著手撰擬商標條例、圖案條例和專利條例。在這期間換了幾位大臣和次官，並準備對內閣提出時，黑田清隆桑是農商務大臣，次官為我在英國認識的花房義質君。

可是對於這個原案，黑田桑一直不肯蓋章。不能提出內閣會議。而且黑田大臣又絕少到辦公室，因此請當時之秘書官小牧君（昌業，後來出任樞密顧問官），鈴木大亮君等，天天拜託黑田桑簽名。但還是無濟於事。沒有辦法，我終於去找花房次官訴苦。次官也同情，有一天他去看大臣，但還是沒有結果。於是我說「我去看大臣好了」，次官卻說「不行，你和大臣談馬上會發生衝突，還是交給我」。就把它擱一陣子。有一天，大臣好不容易上班了，並把我叫去說：「我不懂得這個法律。不過有一天應該會需要。但提出這樣法律一定需要經費，經費必須大藏大臣點頭，所以你要去看看松方（正義）桑，好好對他說明一下，他同意以後再提出。今天我來蓋章，但我不負這個責任。」

於是我遂去大藏省看松方桑，對他說明一切。松方桑說：「好，說我已經同意，你們可以提出。」因而提出內閣會議。不久更換內閣，黑田桑出任總理大臣。

可是上述三條例在參事院議論紛紛，很難獲得通過。加以一直不上參事院日程。我猛催，參事院的朋友說：「你雖然這樣講，新首相是一位相當麻煩的人，不那麼簡單。」我說：「這三條例是現任首相擔任農商務大臣時候提出來的，不可能有不同意見。你們開口閉口說困難而拖延審議，實在太可惡。如果黑田農商務大臣提出的條例黑田首相不同意，那去跟他談判好了。你們對於案的內容如果有意見，可以盡量提出，只是以有困難而拖延審議那是不行的。」

由於這種原因，這三條例不久就通過了。此時，久保田讓君之胞弟貫一君等，盡了好大力氣。

其次，制定專利條例時，就有關審判長之權限，議論紛紛。我主張：「專利證之有效無效之審判，應該由專利局長擔任審判長來判決，而且是一審定案」。對此井上毅極力反對。他的理由是：「這在條理上是不可以的。專利局長是農商務大臣的部下，部下之專利局長要審判其大臣所發給專利證還好，但以其為最後審判是不可以的。最終審還是應該依國法規定之原則，當然要由大審院（最高法院）來判決。」

對於他的意見，我很難反駁。於是舉出我在德國聽到的例子，強調日本的專利審判是在過渡時期，一般審判官的腦袋還沒到這樣地步，或者民間的參考人還沒有那麼多技術人材之前，有由專利局長來審判的必要。因此大家便贊成我的意見，井上氏也以暫時之措施而贊成這個辦法，乃於一八八八年十二月十八日，廢止舊法，公布新的商標條例、專利條例和圖案條例，翌年二月一日開始實施。至此，保護有關工業所有權之法規，終於告成。

黑田伯爵之酒癖

在這裡，我想來說說黑田清隆桑之蠻好玩的事。原來，黑田桑擔任農商務大臣的時間很短，因此我絕少有跟他接觸的機會。我曾聽說過他的酒癖不好，有一次，他曾在位於三田之其邸宅宴請過課長以上人員。

其二樓日式房間，排著幾張不寬的長桌子，大家圍著坐。旋即出來了酒菜。黑田桑站著親自酌酒和勸酒。

過了一陣子，一樓大院子開始弄舞獅、雜耍。鄰居也有許多人來看熱鬧。此時大臣說「大家也去看看表演吧」。於是大家便站起來下樓去觀賞表演。可是大家都想乘機回家。留下來的只有六、七個人，邊看邊喝酒，此時大臣說「各位，我們從這裡撒尿」。沒有人敢。「沒有人來，那我來好了」說罷，黑田桑便從二樓開始撒尿。大家眼看他的毛病又來了，遂一個一個溜。我留到最後，黑田桑又替我酌酒，在還沒有醉之前，我趕快與其告別。

黑田桑喝酒時雖然會這樣，但在平常，他的言行非常溫順而人品又非常好的一個人。

專利局獨立

我回國以後的工作是，起草前述的三個條例，以及從事專利局之獨立運動。

原來，專利和商標的事務，係由農商務省工務局之專賣特許所（公賣專利）以及和商標登記所所主管，於一八八六年二月十六日，以勅令第二號，決定在農商務省內單獨設立專賣專利局。這是在日本設立有關保護工業所有權特別局的開始。但以為農商務省專利局不行。應該進一步成立獨立的一個局，努力運動結果，於一八八七年十二月，以勅令第七十三號廢止農商務省專賣特許局，單獨成立特許局（專利局）。

我之所以決心要使專利局獨立不是沒有根據的。我在美國聽到，當時美國專利院，每年有大約八十萬美元的剩餘款。為什麼呢？原來專利費或登記費，是為政府之歲入為目的而設的，與一般會計區別，算是特別會計。扣除經費剩餘款加起來多達八十萬美元。因此當局認為，這個剩餘款之用途，必須好好考慮。由於這是得自發明專利和登記商標而來的收入，所以應該盡量用於對發明者或商人有幫助的事體。第一，擴張發明品之陳列館，如果還有錢，要降低專利費和登記費，絕對不可以與一般會計混為一談。又，為使發明之審查，或登記手續之快速，必須充實其內部等等，都非常有其需要和道理。

因此我一回到日本，便很想創辦小型的美國專利院，以謀求專利局之獨立，修改官制，在專利局內設庶務（總務）部（司）、檢查部、審判部和陳列室，同時設法建蓋專利局之建築物。

於是我親自繪畫房間數目及其大小圖案，請工部大學（工學院）教授、建築師的肯多爾氏幫我設計，他說設計費需要十二萬圓。除在杉山會計局長手上的八萬圓之外，還短少四萬圓。我與杉山局長商量結果，我去看時任大藏大臣的松方桑，向其報告和說明原委，他非常高興地說：「好，這樣使用太好了。不夠的四萬圓由大藏省來出，沒有問題」而欣然同意。

迨至設計圖完全出爐時，農商務大臣換成井上馨桑。

此時，井上桑看了設計圖問我說：「建蓋這樣大的建築物，到底要使用多久？」我說：「今後二十年。經過二十年之後，不覺得這個建築物太小，表示日本發明界沒有什麼進步。我在法國時候給谷（干城）桑說過：『我想使來東京遊覽的人，看了淺草觀音之後，想看看我們的專利局。』」聽完了我的話之後，他哈哈大笑同意了。

與此同時井上桑提醒說：「建築費用已經有十二萬圓，這一種建築物更需要各種各樣的裝飾和外圍柵欄等費用，不要全部用完，要留一萬圓左右，以應急需之用，但你可以十一萬圓令大倉組包辦這個工程，並把十一萬圓先交給他們，把一萬圓留在手邊。」我照他的吩咐這樣做。井上桑這個人是這般細心的人。這樣蓋起來的就是東京大地震之前，位於築地舊農商務省的官廳建築物，當時令東京人非常另眼相看。

〔九〕旋風時代的國情

鹿鳴館時代的日本人

一八八五年十二月，大幅修改皇宮政府制度，廢止從前之太政官、左右大臣、參議、各省卿，新設內務、外務、大藏、陸軍、海軍、司法、文部、農商務、遞信各省（部），以其長官組織內閣，在其上面設內閣總理大臣，作為政務之首腦。宮中（皇宮）設內大臣、宮中顧問官，內閣之外設宮內大臣，以區別皇宮與政府。

無需說，這個變革是為一八九〇年制定和公布憲法的一種準備。

如上所述，在公布憲法之準備著手進行之同時，當時之台閣諸公暗中憂天的是，在即將成立的議會，多年來受到壓迫之民權黨，會不會乘惡戰苦鬥之餘憤，進攻當時之政府。

於是內閣閣員深感，必須大舉創造成績以博得輿論之共鳴，以抗拒民軍之圍攻。因此井上（馨）外相意圖修改條約；山縣（有朋）內相要推動地方自治；松方（正義）財相致力於整理財政；山田法相在編纂法典；森（有禮）文相致力於教育制度之改善；谷（干城）農商相推動農商行政；榎本（武揚）遞相發展交通，各各自疆勉勵，互相競爭，努力於獲得成果。

但上述各大臣之希望和努力，除山縣內相之實施自治制之功績以外，都是徒勞無功。特別是修改條約問題很大，其結果是，遭受到輿論的極力反對，進而拖垮了內閣。

在此之前的一八八六年九月，在長崎，發生了清國水兵和日本警察衝突的鬥爭事件，繼而有英國軍艦諾爾曼頓事件，凡此皆使日本國家之聲譽下降，國民大失面子，輿論譁然。國際關係如此，井上外相忽然著手修改條約，以其修改極損國威，天下輿情大吵，由之反對聲浪日熾。不特此，當時之內閣拼命倡議歐化主義，大吹大擂所謂和魂洋才，在日比谷弄個鹿鳴館，作為社交機關，追求跳舞夜會之歡樂，另一方面設立獎勵女子教育會，大力反對婦女籠居主義，拼命鼓勵洋裝束髮。其真正目的是欲藉此來推動修改條約，進而矯正日本人之島國觀念。該年四月，在首相官邸舉行化妝舞會，可以說是當日時潮之典型。那一天聚首的國內外貴紳淑女，多達四百五十人，皆用盡心血，大化其妝，出現於舞會。伊藤（博文）總理大臣打扮成威尼斯之貴族致詞；山縣內相是長州奇兵隊山縣狂介；警視總監三島通庸為兒島高德；東京府知事高崎五六打扮成牛若丸（源氏義經之幼名）；英國公使館武官穿深藍古武士僕人上衣，深藍褲子，扮演僕人；山縣夫人打扮成鄉下姑娘；高木兼寬桑演七條袈裟的和尚；大家盡情打扮化妝，在燦爛的瓦斯燈下，踏著緋紅地毯，通宵狂歡跳舞盡歡。

這種事體若不刺激認真過日子的一般國民才奇怪。果然反對修改條約之一群，以及不以這般浮華輕佻之風潮為是的志士，毅然決然站出來，反對修改條約，倡議肅振風紀。特別是當時在官職最反對的是，樞密顧問官勝安房（勝海舟）、谷（干城）農商務大臣、西鄉（從道）海軍大臣、黑田清隆、副島種臣、司法省聘雇外國人坡亞索那特氏等等，都曾經對政府有所建言，說這樣粉飾性的修改條約毫無意義，不可能有任何效果。谷農商務大臣以閣員身分，在內閣會議上批評修改條約之不宜，堅決反對。坡亞索那特氏的建議，更是有條不紊，為最有分量的反對意見。

前田正名君也是對於修改條約和當時上流社會歐化主義風潮最為憤慨的一位。因而和他商量，寫了所謂振作人心的意見書。寫完之後前田君病倒了，於是拜託我將這意見書送去給井上毅氏。

坡亞索那特之修改條約意見書

我因受前田之拜託，便帶著其意見書往訪井上毅氏。當時井上氏感冒在床上，故我在其床上和他會面。

我把前田所託意見書交給他，他看了一遍，邊說「很好」，改了兩三個句子，爾後改變話題談到當時中心問題的修改條約，表示其意見。旋即從書庫拿出一份文件交給我說「秘密地給前田看看」。

這份文件是井上氏和當時司法省所聘雇之外國人坡亞索那特氏有關修改條約的對話筆記。前田君把它看完之後，我將其抄下來，由現在來看，實在是一份很難得的史料。

井上毅、坡亞索那特兩氏之對話筆記

說完了寒喧話之後，

坡氏：（坡亞索那特氏，以下同）據說最近足下極忙，不來拜訪。

余云（井上氏，以下同）：據稱足下頃日來在為外務省盡力。最近是否比較好？

又云：足下為我國盡力事體其結果如何？

坡云：此事。修改條約變成意外之結果。根據我的感覺，這些如果實行，我想日本國民將再發生二十年前的變動。余云：足下如果相信本人會守秘密，能不能將詳細告訴我。足下之不滿意者為何？

坡云：足下為相信我平常在為日本國忠勤效力之一位。我很高興有機會向足下表達我之感慨。我曾向外務大臣、青木次官以及西坡爾特氏再三切言，我個人意見，皆未被採納，以至變成今日結果，覺得非常遺憾，極為日本全國哀痛。我又透過栗塚省吾氏，向司法大臣表示過意見，司法大臣回答雖非其業務，卻由紀錄可以得知其談判情形。我非常驚訝於日本大臣的欠缺精力。歐洲政治家，如果同意我的意見，他必將向其內閣提出來。我以自然道理為感情，對於這一件事，為日本我對外務省提出很忠實的意見，故被以法國公使為首之各國公使所討厭。法國公使出發時，我去新橋車站送他，臨別時他挖苦我說：「足下給我製造不少麻煩」。此時意大利公使在我旁邊，他對法國公使說：「不，坡亞索那特氏是以當然之理建議日本政府的。」一替我說幾句公道話。因為意大利、奧地利兩位公使和我同樣感情。我之所以不滿意，是全部修改條文，尤其是以下三點。

第一：任用外國審判官，而且在組織中佔多數。這種審判能公平嗎？會偏親近者乃人情之常，通常這種審判必將對日本人不利。在訴訟上顯然將是不公平的審判，這種不利的結果，不能怪日本人，責任在政府，政府給自己國民這樣的對待。根據舊條約，限於原告時受外國之審判。其為被告時還是要由日方審判。對日本之不利範圍，只是小部分而已。可是根據修改草案，不管是原告還是被告，一切日本人皆在外國審判官勢力之下，其不利是全面的。

余問：審判長也是外國人嗎？

坡答：草案未明言審判長誰屬。但外國審判官既然佔多數，自然而然會變成這樣。此時審判長必將發揮其勢力。

余又問：任用外國審判官之組織有沒有年限，是否一時之方便？

坡云：十五年是夠長的。今日日本人民才智稍已發達，無法忍受十五年之屈辱。即使要忍耐屈辱，政府為此要有慎重怨望，因有舊幕府在外國交際上弱點，必將踏上引起全國之變動的覆轍。

第二，即使只有違警罪外國人要受日本審判官審判，其餘不分重罪輕罪，要由外國審判官佔多數之組織的法院審判，違警罪以及一百圓以下之訴訟允許在日本法院控告。外國人民通常不服日本審判官之審判，皆要控訴上級之法院。控訴時，日本人民即使在第一審有利，最後會敗訴。違警罪亦復如此。

第三，條約實行期日的八個月前，日本要把各種法律案通知外國政府。雖然只是通知這些草案之旨趣，外國公使卻把它解釋為要經過外國政府之「檢驗」。也就是說日本國之立法權將受到外國之制縛，左右搖擺，由之產生意外之結果。這是最不吉利事體，這兩年來我為日本服務，在此通知法律之期，我表示應通知外國政府「這個法律乃以日本國主權發行，不該受到外國之干涉」這樣的意見。

余問：足下比較舊條約與新條約，那一個比較好？

坡答：新草案遠比舊條約不好。因為舊條約之害的範圍狹小，新草案之不利遍及全國。由外國人組織之法院限於全國八所，日本人對於外國人，無論是原告或被告，為訴訟將被傳喚至極遠地方的法院。譬如沖繩縣人，必將被傳喚過海去長崎應訊，這就是對日本人不利的一個例子。

余問：若是，足下之草案是否維持舊條約？

坡云：不，我限於刑事之重罪，外國人由外國審判官審判，輕罪在日本法院審判，至於民事，完全歸日本法院之管轄。我的草案未被採用，以至於今日，我為日本哀痛和惋惜，非常怨嘆；時至今日，我還是不能旁觀日本受這樣的不利，我想結合日本人中忠實的人們，呈請天皇陛下不要批准，保存舊條約。足下居高等地位，且平常之節操為我所敬仰。為日本國，面臨空前之危急，不能袖手旁觀（說此番話時，坡亞索那特氏的臉色蒼白，勃然有憤怨之臉色），我從來沒有用過這樣激烈口氣說過話（這一節感淚千行）。

余云：我曾說我要守秘，因此事為國家大事，經足下同意，我將今日之問答報告伊藤（博文）伯爵。

坡云：沒有異議。

又云：考慮足下立場，如果足下尚未見過條約談判之詳細紀錄，是否請伊藤伯爵秘書借來乙份我們來討論，以詳細瞭解其不利之處，然後再一讀余之意見書，充分理解此事之來龍去脈，爾後以足下之意思轉告如何？

余云：這要看情形（上述一段談話結束）。

余答：因我病，他告辭。

又問：你去看了鳥居坂邸之戲乎？（井上伯爵邸）。

余答：因病婉謝。

坡云：足下可能因為與我同感而沒有去。最近我不喜歡去參加宴會，日本國在外減少權利，在國內徵收稅，前途黑暗，沉淪於哀痛境界，東京都府以土木建築和宴會亨樂泰平。我相信今日並非奢侈之時，因此謝絕各大臣之宴會。我以後會有期，握手告別。告別時送到外邊，坡亞索那特氏又說，如果伊藤氏有幸令我與其見面時，口譯最好勞煩栗塚省吾氏。不希望由外務省官員擔任口譯。又說，如果還有機會效勞，請不必客氣，我將請杉田氏口譯，要其守秘。

一八八七年五月十日早晨

箱根的年糕

一八八七年秋天，品川桑從德國回來，在塔之澤（地名）靜養。我們以為應該支持品川桑出任農商務大臣，俾奠定創立殖產銀行之基礎，所以在那一年的除夕，前田正名、武井守正、宮島信吉和我四個人，為說服品川桑，前往塔之澤。當時反對修改條約之聲浪瀰漫全國，反政府運動非常激烈，及至十二月二十五日，終於公布保安條例，那是中島信行、片岡健吉、尾崎行雄、星亨、中江篤介等在東京的有志之士五百七十多人被趕出東京不久的時候。

我們在國府津下車，然後搭馬車前往箱根；因都穿著粗服棉布圍裙，披著和服外衣蹲在馬車上。故快到小田原時被警察查問。這時候四個看起來不是普通，好像有所準備似的年輕人，故被懷疑是不足為奇的。

「你們是誰呀？」警察問。

武井立刻回答「這一位是高橋專利局長，其餘的都是部下」，還沒有說完這一句話，在旁邊的前田便說，「高橋，給警察名片」。於是我給專利局長名片，遂順利通過。後來大家以「那裡有這樣的部下！」而哈哈大笑。

到達塔之澤之後，我記得品川桑住的是福住飯店，我們便住進這裡。大家馬上乖乖地睡覺。

隔天是一八八七年元旦。大家很早就起床，遂叫服務生趕快送來春酒和年糕。因我體格好，很能吃，又很能喝酒。先喝春酒，再吃年糕，然後又喝春酒，忘記了時間。迨至上午十一點鐘左右，加藤正義突然來到我們房間說：「你們的胡鬧，應該適可而止吧。」

「為什麼？」他說：「我帶來了內人和女兒在這裡，今天是元旦，曾叫服務生送來年糕，但到現在還沒有送來。再三催結果是說，那個房間的客人大吃大喝，送不完，所以沒有工夫替我們送，小孩現在哭起來了！」非常不高興。我們真的吃喝太多太多了。宮島也曾大喝特喝其酒，元氣百倍。

因元旦不便和品川桑談這種事，乃於二號早上，我們四個人才去品川桑房間，懇請他務必為我國殖產興業效勞，再回來農商務省。品川桑表示：「你們的意見我覺得很有道理。我也不無此種想法。」因而我們異口同聲說：「這一件事要由您自己鼓起勇氣向有關當局表示才有效，只由我們來推動恐怕很難實現。因此不要等政府開口，請您自動表示。最好能趕快回來東來策劃，以達到目的。」

對此品川桑表示：「好，去東京。因我在東京沒有房子，就住駿河台（地名）之平田家。」我們很高興。爾後品川桑遂搬到東京，暫時住駿河台平田邸，於是我們四個人輪流去看他和督促他。

不久，品川桑在代代木的房子好了，也就搬到這裡。可是代代木到東京交通非常不方便，好在我有自己駕駛的馬車，遂找一個馭者把馬車送給品川桑。

我們雖然這樣賣力要把品川桑請回來農商務省，但品川桑本身卻不是那麼認真的樣子。後來武井和宮島往訪品川桑問其理由，他說：「我不一定要出任大臣。次官也可以。只要能再回來農商務省為我國殖產興業效勞就行，不過據說這次將由井上（馨）桑出任大臣，這樣一來我就不便自己說想去農商務省。所以你們對於這一件事要死心，希望你們襄助井上新大臣為國家效力。尤其是我的健康還沒有完全恢復，井上桑來做大臣太好了。此事也請能轉告高橋和杉山。」

說服井上侯爵

一八八八年四月，第一次伊藤（博文）內閣垮台，成立以黑田清隆伯爵為首相的所謂元勳內閣，前田正名君以下我們這些同志暗中大力策動，但最後決定由井上桑出任農商務大臣。得到此項報告的我覺得不能等閒視之，乃於隔日前往代代木之品川子爵邸，表示不滿說：

「我不認識井上伯爵，不過外邊的風評並不好。這種人出任農商務大臣，實無法發展商工農林。這對國家不好。我實在無法理解您為什麼那麼客氣。」

他說，你不認識井上這個人。井上這個人是明治維新以前，這樣那樣就井上伯爵的人物說了一遍。同時又說「井上伯爵比我更有力量，希望你好好幫他」，非常誠懇，因此我也覺得不必太拘泥於品川桑。但我對於井上桑之懷疑依舊。所以我認為我不必再為整個農商務省操心，而應該專心於專利局的工作。

與井上桑出任農商務大臣之同時，古澤滋、齋藤修一郎兩君也一起進來。

齋藤是秘書官。他是我學生時代的朋友，古澤這個人我完全不認識。

井上桑出任大臣以後一直沒有到農商務省的辦公廳。不過他曾命令齋藤來對我說：「外國抱怨說新發明的機器賣給日本，日本便會模仿製造，很是麻煩，訂購兩三部機器，他們是不賣的。因需要輸入新式機器，為保護該項機器，對於首次引進者要予以專利，大臣命令你趕緊草擬這樣的法律。」

對此我說：「對這一件事，我有我的意見，大臣上班時我去向他報告之後再來起草。」

齋藤提醒我說：「大臣是急性的人，你應該先把法案寫好。」過了兩三天以後，古澤和齊藤又來問說「大臣在催，法律案開始擬了沒有？」我回答說「還沒有」；「這怎麼行？大臣是沒有耐性的人，不知道會怎麼生氣」。我說「我有我的意見。法律案要寫現在就馬上可以把它寫好，我想請他聽完了我的意見之後再來撰擬」。「這怎麼行」他們兩個人好像很擔心的樣子。

再經過兩三天，井上桑第一次到辦公廳，幾乎與大臣的名牌變成「上班」的同時，叫我的鈴響了。我遂去大臣辦公室，大臣問我：「我令古澤、齊藤要你撰擬的法案弄好了沒有？」我回答說法律隨時可以寫好，但在撰寫之前，讓我把我在外國所聽到的事稍微表示意見之後，再請大臣裁決。於是我向他說明我在英國所聽到印象深刻的事體說給他聽。

那是我在英國時候的事情。我不記得對方名字了，應該是專利局長的秘書威布氏。我和他聊天的時候他說：「現在日本為修改條約非常熱鬧，現今必須思考的是，此次之修改條約，日方可以要求的很多，但外國要求而能有利益的事幾乎沒有。如果有，頂多是發明、商標、版權等等。可是版權、商標，警察已經在保護，如果加上發明之保護的話，外國人能要求的事情全部報銷了，能要求而有利益的事情完全沒有了。所以是不是把發明之保護暫時不要作決定，留在修改條約時候之討價還價的籌碼。」

我把這一件事很詳細地說明給他聽。井上桑開始的時候有一點生氣的樣子，隨我的說明，臉色變成和靄起來，並說：「好，如果這樣，這個法律不要弄好了。」這時，我頓覺井上桑不是從前我所想像的那一種人，而是具有自己想法錯誤時，會毫不猶豫地改正過來的美好氣質。

從此以後，我得到井上桑的「欣賞」和照顧，並要我兼任東京農林學校的校長，任命我擔任煤礦審查處理委員會委員等等。

克服著名的伙食問題

一八八九年（我三十六歲）春天，我奉命兼任東京農林學校校長。前任校長是前田正名君胞兄獻吉君，英國人柯克斯氏等是本校的老師。

我出任校長不久，學校幹事便向我報告說，現在學校有兩個頭痛的問題。一個是學生的伙食問題，另外一個是經費不足的問題。這兩個問題以前也發生過幾次，是學校當局最頭痛問題。

於是我先瞭解瞭解當時的供應伙食的制度，這是學校由學生收取費用，伙食完全包給學校指定的業者。學生方面以為，包辦伙食者是學校某某人的朋友，以私情雇來的人，給學生不好的伙食吃，從中撈不當利益，應該予以解雇。

這是老問題，學校完全不予理會，因此學生便團結起來不吃飯，令其爛掉，或故意大吃其飯，使飯不夠而大吵大鬧。

如上所述，克服伙食問題實在是芝麻小事，係基於小小的原因。因此我想出兩個解決辦法。

第一，這個學校的學生，畢業之後要到社會上工作。在學校就得要有社會上所需要的實際經驗。最好自己燒飯，研究物價，這個宿舍也應該採取自己作飯辦法，在學生所出伙食費範圍內生活才對。由學生推出五個人左右的伙食委員，這個委員每星期更換，負責買菜，決定副食物，作飯菜，分配等工作。這樣自己可以知道米、魚肉、雞蛋、蔬菜等市價，學習到有關伙食的經濟和用人的方法。這樣，學校只是由學生收取伙食費，交給伙食委員就行。

第二，如果學生沒有實行第一案之決心，應該把一切事情交給學校辦理，學生只管辦理伙食方法之選擇。至於學生所選擇辦伙食者的行動，學生自己要監督，學校完全不負任何責任。

我要學生對於上述二案，選擇一個。學生商量結果決定採用第二案，伙食問題至此告一段落。

其次是經費的問題，當時森林學院的學生，畢業六個月之前，要到山林去實地演習。

可是學校卻沒有這一筆旅費，因此有的年度的學生沒有實習就讓其畢業。因此校長屢屢向農商務省訴苦，請求增加經費，一直沒有通過，學校很傷腦筋。我接任校長之後，學生立刻連名提出請願書。我覺得學生說的很有道理。我遂和農商務省商量，因這些畢業生畢業之後將由該省山林局和農務局聘用，經費應該由這兩個局來負擔才對，交涉結果，決定由這兩個局一年支出六、七百圓作為實地演習之經費，老師和學生都非常滿足。

由於上述經過，東京農林學校之多年懸案獲得圓滿解決，學校學生很高興，大家出錢，作了一座純金的碩功牌送給我。爾後人事問題、老師之待遇以及教學方針等等，需要大事改革學校時，我突然到秘魯去了。

〔十〕秘魯銀山之失敗及其後來的落魄時代

秘魯銀山事件

秘魯銀山事件不僅是日本人在秘魯的第一個企業，可能是明治時代以來日本對外事業的先驅。

由於是日秘兩國之間還沒有簽訂任何條約，也沒有交換使節的時代，因此對於秘魯之情形，日本人一無所知，完全模糊。此時說要在南美之高峰安地斯山頂經營銀山，當然大家都不敢相信。加以其有關人士，都是國內鼎鼎大名的人，所以更加轟動一時。

可是這一座銀山的經營，由於最初派去的全權代表田島理學士的報告全是假的，因此完全失敗，其結果變成一世的鬧劇，不知情的人，都覺得這是一椿天大的貪污案，由此一時我成為被中傷的中心人物。

時間會解決一切。今日我雖然無意洗雪往昔之冤枉，想起當時之成員大半已經不在人間，空空絕跡之霸圖，更沒有談論徐福之夢想的人。幸好我手邊還有當時之文件和紀錄，原封不動地存在，為後世，我想把它寫下來。

若是，我為什麼會和秘魯的銀山發生關係呢？我為調查研究專利前往歐美各國時，特別感到一件事。那就是當時，日本人為商務去外國的人少之又少，即使有，也多是去柏林、巴黎、倫敦、紐約等先進文明國家的都市。而且這些人多是不懂得外國語文的人，因此即是去談生意，也幾乎沒有人予以理睬。我覺得這樣不行，日本商人必須重新思考，所以回國之後立刻對前田正名君這樣說：

「日本商人的海外發展當然很好，但多往文明都市跑。可是語言不通，又不懂其習慣，更缺少資金，因而被藐視和歧視而後已。所以去那一種地方求發展，不如去文明程度低，不大富裕，人民不驕傲，土地廣大的地方，譬如講西班牙語、葡萄牙語的南美、中美等各國開拓市場更好。」可能因為他記得我這一句話，所以有一天他來對我這樣說：「你曾經表示過，日本人要求發展的地方，應該不是財富的程度和文化那麼高的歐美國家，而是說西班牙語或葡萄牙語之程度不高的國家，現在有很意外的人在這樣的地方開始工作。最近，藤村紫朗君（義朗君父親）來說，這話從來沒有對任何人說過，只有和六、七個人商量，和在南美秘魯的德國人奧斯卡爾．黑連合作，準備經營銀山。現在已經派遣工程師，開始實施實地調查，並簽訂了要共同經營的契約，惟因很意外地計劃擴大，致使只有我們幾個人的力量不夠。現在要創立公司，必須公開募集股東。希望你助一臂之力。」詳細對我說明該銀山之起源及其至今日之一切經過。

近乎純銀的卡瓦克拉銀鑛

根據前田的說法，所謂黑連這個德國人，出身相當門第，由其父親繼承許多財產，在該銀山事件二十年前的一八六九年，前來日本，在築地擁有宅邸，過著有如諸侯的生活，爾後離開日本回國，然後以領事館官員前往秘魯，和巴多羅總統千金結婚，進而出任中央銀行總裁，成為秘魯實業界的馳名之士。

因秘魯是擁有豐富燐礦等金屬鑛山的國家，故資本家多投資於這方面，對於其他方面的投資幾乎沒有什麼興趣；及至巴多羅總統時代，覺得秘魯這樣的國家必須搞活農業。為此認為應該普及鐵路，乃決定募集兩億圓外債作為其資金。

由於總統是這樣想法，黑連乃從政府取得秘魯北方土地，開始經營農場。

可是秘魯的土人，很不適合當農業勞動者，顯而易見，靠這一種人是無法經營農場的。因黑連在日本滯過，很清楚日本人之勤勉力行，故很想用日本農夫來經營農場，乃派遣其傭人井上賢吉到日本，倡議共同經營農場。換言之，黑連提供農場，日方提供為開墾所需之資金和農民。

井上奉黑連命令回來日本，當時為介紹秘魯之產業，黑連令井上帶卡拉瓦拉克銀山之鑛石回來。

井上回到日本以後，找其關係要好的城山靜一君商量。城山對此事興趣極濃，立刻把井上介紹給前山梨縣令藤村紫朗君，同時也拜託實業家小野金六君協助。

由於這種來龍去脈，秘魯的農場和礦山的事搬到藤村這邊來。此時礦山事極為熱門，藤村對於井上帶回來的礦石大感興趣，遂請礦山學界泰斗巖谷立太郎博士分析和鑑定。

巖谷博士分析結果說，這個礦石叫做紅寶石銀鑛石，幾乎是純銀的好礦石，而且為其原產地的卡拉瓦克拉銀山，是德國礦山雜誌也有所刊登的著名之山。

聽他這樣說明之後的藤村君等人，高興極了。黑連的使者井上說，農場的經營當然不錯，但礦山更是多彩多姿，於是與三浦梧樓、藤村紫朗、古莊嘉門、高島義恭、高橋長秋、佐竹作太郎、小野金六諸君商量，決定出資五萬圓，開始進行策劃經營礦山之計劃。

但即使分析的結果再好，刊登在德國的雜誌，還是必須到當地去看才能放心。為此決定再請巖谷博士尋找適當的工程師去作當地調查，如果可行，再與黑連簽訂共同經營之契約。

於是巖谷博士推薦在他那裡的理學士田島晴雄。大家商量結果，決定遣派田島前往秘魯。

田島工程師於一八八七年十一月二十八日離開日本，前往秘魯，隔年一月二十三日抵達利馬。一個月之後，田島首先以電報，爾後用書信告知已經完成了契約。契約書說，公司之資本金為一百萬圓，日方和黑連各出資五十萬圓。並說，已經以二十五萬圓購買了四個礦區，日方之十二萬五千圓，黑連已經代墊，此筆款項必須在十一月以前付清。且農場也要同時進行。在明年四月以前，日方要負擔其經費，負責送四百名農夫去秘魯。黑連出資為農場、精煉所等不動產；提供坑夫、農夫及其所需旅費一概由日方負責。

我辭官職，決定前往秘魯

有關人員們接到田島之上述報告，皆非常震驚。於是藤村遂去找前田說：「本來我們發起人的想法是，在這個工作還沒有成功之前，準備不告訴任何人。萬一失敗，只是我們幾個人的事，與社會無關；惟因契約說日方要出資五十萬圓，自非我們幾個人之力量所能及；必須正式成立公司，招募股東。為此希望給予一臂之助力。」前田又說：「發起人作到這個地步已經很不容易，我想幫他們忙，你覺得如何？」

對此我鼓勵說：「這還有什麼話講，巖谷博士和其他大學工程師分析礦石之後都很驚訝，田島理學士實地調查的結果說，與德國雜誌所報導一樣，的確是良好的礦山，乃決定購買四個礦區，因此對礦山是不必懷疑的。惟因礦山在外國，是和外國人的共同事業，故在經營上需要留意，不能受騙。總之是很有前途的事業，所以如藤村所希望，給予一臂之助如何？」於是前田問我：「你可不可也作股東投資？」我說「我可以隨我的能力出資。但得考慮到萬一之失敗，故我的股份將在我財力範圍之內。目前我的出資不可能超過一萬圓以上。」

然後前田到處奔走，尋找同志，除以前的幾個朋友外，他找到森岡昌純、大久保利和、奈良原繁、高田慎藏、荻昌吉、武井守正、牧野伸顯、藤波言忠、河野鯱雄、有吉平吉、澤村大八、九鬼隆一、米田虎雄、曾我祐準、巖谷立太郎、田島晴雄等，加上我二十多人，成立資本金五十萬圓的「日秘礦業株式會社」（日秘礦業股份有限公司）。

繼而股東之間開始討論派誰作為日方代表前往秘魯，否則不能放心，大家討論結果認為我去最好，乃全體一致推派前田來勸我說：「大家都希望你去，你委屈委屈去如何？」

我斷然拒絕說：「不行。我剛剛完成三個條例之調查，現在正要開始實施。加上現今正在建蓋專利局之辦公廳。能夠做這些工作的人，恐怕只有我一個人。因此即使是國家事業，我還是不能不管這個工作而去做其他工作。」

前田大概覺得跟我交涉沒有希望，有可能偷偷去找住在三田尻（地名）的井上農商務大臣，向其報告事情之來龍去脈，乃又來找我說：「因和你談沒有用，所以我去拜託（井上）大臣，已經徵得其同意。大家又希望你能去，拜託你豁出如何？」我覺得非常意外。

大臣既然同意了，我自不好意思再拒絕。好，股東要我去我就去。我的大恩人祖母已經不能在人間了，我也沒有什麼要留戀的。惟秘魯路途遙遠，來去非常費時。因此事業還沒有獲得預期的成績之前，必須鞏固其基礎。所以我要求股東，本公司之股份，在事業上獲得兩三期利益之前，不要隨便讓渡給別人。股東都說絕對不會讓渡，於是我答應去秘魯。

「述懷」手記

如此這般，我乃於一八八九年十月三十一日，離開專利局長職務，前往秘魯。當時我寫了「述懷」。現在照錄如下。

述懷（回憶）

嗚呼我年齒已達人生一半（三十六歲），年少前往海外，艱難辛苦，乃為著修學業，希望生涯安逸。然成業後年少學識淺薄，仍在實業社會不足取信。加以當時家有待侍養之老祖母，乃從事教育工作幾年。爾後，奉職於農商務省，擔任工業上事務幾年，其間之經歷，足以表徵我素志之一端。蓋我現職之事務，非奉命才開始調查。今幸好事務告一段落，卻不易守成。豈能他顧。話雖如此，邦家之事遠比現職之守成更急而重要。事迫日不足。從前之事業好不容易得到結果正在開心時卻不得不離開現職。觀察我國各種事業，農工林業礦業，勞費多利益甚少，極不相稱，故業不伸，事不興，皆萎靡不振。此無他，乃因為資本不夠所致。蓋我國通貨額雖似非不足，但其利息之比例可用於商業上，不用於獲利甚少而遲緩之農工業。要之，我國通貨額充足於商業上，且無多餘。勞役既不相償，將以何物來伸長事業？將如何能有從事永遠之功的企業之餘力？如果如此長此以往，何時能有豐富財源，增強國力？故今日之急務，乃在於計劃如何增加資本，我有的是勞力。我乃與同志，利用餘力，以開闢外國財源，以注入我國為目的，遂策劃在南美秘魯從事礦業之計。

蓋秘魯這個國家，其土地氣候最適宜農業，金屬礦山豐富，由西班牙王國曾侵略此國而成為歐洲富裕國家可知。其富源至今仍然不斷，探勘某地銀礦，確比日本礦脈豐富三、四十倍，礦量有一百倍。有獲得這樣富贍財源之機會。自不必管國家之內外以及路途之遠近。

今日計劃大致底定，但要得到管理該事業之人極難。同志諸位推我，委託我來管理。我雖不肖，但決心接受諸位之附託，悉力以赴。我深信此次之事業，其結果不只將增殖資本，所涉及效果極大。

日本人雖不缺欠進取之氣象，惟為兩百年之鎖國所拘束，尤其禁絕國人前往海外。明治維新以後，制度改變，但僅僅有對海外意圖作開開雜貨店的小生意而已。從來沒有以日本人力量在外國興辦事業。近年來人智雖然大有進步，但對外總是被動的。這樣何時能和列強諸國並駕齊軀？此次乃是在海外發揮開闢日本人力量，恢復日本人進取氣象，急起直追，與外國人競相逐鹿之良好機會。

一改從前封建陋習，人們在農工商，長其材，從事其所長以立身就業，但全國子弟負笈聚集東京者幾萬人，問其目的，十之八九，皆答曰要研究法律政治。因法律政治之學，為其長處。因為在實業社會上無從伸其志，致力之門徑。將來此等少年子弟成業，社會無接受他們之餘地時，其害自可想像。何況，今日已經有此徵兆。要使有為之人材走向實業社會，此次之舉自有此種意圖。

今日，我多年來所從事之調查工作已經大功告成，撫育我之大恩老祖母也已經不在人間，侍養與奉職，公義私情，都無遺憾。此為我大放其心，盡力作事之時。我並非要減輕現今之公務，我相信我的新工作必將更重。而決定我之去就完全是由於此種種原因。其結果如何，將來勢必見曉。

一八八九年九月二十三日記

第三次去舊金山

一八八九年十一月十六日（我三十六歲），我以經營秘魯銀山全權代表身分，第三次橫渡太平洋。

我所搭乘之格利克輪，於該日上午十時，由橫濱港口啟程。此次之同行者，有工程師田島晴雄（當時他採查完秘魯銀山回國中），和雇員屋須弘平兩君，船上客人還有里昂領事大越成，和正金銀行行員大坪文治郎等等。

離開日本時，我有這樣的決心：此次事業是非常困難的大計劃。其成功與否，不僅關係到股東之利害，而且是今後我國能不能在海外發展的試金石。因此我的身體不是屬於我自己的，而是包含同志友人之靈魂，為事業之成功，我全力以赴。所以在船上之生活起居，對外國人我絕不矮化自己，採取堂堂正正的態度。

船在大致上，每天跑兩百七十至三百海浬。從第三天起，海上風浪逐漸大起來，到第五天，狂瀾怒濤洗刷甲板。有一天竟只跑八十七海浬，乘客都不能出去船艙一步。

如此這般，格利克輪，於十二月一日零晨三時，即離橫濱的第十六日，抵達舊金山。我們於上午九時上岸，由領事館員三宅君嚮導，住進宮殿飯店。

當時之舊金山領事是河北陸軍少佐。我雖然不認識這個人，但由前田正名君聽過有關他的事，因此到達舊金山隔天我便去訪問他。

河北領事說：「根據最近媒體的報導，秘魯政府為延長國內鐵路，與英國格雷斯商會（公司）簽訂借款契約，為此以海關、礦山等一切財源作為抵押。因此你們派田島工程師購買的礦山，一定包括在抵押裡頭。若是，即使你們下了資本，知道其為好礦山，格雷斯商會要求它而回去，你們將是啞巴吃黃連。我覺得你們的企圖極為危險。」

對此我說：「非常感謝你的提醒。關於購買礦山事，曾遣派田島君，又由巖谷博士和河野學士等擔任顧問，與派員之間有過數次往返電報，充分確認之後才作決定的，在手續上應該沒有問題才對。若是，秘魯政府給予格雷斯商會作抵押的礦山有幾個？」並問他。

他說「大概五百左右吧」。「如果這樣，那不過是秘魯礦山的幾百分之一，我們買的礦山不可能包括在被拿去抵押的裡頭。總之，成立借款來延長鐵路是一件好事。我們希望它能夠早日實現。」我們談得很開心，相約以後要多多連絡而告別。

我在舊金山期間，偶然碰到我在農林學校校長時代所訂購三隻荷蘭種種牛，由姓加藤的這個人牽到舊金山，不能不說是天下之巧遇。

現今之政友會的眾議院議員菅原傳，當時也在舊金山巴威爾街，計劃成立日美協助公司。（孫中山之與日本人交往，始於菅原傳之介紹，菅原當選眾議員十六次……譯者）。說是要協助日僑以及來美國旅行的日本人，介紹其購買船票，擔任導遊，搬運行李，以及其他所需協助業務，後來有沒有實現，不得而知。

如何教導小孩

我在舊金山只滯兩天。十二月三日上午十時離開宮殿飯店，搭乘阿卡布爾科輪，前往秘魯。

隨輪船往南方開往，氣候愈來愈暖和。在舊金山，十二月的風好冷，刺骨，但三天之後暖和多了，好像是日本四月左右的氣候。第五天，變成六月前後的氣候，甲板上開始有遮太陽光的帳篷。

十二月七日晚上，天上月亮宛如滿月，簡直和白天沒有什麼兩樣。船沿著墨西哥海岸向南開著。越過風平浪靜的大海，在突兀山上掛著好可愛的月亮，讓我回到祖國日本之瀨戶內海的心境。這令平常不大唱歌的我，不由地唱起：

置身遠離故里處　遙望雲霄中名月
倍感人需恭謙
再被薄衣旅衣上　冬將深時望明月
插出清閒賞秋月　人問吾圓在何處

十二月九日，離開舊金山一個星期，船開進墨西哥的馬札浪港，好不容易上岸，在一家飯店洗了澡。當天下午四時從馬札浪港出發，又再往南航行，十二月十二日凌晨三時，進阿卡布爾哥港，此港被高達三千至兩千五百英呎之山嶂所包圍，水清而深，魚類極為豐富。十五日抵達江伯利哥港，十六日早晨到達瓜地馬拉之聖約瑟港。此時我手上剛剛有當時寫回來的家信，茲照錄如下：

「從聖約瑟港寄回家的書信」今日早上到達瓜地馬拉港，因船將在此地停留兩天，故屋須今日一早就搭火車回去其第二故鄉（屋須長期居住瓜地馬拉，與當地人結婚）瓜地馬拉。他一定會在明天開船之前回來，昨日經過江別利哥港時，上來了好多男女客人。都是瓜地馬拉人，是要回國的。其中三、四個婦女和屋須很要好。屋須高興得昨天晚上幾乎都沒有睡覺。

溫度高達一百二十五、六度，很熱，但也慢慢習慣了，現在已經不覺得痛苦，據稱人遇到不可避免的困難時要死心，一死心便不會覺得那麼熱。

船中有一對夫妻帶著小孩，小孩據說是男孩，滿三歲。非常可愛，比是賢、是福矮兩三寸的樣子。個子算是蠻大，又很健康，個性強，將來一定很優秀。這個小孩不聽話胡鬧時，父母便叫他過來坐下，不可以胡鬧，他好像要哭的模樣甚至邊哭邊拿著椅子坐下來，並哭著說些什麼乖乖地在父母面前坐著，不敢隨便離去。這個情景令船客佩服不已。

這一帶橘子大而美味，水果非常豐富。是賢、是福，在如何過日子，每日思念。今日這兩個人仍在困難中旅行各國，希望他們身體健康。報紙有一則頗富趣味的報導。可譯之如下「管理（處罰）小孩時，一定要確認這個處罰對小孩心靈有好的結果才去進行。絕不可以以表示父母之勢威而行之」。這一句話很有意思。這對教養六、七歲以下小孩要特別記得，尤其對兩三歲左右小孩最管用。與奧君、杉山君以及前田桑太太（她們都有小孩）交談時，可以將這一番話轉告她們。

明天晚上將由此港出發，二十日左右將到達叫做巴拿馬這個地方。如果二十四日早上到達，將立刻有船開航，若是一月五、六日可以到達秘魯。若二十四日出船後抵達巴拿馬，將能在巴拿馬滯留一個星期左右，不可能在一月十二、三日到達秘魯這個國家。到達秘魯時，將給公司打電報，公司當會連絡我們家，此事亦請能轉告杉山君。

十二月十六日　聖約瑟港　是清

寄老家

船中四十六日

十二月十八日上午五時，船開進聖薩爾瓦多國之阿卡佛拉港，隔（十九）日上午六時，到達該國第一港利巴爾達特港。二十日尼加拉瓜，二十一日哥斯大黎加，二十一日抵達哥斯大黎加的金多港，停靠兩天後出發，隔日進巴拿馬港。

當時舊金山、紐約之間，火車公司和輪船公司在大競爭。坐火車，因為橫斷大陸，僅僅六天可以到達；如果搭船，由舊金山到巴拿馬，在這裡上岸出去大西洋岸，再乘船到紐約，需要大約一個月的時間。可是其費用火車和輪船差不多，因此不急的旅客或病後的人，有不少人選擇坐船。有趣的是船費，從巴拿馬到紐約，比舊金山、紐約要貴。所以狡猾的人，買舊金山、紐約之票前往巴拿馬在此地尋找要到紐約的旅客，把票賣給這樣的人。事實上船的事務長，會指著當天要下船的兩三個人，說他們是在賣票的人。

在舊金山、巴拿馬間船中認識的勘伯爾氏夫妻，斯達茵哈根氏等，都在這裡下船。前往秘魯的船客，也要在這裡換船，因此我們也好不容易登陸，去了飯店，等待輪船到達。

在巴拿馬等船隻一個星期左右，前往秘魯的輪船聖達羅沙來了。立刻上船，三十日下午五時離開巴拿馬。

巴拿馬、秘魯之間的航線，也有兩家船公司競爭得很厲害。一個是美國的公司，另外一家是智利的公司。這兩家公司的船如果同時進港，同時出發時，便宜得簡直是免費；如果只有一家公司的船啟航，船資就比較貴一點。

一九〇〇年的正月元旦，我在聖達羅斯輪渡過。這一天一早，我和田島、屋須三個人，遙拜皇宮，恭祝兩位陛下萬歲，然後去向船長等拜年。

下午七時，通過赤道正下面。當天晚上，月亮皎皎明亮，南風徐來，頗有涼意。漫吟兩三首。

四方天空雖非常　可見船上諸客人

迎接永春年　兩國小松增紗綠

正月三日上午七時，抵達厄瓜多爾第一港口凱阿基爾，四日上午十一時到達白達港之黑連工程師德國人兒克雷馬爾為迎接我們，在白達港等著我們。

我每一次搭乘外國船，都喜歡去觀察觀察下等船客的情況。明治維新之前，我十四歲首次前往舊金山的時候，因為來回都是坐下等艙，故吃盡不自由不愉快苦頭。現在觀看聖達羅沙輪的下等客艙，竟是未曾見過的慘憺狀況。由舊金山到巴拿馬之輪船的待遇設備，不僅比橫濱至舊金山之輪船差，巴拿馬以南的下等客艙的確太糟糕透了。這一條航線之下等船艙，既沒有船室也沒有寢具。因此許多人便在甲板上或行李上和牛豬並排睡覺。而且大多在舖著大約兩寸厚稻草上睡覺，故隨輪船之搖擺，牛馬之糞尿往四處流，污髒棉被，雖然這是因為沒有衛生知識的結果，用餐具處理幼兒之兩便，實在太危險和骯髒。他們日日之食物，好像時或向廚子購買，惟因沒有錢，所以吃不飽。眼看旁邊的客人在吃東西時，小孩就哭叫想吃。又，父子兄弟爭吃買回來的一個鍋子的食物，其混亂很難看實在無法以筆墨形容。

輪船再往南駛去，五日抵達兒典港，六日早晨經過沙利伯利港之後，濃霧濛濛，沒有太陽，不像白天，而令人驚訝的是，船的白油漆，一夜之間完全變了顏色。我問船員為什麼會這樣，他說這是其附近的「加倆奧油漆」硫氣所造成。如此這般，七日下午三時半到達加倆奧港。

是即去年十一月十六日，從橫條出發，至今日順利到達加倆奧港，前後花了五十三天工夫。如果扣除在舊金山兩天，巴拿馬五天之等船時間，實際上航海了四十六天。從舊金山到加倆奧港，一共停靠十四個港口；其氣候，從日本到舊金山是差不多，從舊金山開始熱起來，及至靠近中美海岸愈來愈熱，遠離巴拿馬之後又開始吹起涼風，以至赤道以南，航海中的黃昏時刻，只穿夏天衣服就覺得好冷。

在利馬

到達加利奧港之後，馬上有一個西班牙人來船上表示希望和我見面。因其不懂英語，乃令屋須口譯，他說「黑連氏目前和家屬到海濱度假去，不在利馬，今天下午四時左右會來船歡迎我。我係奉黑連氏命令來搬運行李的」。

因此我把一切行李交給這個西班牙人，令屋須跟著他，我們準備下船時，黑連氏帶領其管家比耶茲勒帶著日本人伴龍等人趕到。作首次碰面打招呼之後，搭黑連所特別準備的小汽艇上岸。此時田島說：「黑連在別邸內特地為您建蓋了新館，黑連說是不是就直接到那裡？」我說：「不可以，予以婉拒。」

於是伴龍說：「新館完全是為您新蓋的，前一陣子黑連還拼命督促趕工，昨天才完成內部裝潢。市內的飯店很骯髒，且又不方便，所以還是請您能住住新館。」我還是沒有同意，並由伴龍轉告黑連。

黑連說：「已經準備好了晚餐，不能多住沒有關係，但只少今天晚上請能住這裡。另外，你們的到來暫時不要告訴別人，這有關公司的利益和你們的健康，住安靜的新館遠比住雜沓的市內旅館好。如果覺得不喜歡，再搬到市區就行。」因為非常誠懇，我深感黑連之誠意，乃同意去新館。

於是我們和大家，由加利奧港乘汽艇到達利馬，黑連的秘書勃遜布利奧準備幾輛馬車在車站迎接我們。我遂去黑連的本邸，寫好給日本的電報，然後到別邸。

黑連的別邸大約有一萬坪，周圍用兩丈左右高的土牆圍起來，正門進去是一百一十公尺前後的舖石頭通路，左右兩旁是大雜院房屋，其盡頭為內門。進去此門，上去石階正面就是新建的新館。中央是餐廳，後院有長大約二十多公尺遊廊，其牆壁有常春藤，其下面有四座男女的大理石像。遊廊左邊，有為準備作辦公室，會客室和臥室等等，內部裝飾都沒有話說。遊廊右邊有幾個房間，但還沒有裝潢內部。房子前面是好大庭園，其一邊有許多往昔西班牙人種的葡萄樹。靠近房屋的這邊是日式的山水園。園裡有池塘，噴水塔在噴出幾條水。望東南遠處看便是重疊的連山，拖著晚霞宛如一副畫，非常開豁爽快的風景。就在船幾十天，苦於無聊和炎熱的我而言，這的確是令我大有甦生之感覺。

當天用完晚餐之後，我和黑連氏閒聊。他問候發起人的藤村、三浦、高田諸位，然後說：

「您的為人，從諸位發起人特別是前田正名君之懇切的書信我已經知道，在會面之前還有一些擔心，尤其是剛才您堅決拒絕來這裡，令我很失望。不過說清楚道理勸告之後您遂贊成，使我非常高興和放心。」

於是我笑著說：「您一開始就有得知我之毛病的機會，以及知道我的頑固會屈服於道理，您應該滿足才對。」因而黑連很歡欣地拍著我的肩膀說：「對了，對了。」由之我和黑連便更能坦誠相見。我對他一一說明主要新股東之人物、閱歷地位和精神等等，並強調此事業之成功與否，不僅影響個人之幸福，更有關日本人之氣慨的興衰，坦誠地告訴我心中的話，談到深更半夜才告別。

農場與礦山—早晨洗澡之報應

住進利馬之黑連別墅的隔日清晨很早起床，洗澡之後以很爽快的心情到庭園散步。可是中飯之後，卻覺得有一點不舒服。黑連擔心說「第一次到這裡的人，都要去給醫生看看，到達四、五天要遵照醫生的指示小心行動。昨天已經連絡了醫生，應該很快就會到」。醫生到了，他邊診察邊問我：以前患過什麼病？最近身體有沒有發生狀況？我說常有腳氣症，今天早晨飯前洗了澡，然後去散步。

醫生說：「你做了最糟糕的事。第一次來此地的人，經過三、四天，習慣此地氣候以後才能洗澡。尤其是不能在飯前去散步。」並給我藥和瀉藥的處方箋。遂去藥房拿藥吃，第二天幾乎好了。

爾後四天左右，打開帶來的禮品（銅器、陶器類）送給黑連氏等等，接見好多來訪知名之士，往訪位於久利留斯之黑連的別墅，從事社交活動。

十三日，開始和黑連氏商議修改有關農礦事業之契約。我提出離開日本之前，股東所決定左列事項並作說明。

一、公司營業之目的除去農業專營礦業。

一、公司資金為十五萬英鎊依秘魯法律定為有限責任。

一、公司資金折半一半由日方全權委員一半由黑連氏負責。

一、公司股份除非第一次分得利益之後不得轉讓。

一、前述讓渡除非徵得本公司同意否則讓渡無效。

一、坑夫使用日本人本公司職員工程師等方便於公司最大利益時使用日本人。

一、設立公司時以如左之預算為標準：

創業預算書

一、十五萬英鎊創業費細目

八萬一千英鎊購買礦山煤炭及地皮

四萬三千英鎊機器及建築費

七千四百零六英鎊工人旅費

三千七百四十九英鎊工人預付款
一萬四千四百八十英鎊準備金
如上所述，首先我交涉取消公司營業中之經營農場項目。
對此黑連表示：「我因巴多羅總統之勸說取得聖卡羅斯農場，投下許多資金，但終於失敗。這不是因為土地不好。而是地處偏遠，交通不便，自己無法親自監督，得不到好的工人所致。我覺得如果能令日本人移民過來，一定會成功，所以遂派遣井上去日本。可是日方不顧農場，只對礦山有興趣，而派來田島工程師。因我不死心農場，故與田島、井上兩氏再三討論，結果簽了農礦兩業之契約。於是開始建設農場用之輕便鐵路，購買農業機械、器材和牛馬等。目前農場之評價為一萬九千英鎊，如果要取消農場之經營，我必須再負擔這些經費。但此時要匯此筆款項內人不同意，因此非常困難。」我深感黑連之誠懇，農場之價額一萬九千英鎊減為一萬五千英鎊，日方負擔其三分之一，利益亦為其三分之一，以為妥協。

談判談妥

有關農場之談判，始於十三日，十五日決定。十六日開始談判礦山事業。我照原案主張公司資金十五萬英鎊，日秘兩國當事者各負責其一半等等，雙方大致獲得意見之一致。但對於黑連所提出有關礦山之評價金額，議論紛紛。

黑連說：「前此我曾在共有礦山隔壁地租了九礦山借區。這些借區都是為公司所需要的，其中三借區因去年田島工程師提醒而購買的，願意以原價提供。但其他六借區情形稍微不同，我願意以一萬三千英鎊提供給公司以取代農場。」

我說：「這個借區是不是需要，其價錢是否適當，我無法判斷，故我們來問問田島工程師意見。」乃立刻把田島找來，對照地圖，聽了他的意見。田島就新借區作各種說明之後表示：「九區雖然都是為公司所需要，但六區一萬三千英鎊太貴。」

對此黑連說，一萬三千英鎊並不算貴，事實上現今英國某公司也表示很想要買，由之與田島爭論一陣子。

因價格之評價有出入，所以有關礦山之談判不可能有結論，我以弄清楚搞定這個借區所化實際費用多少最重要，乃問黑連實際費用，他說算好之後明天奉告，遂結束該日之談判。

隔日黃昏，黑連帶來了一分電報。他說：「倫敦也來電報。賣給他們可以賺錢，但我不願意。現在與幾年前不同，事業日益發達，各礦山也都在漲價，一萬三千英鎊絕對不貴。」

我說：「總而言之，我不能同意你的意見。你獲得新借區如果是在和我約定以前，你的要求還可以說得通，但如果是共同購買山之後，在該山作必要之作業，爾後要把它賣給公司貴一點，當然不行。不如把這一棟邸宅賣掉如何？這是還沒有和我們簽訂合辦契約之前以賺錢為目的買的，這對公司也需要，把它評價為原價之兩倍、三倍，也不會有人說閒話。」我詳細說明日本股東對於這個事業計劃的精神和將來的計劃等等，在其過程中黑連一直沒有說話，然後站起來表示「有道理」而很高興地與我握手。這樣結束了這一天的談判。

隔天十八日，黑連又來並表示：非常感謝昨天的提醒，希望將邸宅作為出資之目的物，盼望今後更加開誠布公共同辦理事業，我也非常高興，表示滿意。

如上所述，有關礦山之談判，迨至二十日便告一個段落。

在與黑連談判過程中，我設法找時間，拜訪總理大臣索拉氏、財政部長得爾加特氏、德國公使踐比西氏、倫敦銀行經理威爾斯氏、大學校長馬利諾斯基氏等表示敬意和贈送禮物。因避暑中，大多不在。二十二日，與黑連訪問卡斯列斯總統於久利遛斯別墅。夫人、千金、西班牙公使以及某海軍軍官作陪。此時我說明了我為什麼前來秘魯，以及今後的抱負，並請總統對於我們的事業大力援助，贈送一對銅製花瓶。

船中鬧劇——惡作劇頭髮

一月二十七日（一八九〇年），山口慎君帶領技術人員坑夫工人一共十七人將抵達加俩奧港，田島、伴、別茲拉、巴遜布利奧諸君前往加俩奧港去迎接他們，迨至下午六時左右，大家順利抵達黑連的別邸。

當天在別邸屋頂掛起日本國旗，我和黑連到外門去接他們。他們都非常健康。因黑連好久沒有看過那麼多日本人，故很是高興。

如前面說過，新來此地的人，都得先看看醫生，因此遂請來醫生給他們診察。醫生說，休息一個星期以後可以上山。

聽領隊的山口的說法，在航海中有不少趣聞。因為大家都是血氣方剛的年輕人，多不懂得外國文字和西裝的穿法，往往會動武。所以要阻擋其動武非常費心和費力。加以他們都是第一次出國，都在擔心自己的種種。山口前幾年去美國時海上極其風平浪靜，因而一再告訴他們太平洋是很和平的海，不必擔心。可是船還沒有繞過房州（千葉南端）海面，便吹起好大北風，加以下雪，船便開始大搖大擺。他們以為山口桑在騙他們而非常對他抱怨。

上船沒有多久，木工勇六，用黃色袋子裝著疑似棒子隨身攜帶，問他這是什麼，他說是護身用的日本刀。告訴他，現在要去挖山，不要帶這樣東西，叫他收在行李包裹。

船快抵達舊金山之兩三天前，月落深更半夜時，下等客艙突然響起鑼鼓聲音，船客右往左走，哭的叫的，發生大動亂。一看，竟是下等的一百來名日本人和中國人打在一起。山口想設法予以收拾，但卻束手無策，一等航海士趕來才予以解決。

其所以發生這樣情事，據說船上有幾十個中國人。他們在習慣上，馬上會和廚子交涉，以獲得房間和食物的自由；日本人不搞這一套，因此都被趕上吊床，伙食由中國廚子隨意給予，副食品頂多是醃梅子、黃蘿葡等，真是豈有此理。而且中國人每天晚上都要束辮髮，其頭髮由之散亂各處，非常骯髒，但他們卻不管別人，所以船上的日本人非常氣憤。

有一天，不知道誰搞的惡作劇，把並排睡覺的兩個中國人的辮髮綁在一起，然後將其緊緊綁在柱子上。不知情的中國人醒過來，想起來時覺得自己頭髮好像要被拔掉般痛。於是大聲哭叫。此時發現自己頭髮被綁在柱子，遂大發雷霆，以為隔壁的日本人搞的鬼，便對其動粗。但這個日本人完全不知道怎麼一回事，乃大打其架。

於是雙方人馬出面助陣，展開一場打鬥，船裡有如鍋子之水在滾，一片混亂，不可收拾。此時有一個日本人拔起日本刀，欲開始砍人，幸好被另外一個日本人從其背後抱住他，始得沒有演成殺人事件，可以說是不幸中之大幸。

航海中雖然發生過這樣事體，但迨至船進入舊金山灣，目睹風光明媚，小山上之許多美麗好大磚蓋房子，簡直不敢相信，嘆息「如果知道這樣漂亮，應該把太太帶來」。如此這般，十二月十八日到達舊金山，停留五天，十二月二十三日，由舊金山搭由舊金山開往巴拿馬的船，在船中過新年，一月十三日到達巴拿馬，十八日離開巴拿馬，二十七日抵達卡倆奧港。

田島工程師不滿其薪水

山口慎君領來的十七名坑夫和工人，住在黑連別邸內的大雜院，因不習慣風俗，怕出意外事，故不讓他們隨便出門，在屋子裡給他們喝些酒，令其小心過日子。幸好起初幾天，蠻守規矩，順利過去。

在這期間，我和黑連商量了有關登山的一切事宜。黑連說：「從利馬去卡拉瓦克拉，其氣候變化非常之大。在這裡穿的衣服是不行的，必須全部新造。來回之旅費比從秘魯去歐洲還要貴。這一次之登山是日後許多坑夫登山之嘗試，因此即使多化錢也要作充分的準備。要一天爬上幾克拉必將非常痛苦，所以最好能在中途設一兩個住宿處所，使其習慣稀薄之空氣和極寒冷之天氣。」

二月（一八九〇年）三日，完成了登山用之衣服、鞋子等等製作。坑夫、工人十六名，開始作健康檢查。結果是只有坑夫頭的加藤要助的心臟有問題，需要在利馬的醫院服藥之外，其他的人都ＯＫ。

因已經完成登山準備，我乃和黑連商量，定田島工程師之年薪為六百英鎊，山口庶務課長三百英鎊，小池副工程師之年薪為一百二十英鎊，並分別面告他們。可是田島工程師卻表示不滿說：「在本隊到達之前這個待遇可以。」因而我覺得很意外地問他說：「這是什麼意思？是不是本隊到達之後還要請求？」「是的」他回答說。

「如果不能接受你的要求，你將怎麼辦？」我問。他說「只有辭職回去日本」。我非常不爽。現在正當要上山開始進行安裝製煉機器的基礎工程。即使一切順利，機器之到達與本隊之到達大致可能是同一個時候。本隊與機器同時將要到達的時候，以不能滿足自己要求而要辭職，實在太不負責任了。我因不能理解其心情和拘同其態度，乃問：「你準備那個時候辭職，那你現在就辭職，你為什麼那樣不滿？」他說：「坑夫都能拿到在日本之三倍多以上工資，我的年薪六百英鎊實在太少。」但這個薪水的原則是離開日本之前，在公司之工程師部，田島等商議所決定，加以在大會席上巖谷博士提出公司規案規定：技術長月薪多少，副技術長幾多，並推薦河野為技術長，田島為副技術長。換言之，田島之年薪六百英鎊也是根據當時之規案決定的，如果把它換算成日幣，實遠比巖谷博士之原案要高的很多。可是對此田島不但表示不滿，而且對於第一次的礦山調查，簽訂契約，都還要求行賞，自我打算太多，因此我覺得更加不愉快。對於待遇問題，我和田島討論很多，最後田島說：「如果命令我回日本我就回去。」我說：「我並不命令。但如果你想回去，你可以回去。」田島說：「您那麼生氣很不好意思。我絕不是不聽從您的說法。讓我再思考思考。」那一天就談到這裡為止。

因田島的薪水問題，損傷了我的情緒不少，我甚至考慮過要解聘他；惟因黑連從中斡旋，加以田島無條件接受，故沒有解聘他。二月八日，對於坑夫等十六人，發給自去年雇用以來及至今年一月三十一日之薪資，交由田島工程師發給大家。

坑夫打架：退還契約書

前此到達的坑夫工人中，有一個叫做金太郎的木工。當時正好是梅雨季節，即使上山也沒有木工的工作，我乃告訴金太郎，要其留在利馬，在我邸內工作。

但金太郎卻不聽從我的吩咐，堅決主張要和坑夫一去上山。並拚命請求：如果不准，要求我把他送回去日本。我問他為什麼討厭留在利馬，他的回答蠻有趣，他說：「在日本夏天工作，熱的時候可以打赤膊，但在利馬邸內卻禁止打赤膊，太不自由，若是我實在無法工作。」不得已，遂和某鋸木工予以對調。

八日黃昏，因快要登山，乃給坑夫等酒肴。及至下午七點鐘左右，我們用完餐在閒聊時候，聽到坑夫房間有好大聲音。可能在打架，於是小池去看看，聲音愈來愈大，最後由田島去收拾。可是等到大約十五分鐘，又吵起架來了。因在院子有很大叫聲，我遂跑去院子看看。看到醉醺醺的疋田坑夫被綁在一棵大樹，在大聲大喊大叫。其旁邊有兩個坑夫平身低頭在向田島道歉，旋即田島命令這兩個坑夫把疋田帶回去房間。

於是我回自己房間，但不到一個小時，在門附近又吵起架了。我又出去看看，看到田島拿著槌子在追逐一個醉漢。坑夫們在袖手旁觀。瞬間，從坑夫人群中跳出來兩三個坑夫，把田島打倒。於是小池、屋須兩個人前去仲裁，欲予以制止，卻反而被毆打。此時山口出面，摔倒兩三個人。伴也出來，想把醉漢綁起來，卻束手無策。因而我也跳出去，拉著酒漢的手帶進房間，令其睡在床上，叫他「今天晚上好好在這裡睡」，並給他蓋上棉被。

田島說他挫折腳，覺得痛，我遂令一個坑夫用水給予冷卻，同時叫他回去房間睡覺。此時山口、小池、屋須、伴等人聚會餐廳。

小池氣憤而振振有詞地說：「對於坑夫之打架，工程師要來收拾根本就不對。即使田島桑來，他們是會自己收拾的。又綑綁醉漢時，因要綁首腕，所以其他坑夫遂生氣便揍田島工程師。如果綁首腕，因會掙扎，皮膚必將受傷，由之將無法賺錢。所以綁醉漢時綁手腕是最不可取的方法。今天晚上之田島工程師的作法，不是礦山工程師所應有的作法。」

由於這樣來龍去脈，隔天一早我便集合全體坑夫講話說：「你們昨天提出一定要遵守命令的誓約書，可是卻不遵守，這是什麼道理？若是，這個誓約書毫無意義，我要退還給你們。」一而將誓約書還給他們。大家回去房間商量，結果派來三個代表表示，昨天晚上之行為非常對不起，拜託我把誓約書收下來，我告訴他們說：「寫再多的誓約書，如果不實行，等於一張廢紙。如果能實行，根本不需要誓約書。現在我不能收回誓約書，等你們真正認真之後再收回來。」

挖古墳——印加帝國之興亡

在利馬時，我曾經受到豪商卡爾蘭特之招待，有一天，我去了其在安康海岸之別墅。安肯位於由利馬坐火車一個半小時北方之風光明媚的海水浴場。

上午九時由利馬出發，十時半抵達安肯。其沿路，起初看到牧場和甘蔗園，靠近海岸時是一面砂丘，砂丘上處處推著白骨頭。據稱這是鋪設鐵路時挖出來的骨頭，也有人說，這是智利人和秘魯戰爭時戰死者的骨頭。

卡爾蘭特氏帶著其千金前來車站接我。徒步走到他的別墅時，受到其夫人公子千金們的熱烈歡迎，打招呼都還沒有打完，我就覺得我們是多年來的老朋友。

爾後由其公子嚮導，前往海水浴場，在那裡給我介紹好多士紳淑女。參議員甘達莫爾氏及其兩位千金也在那裡。我們散步海濱一個小時左右，又回到卡爾蘭特邸，餐廳早已準備好豐盛的午餐。以我為主賓，黑連氏，與格雷斯條約有關係的英國資本家代表羅特．羅特諾莫爾伯爵等為陪客，卡爾蘭特全家福一起上桌，邊用餐，邊聊天，非常溫馨和愉快。餐後，夫人和千金們輪流彈鋼琴，唱歌，歡樂在一起，充滿家庭氣氛。從前，我巡遊歐美時候，也應邀參加過好幾次，但未曾有過這樣輕鬆愉快的宴會。的確，秘魯的社交界遠比歐美，男性的行動自由。羅特諾莫爾氏說，他第一次帶其夫人來時，因其夫人不習慣這個國家的風俗，回英國去了。爾後他仔細學習了秘魯的風俗，非常簡單，因此不想再回去英國。

爾後，卡爾蘭特氏及其四位千金，加上我和黑連氏七個人，各騎一隻驢，為發掘古墳前往十幾里地點的一個砂丘。驢沒有鐙和鞍，只在其背上墊一張毛毯，用繩子把它綁在腹部中央而已。因我幾乎沒有騎過裸體馬，驢在跑路中，不知不覺間腹帶鬆掉，毛毯滑下來，於是我從驢背栽下來，幸好掉在砂上，安全無恙，成為一場蠻有趣的回憶。

一出去安肯部落，是一片砂原。砂丘上面處處露出白骨頭。這一帶就是所謂印加土人的墓地古蹟。印加帝國是十一世紀末葉，以安第斯山上湖水吉吉卡卡為搖籃之地出現的，爾後經過五個世紀，在南美洲一帶，發揮其聲威，及至十六世紀初，國運昌隆無雙，乃為印加帝國的黃金時代，其版圖及於一百萬萬里，除秘魯外，及於厄瓜多爾、玻利維亞、智利北部以及阿根廷北部。但這個大帝國，到一五三五年，遭受到英國人佛蘭西斯哥・比沙魯之侵略，馬上瓦解，只剩下今日之墓地古蹟，消聲匿跡，完全不見其踪影。現在只見其累累白骨頭，一個國家之治亂興亡這樣，實在令人感慨萬千。

我們騎驢往插著一支白旗的砂丘前進。這裡就是今日要挖掘的古墳地點。我們下驢，有兩個似為官員身分的人在指揮六、七個土人在開始挖掘。挖到深四、五尺左右，發現高大約三尺半，胴徑一尺兩三寸的完整大缸。這可能是埋葬死人時，放滿酒，放在棺材側面的緣故。此外還挖出來有大小缸和許多茶碗等等，最後挖出大小兩具死體。兩具都是折腳蹲踞，用稻草捲著。利馬以及這一帶，整年不下雨，地下有許多硝石成分，因此屍體和器物都不會有所損腐，上面黏著硝石。現在挖掘出來的屍體，把上被撥開，其枯骸整然，頭髮保存原形。大的可能是母親，小的可能七、八歲的女兒。小屍體旁邊有類似玩具的物品，裝飾品、白粉匣子、毛織品以及似乎竹製的稀奇樂器等等。再經過兩個小時左右，又挖掘另外一個古墳，在這裡發現男性的屍體，這一具屍體同樣很完整。大家都說，迄今為止曾經挖過古墳幾次，但絕少看到像今天這麼多各種各樣的東西。尤其像今天這樣完整的大缸實在少之又少。又稱，經過政府核准，挖掘古墳給外國人看，是對外賓最好的招待。

如上所述，該日之挖掘古墳非常成功，大家高高興興地回到卡爾蘭特氏邸。晚上又受到極其豐盛的款待，傍晚告辭回來。我們坐火車回利馬，到達黑連別墅不久，卡爾蘭特氏的使者送來今天挖掘的東西來。這是非常愉快的一天，至今難忘。

安第斯山，冷極了

因二月十二日（一八九〇年），要離開利馬前往加拉瓦克拉礦山，因此從八日就開始忙於其準備工作。礦山所必需的開挖用器具，日用品等之包裝等等。由於要搬上峻嶺山坡，自不可能在平地那麼自由自在。要把東西包裝得適當大小和適當重量。因此一切東西，原則上要包裝成五十斤左右，在其上面蓋上帆布，把它縫起來。重量超過五十斤以上者，包裝成一百至一百五十斤。因從吉克拉到礦山，必須用羊、馬、騾；羊的背載量以一百斤為限度，馬、騾等不可能載運兩百斤到三百斤以上。

完成了一切準備之後，於二月十二日，我和山口庶務課長、小池副工程師、掌櫃比也茲拉、書記巴遜布利奧，率領其他坑夫工人十四人，乘上午七時三十分由利馬開出的火車去登山。起初的預定是由田島工程師擔任嚮導，因前一天晚上疋田的厄禍，突然由我自已來充任。

從利馬坐火車去吉克拉一天可以到達。惟要從海拔四百尺的首都到海拔一萬三千尺的地方，由於空氣稀薄，氣候大變，由之很容易生病，因醫生勸告，乃決定路上化三天工夫，才到達吉克拉。就是說，出發當天下午三時許到達馬茲卡那車站，在這裡下車的我們，住進馬茲加那飯店；坑夫們住西科隆飯店，隔（十三）日早上由馬茲奧卡出發，下午十時在聖馬迪奧下車，宿一晚。十四日中午由聖馬迪奧出發，下午一時抵達吉克拉。

吉克拉是非常荒涼的地方，只有一家法國人的旅館和土人住的旅社，其周遭有一些土人的住家。

環顧四週，連山之起伏有如波濤，以吉克拉為境界，下方是蒼蒼樹木，非常繁茂，上面是一片赭岩，劍峰嶂嶂入天。山上，上午都是晴天，下午一定下雨，氣溫很低，即使穿好幾件內衣還是很冷，由於氣壓之關係，會令人覺得要嘔吐。夜晚只蓋帶來的毛毯還不夠，乃去土人家買所有能買的毛毯分給大家，但坑夫們還是在大叫：「這樣冷會凍死，請替我們想想辦法。」我們把毛毯都買光，已經沒有東西可買了。而且穿再多衣服也沒有用，因此我勸告他們說：「我是為國家出來的，為事業犧牲在所不惜。你們那麼怕冷，我的衣服統統給你們穿好了。」於是他們不再抱怨了。

我們在吉克拉住了兩個晚上。如此這般漸漸習慣稀薄的空氣，恢復元氣，乃重整旗鼓。十六日上午十時由吉克拉出發，排列騾隊，往一萬八千尺之安第斯山最高峰前進。

如前面所說，要搬運東西到吉克拉以上高地，一般都使用騾子。羊專門吃安第山的苔，大致上四十隻至六十隻成為一群，一個土人在趕養牠們。羊群之中有一隻脖子掛著鈴走在前頭，領著其他羊伴，跟老大走。

登山中之奇禍：落馬掉下谷底

在吉克拉滯留兩天，大家恢復元氣之後，二月十六日（一八九〇年）上午十時許，由吉拉克動身，開始上山。坑夫一行是徒步。山口庶務課長為作示範，乃和大家一起走路，而且率先先走，走在先頭。這裡已經超過一萬三千英尺，非常寒冷，頭又痛。雖然如此，落伍者只有兩個人，中午大家順利到達卡薩巴爾加。

美國佛列札夏馬爾公司（礦山機械製造公司）凱亞工程師也在這裡。一起喝了茶之後去參觀了他所設計的精煉所。

小池以書面上呈說，有五、六個坑夫身體不舒服，請求想在這裡多滯一天，因明天早晨六時大家要騎的馬將到達，如果變更日程，將浪費馬一天一夜，於是我用書面批答小池：毋忘日本國旗，鼓舞身為日本人之元氣前進。小池和屋須把它念給坑夫們聽，大家表示要鼓起勇氣邁進。

二月十七日早上，坑夫們由旅社往亞烏利出發。我和山口、比兒茲勒、巴遜布利奧四個人，早上六時由亞烏利下來之黑連之山的經理卡得那斯嚮導，先去克列面氏之礦山辦公室，考察其坑夫小舍。

考察之後，比兒茲勒和巴遜布利奧告別我們，追坑夫們而去。我和山口，由卡得那斯嚮導，前進另外一條路。刺身的冷風，令人覺得連骨頭都要凍透。通路路旁處處有死馬骨頭，使山頂的光景更加悽冷。雪下很大。

右邊是千仞之山谷，左邊為稍稍和緩的斜坡。以卡得那斯為先頭，山口繼之，我走最後面。那是有如馬背的嶮岨路，好不容易爬上時，先頭的卡得那斯突然停馬看著後面的我們兩個人。在其後面的山口，也想同時停馬，因馬腹帶鬆懈下來，馬鞍由之往屁股方向滑落下去。驚慌的山口欲停馬，此時馬鞍掉下來，山口遂掉下去幾公尺下面的岩石上，掉下來的馬鞍纏住馬腳，於是馬往後退，其屁股掉在山口身上顛倒，把我推下去左邊谷底，馬本身掉進右邊谷底。

幸好，右邊山谷不那麼嶮岨，我和馬掉下去幾公尺，一張榻榻米那麼大的雪地上。

山口掉下去時，我在心中叫：我殺死了他，遂從雪中爬起來大聲喊：「山口你死了嗎？」他小聲回答說：「沒有死，沒有死。」我跑去山口身邊說：「怎麼了？，加油！」山口微笑著，忍耐痛苦而站起來。一看，山口的馬，掉下去一百尺左右斷崖，栽在谷底附近深雪中，在那裡掙扎。

卡得那斯立即下馬往谷底跑去，遂牽著山口的馬走山坡上來。這是一匹白馬，牠的嘴、四肢和腹部都在出血，可憐極了。我以為要把山口的馬牽上來，需要繞兩里路，可是卡得那斯卻很快就把淋血斑斑的馬帶上來，實在太厲害了。山口說他不再騎自己的馬，於是我把我騎的騾交給山口，我騎卡得那斯的馬，卡得那斯騎山口的馬，開始上峻坡。

雪愈下愈厲害，溫度愈來愈低，愈冷。肚子又餓，附近毫無人影。一看，我們在不知不覺之間已經來到險峻幾百公尺的絕壁上面。這裡海拔超過一萬八千英尺，距離目標的卡拉瓦克勒山，從這裡下去雖然只有兩千多英尺。惟因要下去被雪埋沒的路非常危險。卡得那斯發現有五尺左右坡路，遂與轉變馬頭之同時，馬伸出前腳就這樣滑下去了。我和山口沒有這樣本事，先令馬走下去，我們兩個人互相擁抱似地滑下這個坡道。

下去坡路之後，遇到坑夫們。吃飽之後，騎馬走大約七里路，黃昏五點鐘左右到達亞烏利村。遂請醫生診斷山口等人。

當天我作了一句：

安第斯山跌倒來看算蠻低

在安第斯山跌倒時遙睹富士山麓雲霞

山口云：

人馬一起跌下谷底馬叫聲真可憐

聽了這番話的小池說：

落馬測高兩萬尺

礦山開坑式：酌交神酒

到達亞烏利的第二天（一八九〇年二月十八日）下大雨。下午，大家接受瓦連珍醫生之診察。我沒有問題，山口也日癒，但小池胃痛，坑夫之中四個人生病。因為醫生之建議，以及坑夫們之要求，決定在亞烏利休息一天。此時我和卡得那斯、比也茲勒、巴遜利奧等商議有關即將開始的各項工作。

首先我說，卡得那斯原來是黑連用的人，但從現在起，將是公司的職員，因此要服從我的命令。

其次，從今日的經驗來看，要以一天工夫從加薩巴爾卡到亞烏利，非常困難，所以應該在兩地之間設立一個休息場所。而最困難的是，如何在這山上得到糧食，以後從日本來許多工人時，如何購買便宜的糧食是一個大問題，我們有所討論。比也茲拉說，對於米、玉米、馬鈴薯等他有把握。至於肉類，在附近弄一個牧場，養兩三千隻羊，一百隻牛就行。搬運東西的騾也可以在這裡養。這樣能夠供給幾百人的糧食。他說牧場的事他可以負責，因此這樣決定。

二十日早上，坑夫群由加得那斯領軍往卡拉瓦克勒出發。小池、屋須兩個人於上午十時左右跟著動身。只有我和山口以及落伍兩個坑夫留下來。

二十一日，山口和兩個坑夫身體好得多，乃於中午由亞烏利出發，下午二時左右抵達卡拉瓦克勒。其附近是海拔將近一萬六千英尺的大高地，非常冷。因位於絕塵寰高峰深處，其寂寞實無法以筆墨形容。雖然心理上早已有數，我有一點懷疑自己是不是能在此地工作下去。

譬如要點火，燃料只有安第山的地衣。用地衣來燒飯，燒好的只是半熟，簡直和生米沒有什麼兩樣。沒有辦法，只有吃罐頭的東西，所以坑夫們馬上開始抱怨。可是第二天把昨天半熟的飯再煮一次，卻變成一般的飯了。我們發現：昨天煮半熟的飯，今天再煮一次便會變成我們日常煮的飯。

從二十二日到二十四日，大家為準備開始工作，休假三天。在這期間接受醫師瓦連珍的診斷，除疋田一個人以外都健康。又賬簿之製作以及對利馬總公司報告之形式也決定於此時。至二十五日，舉行了礦山之開礦典禮。

這一天早上，舊金山坑口交叉掛起日本、秘魯兩國國旗，在其前面擺一張桌子，中央安置大山祇命，右邊嘉良和久良山神左邊是正一位稻荷大明神，神前供坑夫試挖之礦石、神酒和鳥肉，我以下各位幹部，日秘兩國坑夫之雇主大家就位。行禮如儀，最後由日本人和土人雙方喝神酒，然後開始酒宴，既舞又唱，以這樣氣勢開始工作，挖掘大約七小時，挖出兩噸礦石，令八個土人運過來。坑夫們進入坑口，坑內很暖和，與日本內地沒有什麼兩樣，而非常高興。

與馬沈於泥沼

二月二十六日（一八九〇年）上午八時，凱也爾、布拉波兩君從亞烏利前來加拉瓦克勒礦山，和卡迪那斯、比也茲拉、巴遜布利奧一道來看在礦山工作的日本坑夫的作業情形。

可是對於加迪那斯命令坑夫作些什麼事，以為被侵犯自己職權的小池，怒氣沖天提出抗議。但去參觀的一夥人卻極力稱贊日本的坑夫很能幹，揮鎬真行。

早餐後，我和布拉波、凱也爾、比也茲勒、巴遜布利奧、小池等人去考察維多利亞製煉所和用水路。雨雪從天上腳下而來，寒冷刺骨。下午五時回到亞烏利。

二十七日早上八時，離開旅社，與加爾蘭得氏前往礦山。到達礦山辦公室，其前面是非常深的谿谷，對岸為幾百尺的陡斜坡。礦山在其上面。從辦公室要到對岸，架有一座橋，陡斜坡地方有搬運礦石用的索道，其上面有長六尺，寬兩尺左右的箱車在走動。

橋板以大約八寸角木材每隔一尺排列而成，一踏錯便會掉下千仞谷底。約翰史頓君當我嚮導，因他很習慣，故若無其事地在走板橋，但我卻覺得非常危險。不過我以不能丟日本人面子，直視前面，不看底下，鼓起勇氣，走過去了。爾後，我依索道被送往六百尺高處，到達礦山，詳細考察了坑內外。

考察完了礦山之後，要趕往吉克拉時候的事情。一行以嚮導者為先頭，與凜烈的寒風搏鬥，前進山中小徑，走到廣漠的平原。嚮導者騎馬，我騎騾子跟著其後面。不知何故，前面嚮導者的馬，可能驚慌什麼，立後蹄突然跳起來趕緊跑走。跟著其後面的我的騾子，來到馬跳起來的地方，瞬間踏進泥沼裡。那是不知有多深的泥沼，騾子載著我掉進大約半身的泥沼。

糟糕！我嚇一大跳。此時如果一驚慌，可能會和騾子一起在泥中沉下去，於是我遂慢慢地從騾子下來，撿回一命。

自來，騾子對於這種泥沼是非常敏感的，據說絕不會插足其間，此時因拼命追馬後面才不知不覺中踏入泥沼裡。幸好，我騎的是騾子。騾子的性格是萬一陷入泥沼時，牠不會驚慌和掙扎，會一直待在那裡，騎者可以從容來因應。如果是馬，因其會亂動掙扎，由之更會沉下去，一定沒有命。現在回想起來，不寒而慄。

如此這般，那一天黃昏，五時半到達吉克拉，隔天三月一日上午七時離開吉克拉，當天下午五時半回到利馬總公司。其他同行者領著我該騎的騾子，騎馬順路登山等著我。只有這一行者看了礦石之搬運及其製煉所。

萬事休矣！良礦其實是廢礦

三月初，卡拉瓦克勒山之山口經理來信說，屋須口譯員無法忍受山上氣候，提出辭職。同時說，卡迪那斯因風濕症，希望下山，故請趕緊令田島上山來。爾後，山口常常以書面告訴我山上的情況。他說精煉所和用水路的測量已經完成，牧場的地點也決定了，一切的一切好像都很順利的樣子。

在另一方面，製煉所因為需要在雨季之前完成機器之安置，故已經請佛列札夏曼公司之凱爺爾工程師設計並請其提出估計單，三月三日，凱爺爾親自送來設計書。

調查結果，凱爺爾設計的機器，在秘魯國內已經有兩家礦山公司在使用，據說情況非常良好。因此與黑連、田島等商量，我們也決定請凱爺爾來安置機器，乃由黑連和我連名寫成公文交給凱爺爾。

由於上述原因，需要資金。因手上沒有太多錢，必須徵收未交付款，乃打電報東京總公司，請其火速匯兩萬英鎊。可是東京總公司卻說以目前日本內地金融界稍稍恐慌，故股金之繳納希望延至五月以後。爾後不久，來電報表示，得知山上急需款項，故同意前述之匯款。

三月二十六日，小池副工程師突然下山回來。因為太唐突，我以為一定是日本坑夫和土人發生衝突，乃問他：「發生了什麼事嗎？」小池小聲說：

「因為發生了大事，故我來向您私下報告。本來應該由山口君來報告的，據說因總公司來信，有客人來，所以由我代理。」於是我把小池請進來我的房間，聽他的報告。他說：

「二十一日下午，我去調查了舊金山坑內，可怕的是坑內是空的，全部被挖空了。偶爾碰到好像是礦脈，仔細一看，其實是堆石頭而成的支柱。自來，在大部分的礦山，支柱是會留下來的，可是這裡卻沒有留。前此坑夫們在工作時，其支柱崩下來，發現有一個可以伸手進去的洞。我用鐵棍伸進去試試，支柱一下子往下面塌下去，在遠處卻有滴水的聲音，一看竟是一個深溝。然後巡迴坑道看看，竟找不到出口。好不容易來到一絲光線坑口，大放其心，出去一看，它不是我們的山，而是別人的山！從這樣情況來判斷，顯而易見，這一座礦山是，幾百年來被人家挖光的廢礦。

我（小池）覺得非常意外，遂去找山口經理，向其報告這一件事的內容。山口也非常驚訝，覺得怎麼會這樣，隔天遂秘密找各礦石來作分析。三天三夜，不分晝夜試驗結果，發現最好的只有千分之一至二，於在日本分析的百分之二十至二十八，根本無法相比，是一個非常差勁的礦山。

山口和我（小池）看到這樣結果，簡直不能相信，既然這樣，就不應該等閒視之。而且在利馬，這時候高橋委員長正在修改契約，必須趕快告訴他中止契約，乃火速草擬意見書，以自己（小池）為了治病而下山。」等語。

聽完小池這番話之後，我非常震驚。

嗚呼，萬事休矣。這是一八九〇年三月二十六日之事，我終生忘不了這個日子。

十二萬圓泡湯

因小池的意外報告，我不知道該如何是好。

於是我馬上叫田島來說：「起初你買山的時候，到底有沒有到現地去作調查？剛才小池來報告說，這個山在幾百年前就被挖光了，現在它一個廢礦。」

田島沒有回答。於是我又責問：「你到底有沒有去作實地調查，要明確回答。」於是田島說：「其實當時我並沒有去作調查。但需要去山上調查看看，不能完全相信小池所說的話。」

「但你的報告說，收購四礦區時曾去實地調查過。」

「很對不起」，他邊哭坦白：「我萬萬沒有想到老師（田島是大學預備門時代我的學生）和這個公司有關係。當時的那個報告是我在秘魯礦山學校聽英文雜誌的講解翻譯後寄回去的，不是自己去調查的結果。我要上山去確認一下。」

至此，我的心情更加不安。當地的情形是，牧場已經約定要租其十年至十五年，為購買騾子已經決定人選不日將出發去選購。製煉所和礦山之建築物，正在和建設公司談判中。有關安置製煉機器等等，已經把委託公文交給佛列札夏馬爾公司的凱爺爾工程師，一通電報契約就成立。東京正在準備匯款。運輸工人的輪船公司社長已經送來了估價單，事體已經都談妥。

在這樣一切準備工作都進行得很順利的時候，田島副工程師之報告，簡直是陽春麗日之霹靂。不幸中之大幸是我還沒有在修改契約上簽字。

若是，應該怎麼辦？但想來想去還是想不出好辦法。此時我忽然想起凱爺爾工程師。起初他和我一道來利馬，準備四、五天以後回去卡沙巴爾加的，因患流行感冒，所以這個時候他還住在利馬的旅館。

於是隔天早上我便去看凱爺爾君。此時他還在睡覺，他看我來，馬上起床，穿著睡衣和我見面。我將日本的公司和黑連共同經營礦山之來龍去脈詳細說明給他聽，「由於日方股東完全相信田島之報告，決定共同經營，並且已經支付了十二萬五千圓。同時以我為日方股東之代表，簽訂契約之修改，派我前來負責礦山之經營。可是昨天晚上小池副工程師來報告說，田島之報告完全是假的，該礦是已經被挖光的廢礦，說是紅寶石銀礦石完全是假話。你覺得這應該怎麼辦？」

凱爺爾工程師回答說：「這太糟糕了。其實我也差一點就受害。那個山是卡拉瓦克勒山的一部分，賺錢幾百年，甚至挖到河底。從前在這個山的鄰區挖到銀礦，其礦石曾送往德國，曾刊登在德國的礦山雜誌，風靡一時。其礦石之剩餘，今日仍然保留在利馬，前幾年曾拿去日本作樣品，所謂紅寶石銀礦石便是。您們的山，我曾經作過兩次調查，採取各種礦石分析，皆只有千分之一以至一半之原料，這我曾經報告過紐約的總公司，也通知過我們在日本的代理店高田商會（高田慎藏君也是成員），我以為他知道這一件事。您說以二十五萬圓買了這個山，其實兩千圓就可以買得到。即使買了這個山，其交通極為不方便，為製煉所及其他設備又必須化許多錢，成本很貴。我知道有好多只要化個五、六萬圓就可以買到相當好的山。起初聽說田島要來買山的時候，我覺得有一點奇怪。當時如果田島來問我，我會坦誠告訴他，因他沒有問我，我自不方便多嘴，妨害人家生意。今日因您告訴我一切，故我才告訴您。真是糟糕透了。」

黑連生氣

凱爺爾所說的話，與小池的報告完全一樣。田島又坦白說他的報告是礦山雜誌的翻譯，不是實地考察的結果，所以這個礦山之為廢礦是毫無疑問的了。既然如此，自應該趕緊告訴黑連，以便早日善後，因此離開凱爺爾的旅館之後，我就去找黑連。我詳細告訴他：小池之凶報，我因不能完全相信小池的話，遂叫來田島問，然後去訪問凱爺爾工程師，聽取他的意見之經過。

聽完我說明之後的黑連非常不高興，並問：「小池是誰叫他下山的？」我說「山口叫他下山的。」他又問：「山口是經過誰的許可指示他這樣做？」我說：「山口在山上是代表我們的經理。公司突然發生大事件，隨時派人下山來商量是理所當然的事。」黑連表示：「在日本，經理或許有這樣權力，但在我國，這種時候，必須先向總公司請示才行。」我說：「因創業不久，還沒有詳細規定經理的權限等等。尤其是山口來到秘魯不久，不可能知道這個國家的公司法和習慣，所以認為令小池下山是自己的權限，絕對沒有惡意。」

我又對他說，在令田島工程師完成重新調查之前，各種準備工作必須停止，對此黑連說：「在簽署修改契約之前，小池自不必說，也不許田島上山。在修改契約之前，礦山是我個人的私有物。」

於是我說：「那在完成重新調查之前，我不能簽署修改契約」，黑連憤怒說：「如果田島再調查結果不好，準備怎麼辦？」「山如果沒有希望，只有作罷之一途」我回答。於是黑連更生氣說：「本來我並沒有準備要經營礦山，派井上去日本是以經營農場為目的。可是日方極力希望礦山而派田島工程師來調查。我對於礦山完全是外行，因田島工程師說行，我才參與，我已經支出了二十五萬圓。現今這個山是我很大的財產。可是今日小池這個傢伙竟下山來說這是廢礦，這個責任應該由誰來負？我還不能相信日本工程師之本領。在重新調查之前，希望簽署修改契約，使礦山成為公司的財產。」我說：「這是真正不得已的事。如果不同意再調查，我必須給日本打電報告訴本隊（礦工等團隊）暫緩前來秘魯。因為您今日非常激昂無法充分談判。今天就談到這裡。」於是我告別黑連邸，一回到住處便給東京打電報，要其暫緩礦工團隊出發前往秘魯。

看破保證信：黑連哭了

我從黑連邸回來之後，趕緊給日本打電報，然後根據小池和凱爺爾之分析表作了預算。發現一年不可能有百分之三、四之利益。遂叫來田島和伴，面告這個事業無法辦下去，他們兩個人說，希望盡一切可能令公司能夠繼續存在，我說：「由於卡拉瓦克勒山是很意外的貧礦，在經濟上要能運作，必須每日要能精煉一百噸左右礦石，也就是說要多量生產才有利益可言，多量生產，必須投下大筆資本在機器上。但依目前之預算根本作不到。」伴說：「如果黑連同意扣掉這個邸宅是不是就行嗎？」我說：「還有其他可以請求的。如果黑連誠心誠意希望公司之興隆，這個邸宅自不在話下，扣除田島工程師等先前約定之沒有用的精煉所用地及其水利權等，礦山之代價要減少，以致至少一年要有一成三至一成五之分紅才行。如果這樣，我很願意盡我所能，努力於公司之開支，把總公司交給黑連，我上山去負責一切。」對此伴說：「您既然有這樣決心，我就去看看黑連，設法使其能夠同意您的要求。」而離去。

三月二十八日（一八九〇年），黑連又來，和我一起一邊用餐一邊說：「高橋桑，您看有沒有什麼辦法？我的榮譽和財產統統在這上面。這個事業如果失敗，就我而言，一切完蛋了。實際上我變成您的俘虜。」

「沒有這回事，我才是您的俘虜。山的價款，坑夫的旅費以及時至今日之日本合作社的開支金額相當大。而且在我離開日本之前，日本的報紙都在反對。但我之所以贊成這個事業，不惜辭掉專賣局長職務，是因為相信礦山是如田島所報告，為良礦，相信這是非常有意義的海外事業的緣故。可是很不幸，與購買時候的調查有異，是一個非常差勁的壞礦。既然如此，自不能再投資，否則日本人的股東幾乎全部要破產。但如果這樣廢棄，不僅所投下資金將附諸東流，我們的名譽由之必將掃地，被社會譏笑，所以我實在進退維谷。」

此時，黑連開始哭了。他說：「您的立場之困難，我很能夠理解。但高橋桑，您放心。如果這個談判沒有成功，日方所支付的山款，我一定會設法償還。」

對此我說：「我也非常知道萬一沒有成功，對於您的名譽和財產都會有所損失。那時自不能請求山的錢。」他說「不是」，出去房間，不一會兒又拿一分東西回來，並說這是償還山錢的保證書，要交給我，我說「不要這樣東西」，他卻硬說「如果不接受就不是我的朋友」，我說「不得已」，遂把它收下來，看了一遍，其文意寫得非常巧妙，其內容是不可能有任何責任的。黑連欲以這個保證書說不會讓我吃虧，使我對修改契約簽字，因我看破他的意圖，所以我仍然沒有同意簽字。

撤退時苦於善後策

隔天（一八九〇年三月二十九日，黑連又來了。一起用餐之後我說：「我左思右想，想不出一個好辦法。要使雙方名譽都不受傷害，日本股東不破產，把對公司不是必需的不動產即這個邸宅，堪得拉看加的精煉所用地以及水利權等扣除，下降您新借區六個地方的價錢，節減公司費用，至少一年分紅一、二％以上，恐怕只有這樣作。」對此黑連以不以為然的表情說：「昨天我那麼親切地給寫了保證書，您還只在想著日本人的利益。我不再聘用日本的工程師了。像小池這一種貨色，早日把他趕回去算了。我也不再需要日本的坑夫。支付款必須趕緊一次繳清，否則不能扣除邸宅。」

我說：「閣下的要求，我全部不能接受。由外國人賺錢，由外國人管理，這就不是日本的事業。若是再談判也沒有什麼用，對不起，我要回國。」

於是黑連愈來愈生氣，並說：「把昨天的那一分保證書還給我」。「這是我說不要，因閣下拜託我收，我才把它收下來的，你要我還，我就還你。」我立刻把保證書還給他。

那一天晚上，我又把田島叫來，聽他說明購買當時之情形及其以後的經過。田島詳細回憶說，那是很大的錯誤。因此我下了最後的決心。

及至三十日下午，黑連的掌櫃比爺茲拉帶來口譯者伴龍，準備調停我和黑連的關係而來看我。他說：「您和黑連都在作不必要的擔心。既然已經準備到這樣地步，就早日安置機器，開始工作，一定會有利益。這樣您和員工都會有薪水和獎金，您是不會吃虧的。您只是在耽憂股東分紅之不多，這是什麼意思？」

我說：「公司開始工作，的確各人能夠拿到薪水。但在日本的股東破產有什麼用？只管自己利益，拖垮股東，我不能做這樣厚臉皮的事。」而予以拒絕。

事情既然如此，已經絕望。再想也想不出一個好的辦法來。從我個人的立場來說，田島工程師之報告既然是假的，就應該馬上回去日本，將一切真相向股東報告，我的任務便告一個段落，但田島、井上代表日方發起人和黑連所簽署共同經營的契約仍然存在，將來這將是很大的糾紛根元。因此我回國之前，必須廢止這個契約，使日方不能受到更多損失。

此時我忽然想起凱爺爾對我說的一句話，因此我對比也茲拉說：「卡拉瓦克勒礦山既然不是如田島的報告所說的良礦，那就只有增加投資，從事多量生產。可是黑連表示不能再投資，所以是不是可以由日方買斷黑連的權利，完全由日方經營或許能夠成功。」

此時伴從旁邊插嘴說：「前幾天日本來電報表示，目前因為金融恐慌，交股金有困難，所以要增加投資可能嗎？」我說「金融之緊迫是事實，但像今日公司在秘魯是不可能，如果在東京設立公司，股票馬上可以作抵押物件，所以增資不是那麼困難。」伴將其口譯，比爺茲拉聽完之後很能理解，他表示將轉告和建議黑連，當天晚上告別。

廢止舊契約令我放心

三月三十一日，黑連前來，對於其向我要回保證書一事有所辯解，並說明為償還山之款項正在設法，然後回去。

當天下午，比茲也拉帶來黑連的信。信說：「我委託持此我信者代表我和閣下協議和作出結論的權利。同時我告訴此人不可以違反尊意，故閣下可以閣下意思作出決定。我將對於此決定將無異議簽字。」我以今天有一點頭痛，故婉拒與其談判。我同時電告東京：「山需要增資，否則沒有希望；我準備暫時回國。」

四月一日，我托伴龍一信轉交黑連。信說：「昨天因頭疼，很失禮。不過這樣重要事體，除非與閣下直接，我不能與閣下代表談判。詳細請聽伴氏說明。」我告訴伴的話，內容如下：

（一）日本股東要組織新公司，擬以六萬英鎊收購黑連之全部權利，其中五萬英鎊將以現款支付，其餘一萬英鎊，擬以新公司股票計算。

（二）這個計劃，我回國六個月以內實行。如果不能在上述期限內實行時，日本股東將喪失現在其共有之礦山權。

（三）與簽署本契約之同時，前此代表日方發起人之田島、井上所簽契約將失效。

（四）此次出資創立公司之費用的三千多英鎊款項，不必與前者細算，但本契約成立之日，黑連要還日方股東（這是要作萬一新契約之計劃未能實施時坑夫等之回國費用）。

（五）新契約期限內，黑連要對坑夫予以一定之工資，同時要與從前一樣免費提供住處和伙食。

（六）黑連對於田島、山口、屋須、小池不給待遇，要免費提供住宿及伙食。

（七）若六個月以內東京電告不購買黑連之權利時，黑連要立刻通知山口，除全體日人之回國金錢外，黑連要照顧一切。

（八）本契約未實施時，雙方皆不得提出異議，本契約書以前日期所定之事件皆無效。

黑連得到我的傳話之後馬上來看我並說：「您說的話確有其道理，不過我覺得您沒有回國的必要。」於是我回答說：「萬一日本內地得知田島報告之為假的，必將影響新公司之股東招募，因此我想趕緊回去日本，使股東能夠理解，以另外尋找新股東。」黑連聽了好像很放心的樣子，他說讓他思考一個晚上再說而離去。

隔（二）日，黑連又來並表示，再三思考之後，他同意我昨天的提案。後來據說，助理的比爺茲勒反對，但黑連覺得高橋的說法有道理而予以同意。

如上所述，因成立新契約，黑連便在前此和田島、井上所簽契約書，用紅色鉛筆寫下「廢除」兩個字，然後交給我。日夜使我難安之根本問題至此消滅，因此我在心情上輕鬆多了。

所以那一天（四月二日）晚上，我立刻叫在山上之山口下山。由於山口五日晚上下山，我便告訴他小池下山以後以至今日之經過，並第一次坦白告訴這個事業必須放棄。但在今日，商量決定這樣說，表面上是為了增加大量生產之設備，為募集股東而要回國。

於是山口說，為了萬一的需要，希望能在銀行，令我自由開支，以我名義開一萬圓左右的戶頭，我覺得有此必要，乃立刻和山口去找黑連說，我回日本之後，在這期間，山口將代理我監督坑夫等人，為萬一之需要，他希望有一萬圓之準備，我覺得不無道理，因我手頭沒有錢。可否由您以山口名義，在銀行存一萬圓，拜託他。

黑連也認有此必要，馬上在其所往來的倫特列斯銀行，以山口名義，開了一萬圓戶頭，因此山口放心答應接受監督坑夫等之任務。

再見安第斯山

我於四月十日，搭乘由卡倆奧出發之聖克羅沙輪回國。黑連等在利馬之全體社員送我到卡倆奧港。四個月前，以極大希望，面向光輝前途登陸的我，經過四個月日子之今日，我又搭上同一條輪船，以畢生之志業附諸一炬之斷腸心情站在船上。送行者，被送者，似有很複雜心情在交錯。

告別時，山口君作一詩：

海門分手暗銷魂心事自今誰與論
歸去來兮安嶺窟艱難玉汝亦天恩

山口君一定感慨萬千。因為他必須再回去安第斯山山窟安撫老粗的坑夫，等待我的連絡幾個月。因為想到這一切，他必定有諸多感慨和哀愁惻惻。

嗚呼，這是可憐而無常的一場夢。再見安第斯山，秘魯人。船從卡倆奧港出發，在到達利馬之前，我製作了電報略碼，因為辦事寫信連絡太費時間，用電報寫得詳細則太浪費金錢。

有一個姓岡山的來路不明者跟著我，替我辦事。他一直與黑連有聯絡，是一個不能掉以輕心的人物，因他要由巴拿馬回去秘魯，所以請他把電報略碼寄給山口和黑連。關於電報，需要作一些說明，秘魯這個國家的秩序還不夠健全，故其電報機密還不能完全守住。黑連和電報局經常有連絡，我打給東京的電報，黑連手上都有抄本。

是以和黑連作最後解決的我，實費盡了苦心。第一，我非常清楚這個礦山是毫無希望的山，一定要放棄，但卻得說今日如增加投資，採取大量生產方式，一定會有相當之利益，使對方相信和放心。這對我來說是非常痛苦的一件事情。因電報局與黑連通謀，因此對日本又不能說的太明白。尤其是從前對公司提出的報告都說，所購買的礦山非常有希望，所以我離開秘魯之後，在日本之黑連的代表井上如果建議，說不定會繼續匯款。我必須一邊為防止黑連之懷疑，一邊令日本股東知道事情之真相。因此我乃於三月三十一日，從利馬打如下意思之電報「如不增資山將無希望，我將暫時回國」。它的意思是說，在我回國之前，你們不要匯款，但我一直擔心他們是不是懂得我的用意。

如此這般，我抱著破碎的心坎和無限的擔憂，趕路回去日本。六月五日，我返抵東京。

出資全部泡湯完全抽退

我在船上之心情如麻，六月五日（一八九〇年），我好不容易回到東京。首先我往訪前田正名君，令我驚訝的是，藤村社長等重要人物都說。卡拉瓦克勒礦山如何如何好，對於我電報之真正意思都無法瞭解，反而認為我的處置不當，說高橋根本不懂礦山，更派遣山田直矢夫妻前往秘魯，而且剛剛來電報說他們已經到達了舊金山。

於是我趕緊請來所有股東，向其詳細報告到今日之一切經過，我說：「如上所述，由於田島之調查報告完全是假的，因此此事業計劃毫無前途可言，必須放棄礦山事業，但必須先廢除田島、井上兩個人以日方全權代表身分與黑連簽訂的契約，以消除日後之麻煩和糾紛。」我說：「這是不幸中之萬幸，不過據說公司與我擦身派遣山田直矢君去秘魯，為什麼沒有等我回來，跟我商量之後再決定就派他去？山田君去秘魯之後，我費心廢除的契約，將因為股東之承認而重見天日。若是，股東將再投資大量金錢於毫無希望的礦山，進而受到極大的傷害。所以建議給舊金山打電報把山田君叫回來。」

另一方面，我於六月十一日，電告黑連說，日方股東不同意成立兩百萬圓之新公司。基於新契約第幾條，黑連與日方股東之共同事業當然作廢，同時，日本股東迨至今日所投下去之資金以及山之權利，全部消失。

接到日方不成立新公司之黑連，據說他非常傷心大聲大哭而特哭。但黑連立刻將依照契約通知在卡拉瓦克勒的山口。山口得到這個通知之後，馬上通告坑夫等，並開始準備回國。

自今年四月，我離開秘魯，以至今日兩個多月，山口在安第斯山，以眾多坑夫等為對象，等待來自日本的好消息，因此其苦心，自非筆墨所能形容。因為有這麼多的老粗，在一萬六千英尺高的雲界過著暗澹前途的日子，因此發生許多麻煩和衝突是在所難免的。有一次，坑夫們更搞暴動，襲擊亞烏利的礦山局，行使武力，日本坑夫更和土人打起架來，刀刃相見。所以山口為統率他們，曾費盡苦心。

山口有一歌云：無樹鳥不飛　好歹語言多　卡拉瓦克勒

這就是當時的真情實景。

山口得到不創立新公司的消息是七月二日，山口立刻轉告大家，四日早上告別卡拉瓦克勒，當天晚上宿吉克拉，隔天（五日）下午四時到達利馬車站，大家避開人們耳目，搭乘馬車回到在威爾達的總公司。爾後在利馬滯留十二天，七月十七日中午，一行搭上南美輪船公司之蘭達羅輪離開卡倆奧港，八月二十日抵達舊金山，八月二十二日搭北京輪，航行日本，九月十日上午八時返抵橫濱。

田島工程師判刑——小池之官司

由山口慎君帶領的小池副工程師以下十七人，一回來就向公司請求三年分的薪水，此時公司已經解散，不可能有什麼錢。於是有一天我把大家請到我家裡來，邊吃牛肉邊喝酒說：

「因堂堂正正的人們被田島這個壞蛋工程師欺騙，變成這個樣子，成為社會的笑柄，我們把過去半年當作一場惡夢，好歹乾乾淨淨地分手吧！」並給大家每一個人十圓旅費，坑夫們知道我的為人，便說：

「我們既然已經看過外國，就把一切忘掉，爽快地分手吧。」而很乾脆地解散，各回去其家鄉。

在此之前，在山口等還在秘魯的時候，田島竟於六月二十八日落跑。於是來電報說，田島拐走幾萬圓，如果回去日本，就抓他。田島回到日本以後，藤村君以田島搞得太過分，乃於十月二十日（一八九〇年），以發起人代表身分，以詐欺謀財罪名告田島。裁判結果，田島有罪，記得判三年半徒刑。

坑夫們的問題雖然暫時告一段落，但副工程師小池政吉卻提出不滿。不過表面上小池對我是事事遵命，必恭必敬。對於田島回國之後的種種情況，他都口頭或以書面詳細告訴我。他說：「現在，田島家在蓋新的門面，有六、七個木工、水泥工在那裡工作。造作已經完成，照理，目前他應該不會逃往外國才對。因為附近的人在說，南美的礦山事業失敗，看田島的樣子，毫無失敗的跡象。」

但小池表面上一邊這樣說，在背後卻拼命對公司要求自己的津貼。可是公司已經一分錢也沒有了。惟有小池從秘魯帶回來的一部分析機器。所以由小池去賣這一部機器，錢全部給他，算是了結了他的問題。但小池還是不滿足，仍然去找股東要求賠償，不同意時則威脅要告到法院，因沒有效果，遂於十二月二十四日，向麴町裁判所聲請勸解。因雙方沒有達到共識，故不了了之。於是小池最後提出賠償損害之訴訟。

我曾忠告小池說，「你這樣做，是贏不了的，算了吧」，但他還是不聽。他明明知道贏不了，因對手多是知名之士，以為告他們，他們可能畏事，會拿出錢來和解這一種貪心心理所使然。因我知道他的真正用意，故曾勸導他幾次，但他還是不聽，過一陣子，有兩三個股東中小池之詭計，據說給小池幾百圓。

對於小池的這個訴訟，公司請了白石剛為辯護律師，十一月十二日（一八九一年）判決，公司獲得勝訴。

如此這般，曾經轟動一時，備受社會注目的秘魯銀山事件，至此終於落幕。此時前輩品川彌二郎氏賜函就秘魯銀山事件之善後提醒我說。

拜讀尊函，敬悉一切安好，為頌。擬處理該事無任何問題之後又要從事新事業一節，實萬萬不得其策，希望抽空來駕，彌二（品川彌二郎氏）將以良好心腸勸解你。前田等被趕走，時勢使然，彌二雖知一切，但無能為力，實汗顏之至。有人云彌二害正名之說法，實不無道理，令正名進出過去彌二皆曾協助，心事可推察。總之見面再說。謹此敬覆。

八月二日　彌二

高橋老台

國內天沼礦山也失敗

秘魯銀山之事業，未能滿足眾股東之熱切期待，有如慧星一出現，便像水泡而消失。但我以如此死心秘魯，必將帶來我國在海外事業之不良影響，因此著手策劃另外一個計劃。

原來，此次失敗的最大原因是，沒有完成充分調查就由毫無經驗的人投下巨額資金，開始經營礦山事業所致。本來，秘魯是一個氣候溫暖，土地肥沃，種什麼都會長得很好的地方，因此就不老成的人們而言，經營農場最為保險。如果按照黑連當初之建議，用日本農民來經營農場，將會如何？但這一次不能一開始就把規模搞得太大。集十萬圓資金存進銀行，頭幾年，只動用其利息大約一萬圓。屆時我將選拔兩個商業練習生和農業練習生與我同行，令一個人住商館（商行），以研究生意，另外一個人在農場工作，研究如何經營農場。迨至有把握了，就用這十萬圓作資金，開始經營農場，這樣就不會重踏上一次失敗之覆轍，進而一定能夠獲得事業之成功。我對於諸位股東這樣說明和呼籲，卻沒有一個人贊成。所以這個計劃終於胎死腹中。至此，只有放棄秘魯的事業。

因此我覺得以後不能再靠別人。只有由真正知心的朋友，盡量出資，在國內嘗試再做一件像樣的工作，以此再來籌措在海外求發展之資金，於是由前田正名、宮島信吉和我三個人來商議。

恰好，幾年前，前田擁有以開墾為目的而租得在福島縣安積郡的農場，迨至一八九二年十二月租期將屆滿，依照規定，如果沒有在這期間之前完成開墾，租地將被收回。前田本來就是一個大忙人，加以金融也不是那麼順利，致使落後完成，因此三個人商議結果，決定要趕緊完成，俾以它來籌措資金，遂著手調查和評估。惟因一直沒有動作，故必須從測量開始，看樣子成不了氣候，乃覺得搞礦山還是比較快，遂請前田推薦的山田直矢，在秋田、青森、宮城等縣，尋找可靠的礦山。

當時是連阿貓阿狗都想搞礦山的時代，因傳聞我們也在國內要插手礦山，故好多人想作我們的生意。山田詳細調查了上述幾個縣以及其他礦山，最後認為上州（今日之群馬縣）天沼礦山最不必需要太多資金就能經營且頗有前途的礦山，乃獲得其權利，遂安置精煉機器，開始採掘和精煉，結果沒有所預期的成績，因此幾個月之後就不得不死心，所投下去資金統統付諸東流。

此時，幫我們介紹礦山的人表示，如果要廢止，是不是由他設法轉賣給別人，我以實際上不好的礦山轉賣給人家是非常不道德的行為，因而婉謝了。只把安置好的機器等撤除，將其轉賣了事。

歹運極了，人生真奇怪，歹運時什麼都不好，萬事都不順。因束手無策，我擬在所聽到上州利根郡戶倉山中耐心探礦，乃請原田彥熊、石川鎮太郎兩君加上小犬是賢三個人去山中試試。此時，是賢為十四歲的少年。我之所以特地把是賢送往戶倉，是要其鍛練身體，忍耐不自由，和能夠刻苦耐勞。此時我曾在目黑原田邸祭山神，讀送三子之文，同時提示在山中之守則大要。

守則大要（省去前文）。

（一）即使要稍稍午睡也要早起，對人要溫和，不要多嘴，重實行，順從自然與人之和諧，不要靠威力。

（二）購買米味增等必需品時，要考慮下一次採購之事體，處理平常事務，要思考

五、六天以後之事，想好其方法和順序，留意不能有疏漏或出入。
（三）關於坑內事業，務必記得其日日之變化，除非極有其必要，不能問坑夫坑內情況，必須親自考察現地，在決定確實意見以前，不能有喜憂之表情。
（四）平常要製調坑內測量圖。
（五）礦物之分析，要遵照和實行前此之訓諭。
（六）有關物品之採購以及工人等之雇用，不能聽從別人之建議或推薦，除非有實際需要，不得已外，絕對不可以採用。
（七）日記，最少一個月一次要報告東京。

住後店：一家忍聲吞淚（三十七歲左右）

計算從秘魯回來以至這一次事業之一切收支，東京總公司之開支，遠比我的想像多。

我在公司的股分起初是一萬圓，因要以全權代表身分前往，公司的朋友們以一萬圓份量不夠，乃替我代墊，使我的持股為五萬圓。

可是因為大虧損，公司要解散，我尚未繳納之股款還有一萬六千圓左右，算是一種債務。可是此時我手上，除我有其目標的一萬圓外，只有一家人在住位於大塚窪町八番地的房子。為償還債務，我乃請武井、藤波等朋友協助尋找買主，惟因幾年來之不景氣，賣不出去。

這個房子和地皮有一千五百二十七坪，其中有西洋館和日式建築，但只賣到四千五百圓。加上前述之一萬圓，我繳納了未繳交之股款。

把房子賣掉，所擁有的也都拿出去了，所以我覺得一身輕，但我得尋找住的地方。內人說，再小的房子也無所謂，希望搬到稍微遠的地方，我一向認為人要安分，恰好現今之住家旁邊有一個小小的房子沒有人住，既不必化錢搬家，遂租這個房子住進去。記得房租是六、七圓。

搬了家之後，下來的問題是要怎麼樣養家。

朋友們非常熱心，有的替我找北海道廳，有的問某縣知事（縣長）或郡守（郡長），為我謀職，我感謝他們的盛情隆意，但都婉謝了。因為從前我服務公職，都不是為了生活。時至今日，我覺得我可以隨時辭去官職。因此如果與上司之看法不對，我敢和他議論到底。

可是現在我卻不能不考慮生活的問題。不可能像從前那樣在精神上為國家盡力。所以有時候不合自己意見，也得聽從上司之命令。我覺得我不能在這樣環境之下去服務公職。可是我又還沒有達到能夠領取年金的年資。官不在職期間，可以領得三分之一薪水，領三年，最後能夠領到將近一千圓補貼。從前，我還有共立學校的一些收入，因去秘魯以後，和共立學校毫無關係，因此除不在官位之收入外，沒有其他任何收入。所以如不想想辦法，家人將會餓死。既然如此，只有到鄉下去種田，幹農夫。

於是有一天，我召集了家人詳細說明到秘魯之失敗，福島農場，天沼礦山之失敗，以至今日之一切經過，並說：「現在只有聽天由命，為挽回家政，我們要搬到鄉下種田，大家來共同努力奮鬥。如果挨餓大家一起餓。」

長子是賢默默聽著，次子是福說「如果這樣，我要去撿蜆來賣，以幫助家計」，大家聽了流下眼淚。此時，是賢十四歲，是福十歲，內人以織毛線為副業，賺一點工錢。

所以和黑連作最後解決之前，我真是費盡心思。

〔十一〕轉到達實業界及其修養時代

進實業界（三十九歲左右）

在秘魯失敗，天沼礦山等四方計劃也一敗塗地的我，決定離開首都東京，搬到鄉下。而且社會對我的誹謗嘲笑也不停。因我深信我之光明磊落心地一定會為社會所諒解，所以默默在準備自己之東山再起。

在這期間，非常清楚情況的西鄉從道、品川彌二郎、松方正義等各位前輩以及朋友前田正名君等，他們知道我的種種，覺得我非常冤枉，好像要把我介紹給當時之日本銀行總裁川田小一郎氏，於是一九〇二年陰曆四月的某一天，前田來告訴我說：「日本銀行總裁川田桑想和你見見面，你去看看他吧。」

因此有一天早上，我往訪位於牛込新小川町之川田邸。他立刻請我到客廳。這是我第一次和他謀面，川田桑說：「關於你的事，前田君、品川、松方桑曾經跟我談過。秘魯的事我也大致清楚。我很想聽聽秘魯的事情才請你來，謝謝你撥冗來駕。」

我說：「關於秘魯的事，報紙寫得很多，一時社會也非常誤解我，現在既然問起此事，我想趁這個機會好好說明一下，不過這最少需要兩個小時，不知道能不能給我這樣的時間？」他說「沒有問題」，於是我詳細說明了此事之起頭以至今日之來龍去脈，田島之訴訟事件等等。在這過程中，三野村理事等來訪問過川田總裁，但他都沒有和他們見面，而一直聽我說話。

最後他說：「我曾經由西鄉、松方、前田桑聽過有關你的事，今日親自聽你的說明，我明白了。你收拾這一件事，使其完全沒有任何後遺症，即使是今日我在你的立場，我也不可能作得這麼漂亮，真是了不起。」

然後我說明我回到日本以後，經營福島縣之農場，天沼礦山，準備用其利益作為發展海外之資金，一切失敗的經過。於是他問我說「今後你想作什麼？」我回答說「朋友們叫我再回去作公務員，但我無意再當公務員。最近我準備搬到鄉下，要全家團結一致來興家。」川田桑說：「要搬去鄉下不好，失敗是可以挽回的，你還有許多工作可以作。」

「我也是人，總有一些自負之心。我雖然決心要搬到鄉下，也不無覺得要把過去的經驗統統丟棄好可惜，這個自負是大錯特錯，所以今後要守自己本分，作最好之努力，爾後由天決定我之命運。」

他說：「不錯，你不想再當公務員也有道理。不過不一定去當政府官員。你進實業界如何？如果你有這個意思，由不肖的我來當介紹人。總之，你的事交給我好了。」

我說：「非常感謝您的盛情隆意。美國人班達比爾特生前曾經對其子孫說過，在實業界工作期間，需要人家幫助或建議時，不要找失敗過的人，即使這個人再出名；要聽聽成功過者的話，請他幫助，即使他不是那麼著名。您曾經和故岩崎彌太郎氏一起致力於海運事業，而得到今日之成功。這樣的您要提拔我。我覺得無上榮幸，一切拜託了。不過特別要拜託的是，我從前是教書匠和公務員，只做過政府的工作，完全不懂實業界的事，所以請讓我在實業界從『小弟』幹起。」對此川田桑說：「你的意思我很明白。以後有時候來聊聊吧。」我遂向他告辭。

在從前之學生手下幹日本銀行建築事務主任

爾後，我去看過川田日本銀行總裁兩次，聊天時他說：「最近中上川（彥次郎）進三井公司。中上川擔任社長的山陽鐵路的位置出缺，他要我推薦其後任，你想不想幹？」

我說：「這實在太意外了。現在我從官界要轉到實業界，我想從『學徒』幹起。我對於鐵路毫無經驗和知識。所以我沒有幹好社長的自信。萬一有虧職守，將對不起推薦人的您，我的良心也不允許我接這樣沒有自信的工作。如果要令我在實業界工作，請讓我從『學徒』幹起。」

於是川田桑說：「你說的有一些奇妙，但很有道理。我本來想讓你進銀行，在秘魯事件的誤解還沒有完全消失的今日，仍然不方便讓你在重信用的銀行做正式社員。若是，如果我叫你做看門的，你要不要去？」我說「我欣然同意去」而告別。

迨至五月（一九〇二年）中旬，川田桑請我去，並稱：「如上一次說過，現在不方便馬上用你為日本銀行的正式職員。惟目前銀行正在新蓋建築物，那裡有建築所。其總監督是安田善次郎，其下面的辰野金吾君是技術部監督。再其下面有事務所，你願意不願意去幹這個負責人。因這不是正式社員，應該沒有關係。不過辰野君是你教過的學生，你將在其手下工作，這你會不會在乎？」

「我完全不在乎。我非常樂意去幹」我說。六月一日，我接到日本銀行之「任命建築所事務主任，年俸一千二百圓」的派令。

此時，我給我的恩人品川彌二郎子爵寫了一封信。前此我從秘魯回來時，他曾特地寫一信勸告我：善後你一定要辦理得乾乾淨淨，不可以有任何瑕疵，對其沒有回信，因這一次決定去建築事務所，故給他寫一封信。其內容如下。

曩年敝人由秘魯回來時，承蒙惠賜懇篤大函至為銘感。當時該事件告一段落之後，曾一心一意欲辦理一件事，即離開彼國，歸途計劃在中美辦理農場，但未能獲得股東之贊同，以為只有自籌資本，回國後乃在上州意圖辦理礦山事業，但又告失敗，至此決心隱世，後回心轉意，此刻將去民間從學徒幹起。敝人曾為失禮致歉，拜訪尊府數次，欲一拜尊顏，惟皆不在，實在遺憾惶恐。回憶敝人前往秘魯時，閣下告諭：「無望時務必早死心」，此語在彼地有如身處敵軍重圍中百萬之援兵，因此語敝人蒙受偉大效益。此不僅為敝人之幸福，亦為與此事業有關人們之幸福。報紙報導閣下近日將旅行，在此之前或難拜顏，故以此函致謝。

又此次閣下與西鄉伯爵參加國民協會，為此願進一言，即此舉或可以為殖產家中之名將被政治社會搶去，惟嘆息殖產家力量之微弱。可是閣下之此言在殖產家中仍不失為萬鈞之力，希冀繼續能為將來之計籌謀。世上傳言請閣下與西鄉伯爵加入該會為的是金錢。可是社會皆清楚閣下與西鄉伯爵為清貧之士，事實果真如此，會員邀請閣下及西鄉伯爵參加該會之目的為何不言而喻。當然閣下與西鄉伯爵之參加該會，應有自己想法，欲為國家百年立大計而為，不過萬一不幸外邊所傳者成為事實，那就真正不幸了。因此不得不對閣下進一言。請閣下能轉禍為福是所至盼。惶恐頓首。

從學徒幹起

由於上述原因，我被任命為日本銀行的建築所主任，踏上實業界的第一步。是即我以決心要徒學徒幹起的心情，每天從早到晚在辦公室，聽聽事務員談事務上的事，自己也作一些研究。

如此這般，我慢慢發覺建築所之一些弊端。首先是購買物品，迄至今日，建築材料之購買契約皆由技術部負責，事務部只辦理其手續。所購買物件立刻交給技術部，在事務部賬面上只寫「交技術部在庫品」，統一管理。由於放在庫品的倉庫由技術部管理，所以事務部完全不知道到底用了多少建築材料和剩下多少材料。

可是有一天，技術部突然連絡說因工作上需要鐵棒，要事務部趕緊購買。於是立刻訂購，可是廠商卻說「我們不可能像技術部所說製造得那麼快」。我們告訴技術部：「這種東西不要這樣迫切時才訂購」，技術部卻說「無論如何請想想辦法」。我站在兩難立場，非常為難，硬拜託對方，對方趕出來了。送來的是擦煤焦油的圓鐵棒，熱得要死。不得已遂將其原封不動地送往技術部。

隔天與辰野談在庫品之整理之後，經得其同意，我進去倉庫一看，我竟在倉庫的一隅發現與昨天所訂購完全一樣的東西堆在那裡。這真使我嚇一大跳。因為在庫品沒有管理好。我覺得這一件事非常重要，遂把辰野找來說：「有這麼多的在庫品，卻在那裡大聲叫喊要這個，要那個，乃由於沒有整理好在庫品所造成。所以在庫品之管理是不是交給我來辦。」聽完了我的話，辰野很驚訝，但馬上同意我的建議。我遂進行一切在庫品的調查，一一將其登記在帳簿上，以後在庫品之出入，和金錢之出納，同樣要記在帳簿，俾能隨時可以查閱其餘額。

第二點是，建築材料中，凡是由外國輸入的，全部由大倉組辦理。當時日本還是銀本位國家，輸入品的價格，很受匯兌行情之影響。可是對照大倉組的請款單和對其支付的款項，都不是當天之匯率，而是使用該月分銀子行情最低的日子。因此我起了疑心，懷疑大倉組是不是在按照請款當天之匯率處理，於是請大倉組之主任來問。他說：「我們的建築材料全部向英國訂購，出貨者出貨裝載輪船之同時，透過香上銀行結匯。它到香上銀行日本分行之後，就向大倉組請款。大倉組與支付該項款項之同時，以當日之行情向日本銀行提出請款。」

於是我說：「以後請款時候，大倉組要附上何時支付出貨匯款，以及香上銀行之證明書。」以防止其以後再搞鬼。

變更設計的很大差錯

我進建築事務所的時候，日本銀行的新建築工程已經完成平土，開始第一樓〇工程。可是比較工程之預定表和實際進度卻慢一年幾個月。於是我問辰野君其理由，他說：

「現在是比預定要慢，但在二樓以上的工程可以挽回。起初的設計，建築全部是石造，可能由於岐阜地震的經驗，在日本，越上層的越要使用輕的東西才不危險。因此二樓要使用磚，三樓為要使其更輕，將使用有洞的磚，這樣便會比全部石造更能早日完成。」聽了他的說明之後，我才明白其道理，並以為總裁已經同意了。

經過幾天，我為報告建築所情況去看川田總裁。那時，總裁因身體缺佳，絕少上班，故我一定大致一個星期到他家裡去一次。

當天總裁問我：「我希望在我任內能夠搬到新館，不過聽說工程進度落後，到底情形怎麼樣？」我回答：「因我也這樣想而問了辰野博士，他說二樓以上要用磚塊，這樣將比全部用石造要快的很多。二樓以上工程這樣將挽回，沒有問題。」總裁聽了非常驚訝並改變臉色說：「什麼？二樓以上要用磚塊，這是決定的？工程大致可以委任工程師，但對於新館，我在股東大會說將是全是石造，經得其同意的，這怎麼可以隨便變更？」非常生氣。我也嚇了一跳。要把石造改成磚塊事，的確安田監督和辰野君跟我談過，我以為這是總裁已經同意的，我覺得很糟糕而說：

「我一直以為變更設計是總裁同意的。這個太糟糕了。我現在馬上瞭解之後再來向您報告。」我立刻趕回去問辰野君，他改變臉色說，「因我告訴了安由監督，我以為安田監督已經報告總裁並已得到了總裁的同意。」糟糕，遂把安田監督找來，三個人開始商量，安田監督說：

「由於這是很重要的工程變更，所以我一直以為辰野君已經從學理上和技術上做了說明，並得到總裁之同意才告訴我的。」

至此我才明白，這是他們兩個人的彼此之誤解。我們三個人商量結果，認為只有按照起初的設計，全部石造，並問辰野君竣工期限和費用將會怎麼樣，他回答說：「如果全部是石造，再趕也要慢一年多；經費最少將短缺二十七、八萬圓。」此事必須趕緊去向總裁報告，並經得其同意，可是他倆都互相推諉不想去，於是安田監督說：「對此事非得最後關頭，才由我去直接報告總裁」並往著我說：「要辛苦你了，你替我們先去聽聽他的嘮叨，設法取得其同意。」

矯正包工建築之弊端

因受安田監督之委託，我去說服川田總裁。

我遂去看現場工程，的確已經送來了好多普通磚塊和有洞的磚塊，我乃問辰野君其用途。他說：

「疊這些磚塊，用▶▶灌進去洞裡，然後用一根▶▶棒插進去·如果比較同樣量的磚塊和▶▶，▶▶遠比磚塊輕得多。一塊磚塊有八個洞，要把▶▶灌進其洞裡，所以遠比磚塊輕而結實」。

我看到和得到這些情形和知識之後，隔天早上便去看總裁。我向他報告我們三個人商量的結論，他更加生氣說：

「你們說鑑於岐阜之地震而要將其改變為磚塊建築物，但以地震的最高限度為何，學者之間有沒有確實可靠的耐震限度？變更設計以後加以這樣那樣設備，就不怕多大地震的極限的學理上根據？你要把它弄清楚。如果按照當初的設計，將慢一年多，而且要多二十七、八萬圓，這是什麼道理？如果這樣我將對不起股東。我不管了，你們去搞好了。」他非常不高興。於是我說：

「總裁之生氣是應該的，我們沒有能夠建造總裁能夠滿意的建築物，實在很對不起。

不過我們會想想辦法。請總裁給我們一些時間。」

總裁聽完了我的話之後，表情好起來，並開始和我聊天。

告別總裁邸，在回去建築所車中，我一直思考。二樓、三樓要像一樓那樣用厚厚石頭不是那麼容易。只要外觀看起來石造就成，以磚塊為中心，外面用薄薄石子貼起來如何？在技術上這樣作堅固不堅固？我這樣自問自答，不知不覺中回到建築事務所。

辰野君已經在建築事務所等著我，我遂對他詳細報告我訪問總裁之一切經過，並將我在車上想的事告訴他並問：「我認為只要外觀是石造，我相信總裁不會有不同意見。這是我外行人的想法，心是磚塊外面用薄石黏上去如何？這在技術上堅固不堅固？」

「這在技術上沒有問題，用鐵棍把石頭與石頭串起來，用水泥把石頭與磚塊固定起來就會很牢固，如果總裁同意這樣做的話，可以在期限內能夠完成。」

「費用呢？」

「將不足六、七萬圓而已」，他說。

我又對辰野君說：「我觀察工程之所以如此拖延，是因為包工程的大倉組，將其發包給四個老闆。這四個老闆用的石工多是來自關西，他們動輒強行要求提高工資，不答允就不工作。工程之拖延實來自這一種原因。因此我覺得必須解除與大倉組之契約，由建築所直接來運作。亦即由建築所直接與四個老闆分別簽約，令其各負責四方建築物之一方。石材係由深川之服部在伊逗山上砍來賣給我們，因其與建築所現場沒有連絡，故時或無從應其急需，或竟來了一個月以後才需要的材料，致使工人無工可作。這是在山上他們只考慮自己工作之方便所造成的結果。乃決定派人在山上監督，按照技術部之需要和順序，提供現場所需要之材料和種類。這個連絡由事務與出差人員來做就不會有前述之弊端。所以將包工契約，石材繳納契約等，技術部之工作權限，全部交給事務部。」他思考一陣子，遂答應。

一萬圓獎金：工作突飛猛進

隔天我往訪川田總裁，詳細說明昨天和安田、辰野兩位監督商量的經過，對此川田總裁說：

「用石頭貼在磚塊，這個想法極妙，很不錯。石頭將是多厚？能不能貼得很好？」

我說：「辰野博士表示，用鐵連結大約三寸厚的石頭，用水泥把石頭與磚塊固定起來，將會非常堅固，絕不會因為地震而倒塌。這樣作的話，工程可以在預定期間內完成，經費只要再增加六、七萬圓就夠，所以是不是就請總裁同意這樣作。另外想拜託一件事，就是能不能允許給我自由能夠開支的一萬圓……」。

總裁很好奇地問我說，「這一萬圓要作什麼用？」我說：「由於工程由大倉組承包，大倉組將其發包給四個石工龍頭，石工經常要求提高工資，四個老闆商量之後向大倉組提出要求，大倉組如果拒絕，則不作工。有如同盟罷工，予以脅迫，因而工程拖延，對此大倉組也束手無策。尤其是東京沒有花崗石石工，都是來自大阪，因據說更加搞怪。因此我決定以工程之落後為理由，解除與大倉組之契約，由事務所直接與石工龍頭簽契約，令各四個龍頭包辦四方建築物之一方，落後一天者罰款五百圓，在期限前完成者一天給予五百圓獎金。這樣一來，四個龍頭不但無法連盟，而且要互相競爭，工程由之必將加快。一萬圓是要作獎金的。」

聽完我說明的總裁拍著手說「好，這個辦法太好了，錢必須這樣用才是。」而很高興地同意給我一萬圓特支費。

因建築所決定和要實施這個方針，乃以前田正名君在農商務省時代作過工友，後來雇其前往天沼礦山工作過的石川鎮太郎，這個人年紀輕，又很可靠，建築所遂採用這個人，並派遣此人前往服部公司在操掘石頭的石山，監督山上的工作，同時與建築所連絡。在另一方面，四個包工龍頭，都想得到獎金，開始賣力工作，由之大大挽回工程之落後，得到意外的進展。

經過幾個月之後，我被日本銀行錄用為正式職員。

在此之前，與我進建築所之同時，我踏上實業界之第一步，我小學生之心情和態度，銀行業務自不在話下，對於一般經濟界，我也都很認真地學習和研究。剛好高橋健三君為官報局長，他借給我《時代》、《經濟人》、《銀行雜誌》、《論壇週刊》、《倫敦畫報》、《紐約論壇報》等報刊，對我幫助很大。為此事，幫我忙最多的是官報局的川田德二郎君。另外，因大藏省之谷謹一郎君之盡力，我借到該省備用之國內外銀行法令集，認真研究有關銀行之事情。這對於日後我成為日本銀行正式職員有極大幫助。

挽拒轉任（四十歲左右）

一八九三年春季的某一天，後藤象二郎農商務大臣來信和電話說，要我明天早上八時去其官邸。

後藤桑和我的關係是，井上馨桑擔任農商務大臣時代，把我叫去談事情時，後藤桑來訪，當時井上桑把他介紹給我，以後從未謀面。

因為突然的事體，我以很驚訝的心情按照所指定時間前往位於東京富士見町之官邸，記得他把我帶到書房，穿著西方睡袍的後藤大臣說：

「我在農商務省瞭解結果，覺得在各局（司）中，把事務按照規定整理得最有條不紊的只有你所創設的專賣局。真是非常難得。這一次在美國哥倫比亞博覽會之事務官長，因故必須更換，我找不到適當的人。對你來說這或許是多此一舉，你能不能代勞？你已經到民間服務，似乎不想再作公務員，所以博覽會結束之後，可以不可以再來山林局或農務局幫我忙？」

我說：「意外的盛情隆意，我非常感謝。惟因我目前在日本銀行之建築場工作，我的一切事體皆由川田總裁在安排和決定。因此對於此事，很抱歉，我實在無法回答。」

對此後藤大臣說：

「你的一切既然交給別人，你這樣的態度是對的。若是，川田點頭，你願意不願意去？」我回答說「我只聽總裁的指揮」。當時川田總裁出差在九州，因而後藤桑說他要用電報來問問他的意見，我遂和他告別。隔日，九鬼事務總長把我找去問我說：「後藤大臣命令我給川田總裁打電報，在電報中可以不可以說如果川田總裁同意，你願意去。」我說：「不要這樣寫。因為我自已從來沒有想過要去或不要去。對於這一件事情我完全沒有任何意願。如果要打電報，因為這一點非常重要，拜託不要搞錯。」

因我深怕電報會有錯誤，遂給川田總裁寫了下面的一封信。

拜啟時日愈炎熱閣下必愈勇壯——。

出任日本銀行馬關分行經理

一八九三年九月一日，日本銀行實施了職制改革，我從建築所事務主任調任日本銀行經理級，同時奉命出任西部分行經理，年薪兩千圓。當時我四十歲。此時同時調任經理級者有藤井佳久、山本達雄、河上謹一、鶴原定吉諸君。

在此之前，日本銀行只有在大阪設有分行。因此在九州，各國立銀行要借營業資金以及繳國庫款項時，經常與大阪分行有現款之搬運，或委託國內運輸公司運輸，所以既危險又化經費和很不方便。

前面所說，川田總裁之所以前往九州考察，就是為了要在九州選擇設立分行的原故。其結果收買的就是今日之門司分行之地方。

當時，門司只有九州鐵道會社（鐵路公司），其周圍都是瘦乾田和鹽田。川田總裁考慮九州方面的金融狀況和地理關係，決定兩三年之後才要新設門司分行，在此之前，暫時在馬關設立分行，同時收購百十銀行（固有名詞）之店鋪。馬關自古以來就是北方之所謂千石船在搬運米糧和海產物的港口，當時極為繁榮。因此市內的主要店鋪，大多是船行。西部分行的房子，本來是很大船行的屋子，百十銀行就原封不動地用它。它是雙層樓，樓下有幾個大廳，其中一部分用作船行的營業部，其他部分當作員工和船員住宿的場所。樓上有大小不等的幾個房間，這是給划船的人和大股東住宿用的。

當時，百十銀行在愛知縣作填海造地的工作，惟因幾次颱風，不少碼頭牆受到損害，終於失敗告終，由之失去同行間之信用，店鋪賣給日本銀行，自己搬到更小的店鋪去繼續營業。

我離開東京之前，川田總裁特別告訴我有關百十銀行之事。他說，這家銀行是以山口縣士族（武士家族）奉還其家祿之所謂金祿公債為資本而創立的銀行，所以它是士族的銀行。因你和井上桑很熟，他很可能會和你談起救援百十銀行的問題，希望你能仔細瞭解其內部及其底細，絕對不能輕舉妄動，有所差錯。又地方有力人士有九州鐵路社長高橋新吉，銀行家在長崎有松田源五郎；熊本有澤村大八、堀部直臣；宇土有上羽勝衛；福岡有小河久四郎、佐賀有中野致明等等，都是地方的龍頭，作為銀行家全是你的前輩，今日你以新手銀行家插足這個世界，代表日本銀行，因此對於這些人，你在言行上，要格外慎重。起步最重要。不能令人輕視你。在業務上，要經常與總行和大阪分行取得密切連絡，疏通意思非常重要，絕對不可以馬馬虎虎。

由於上述原因，我首先與總行協議設立分行事誼，九月中旬離開東京前往大阪，與該分行商議設立分行。當時之大阪分行經理為鶴原定吉君，因其在家鄉辦喪事，故不在大阪，以電報與其聯絡，他遂由福岡趕回來，與我在神戶會面談妥事情。

我搭九月二十二日上午四時啟程之西京輪由神戶出發，隔（二十三）日，抵達馬關。此時西部分行及總行、大阪分行派往馬關之人員，營業股之島甲子二、永井幸次郎、清水武三郎；出納股之山本安三郎、畑農實、中村喜一郎；計算股之戶塚計、出口保太郎、田中久吉一共九個人前來迎接。後來在馬關雇用福田長三、長野重一郎、吉田桝吉、佐竹仁吉四個人，加以我，共計十四人。

對於我進日本銀行工作一事，有人把大臧次官（財政部常務次長）田尻稻次郎君所說「把那一種騙子，搞買空賣空的人物拉進去日本銀行很不恰當」的亂批評話轉告川田總裁。當時川田桑臥病，大多在家療養中，他一聽到這一種話，遂起來換好衣服，一大早就去找田尻次官問說：

「據稱您說過令買空賣空的人進日本銀行不好。這是事實嗎？」

對此田尻次官說：「不，我只是說了社會上的風聲而已。」於是川田桑對他說：「您是位居負責任的大藏次官地位，這樣的人，怎麼可以隨便傳說社會上所風聞有關人家聲譽的事？請以後不能再說這樣的話」。川田桑如此這般關心你的事，這是日後日本銀行秘書三田君告訴我的。我非常感恩得到川田桑的照拂，此時山本達雄君就此事也說過：「這是川田桑之所以偉大處，他早上一早就出門去求證。」

作為銀行家

九月二十三日一上任，我便去看店舖，我覺得營業處內部需要改造，遂督勵工人不分晝夜趕工，撤掉內部隔間，作各種準備，才弄好日本銀行分行的營業處。十月一日正式開業。

當日，邀請了福岡、岡山兩位縣知事、各地之銀行董事、下關・門司（地名）之士紳商紳、官吏等等，首先我請他們先參觀改造後之店舖，晚上在春帆樓（簽訂甲午中日戰爭馬關條約場所－譯者）歡宴嘉賓，我致歡迎詞之後，九州同盟銀行會會長小河久四郎君以及幾個人致賀詞，頗為盛況。參加宴會者有總裁代理董事與倉守人君，大阪、西部兩分行之監督董事川上左七郎君。

從開業隔天起，小倉第八十七等銀行申請開設戶頭，繼而與九州著名的銀行訂匯兌契約，逐漸辦理貼現擔保支票，商業支票之再貼現，業務日漸走上軌道。

當時，由九州銷售到各地的米穀、煤炭、以及其他物產，一年大約一千萬圓，但由各地買進的東西卻不多，因此多是片面匯兌，扣除繳納國庫錢，一年還得搬運四、五百萬圓現鈔到大阪分行。因此其利率，日利比大阪要高兩三分錢。

由於上述原因，開業當時，作為西部分行，首先必須決定利息之比率。可是此時，我和監督董事不同其意見。因為九州及山口、岡山、廣島諸縣銀行，都是由大阪分行融資，利息之較高是自然之事，因此西部分行之利息也要比大阪分行日利要高五厘，這是監督之意見；反此我主張說，我們要開設西部分行之目的是，要使山口、岡山、廣島縣等和九州的金融與東京、大阪附近完全一樣，以便宜利息來融資，所以希望能盡量用和大阪一樣的利率。

負責營業之島，眼看我們兩個人之意見不一致，曾努力協調，但沒有成功，最後由川田總裁裁決，取其中間數字，決定採用比大阪高一至二厘之利率。

有關百十銀行一事，因上任之前川田總裁曾有所叮嚀，故到任之後，馬上開始暗中調查，結果得知名古屋之填海工程，得到當時山口縣人勝俣知事（縣長）之保護，獲得水利權，非常方便，惟受到幾次颱風堤防遭受破壞，所投資之大約六十萬圓全部泡湯。但反過來看其銀行本身之資產狀況，當時公債證書之市價維持在票面價格以上，繳納股金之金祿公債將票面一百圓者估計為六十圓。換言之，公債之時價與估價差額為四十萬圓。加上二十萬圓多之準備金，填補其六十萬圓之損失，足足有餘。因此西部分行決定融資百十銀行，同時將此事告訴一般銀行，因此與暫時不來往的銀行也回復交易，爾後更由於總經理木梨精一郎君，經理秦君之努力，營業狀況日益好起來。

西部金融界——新面目

一八九三年，很不幸，九州同時發生蟲、風、水之三大災害，因而米穀、櫨樹、蕎麥以及蘿蔔等水田和旱田農作物大受其害。因此九州之米穀輸出量減少例年的四成，金融極為緩慢。反此其利率，馬關之百十銀行、三井銀行分行等，日息二分至二分八者，在福岡市，貸款日息即為三分至四分錢。一般來說，當時之九州商工業者比較遲鈍，不大關心利率之高低，其借款也多是一戶（一個人）一千圓以下，抵押除田地和房屋之外，沒有其他值錢的東西。

地方之金融雖然這樣緩慢，但西部分行之算帳，為總行和大阪分行，多是支付，因而常常需要由大阪運來現鈔。如前面說過，現鈔之運輸，不是要由行員護送，就是要委託國內運輸公司運輸，這既危險而又要化不少費用。因此不是改需要由九州各金庫繳大阪本金庫之國庫金，改成交給西部分行，就是需要在西部分行一準存放許多未發行券（鈔）。

當時，九州要繳大阪本金庫之國庫金，一年大約為五百萬圓。但各銀行都對日本銀行大阪分行提交公債證書等，皆以匯兌匯款，絕少運送現金，就國庫來說，無論匯兌匯款或運往現款，都一概支付遞送金。所以由此所導致之損失不小。

可是，西部分行要儲備許多未發行券，實在有困難。這是因為沒有能夠保存未發行券之牢固倉庫所致。原來，馬關之店鋪準備只開個兩三年而已，所以用原有之小小在外面貼上一張磚，屋頂用混凝土，以防火災，根本不可能存放未發行券。因此報告總裁，請求准許收納國庫金，乃從十一月上旬起，掛上中央金庫赤間關派出所招牌。

起初，日本銀行在馬關設立分行時，地方銀行者之間有覺得這樣很方便者，也有人覺得會奪走他們之利益，內心很不高興，贊成、反對大約各佔一半的樣子。

但慢慢學得自西部分行獲得便益方法之後，終於大多歡迎其存在。譬如以往這個地方的銀行都是由日本銀行總行或大阪分行得到融資，其貸款皆運送現款，而即使融資十萬圓，也不可能把這十萬圓統統貸出去。因隨時可能發生狀況，故至少總得隨時將其中之三萬圓左右擺在手邊，以供不時之需。這是為什麼利率之所以不得不高的主要原因。

可是，如果與西部分行交易，為不時之用，立刻可以得到融資，不必像從前那樣手上必須有些許死藏的準備金。因此逐漸感覺與西部分行來往之方便和益處，也不必向東京總行或大阪分行提供公債證書，逐漸轉移到西部分行，……漸漸減少與東京或大阪之約定金額，進而大部分依靠西部分行。

又九州銀行同盟會會長松田源五郎君，提出希望能夠利用西部分行與各銀行間之借貸furikae。這是在東京或大阪的日本銀行，依各銀行之當座勘定？做銀行間借貸決算之方便，欲由在西部分行獲得……，由於各銀行最希望這樣，因此此事也呈請總裁認可。

偽鈔之真面目——前田翁之甚句

這是開設西部分行不久以後的事。在馬關方面盛傳社會在偷印偽鈔的馬路消息。因在職責上，我覺得我不能忽視這一件事，有一天，遂和馬關警察分局長餐敘。他說，偽鈔，埋藏鈔票等風聲，自西南戰爭（一八七七年，明治政府征討西鄉隆盛之鹿兒島地方勢力之戰爭……譯者）時候就有，而且報紙也報導過幾次，但從來沒有人發現過。這一次也是一樣，詳細調查風聲之來源，並曾盡力搜查，廣及至三十人左右，但都不具體，不了了之。可是最近有一個不死心的警員，呈請分局長請求准許其繼續搜查有關偽鈔案件。因分局長不同意，故這個警員遂把一切衣服等等統統賣掉，以自己錢搜查偽鈔，打扮成鄉下佬，費盡心血結果，拿到所謂偽鈔之樣本的一百圓紙幣。他且確認這一百圓鈔票可以換真正的紙幣三十圓，遂把借來的紙幣請鑑定者鑑定，鑑定結果說這是真正的一百圓紙幣，不是偽鈔。於是這個警員帶著三十圓和護身用之短刀，去找借給他紙幣的人，並說「我以三十圓買這一張紙幣好了」。對方卻說「這和我無關，我是受某人拜託的」；於是找甲乙丙丁，找了大約二十個人，終於有人說「我把你帶到偽造貨幣的地方」，他們爬山越嶺，到達一個深山的簡陋屋子。此時突然出來五、六個強壯大漢，手拿棒子向警員撲去。因很唐突，警員來不及拿出短刀，遂被年輕人打得一塌糊塗，身上的一百圓和三十圓鈔票皆被搶走，搶的年輕人一下子跑光了。

警察分局長又說，會有偽鈔之風聲，是因為有奸詐的人，把它當作撈出警察之機密費的手段，或有如這個警員的遭遇，騙騙良民，搶走其金錢。從前，時或有過好大偽造紙幣的風聲，但都沒有逮過任何犯人。山口縣及其近縣，因有製造偽鈔的傳聞，大分縣就因此而浪費了機密費。這可以當作當時時世之一個插曲。

此時，前田正名君仍然在東奔西走，為殖產興業在呼籲天下，因事前往京都，一日得空遊鴨東，來信說曾令歌姬自作如左之名古屋甚句歌。

不為自己而勞苦
為可愛日本操勞
只有一支的絲柱
與其並排的茶柱
為危險的日本家
不知要使四千萬
日本國民能居住

第五國會的時候——品川子爵之飛躍

一八九三年十一月二十五日召開第五國會，一開頭就為要開除星亨議長問題而鬧得滿城風雨。前後鬧了十天，及至十二月四日，才舉行首相之施政演說。

可是在眾議院，卻通過彈劾後藤（象次郎）農商務大臣以下官吏之上奏案，繼而有勵行條約之建議案，有關軍艦千島訴訟案件之質詢，事體日愈嚴重，命令國會停會兩次，終於十二月三十日，解散眾議院。

因此年底匆匆，各個政治人物遂不得不回去自己選區展開選戰。

在另一面，西部分行，自十二月底起至隔年二、三月，因米穀流動突然增加，金融由之也開始大忙特忙起來，故連九州、中國（廣島、岡山等地）地方之銀行業者也開始得知利用西部分行之方便，乃紛紛要求希望和我們交易。必須趕緊與東京總行和大阪分行商量，我乃乘二月之股東大會，前往東京。

股東大會結束之後，三月初我要回去任所時，品川彌二郎子爵偶然從新橋車站上車，與我同車，因好久不見，他跟我談了許多事。在此之前，品川桑曾任松方內閣之內務大臣，一八九二年二月，第二次眾議院議員選舉時，發生那著名的干預選舉而未能得到其所預期效果，終於於三月十一日引咎辭職，六月組織一個叫做國民協會的政黨。這是以奮慨幾年來的政治變動，往往對政府不利，故想創立一個有組織有訓練之政府黨來對抗反對黨的行動，以西鄉從道伯爵為領導，品川桑自任副黨職，是為三分天下的時代。

品川子爵稱贊岩崎彌太郎氏為人物，曾經為共同運輸公司事，岩崎當時把在炭山的川田請來，促使他和我談談，當時我和川田是首次見面，一切在談笑中處理，這完全是由於川田的大度量之所賜。所以你承認這個川田之提絜，好極了，他說。其次品川桑提到明治維新前後的事，毫無保留地對伊藤博文伯爵、大隈重信伯爵、陸奥宗光伯爵、井上馨伯爵等作了人物月旦。他又說，因此次眾議院議員選舉（一八九四年三月一日），山口縣人再度分成往年的正論黨和俗論黨。他說這是井上伯爵之短見所造成的結果，而非常憤慨。

品川子爵又說，在第五帝國議會成為問題的振肅官紀的問題，完全是他在國民協會所主導，不是為改進黨而搞的。他認為為要使伊藤伯爵放手作去，必須把後藤伯爵拉開，因為兩個人的關係上，伊藤無法這樣作，因此必須由別人從旁予以刺激才行，因此才搞這個問題。在同一個議會，有關勵行條約的建議案成為攻擊政府的材料，這完全來自外務省，但這連被喻為剃頭刀大臣的人都不知道，這個大臣竟然在議場演說，後來他才發覺此事而狼狽不堪。

對於貴族院三十八士之復書，伊藤首相之所以表示完全不同意勵行條約就是由於此種原因。又去年我（品川）曾屢次對伊藤伯爵強調，在今日這樣時代，八面玲瓏主義是混不下去的；伊藤伯爵不喜歡圓滿主義，不事先樹立一定方針，喜歡隨時勢變化。因此我（品川）對伊藤伯爵說，圓如果不方是很難處世的，我是馬車馬主義。我無法跟著你的璧馬主義。他說你們去早稻田（大隈重信住處），向其叩頭，送大隈伯爵首相頭銜好了而告別。最後只有這樣。

品川子爵說他要到箱根在國府津下車，我便直往，三月十日抵達馬關。在此次眾議院議員選舉，大岡育造君在馬關連選連任。這表面上說是因為品川子爵對各方面之推薦，但據說實際上是山縣（有朋）伯爵在暗中之照顧，馬關之豐永長吉君等企業家龍頭，表面上假裝中立，暗中令其手下鼎力支持大岡君的結果。

〔十二〕甲午中日戰爭前後：日本銀行馬關分行經理時代

爆發甲午戰爭：在馬關募債（四十一歲左右）

一八九四年三月一日實施第三次眾議院議員選舉之後，五月十二日召集了第六屆議會。議會之情勢一開始就非常緊張，終於於六月二日又解散。

從這時候，九州方面之事業開始熱絡起來，譬如被稱為馬關最有錢，從來不染指新事業的德永源衛，順此潮流，突然改變態度，竟成為紡紗公司之股東，與從來沒有交易的銀行開始交易。

九州礦山之開始集社會之視聽也是在這個時候，和田維四郎（前礦山局長）、高島中將、森岡昌純、住友之一家人，也前來九州考察和調查。我自五月中旬至六月中旬，考察了山口縣和整個九州，詳細調查了金融產業狀況並報告了總裁。在此之前的三月十八日，朝鮮之志士金玉均突然在上海旅館被暗殺。這個消息曾予朝鮮有識之士很大衝擊。及至五月，朝鮮發生東學黨之亂，漢城政府無法以自己力量予以鎮撫，乃請清國給予援助。清廷以機不可失，遂立刻出兵，並知照日本，日本政府也決定立即出兵，同時令回國中之大鳥（圭助）全權公使趕緊回去任所，六月五日登陸仁川，由日本陸戰隊保護，威風凜凜進入漢城，帶著五條改革案謁見國王，並迫逼其實施。看其不點頭，便立即動用兵力進入景福宮，排斥閔氏以下全部事大黨，令大院君出任國政總裁，斷然進行內政之根本改革。至此，日本黨（開化黨）勢力遂控制中央政事。

如此這般，遠東風雲日趨告急，停碇在馬關之浪速艦，乃於六月二十四日晚上，警衛載運兵員之八隻運輸船開往仁川。盛傳日清之開戰已不可避免，由之馬關等地之蔬菜類價錢，漲至平常之兩倍以上。

七月二十七日，以豐島海面之海戰為開端，中日戰爭正式開打，八月一日，日本宣戰，日本國民面臨空前之國難，發揮了其非常的愛國情操。日軍在成歡、牙山打垮清軍，進而攻陷平壤，獨力擔任朝鮮內地之治安。

為此必須新募集軍事公債，這有如封建時代之徵收軍用金。遂計劃在山口縣募集七十萬圓，馬關也得募集十萬圓左右，我以市長為首，公司、銀行之負責人以及有錢人為對象，盡力勸導其競爭購買軍事公債。在馬關以外之郡鄉鎮，我也這樣做。因此甚至有人把自己田地拿去抵押借錢來買軍事公債的。

九月八日，樺山（資紀）中將通過馬關海峽，直往左世保。九日早晨，山縣大將乘長門輪船前來馬關，到石川良平家，一個小時以後往西方（六連島方向）而去。據說，船中有閑院宮殿下和小川少將等五名將官同船。

該月十三日，大本營進廣島，明治天皇由東京出發。至此戰爭氣氛日漸濃厚，同仇敵愾之情緒日益高漲。募集公債之成績相當不錯，馬關一地本來預定募十萬圓的，結果募到十八萬圓。

井上伯爵到朝鮮：當時之政情

在此之前的六月二十八日（一八九四年），新井由三郎君由東京準備去朝鮮經過此地，來馬關分行看我。他對於井上（馨）之辭去內務大臣之風聞這樣說，井上伯爵本來希望出任大藏大臣（財政部長），但沒有如願以償；繼而推薦澁澤（榮一）出任也沒有成功。想更換日本銀行總裁也沒有結果。凡此都是井上伯爵藉病引退的原因。

十月十四日，井上伯爵辭去內相，同時被任命駐朝鮮公使，立刻由東京啟程，十六日抵達馬關，住進大吉樓旅館，滯留幾天。

我自一八九二年以來，一直沒有和井上伯爵見面，算是久違。他也非常高興，跟我無所不談；齋藤修一郎是他的隨員。

那一天晚上，我和井上伯爵在其所住飯店一起用晚餐。當時他說：

「這一次我去朝鮮是要診斷該國之死活，極為重要。前此大鳥公使排王妃（閔妃）勸大院君，改革諸政，一掃清國黨以來，人心慌慌不能安，政府大官為保全自己安全，頻頻向開化黨（日本黨）獻媚，成為日本黨極盛的時代。惟閔妃與大院君表面上表示平靜，但內心卻彼此鬥得非常厲害，所以我的第一項任務是調整閔妃與大院君之關係，鞏固王族之安全，排除野心，一掃情弊。如果朝鮮國內之腐敗無法救治，即使會引起第三國之干涉，我也必須下手。若是，與各國之交涉勢將不容易，因此我去朝鮮之前途是很暗澹的。我帶齋藤去，主要是要令他和岡本柳之助（此人與井上伯爵一起來馬關，但比他早一步去朝鮮）從事地下工作。」井上伯爵說，大鳥一離開朝鮮，他就由此地動身，赴任朝鮮。

根據齋藤的說法，井上伯爵預定在朝鮮滯留一年。此次全權公使之任務是，井上伯爵自告奮勇出任的，因此在政府內部有多主張說，不能以全權公使，而應該以全權大使身分去，但陸奧（宗光）外相絕對反對。理由是，朝鮮是一個小國，與其他國家之權衡上，不能派遣常任大使駐紮。即使要派遣臨時的大使，也必須有一個適當的理由。他強調目前並沒有非派遣大使不可的特別理由，因此決定派遣公使。很意外地，井上伯爵滯留在馬關的時間拖得蠻久。每天都有留送別會，有時候還和井上伯爵坐船去硯海海面去釣半天魚。可是有時候齋藤修一郎在別人面前對井上伯爵態度不夠恭敬，甚至有一些傲慢，因此我便忠告齋藤說：「對於公使，去朝鮮之後不能有這樣的態度，這樣朝鮮人將瞧不起公使，所以以後要特別留意。」齋藤也表示：「謝謝您給我的提醒。」他接受了我的勸戒。

在此前後，川村伯爵、高島將軍等陸續去了朝鮮，這還有一些插曲。我的朋友某君由外國回來漫遊中國（廣島等地方）九州，順便來馬關，因為好久不見，我們聊天許多。他說，川村伯爵之去朝鮮，自中日開戰以後，他元氣百倍，熱烈運動想從軍，但沒有成功。碰巧，川村伯爵家有一個同姓的書生（在其家打扎的寄居學生）。這個學生據說因懂得中國話，大本營遂給他打電報，要他前來報到。因川村伯爵一直在等待消息，乃以為這是給他的通知，遂穿好軍服，由東京趕往大本營。大本營覺得非常意外，目瞪口呆，不得已，遂臨時給他視察名義，派他前往朝鮮。

如此這般，川村伯爵被派遣到朝鮮，長州派認為，為了平衡平衡，終於以同樣視察之名義，派了鳥尾（小彌太）子爵去了朝鮮。某君說，這這兩人去了朝鮮，無所事事，無聊透頂，可能每天都在睡午覺。

又高島（革丙）子爵接到前來伺候天機為宜電報，遂前往廣島，也沒有什麼特別事，因事情之自然進展，據說高島子爵近日中也要前往朝鮮。

樺山（資紀）子爵等人，很想調停前內閣閣員和現任閣員，非常用心，但沒有獲得成功。譬如松方（正義）伯爵，專程去了宮島，卻連伊藤首相也沒有看到。戰爭結束之後，文官武官之間自不在話下，文官與文官之間，武官與武官之間，也有衝突，令人憂心。

上下一致不分晝夜大家努力工作

一八九四年九月一日，舉行第四屆眾議院議員選舉。距離上一屆大選，只有六個月，如果是普通時候其競選一定會非常激烈，惟因在戰爭初期，舉國要上下團結一致對外，因此選舉很平隱順利完成。

於是十月十五日，第七屆臨時國會遂召集於大本營所在地廣島，十八日舉行開會典禮。此時下詔如下敕書：

釁端既開非達到交戰目的不可以停止

貴族、眾議兩院謹謹奉戴聖旨，政府所提出軍事預算以及有關法律案，不分執政黨、在野黨或其他黨派，大家團結一致，全體贊成通過，國會於十月二十一日閉幕。

清國政府以日本國民及各政黨彼此之間反目鬥爭激烈，不可能團結對外，乃出於意圖噬吐朝鮮，惟因很意外地日本國民在國內極為團結，發揮統一之國民精神，對於與清國之戰爭連戰連勝，覺得非常意外。

反觀日本經濟界，該年山口縣以及九州一帶之稻米收成，比往年要好得多，因為軍事所需，船舶皆被徵用，因此稻米無法運出。同時馬關、門司兩地之倉庫也大多被徵用，稻米無從儲藏於倉庫，商人由之非常困惑。為著急需，遂建蓋許多倉庫，但建築好的倉庫還是被軍方徵用，但軍用還是不夠，兵站部為在門司儲藏軍需品，甚至建蓋了芭茅茸屋頂的臨時倉庫。

在另一方面，軍方官廳對各銀行之存款也隨之大為增加，同時這一屆國會，所議決之軍事公債之募集，地方人民因事先沒有這樣準備，只有向銀行借款，以購買公債。加以從該年年底到一八九五年二月左右，農戶之出貨意外地增加許多，故金融極為緊湊。譬如熊本地方，銀行曾臨時停止貸款，農、商各界由之遭受到很大困難，因此西部分行為協助他們，作了充分調查，並採取了協助的措施。

首先我們對於地方的農戶和商人，給予最可靠的有錢人之融通支票再貼現，予以開闢金融之通道。當時即使是被視為最可靠的富豪，也幾乎沒有能夠提出作為抵押的證券。

以往之弊端是，銀行之董事或其主要股東，以其自己所擁有之銀行股分作抵押，向銀行貸款，然後以需要資金之中小農商業者之土地房屋為抵押以更高利率貸給他們。其結果是，銀行本身不能直接對不動產作固定貸款，而必須經過董事或大股東之手，間接予以固定貸款，因無法向西部分行提出適當擔保，故無從得到日本銀行之放款。

那時西部分行人員很少，由於朝鮮事變（甲午中日戰爭），因長崎、熊本、福岡等地，需要運輸現金，每一次都得由行員護送。尤其是一八九五年一月，熊本師團要派往前線，極為繁忙，此時單身行員皆住在銀行二樓，全體行員大家協力，不分晝夜工作，令我覺得非常欣慰。

因朝鮮借款使總裁震怒（四十二歲左右）

一八九五年二月十六日，因日本銀行要舉行定期大會，為出席此項會議，我得前往東京，乃於二月上旬，由馬關搭船抵達大阪。記得這是凌晨六點鐘左右的事。下船之後，立刻往訪董事川上左七郎君。

當時川田總裁拜候大本營之後，回途時病重發，在大阪休息。因此我問川上：「總裁病況如何？」他說：「最近還算不錯。目前在鴻池別墅休息，他說高橋應該快到了，他等著你，所以你應該趕緊去看看他。」

於是我遂住進自由亭，吃完早餐，便立即去看總裁。

總裁還在睡覺，我一去，他便起身坐在床上，好像很高興的樣子。他以非常感激的表情說明在大本營拜謁明治天皇時候之情形，並稱伊藤首相說為釐革朝鮮之內政，以幫助其獨立，日本政府要為該國政府代墊三百萬圓，希望日本銀行想想辦法，我答應了。並稱其貸款，日本政府寫了這樣的保證，並把伊藤桑寫的條子給我看。

我正在看這個條子時，用傭人來傳達說：「藤田桑到了」。總裁坐著說「請他進來」。

藤田進來了。他是一個瘦瘦個子高的人，……看其與總裁打招呼之情形來判斷，他似跟總裁相當熟悉的樣子，因我在心裡想：「這個人可能是與總裁交情不錯的古董店老闆。」因和這個人是初逢，我沒有說話，一直有著前述之伊藤條子。於是總裁說：

「此時政府決定要借朝鮮政府三百萬圓，希望日本銀行想想辦法，我決定找三井、岩崎等人商量，如果不行，就由日本銀行來負責，所以要來了這一張字條。」我以為在這個人面說什麼都無所謂，於是我對於伊藤伯爵寫的條子坦白說：

「第一，此時日本政府直接要貸款朝鮮政府，在列國關係上適當不適當？這值得考慮，在這一點，政府要特別慎重。第二，這個條子雖然說政府對於日本銀行要保證，只有總理大臣伯爵伊藤博文個人的簽名。我認為，政府之保證，如果沒有經過帝國議會之同意，是否沒有效果？。如果要由全體內閣負責，只少應該由大藏、外務兩位大臣簽名才對，由此可見，此事顯然沒有經過內閣會議。無論從那一點來看，這字條沒有保證的效果。是沒有什麼用的，不知道如何？」

此時，一直微笑非常溫和的總裁，突然怒氣衝天，從座墊把身子往前移，怒說：

「你說什麼！說有總理大臣的簽名蓋章字條等同廢紙，實在豈有此理！你說我拿的是一張廢紙？我的手下應該沒有像你這樣的人才對。」

當時我一直以為他是古董店老闆的藤田，忽然站起來往廊子走去並說：「高橋桑來這裡看看院子的風景如何？」我覺得使總裁這樣生氣對其健康不好，因藤田對我這樣說，此時我才覺察這個藤田就是鼎鼎大名的藤田傳三郎。我依照藤田的勸告，順手推舟，走去廊子和藤田站在一起。藤田小聲提醒我說：「您不要和病人議論，這對病人不好。」於是我沒有打任何招呼就離開，直往大阪分行找鶴原定吉君，對他說明一切經過並表示：

「總裁說我手下應該沒有像你這樣傢伙才對，等於要我辭職。我現在來寫辭呈，麻煩你轉呈總裁。」

鶴原喀喀大聲笑說：「把藤田當作古董店老闆太妙了。不過你不懂得總裁的用意。現在井上桑人在朝鮮，總裁對你說這一種話，目的是要說給藤田聽的，希望由藤田告訴井上，總裁如何地關心朝鮮之金融，這是總裁的真正用意。如你所知道，從前，總裁和井上桑之關係並不是很好，因你沒有說好話，總裁才生氣。所以你不必辭職。此事交給我好了。我下午會去看總裁，說明我的意見。四點鐘左右我會在那裡，那時候你也來，向總裁表示表示歉意。沒事。」

我按照鶴原所指定時間下午四點鐘左右往訪總裁，他馬上請我到寢室，總裁和鶴原正在高聲談笑，非常溫馨。我一進去，總裁笑著說：「我和鶴原正在談上午的事，要他判斷是我對還是你對。」鶴原說「高橋把藤田當作古董店老闆真是可笑」，說說這樣笑話，這一件事就過去了。後來據說，三井、三菱沒有同意，最後獲得國會之贊同，發行公債，貸款給朝鮮政府。

在馬關迎接媾和使節

自對清國宣戰以後，日軍連戰連勝，北陷海城，南進山東，殲滅黃海、威海衛之北洋艦隊，直逼北京。至此清廷驚慌失措，哀求英美兩國出面仲裁。日本政府立刻拒絕。清廷派其雇吏德國人德得琳前來日本，央請媾和。可是他所帶來的委任狀是清國高官之私信，其使命只是要試探試探日方之媾和條件而已，所以日本政府沒有予以接受。其次，總理各國事務大臣戶部左侍郎張陰恒、湖南巡撫邵友濂兩個人前來日本，因美國公使之仲介，因正式通告要媾和，故日方任命總理大臣伯爵伊藤博文、外務大臣伯爵陸奧宗光兩人為全權辦理大臣，等待清廷使節之到達。可是上述兩位清廷使節帶來的國書，因其體例不完整，故日方全權委員再度拒絕予以接見。於是日軍又開始進入第二期作戰態勢，因此清廷緊張起來，遂改派直隸總督肅毅伯爵李鴻章為頭等全權大臣，授與正式的完整委任狀，特派前往日本以從事談判。

如此這般，中日兩國正式開始進行媾和談判。根據井上勝之助君的說話（與他由東京回馬關車中），據稱起初之談判地點為尾道，運動結果決定在馬關之藤野即春帆樓。從三月十二日（一八九五年）左右，馬關之阿彌陀町一帶之料理店和主要房屋大多被徵用，作為大官、小吏之旅館。

三月十七日，媾和全權大臣外務大臣陸奧宗光前來馬關，十九日上午八時，媾和首席全權大臣內閣總理大臣伊藤博文伯爵到達馬關。

記得是上午九時，清國媾和全權大臣李鴻章一行所搭船舶兩艘下錨關門海峽。從此日早上開始實施保安條例，馬關市內頓時熱絡起來。

李鴻章一行，十九日沒有登陸，在船上休息。據稱因李鴻章年邁，橫渡遠洋，心煩意亂而疲勞，且有一點感冒，故那天上岸，尚難確定。

因陸奧大臣來馬關，我去拜訪，他說此次談判十之六、七恐怕結束不了。我以為這是當局大臣之口頭蟬，沒有信以為真。根據外務省一般官員之說法，談判應該會有結果。

此時大藏大臣渡邊國武氏突然轉任遞信大臣，明治天皇特別下詔前內閣總理大臣松方伯爵出任大藏大臣。無需說，戰後之國家經營最重要的是財政，這是因為松方氏具有多年運用財政豐富經驗所致。可是據說松方伯爵以為此次所得賠款應以英鎊取得，並倣德國之前例使日本成為金本位國家，為此我曾向川田總裁提出意見書。

在馬關的伊藤，非常得意。譬如十八日晚上在船中叫酒，對旁人談笑幾天來外交方策之成功例子，甚至於遠指摘其他權貴，大有冷嘲松方伯爵之概。因此我憂心現今內閣將來之關係。

特任松方伯爵為大藏大臣的另外一個理由是，據稱，如果把松方伯爵置於在野，他在民間之威望必將日高，戰後之總理椅子，勢將眾望所歸，落在他頭上。因此令松方出任大藏大臣，分擔政務，同時去除黑田伯爵之不滿，以鞏固伊藤總理之政權基礎。

李鴻章遭狙擊：枕頭邊的魚群

一八九五年三月二十日，在馬關春帆樓，伊藤全權和李鴻章全權首次會見。此日首先互相查閱和交換全權委任狀之後，在開始談判之前，李全權提議先行停戰。

對此伊藤全權說：明天回答此問題而結束當天之協議。隔（二十一）日，日方全權大臣以覺書回答昨日清國使臣之提議。大要說：「日本帝國全權辨理大臣觀察目前之軍事上形勢，以及鑑於彼此停戰之結果，附左列條件可以同意停戰之提議，即日本軍隊占領太沽、山海關以及在該處之城堡，駐紮上述各處之清國軍隊，要將一切軍器軍需交給日本軍隊，需將天津、山海關之鐵路，交付日本軍隊管制，清國要負擔停戰期間之日軍之一切軍事費用。」

李全權默讀這個備忘錄之後臉色蒼白，連聲嘆說：「苛酷，苛酷」，同時哀求日本政府重新考慮，提出更寬大的另一個案。日本全權不肯接受，於是李鴻章提出讓他考慮幾天之建議，日方同意給予三天時間，結束第二天會面。

兩天之後的二十四日，舉行第三次會談。這一天，清國使臣提出一分備忘錄，表示擬撤回前此之停戰問題，希望馬上進行媾和談判。因此日本全權提出明天正式開始媾和談判。

第三次會面至此結束，下午四時左右，李鴻章由春帆樓回去旅館。可是在途中，從群眾中跑出來一個兇手，推開兩個警員，從袖子掏出手槍，狙擊轎子中之的李鴻章，李氏由之受重傷。兇手當場彼逮捕，查訊結果，得知這個人是住群馬縣邑樂郡大島村大字，二十六歲的平民小山六之助。

當時，李鴻章用手帕壓著傷口，回旅館之後馬上接受治療。據稱，子彈打中其左眼下一釐上顎，幸好沒有打到眼球。此時李氏為七十三歲老人，大家非常擔心，但他一回旅館，自己走樓梯上去進自己房間，於是馬關市民慶興其非致命傷。當時發表，李鴻章之體溫為三十八度九，脈搏七十六，沒有膿症之可能性。

接到李全權遭難消息之在廣島行幸所的明治天皇，非常掛念，立刻遣派石黑軍醫總監和佐藤博士前往問候和致意，二十五日，發詔書表示遺憾之意，明白說明事理，以告誡國民。

李氏之康復狀況如何，將予媾和談判極大影響，故佐藤博士似非常賣力替李鴻章醫治。佐藤博士還在廣島負責醫治一千名的傷兵，但他更關心李鴻章一個人之生死。

大約經過一個星期之後，李鴻章已經能夠在房間裡走動了。三月二十八日，日本全權大臣和李經方會面，通告至四月二十日，停戰三個星期，同月三十日締結此項條約。這是日皇同情李氏之遭難，命令日本全權同意一定期間、一定區域之停戰的結果。這是日皇給予清國之很大特典。當然，在這個過程，日本政府當局是費盡心思的。

因為李鴻章以古稀之年歲首次出使異邦，竟遭受這樣災難，萬一李氏假託身體受傷，談判中途回國，責備日本國民之行為，巧妙邀請列強居中調停或干涉，至少歐洲兩三個強國一定會答應，果真如此，對日本必將非常不利，但李氏感激日皇之仁德，不僅沒有這樣做，更請求以李經方代表他繼續談判，另方面更電請清廷，此時不能輕舉妄動。

李氏被狙擊事件之刺激了列國感情是無可厚非的，特別是唯況天下不亂的俄國，在報紙上拼命刊登惡意之報導，說日本文明是渡金的，無論前此之大津事件，還是此次之狙擊李氏事件，證明其渡金之脫落。

跟隨李鴻章前來馬關的中國人，一時曾經非常氣憤，惟因一遭受狙擊，天皇勅使立刻前往慰問，加以幸好李氏沒有生命之危險，佐藤博士之治療又非常有效，因而他們的氣憤也就隨之而緩和下來了。

李鴻章遭難之後，馬關市民曾選出幾個代表，決議要予以慰問，但中方堅決婉謝。惟因李氏日漸恢復健康，其隨員日開愁眉，且肯定馬關市民之熱情，乃決定接受他們之探望。

馬關市民大家商量結果，決定贈送活魚，乃以高一尺五寸，寬大約六尺之四面玻璃箱子，裝滿海水，把在馬關海峽抓的幾種魚和貝殼類放進去，將魚櫥擺在李鴻章病房。李鴻章眼看玻璃箱之活潑魚類很開心的樣子。惟因照顧李鴻章身邊的中國人，不諳其管理方法，其中一個人，覺得好好玩，用枴仗撞盤中的魚時，把玻璃撞破，水和魚一齊一下子流出來，海鰻和章魚等在地毯上跳來跳去，這是李鴻章遭難事件中的一個插曲。

嗚呼五月十日，歸還遼東半島

李鴻章於三月三十日簽訂停戰條約之後，要求馬上進行媾和談判。於是日方全權於四月一日送媾和條約案給對方全權代表，以往，雙方全權，以口頭或以文書，為自己國家命運進行樽俎折衝。因為對方是清國當世之人物，雖然身體負傷，卻具有縱橫之智略，虛虛實實之因應，實不可摸促，日方全權必定費盡苦心。

因此談判一進一退，三個星期的停戰期間剩下沒有幾天，日本國民皆在關心談判之成敗，從四月十三日至十四日，傳出大總督府前進之風聲，隨之日本六十多艘運輸船，載運兵員工人大約十萬人，通過馬關海峽。

李鴻章及其隨員，從旅館看到這個情形非常驚慌，他們雖然聽過這樣風聞，以為這是日本在虛張聲勢，可是其事實正在眼前，據稱遂立刻致電清廷趕緊決定廟議。據說，當時李鴻章與清國政府往還之一切電報密碼，全部為日方所解讀；由之其內容為完全日本政府所窺悉。

由於此種原因，談判遂一瀉千里，四月十七日舉行最後一次談判。這一天，陸奥全權發燒，未能出席，我去探他的病，他說：

「今天我生病不能出席，非常遺憾。伊藤一個人出席，可能因為李之央求，一定會減少賠款五千萬兩。」究竟情況如何，黃昏談判結束，外務省的官員說，他們為改寫所準備好的條約文，似乎開夜車忙了一個晚上。

因我和木梨君，聽說談判今天將結束，伊藤伯爵會很神氣地回來，我們為請他寫幾個字作紀念，便在那裡磨墨等著。不久伊藤伯爵很神氣地回來了，我們遂請他揮毫，連同扁額、掛字大概寫了十幾張，我拿到五、六張，但現在我手上只有一張落款給我的一張，其他的給別人拿走了。

隔天，伊藤伯爵說，與清國和朝鮮沒有太大關係的駐日本公使都來電話祝賀，稍稍有關係之國家的公使都沒有來電話。不過他認為，萬一有人干涉，這是雙方家長同意的婚禮，別人不能多嘴的。他更得意洋洋地說，此次談判從頭到尾，在外交上之方策，統統由日方主導，一點都沒有差錯。

四月十七日簽約之後，天皇立刻予以批准，並同時發布克復和平之詔書。

在此之前，列國非常關心媾和條約談判之結果，特別是俄國以割讓遼東半島將阻擋其在東方之經營。突然於四月二十四日，拉攏法國和德國，對日本外務省正式提出干涉說：「貴國之永久擁有遼東半島將影響東洋之和平，希望將其歸還清國，以維世界和平」。就日本政府和國民而言，三國之干涉是青天霹靂。這無異對日本連戰連勝之矜持予以鐵拳。如果拒絕，必須與三國兵戎相見。天天召開御前會議，日本當局之苦心不言而喻。及至六月五日，日本政府通知三國政府，同意把遼東半島歸還清國；六月十日，明治天皇下有關詔書。這給日本國民空前之悲痛和衝擊。我於五月二十三日寫給高橋健三君回信，這樣說：

拜讀芳墨，得知您為其後事體東奔西走，時仍嫌不足之頃，據聞自上月七日以來病褥，意外不幸，使我心痛。對於您對媾和談判結果之意見，我很是同感。拜讀四月二十一日大詔，感泣皇恩之深，且以日本國民痛感責任之重大，審視熟慮，未及接踵，竟有人事不如意之風聞，繼而於本月十日拜讀詔書，哽咽不堪言，切齒扼腕，與有裂眥之慨的同時，不禁湧上臥薪嘗膽之決心。盼望兄等努力統一人心，服膺頃日頒賜之勅語聖旨，對往事不鳴不平，切望惟有傾注大詔之所謂「以累積之蘊蓄培植國本」之一途。又對於台灣，最重要的是，要以遙遠將來為目的，以決定為政之方針，實行耕戰之制，使其斷絕其吞噬唯一主義之桀黠奴，抵抗皇民之念頭。

其次，對於朝鮮，為完成東洋之治平，應先使其成為介於日本與支那之間的獨立國家，以十年至十五年為期，使其自然成為日本之領土，應有如此深謀遠慮才是。

明治二十八（一八九五）年五月二十三日　是清

高橋健殿

（譯註）譯者曾譯陸奧宗光之「●●錄口（回憶錄）於二〇〇五年，以『甲午戰爭外交秘錄』書名，由台北海峽學術出版。」

甲午中日戰爭後之經濟困難：井上伯爵回國

從媾和前後，煤炭價格大幅下跌，特別是因有關門（下關、門司地名之簡稱）發生霍亂之傳聞，由之外國輪船來的很少，因此在門司，堆積煤炭如山，一時竟達十幾萬噸，煤礦主之苦心，極為悽慘。結果是小礦主陸續廢業，煤礦業大多被大資本家合併。不過我倒覺得，這對於今後日本礦業是可喜可賀的變化。

可是從結束媾和談判左右之後，霍亂之傳聞也日漸消失，戰爭中斷絕的外國船也日漸進來，迨至七、八月左右，船用之煤炭的堆積也日益減少，因此煤炭價格之下跌，也隨之停止了。

在九州方面，因中小農手上有一些錢，故對衣服等需求增加，七、八毛錢至一點四、五圓之布匹，多賣比平常之兩倍以上。反此，繳納所得稅的階層，因先前義務性地購買了軍事公債，苦於繳納其款項，按照往例，四、五、六之三個月，金融緩慢，惟由於上述原因，各銀行貸出許許多多款項。

旋即在戰場的軍人陸續回國。因這些軍人大大方方地花錢消費，魚、肉、蔬菜等等之價錢，由之比平常上漲三倍以上。與此同時，與軍隊在戰地的戰利品，皆被運進門司倉庫。其中據稱有四百萬兩馬蹄銀。

有一次，分行一個行員，很好奇地拿一個小馬蹄銀到我這裡來並說：「這是眾人在談論的馬蹄銀，是很好的紀念。」我問「這是怎麼來的？」他說「常常到行裡來的一個軍人給我的，經理要不要一個？」我說：「舉凡戰利品皆應歸於國家，不能為軍人私有。所以擁有這樣東西不好。你應該還給他。」叫他還給人家。後來據說，為這些戰利品之掌管問題，大藏省和陸軍省發生爭執，最後決定由大藏省掌管。

及至七月底左右，傳出松方財相辭職之風聲，聽到這個風聲的我，覺得大有問題。因為松方伯爵對於戰後財政之經營，是承拜優渥之詔勅上任的。可是上任不到半年卻突然離職，這是不可思議的事。

當時我覺得，為補充日本通貨之不足，不能完全依靠得自清國之賠款，應該以增進信用交易才是正道。事實上，在歐美各國，譬如運用一百萬圓資本，事實上貨幣之流動量只有兩成，其他係信用交易。反此在日本，信用交易只佔一成半，其他八成半都是靠貨幣之流通。因此增加資本之道，只有堅實推動信用交易之一途。我認為這首先必須整備實業之大勢，並向川田總裁做這樣的建議。

迨至六月中旬，井上伯爵由朝鮮回來，途中在馬關滯留了四、五天。我到碼頭去接他，他因為稍稍患風濕症，臉有一點紅紅地。他大大慨嘆說：「真是很意外，朝鮮這個國家非常麻煩。幾乎是全世界最腐敗的國家。」他又說：「這一次之戰勝（指甲午戰爭），對日本到底是好還是壞，我們必須自戒。究竟要以此次之戰捷確立日本之位置，進而以採取更進一步之進取主義，還是要從所獲得高位置後退回到原來之地位，這是一個先決問題。如果決定第二策，我不必多嘴。如果決定第一策，國內必須專心注目經濟，上下要培養節約和忍耐之風氣，對外必須與列強攜手合作而前進。是即此次之戰勝，係因列國之疼愛日本，日本由之突然變成剛強大人，列國因而對日本發生戒心，特別是俄國之西伯利亞鐵路，勢將提早兩年左右完成。觀察眼前內外之形勢，五年之後與外國之關係，必將發生重大困難，在心理上必須有這樣的準備。」

我忘不了山口鎮君

作為有關秘魯銀山之後日譚，在這裡我想一談有關山口鎮君的事。他清算了公司交給他的錢之後，將剩下來的錢全部還給公司，他只得到一些津貼就離開公司，爾後與橫濱之某外國商館商量，一手包辦由美國輸入農具的販賣權，去北海道札幌經商。

據說一時作得還不錯，惟不幸遭受火災，被燒光。因必須設法生計，因其義弟友常穀三郎君在沙謬爾商會當掌櫃，很有辦法，遂去神戶，住進該商會，幹銷售的工作。有一陣子沒有消息，迨至一八九五年年初，他突然來馬關找我。我遂令他住進大吉樓，邊吃酒菜，聊了一個晚上。我問他：「最近當商館掌櫃景氣應該很好吧。」他說：「不錯，如果在商館工作，生活不成問題；但商館之生意在在需要說假話，騙對方和騙騙自己。因自己個性不適宜幹這一行，所以前一陣子辭掉了。思考再三結果，覺得小孩也長大了，很想全家工作，開一家鰻魚餐廳。因需要一些資金，故來和您商量。」

「需要多少錢？」我問。「開始時不必太大，有五十兩夠了」他回答。我遂把錢交給他，他非常高興，遂回去神戶。三月十日（一八九五年）他來信說：「內人以自營為目的，開始如另紙所說之賤業……」，並附上在兵庫松屋町開張名叫東京庵鰻魚餐廳的廣告傳單。它說，上等烤鰻魚每一客二毛五；普通的一毛五；鰻魚飯上等的兩毛錢；普通的一毛二五分錢，沒有骨頭的泥鰌八分錢；烤的八分錢等等。與今日之物價來比較是蠻有意思的。

可是他卻特別愛喝酒，不管有沒有客人，他都要吃他喜歡的鰻魚和喝他喜歡的酒，結果東京庵終於「關門大吉」；最後經朋友介紹，去當神戶碼頭公司之經理。他的任務是，當時往返於瀨戶內海的小汽艇，離開神戶港口的時候，不管風雨，怎樣炎熱或寒冷天氣，不分晝夜，他都得站在碼頭，幫忙卸貨和上貨，這不是一個年老的人所能勝任的。我因看不下去，遂詳細說明山口之經歷，推薦給安田善次郎翁。

安田翁說，「我旅行的時候，我帶著他走走看看」，於是安田翁旅行九州時，由山口幫忙照料一切，結果明白山口之為人，安田翁遂雇用山口在其所經營之製釘工廠工作，後來轉往製麻公司，出任北海道之經理，繼而被提拔擔任根室（北海道地名）之銀行分行經理。

此時的山口非常歡樂，並說，現在的收入相當多，這樣工作下去，老了可以悠閒自得，養活一家人，可是有一天他卻突然來說：「舊藩主（舊上田藩主松平家）之後室忽然來拜託，他不得不幫忙整理其家政。理由是幼主從外國回來，被同族勸誘，插手事業失敗，虧損將近二十萬圓，失去本來就不多的松平家財產，為此必須從事善後的大改革。後室表示，能夠勝任此項工作者在舊藩士中只有你一個人，拜託勉為其難幫幫我。承蒙您提絜得到現今地位，老後將無憂無慮之今日，卻碰到這個難題。由於舊藩主後室之懇請，在情誼上無法拒絕，硬著頭皮，辭去安田之差事，前來東京。現在要開始幫忙整理其家政。」

可是把家眷帶來東京之後，惟由於松平家上述之窮困財政，薪水一個月只有五十圓，雖然有一些儲蓄，卻漸漸用光，終於束手無策。幸好幾個子女之中，女兒已結婚，兒子受過教育，不必由其扶養。在這樣坎坷不遇之中，他終於與世長辭。

我與山口之相識，始於他跟隨藩主前往美國（記得是在一八七四、七五年左右），回國之後在東京英語學校擔任教員的時候。據說他的父親是上田藩的幹部，明治維新時切腹自殺。山口好像大我六、七歲的樣子，他的性格剛直爽快，大有志士之氣質。他以為這個時世不能老幹教師，乃在東京銀座尾張町當時之日日新聞社對面租了好大店面，開始做洋酒的批發生意，生意相當不錯。此時秘魯銀山的事起，因我決定要去，他拜託我把他帶去。

我說，等我去瞭解情形報告你以後再說，現在跟我去等於要跳進火坑，我要他再想想看，他大概不能死心，以後請藤村紫郎君帶領十七名工人去秘魯。

時至今日，我常常想，有山口這樣的人多好……，世上了不起的人實在太少了。

〔十三〕正金銀行經理時代

進正金銀行：與山本達雄氏（四十二歲左右）

一八九五年八月，我為出席日本銀行大會前往東京。當時川田總裁還沒有恢復健康，在濱田之三野村別館（三野村氏借安田善次郎翁房屋給日本銀行用的）靜養。記得伙食等等，皆由常盤屋負責送去。

到東京第一天，我去訪問總裁時，他交給我一份文件。一看，很意外的是，對於要善待實業家的建議。關於這個問題，我以前曾向總裁這樣建議過：

「看現今皇宮之待遇，是重文武官，甚輕實業家。今日以發展經濟為第一緊急要務。此時與善待文武官之同時，也應該善待實業家，否則無從充實和發展我國之實力。幸好您是日本銀行之總裁，為實業界之首席代表。現今之宮內大臣是您的同縣好友土方桑，農商務大臣是同縣的後藤伯爵。這是極好的機會，請您向這些要人說說，俾使其能夠實現。起初如果不能陪食（天皇）等，最低限度能由宮內大臣、農商務大臣等邀請日本銀行總裁、三井、岩崎（三井）等，繼而能逐漸促進陪食事宜如何？」

對此總裁反駁說：「你雖然這樣講，如果政府當局要邀請三井、岩崎，三井、岩崎可能會認為不知道當局會提出什麼難題，是不會高興的。」

可是看看剛才總裁交給我的文件，其內容，寫的卻與當時我所說的完全同樣意思。時勢變了……，我在心裡暗中自喜。我說「希望總裁的意見能見諸天日」，總裁油然微笑著點著頭。後來這個意見怎麼樣了，不得而知。

爾後我又去看了總裁。此時他突然提出希望我進正金銀行的問題。其大概內容如下：「日本銀行一向以低利融資正金銀行，要其致力於發展貿易，但對於正金銀行之作法諸多不滿意。於是先前請小泉信吉（慶應大學出身，為福澤桑徒弟）為總行經理，要使正金銀行多為國家作事，可是園田總經理、相馬永胤以及舊行員不實行小泉之意見。結果小泉變成與日本銀行之跑腿，由之受到日本銀行營業局之責備，回去正金銀行無法實行自己之意見，最後自暴自棄喝酒而死亡。簡直是被正金銀行害死。可是起初決定日本銀行低利融資正金銀行時，附上今後本行經理要由日本銀行總裁提名這樣的條件。小泉去世以後，正金銀行屢屢要求指派經理，但日本銀行置之不理。日本銀行決定他們束手無策，答應一切要遵照日本銀行指示辦事時才要派遣經理過去。」

總裁說，這一個星期左右以來，園田孝吉、原六郎、相馬永胤等人前後來了三次並表示，一切將遵照總裁之指示辦理，請遣派本行經理，因此我答允派人。你或許不願意，但我想請你去代勞如何？我希望你能去大顯身手。我本來想以（日本銀行）董事派你去，因沒有缺，所以希望你先以總行經理身分去。一有缺，我就給你董事。只有你一個人恐怕也不大方便，因此我準備派山本達雄為普通董事，同時在日本銀行服務，他諄諄這樣說。

對此我說：「我擔任西部分行經理才開始學習銀行業務，對於外匯毫無知識和經驗。但山本君將為董事進來，所以我願意盡力而為」，答應去正金銀行。為了辦理交接，我前往馬關，回到東京，接到八月二十六日（一八九五年）出任橫濱正金銀行總行經理之派令。當時我四十二歲。

自妻子柳子去世至聚品子（三十一歲至三十四歲左右）

在從日本銀行轉到正金銀行的這個時候，我想稍微來談談我自己家庭的事。前妻柳子病弱，當時我們住在東京神田淡路町，醫生是附近的佐佐木東洋，內人的病一直沒有起色，終於一八八四年八月四日，留下兩個兒子與世長辭。當時請東洋醫生診斷這兩個兒子健康，他說，這兩個小孩如果讓其上學，其發育會有問題。暫時不要讓小孩上學，住處淡路町不好，最好能搬到高地廣闊地方。幸好那個時候在小石川大塚窪町八番地出售宅邸，我遂把它買下來並搬過去。

那個時候我服務於農商務省，正在熱衷於調查商標註冊和公賣專利業務。及至一八八五年年底，為調查有關專利商標事宜，奉命出差歐美各國，在這期間，小孩之照顧及一切家務，完全拜託祖母和內姊。

從歐美回來以後不久的一八八七年，因前田、武井之作媒，與鹿兒島出身之海軍技監原田宗助胞妹品子結婚。至一八八九年秋天，我擔任專利（特許）局長，專心致力於日本專利制度之整頓和改善，不意該年秋天，忽然受託經營秘魯銀山，出差秘魯，結果失敗而終。然後染指天沼礦山，這也失敗告終，手中無寸鐵，大塚窪町之宅邸也轉手別人，我們不得不搬到後面之大雜院。

在這大雜院住了一年多期間的一八九三年六月一日，進日本銀行之建築事務所工作。此時，正在從事日本銀行之建築，所購買日本橋革屋町之土地內有倉庫用房屋空在那裡，為了工作方便，我們便搬到這裡。三子是孝就降生此地。

隔年（一八九三年）秋天，我前往馬關出任西部分行經理。它位於本所押上町一百九十番地水田中，地坪三百七十六坪，在這中間有一個狹小平房（大約五間，樓下大小五間左右）在出售，以三百五十圓連地皮買下來，舉家搬到這裡。惟從一八九六年秋天轉職橫濱正金銀行，因此又回來東京，服務於日本銀行建築所之青木定七來訪告訴我，日本銀行要把其所購買的建築物撤掉，有相當不錯的二樓木造房屋，我遂把它買下來，加上本所舊有之平房。據說這個二樓建築物，樓下五間，樓上兩間，還有儲藏室、洗澡間等等，總建坪三十二坪三合九勺一才，價款八十一圓九十六分錢，移動改建費用五百十四圓七十三分錢一厘，正門以及臨時定作費用五十二圓一分錢七厘，共計六百四十八圓七毛八厘錢。總之，就這樣搞了一個能住的房子。

在這之前，內弟是利一邊幫忙家業之筆墨店工作一邊上學，因他將來希望務農，我遂拜託當時擔任仙台宮城郡長之大童信太夫氏，令是利從一八九三年六月至一八九四年七月，進仙台農事試驗場，在場長牛村一君指導下，實習農業。恰巧，在千葉縣之遠親建議，於千葉縣某村莊購地令其居住在該處並結婚。爾後因周圍情況不好，加以健康欠佳，遂搬回東京，在麻布笄町與生父隱居處同住，父子俱亡，現今寡婦一個人住在那裡。

運輸三億圓花十年工夫

前面說過，由於這樣的來龍去脈，我進入正金銀行服務。因每天要從本所去橫濱工作，很不方便，於是和在（橫濱）野毛之朋友商量，借其房子的兩個房間，在那裡過日子。

當時，正金銀行之工作人員，內勤外勤統統加起來還不過八十人，園田頭取（董事長）及相馬取締役（董事）在二樓，我和山川勇木、戶次兵吉、川島忠之助等經理（支配人）在一樓之總行總經理室並排桌子辦公。

正金銀行之主要業務的匯兌事務，由戶次經理負責。我從戶次君和山川君學了匯兌之行情，買賣之方法，與客戶以及海外分行之關係等等，學習很多，特別是，山川君拿出其備忘錄，詳細而親切地教我。

不久之後，我進正金銀行以來首次碰到正式大項工作，即有一天，日本銀行聯絡說：「最近要把由清朝獲得的賠款之英鎊，盡快運回國內，正金銀行一年能夠運回多少？大藏省（財政部）命令調查此事，請火速調查和回答。」

於是正金銀行之園田董事長、相馬董事以下各董事、經理遂聚首一堂，舉行有關會議。結論是，盡力而為，一年只能運輸一千五百萬圓，銀塊一千五百萬圓，共計三千萬圓。本來所謂匯兌是利用售匯票（匯款匯票），主要是輸入品之價款，政府對海外之付款，留學生之學費等等，其大宗是政府之對外國之支付，金額最多，因政府決定今後之清賑將在倫敦以英鎊進行，正金銀行之銷售匯票將隨之減少。因此再努力，一年要搞一千五百萬圓，也很不容易。但如果運輸銀塊，因船隻以及保險費之關係，一船之運輸不能超過一百萬圓以上。即使是銀塊之運送，一年頂多只能運輸一千五百萬圓左右。

我將上述結果回答日本銀行。對方稱：「這樣實在太不像話，運三億圓需要十年光陰，會被人家譏笑，請你直接和松尾理財局長談談如何？」因此我便前往大藏省，會見松尾理財局長，我告訴他並問：「我上任日子不多，對於海外匯兌業務完全是外行。到底運多少回來大藏省才會滿足？」

他回答說「當然愈多愈好」。於是我說「好，讓我回去研究研究，設法令你滿意」。我告別大藏省，回去銀行之後，向其他三個經理報告，並進正金銀行以後首次提出個人之意見。我說：

「因為各位之協助，我逐漸瞭解海外匯兌之為何物。不過現在我還是搞不懂匯兌行情之建立。從前正金銀行公布匯兌行情是每天上午十時，外國銀行開店以後的事。那是香上銀行一決定行情，買賣外國匯票的仲介人之〇〇便立刻用電話告知的緣故。從此以後正金銀行才決定和發表該日之行情。但是倫敦之銀塊行情，與外國銀行一樣，正金銀行在前一天晚上就收到。而且正金銀行每天早上九點就開門，外國銀行早上十點鐘才開門。同時收到倫敦之行情，正金銀行比外國銀行早一個小時開店，卻要等外國銀行發表行情之後才能決定自己行情，的確太不像話。因此正金銀行應該於開門之同時公佈自己之匯兌行情，對於橫濱之顧客，要印刷名信片大的買賣匯兌行情，立刻派工友送去。對於東京之顧客，要馬上寄信告知他們。

其次，要設法爭取日本商人和外國商館為顧客。譬如郵輪公司最近曾向英國訂購八艘新輪船，卻完全利用正金銀行。三菱公司在長崎有造船廠，輸入許多造船材料，却不是正金銀行之客戶。所以我們必須努力爭取這些主要的日本人輸入業者，以及進軍外國商館。回顧我們過去之營業，輸出外匯，外國商館多在利用正金銀行，但輸入外匯，卻沒有利用正金銀行。這可能是正金銀行信用不夠的緣故。輸出外匯意味著當事者先在銀行取得現款，爾後在外國支付。反此，匯款者要先在正金銀行交現金，然後在外國取得現款。這是不是擔心把現金交給正金銀行的緣故？」

對此大家都說：「要爭取外國之輸入業者不是那麼容易。」我說：「我們給辦理外匯者多多少少利益如何？」於是戶次說：「若是，可能漸漸會有客戶。」因此，大家同意正金銀行一開門，便發表自己的外匯行情，輸入外匯（匯款）比外國銀行便宜十六分之一。

得到西鄉侯爵稱讚

因正金銀行決定如上所述之營業方針，我便往訪大藏省之松尾經理局長作說明，並請他諒解。

那麼擅長理財的他，對於外匯卻一無所知，要使他理解外匯之買賣，電匯，見票即付外匯等等，我曾花好大力氣。我說，正金銀行每天要發表自己的外匯行情，對於輸入外匯，將比外國銀行當日之行情便宜十六分之一，以便爭取外國商館，問他可以不可以這樣做，松尾局長聽懂了，並稱「這應該這樣做，以這個方針好好幹」。得到這樣承諾的我，回到橫濱之後，就馬上去找郵輪公司之副社長加藤正義君說：

「你的公司和外國交易很多，為什麼都沒有利用正金銀行？」加藤說：「不知何故，我們的工作人員多不喜歡正金銀行。說到你們那裡，好像去衙門一樣。就是不親切。香上銀行和查達銀行都非常親切，辦理匯款都很快，所以自然而然地不去正金銀行。」

我說：「這是有道理的。今後我們會留意和改善。郵輪是國家的公司，既然要辦事，請利用同樣為國家企業的正金銀行。關於匯款，我們一定比外國銀行要便宜十六分之一。」

加藤很高興地表示：「你既然這樣說，那就利用正金銀行好了。」我同時又去三菱公司訪問豐川良平君，說同樣意思的話，請他們也能利用正金銀行，他也欣然同意這樣做。不過他又說：

「香上銀行匯款時，在神戶分行，二十萬圓以下者不必擔保，可以由戶頭透支。三菱公司之辦理輸入匯款，在神戶和長崎辦得最多，正金銀行也必須在二十萬圓以下免擔保由戶頭透支才行。」我當然點頭，表示同意。於是豐川說：

「那神戶部分，全部改為使用正金銀行好了。長崎部分，因為一直和荷姆林加商會交往，現在不便馬上變更，故請暫時不談。不過我會看時機，長崎也會這樣做。」

如此這般，我因已經說服了國內之主要輸入當事者的三菱郵輪，於是轉向與外國商館談判。當時，外國商館（洋行）之輸入商中的主要公司是美國的標準石油公司，因此我遂去訪問其負責人表示，正金銀行對於匯款，將比香上銀行和查達銀行便宜十六分一，對於合不合算非常精明的他們，也終於同意利用正金銀行。

如上所述，由於我們變更了營業方式，往訪各個公司行號，熱心遊說和給予優惠，因此一八九六年一、二、三月的三個月，我們竟辦理了四千萬圓（包括預約部分）外匯業務。遠比當初所預期的成績要好得很多。

有一天，我在橫濱火車站偶然碰到西鄉從道侯爵，此時他說：「今天的內閣會議有人提到你，說因你在正金銀行努力工作，大家都很高興。」

太努力工作被訓一頓（四十三歲左右）

記得是一八九六年年初，當時之日本銀行營業局長鶴原定吉對我說：「你那麼拼命由倫敦搞來黃金不好」，因我覺得非常意外，故問他說：「這是不是大藏省（財政部）的意見？」他說：「是的，大藏省也在這樣說。這樣一下子由外國搞來這麼多黃金，國內金融也很難因應。他們說高橋在亂搞。」

「那就怪了。我每星期至少去大藏省一兩次，松尾桑誇獎過我，從來沒有責備過我。前天我也去過大藏省，都沒有談到這樣的事情。」

鶴原稱：「不，大藏省對我們這樣說。站在日本銀行的立場，搞來這樣多黃金，日本金融實在吃不消。」

因我的意見和鶴原的意見不同，於是鶴原說，那麼我們去聽聽（日本銀行）總裁的意見如何？於是我們去看了總裁。總裁仍然在床上，鶴原說：「上一次我報告高橋搞太多黃金時候，總裁很不高興，現在請總裁對高橋說說。」

總裁說：「搞太快，搞得太多也不是好事，稍微放鬆如何？」於是我說：「關於從倫敦搞回來黃金，我每週去大藏省一兩次，都和松尾理財局長商量。每一次，他都非常高興，並希望我多多努力和學習。前天去的時候也是這樣。因此我還和外國人取得連絡，想多搞一點，現在卻突然要我稍微節制，使我不知道該如何是好。如果要做，只有在匯款匯率想想辦法。但郵輪、三菱、標準石油公司等，本來是香上銀行、查達銀行等的客戶，這是我們以匯率比人家便宜十六分之一爭取過來的，因此如果現在放棄，必將立刻失去我們的信用。前天還在勉勵我的人，怎麼可以突然說這樣不行，這是大藏省的作風不對，我現在就去和他理論。」

我氣憤憤地說要去大藏省的時候，總裁說：「你這樣怒氣沖天一個人去不好，鶴原也應該和你一道去。」因此，奉命我和鶴原一起往訪詢問大藏省松尾理財局長。因川田總裁特別叮嚀，故我以很和氣的口吻問：「鶴原君告訴我說，（我）從外國搞（黃金）得太多，若是應該怎麼樣才好？」此時鶴原遂從旁邊插嘴說：

「我以高橋搞來太多（黃金），會影響國內金融，故我這樣說。」於是松尾桑笑著說：「搞得太多也沒有什麼壞，不過已經相當多了，所以我說以後可以稍微酌量減少。」此時我頓覺這是鶴原的意見。因此我回答說：「那我就應該稍稍保守一點。」我們彼此笑著告別。

正金銀行內部的派閥

現在，我把話題稍稍追溯到前幾年，記得是一八八九年十月，松方（正義）擔任大藏大臣的時候。因政府對正金銀行停止外國匯兌資金之支出，大藏大臣遂命令當時之日本銀行總裁富田鐵之助氏，要其對正金銀行所擁有外國匯兌支票（輸出支票）以低利率再給予打折扣。可是日本銀行對於正金銀行之營業沒有自信，乃希望自己開始辦理外國匯兌，鼓勵本國人之直接輸出，不想服從松方財相之方針。其結果，富田總裁辭職，由川田小一郎氏接任日本銀行總裁。

由於這樣的來龍去脈，川田總裁與上任之同時，同意對於正金銀行所有之輸出匯票，限於一千萬圓以內者給予年二分之低利再貼現，今後正金銀行總行之經理，決定由日本銀行總裁指定。由之小泉信吉君進正金銀行，及至其病逝，一八九五年八月，要我進正金銀行，這是前面說過的。我進正金銀行工作時，向川田總裁表示：將遵從總裁之命令盡全力服務，以努力於實現國家之方針，同時建議再貼現額度提高到一千五百萬圓，另行實施一年兩分之低利的戶頭透支貸款，這兩項建議，皆得到總裁之許可，並指示：「今後正金銀行，除匯兌業務之外，要斡旋有關從事貿易之國內外人，為其媒介者，致力於創造國內外人會合之機會。

因需要接待外國人之場所，尋找結果，得知山上之知事宿舍在出售。記得是六萬圓左右。遂將其買下來作為招待所。在山上，可以望海，風景不錯，但其下面卻有瓦斯大槽，非常掃興，遂與當時之總務課長鍋倉君商量，更改登山路，瓦斯大槽那一邊裁高樹等等，把殺風景遮起來。這是為什麼接待所設在這裡的主要原因。

我進入正金銀行之後，首先把匯兌行市之設定，由正金銀行本身決定，其次是去除當時在銀行內之黨派的弊端，為培養分行經理級人物，擴大採用行員之範圍。

正金銀行之行員起初不到八十個人，這樣少的人各有其系統和派閥，並各自在盡力擴大其勢力範圍，因此派閥外的人，幾乎被忽視其存在。此時勢力最大的是相馬、戶次系，不屬於其派系的人，在正金銀行，休想要升遷。所以這兩個人以外之任何人的介紹，即使是總裁推薦進來的人，都沒有辦法待得太久，自求離去。行員最好由工友培養起，這是當時的想法。銀行內部多認為大學畢業生沒有什麼用處，學校畢業生、商業學校畢業生最受歡迎。

仔細考察，其辦事有一個所謂計算規定，不看這個規定，實在沒辦法辦事。可是這個規定是用毛筆字寫的，而且沒有幾本，都藏在計算課長的抽屜裡，成為六韜三略之卷，不給其他行員看。因此即使是大學畢業生，懂得簿記，除非前輩教你，否則實在沒有辦法辦事。可是老行員都有派別，沒有上面的指示，他不敢也不會教你。

我決心打破這個弊端，乃與園田董事長商量，設調查委員，以戶次經理為委員長，計算課長澤井宗之、該課課員豐間根繁吉、岡田松太郎、原田武以及為此目的請川田總裁同意特別派來的田中久吉等六名為委員，令其審議此案。我把討論結果統統印出來，發給全體員工，以及新進來的工作人員。這個規定自一八九七年一月開始實施。從此以後，所有行員都熟悉事務，懂得簿記法的人，只要看這個現定，都能夠立刻辦理業務。

為紅利限度，與若尾逸平翁爭論

正金銀行規定每年三月十日和九月十日，作上半年和下半年決算，並舉行股東大會。可是對於一八九六年三月要提出之股東大會的決算表發生議論。理由是，在這一期，從總利益扣除規定之股東紅利等，還有大約十五、六萬圓之後期滾存金。可是對於後期滾存金，有董事反對。以往，滾存金以不超過五萬圓為常例。如果滾存金超過五萬圓，在股東大會會有人提出作為股東之紅利。因此反對滾存金超過五萬圓。董事之中，最主張這個意見的是若尾逸平君。他說：

「你進來正金銀行不久，不知道其成立經過。我是創立當時之股東。當時銀幣之差很大，繳納股金時，一百圓股票，要以兩成之正銀銀幣繳納。這如果換算為紙幣是一百二十，可是今日正金銀行之股票是票面以下。也就是說，股東在實際上付了一百二十圓，但正金銀行的股票行情卻是只有九十圓左右。因此此時自不必增加滾存金。即使把它減少也得多給予分紅才對。我於前年在山梨縣買的土地，當時一段（九九一．十二萬公尺）買二十圓的，今日已經漲了十倍。可是正金銀行股票付了一百二十圓，現在才九十圓左右，太不合理了，所以我不能贊成增加滾存金。」非常高姿態。

於是我反駁他說：

「這個高論實在令我非常驚訝。老實說，正金銀行不是專為股東之利益而創立的。它是為發展我國對外貿易而成立的唯一金融機構，因此其業務自以國家之利益為優先。正金銀行對國家之任務非常重要。為達成這個責無旁貸的任務，首先必須提高其在國內外之信譽。為此最重要的是鞏固銀行內部之基礎。其最好的方法便是儘量增加每一期之滾存金金額。在有像你這樣董事的銀行，我實在沒有辦法幹下去。身為正金銀行之董事的你，實在不可以也不應該說這樣的話。」

其他的董事多說：「高橋君的說法是不錯的，但看過去的情形，股東大會將勢不干休。」

於是我說：「如果股東大會不通過這個原案，只顧自己的利益，我們應該一起提出辭職如何？」結果決定把我所提出的決算表向股東大會提出。可是在股東大會沒有一個人反對這個原案，後來大家都說，過去沒有像這樣順利通過的例子。這可以說是日本銀行和正金銀行之關係日漸明確，日本銀行總裁之隱然勢力之影響的結果。我在這個股東大會，又被推為董事，並兼任總行經理。

這個時代，正金銀行總行與海外分行之往返電報費用非常之多。隨事業之進展，電報之往返當然一定會隨之增加，因此我制定正金銀行之獨特電報密碼，特別任命兩個人為其負責人，令其調查發出及收到電報，並隨時增加新密碼。實施結果，根據山川經理之計算，往返的電報雖然增加了，電報費半年卻省了六萬圓。

銀行之道德：令我感激的實際例子

這是一八九六年的事。正金銀行一位法國商人客戶破產了。正金銀行一直購買他的生絲輸出匯票，因其破產，損失幾萬圓。可是他除正金銀行之外，還有和法國本土的三家大銀行有來往，據說這三家銀行之損失更大。不久，正金銀行的里昂分行來信說，法國的三家銀行，以這一位商人人格高尚，二十多年來從事輸入生絲之事業，鑒於在這期間，他是銀行之好顧客，詳細調查其帳簿以及其他文件等等，發現其所以破產不是他作弊，完全由於財界之不景氣，他客戶的織布工廠發生問題所造成。銀行認為這樣讓他破產太可惜，應該讓他以其多年之經驗，繼續輸入生絲，以利社會，因此三家銀行商量結果決定：一筆勾銷過去之全部貸款，並按照從前貸款損失之比例，給予信用貸款。這是里昂分行來信之內容，最後並提問正金銀行應該採取怎麼態度。

我看完了這一封信，得到新的知識。那就是這如果在日本，一般的作法是，銀行會要求客戶寫一份將來有辦法時會還債的保證書，令其破產，以盡銀行本身之責任。我們看到法國這三家銀行之作法，由衷佩服和感動其親切、理智和德義，因此我對里昂分行指示其與這三家銀行採取同樣行動。

爾後不久，山本達雄君私下告訴我有關朝吹英二君的事。他說因川田總裁之推薦，要再起用朝吹，要令其負責木名木川棉布公司。朝吹也非常高興，不過有一件事要和你商量，就是前幾年政府為鼓勵直接輸出曾經設立一個公司，請朝吹經營，結果失敗，賠了一百萬圓左右。當時正金銀行負責清算工作，此時令朝吹每年要歸還五百圓之保證書。朝吹表示，因川田君之好意，似東山再起，棲身江湖，惟想到那一張分期還債文件，覺得即使還一輩子也還不完，恐怕此事也將因此而付諸東流，前途茫茫。有沒有什麼辦法能夠把這一張還債保證書註銷？你覺得如何？

此時，我想起了前述法國商人這一件事，我說明了這個故事，同時建議不要每年還五百圓，現在乾脆一下子還十年，把保證書拿回去算了，山本君對於這樣作法很滿意。於是我和相馬等人商量，因這一筆債權已經不在銀行帳簿上，故都贊成我的意見。我因法國銀行之態度，得到銀行業者應當以其為重要的標準教訓。

及至一八九六年九月，成立松方（正義）內閣，松方伯爵兼任大藏大臣。在此之前，日本是銀本位國家，因松方伯爵有把它改為黃金本位的想法，故也和我商量過這一件事。當時銀一直下跌，對黃金只有其從前一半的價值。也就是說，以往黃金一圓之量目是四分，如果以其一半即二分作為新金幣一圓，在匯兌行情以及國內外借貸關係，都能得到平衡的狀態，因此我對松方伯爵奉答現在應該實施金本位制。可是當時所設立之貨幣制度調查會卻回答實施銀本位為好，大藏省內部也有人認為，如果現在改為金本位，有從前輸出流通至中國和南洋方面的輸出流通之日圓銀會一下子滾回來，競相要求換成新金幣之虞。為因應此種情況，必須規定兌換之期限。因此他們主張應該先問問香上銀行、加達銀行等之意見。由於上述之經緯，大藏大臣又問我的意見，我回答說：「我國圓銀一旦輸出海外者，必須把它當成銀塊。輸入銀幣沒有將其更換成新金幣之義務。尤其是一個國家要決定貨幣制度時，顧慮外國銀行，要問他們意見，不但是笑話，而且只有百害而無一利。惟對於由中國和南洋已經運出前往日本之圓銀，應該給予一些考慮，在實施新制度之日起，准許其三週左右以內兌換。」

關於這一件事，後來有過各種議論，最後決定兌換期間為六個月，開始實施，記得因期限有點長，後來縮短為三個月。

回憶正金銀行之董監事

我和園田董事長、相馬董事，每天上午十時左右，由東京上班，到二樓，十二時，出去外面吃西洋料理，下午三時左右，他們兩個人便回去東京。回去之前，他們兩個人會到經理座位，聽聽戶次經理說明當天之買賣匯票約定金額，實在交易金額或買賣金額。

有一次，我問戶次，相馬君為什麼每天和董事長一樣要上班？他回答說名義上是調查。相馬君為人嚴謹，感情非常豐富。有一天，園田、相馬兩君離開銀行之前，為聽取報告到了經理位置。此時課長把裝有六十多圓的信封交給園田董事長。看著信封的相馬君遂問計算課長：「那是什麼錢？」課長回答說「這是董事長來回東京、橫濱的交通費，我們一向這樣作。」相馬遂怒氣衝天說：「這怎麼可以，本來董事長應該住在橫濱才對，他要住在東京是他個人的事，怎麼可以領取來自東京之旅費？這樣怎麼能對其他行員交代？你交這個錢是不對的。」他這樣大聲罵課長和經理。

園田董事長並沒有請求和領取這一筆錢，以其過去是這樣作他才接受，他聽相馬這樣說，覺得這麼麻煩，遂把錢還給課長。

此時戶次看不下去，遂解釋說：「這不是董事長由東京上班的交通費，而是因為本銀行董事長為行務，有時候得去大藏省和日本銀行。平均算一星期去兩次，每次算其交通費、餐費等等給相當費事，所以一個月就這樣送交董事長。」山川補充說：「不管董事長住東京或橫濱，為行務出差東京，依銀行內部規定，要支付車馬費和餐費，為方便於計算，每個月給一定的數目。」

相馬聽完了這兩個人的說明，好像覺察自己誤會，便沒有再說什麼就離開，董事長也沒有領這一筆錢就回去。

因我覺得相馬態度不對，隔天我去向董事長表示：「我覺得對於昨天相馬的失言，您不能置之不問。相馬雖然知道這是他的誤會，但在員工面前，以那樣口氣責難董事長，實有損董事長之威信。昨天的事，一定要令相馬向您道歉。」園田說：「他已經明白了，我想算了吧。」我主張說：「這不是您園田個人的立場問題，而必須考慮董事長這個職掌。一個董事，怎麼可以在員工面前尤其責難董事長有關金錢的事，在職務上不能等閒視之。」我這樣告訴他，並稱將向相馬提出此事，同時告訴經理等，他們都同意我的意見，表示希望我盡量溫和地解決。

隔日，相馬董事一上班，我立刻去對他鄭重表示上述之意見，至少要在經理和計算課長面前對昨天之失言向董事長表示道歉，以正行規。兩天之後，相馬來對我說，「你的忠告非常有道理。我因誤會，在大家面前失言，千不該萬不該。今天早上我去向園田君道歉了，並請他照樣領取旅費，董事長也領了情，說他會這樣做。」他既然認錯，並向董事長道歉，董事長也接納了，因此我也就不再追究，遂與相馬告別，並去轉告經理和計算課長，至此事情圓滿落幕。

山川這個人溫純忠厚，親切和氣，其言行內向。我剛進正金銀行時，遂去請教前輩有關匯兌業務，最親切對我說明，把他為備忘所寫筆記抄了一份給我，現在我手上還保存這一份筆記。

戶次經理是正金銀行開業，在紐約設分行時，跟隨相馬赴美，出任第一任經理的人，對匯兌業務非常有自信，自負如果沒有他，今日之正金銀行要怎麼辦？好像他一個人支撐著正金銀行的樣子。他的為人實在沒有話講，忠於行務，絕不後人。他很喜歡喝酒，有時候會對在座的人，把米飯黏貼在他們臉上的酒癖，但沒有什麼惡意，其性質是蠻可愛的。

川島經理，起初是志願海軍，因近視眼，未能如願以償，於是從事商業貿易，在法國時成為正金銀行雇員，曾任里昂分行經理，記得他大我一歲。山川小我一歲，戶次小我兩歲。川島經理法語非常好，因此主要和法國人或會說法語的外國人接觸。他為人淡泊而有趣，其人品與我老朋友山口鎮很像。我常常和他到橫濱著名的鰻魚飯的店用餐。議論時事，大吃大喝。據稱，他的法語比一般法國人還要好。

我進正金銀行之後如果有所貢獻，我覺得都是因為這三位的同情和幫忙所致。在職務上同仁之和衷共濟，最為可貴，現在回味起來，覺得自己真是一個很幸福的人。

正金分行代理日本銀行事務（四十四歲的時候）

一八九七年。園田總裁與日本銀行營業局長山本達雄君一道出差英國。其主要目的是，要把從清國得到的賠款，存在英國銀行，由正金銀行倫敦分行，在英格蘭銀行開設清算帳戶。

當時，英格蘭銀行有不大願意和其他國家的銀行交易的習慣，因為兩君之努力，終於達到其目的，同時令正金銀行倫敦分行代理事務。

一八九六年十一月四日，川田日本銀行總裁逝世，岩崎彌之助氏接任總裁。首先他所作的是，將日本銀行之慣例的對股東之十二％分紅減少，對於這個措施，據說監事曾經反對。

園田董事長由英國回來之後，好像很累的樣子，終於生病而辭職。此時豐川良平君前來表示，園田氏辭職之後他想推舉相馬董事接任董事長，說明各種理由，希望我能夠諒解。我回答他說，沒有問題，任何人出任董事長，我唯一關心的是要如何為正金銀行奉獻和盡職這一件事。聽完我的話之後，他放心離去。

岩崎總裁一上任，其下面有河上謹一、鶴平定吉、町田忠治、片岡直輝諸君，極受總裁之信任，大家友睦勵精，團結一致。此時山本君從英國回來，在這些人之中，他似覺得有些隔靴抓癢，與總裁也有一些隔閡的樣子，於是我對他說：

「你乾脆就取代相馬君，出任正金銀行總裁如何？」可是他卻說：「因我不大會說英語，不容易和外國人交往。以正金銀行總裁不能自由自在地和外國人交往，沒有辦法完成這個任務。」不肯點頭。我勸他說：「外國人的事我來負責。正金銀行的工作，不只是外國，國內的事也要加強，這方面你最有辦法，請你再考慮考慮看看」而告別。經過大約十天之後山本君說：

「日本銀行內部之氣氛，已經稍微緩和下來，所以前幾天所說之總裁一事，請暫時不談。」我覺得這樣很好而高興和放心。

一八九八年一月，成立第三次伊藤（博文）內閣，井上（馨）伯爵出任大藏大臣。我自進正金銀行以後，日本銀行所主辦的宴會，和日本銀行幹部一樣，我都應邀參加。因此和岩崎總裁，得到與前總裁同樣的照顧。

有一次，因總裁吩咐我去他位於駿河台之住家，故我遂往訪。我被帶到二樓似茶室的小房間，此時，岩崎總裁和田中（光顯）內大臣坐在那裡好像在議論什麼事的樣子。當時之一切照應，皆由岩崎總裁夫人親自來，沒有其他任何人出入，非常慎重。此時總裁對我說：

「請你來的目的是，想請你了解了解新大藏大臣井上伯爵對於日本銀行總裁人選有沒有別的想法，請你訪問井上伯爵試探看看。」於是我遂立刻往訪井上伯爵，留意觀察結果，發現井上伯爵對於岩崎總裁並沒有什麼別的想法，我遂去向總裁和內大臣這樣報告。

〔十四〕從正金銀行副董事長到日本銀行副總裁

出差歐美：在船中之惡作劇（四十五歲左右）

我於一八九七年三月之股東大會，被推薦為正金銀行副董事長，該年十月二十六日，奉命出任台灣銀行創立委員會委員，隔年二月二十八日，出任農商工高等會議議員。一八九八年一月，為考察正金銀行在外各分行之業務，以及調查金融之情勢，出差歐美各國，此時，大藏大臣井上伯爵對我說：「我有一些小事要拜託你，希望你晚幾天出發」，我遂遵命。井上桑說：

「大藏省最近研究結果，覺得有募集兩億圓左右外債之必要。請你留意看看以什麼條件可以募集，先瞭解看看。我希望在法國募集，因有各種各樣因素和關係，所以不一定限於法國。」因此我說：

「關於這一件事，最近日本銀行之河上君一行要出差外國，是不是指示他們留意比較妥善一點？」

他說：「不行。現在如果我說在財政上需要募集外債，給社會上知道將不得了。這一件事必須守密。所以才要拜託你。如果交給日本銀行，一定會漏到社會上去。這樣做，我的計劃一定會發生問題，因此沒有告訴任何人。」於是我回答說：

「這個調查非常不容易。如果是決定要募集外債，暗地調查，對方可能會很認真地面對，如果只是想了解了解，對方是不會真正把它當作一回事的。雖然不是與日本銀行之河上君一行一起行動，但在當地可能會偶爾碰碰面。我完全不告訴他們，我在心裡會覺得有點怪怪的，不過大臣既然這樣說，我就盡全力去做調查。」

關於這個外債，直至井上伯爵決心為止，我延期大約一個月才動身。及至二月九日晚上，我離開葉山，隔（十）日下午九時半抵達神戶，在西常盤一宿，十一日上午十一時，搭乘輪船長門丸，由神戶出發。在船上，因和要回去印度之達達氏同船，故就要從印度購買銀事與其商量，將所得到結果，以書面寄給鍋倉。

二月十二日上午十時到達下關和門司。瓜生、秦、甲斐諸君來船迎接，一起到馬關之大吉樓。百十銀行之木梨君在那裏等候我們。中餐都準備好了。因船下午二時半要開航，故我們提早離開大吉樓。大家送我到船，其中也有我從前認識的茶屋下女和藝妓。但船開了之後，這些女性卻都留在船上。我問為什麼，秦、瓜生高橋新吉君等卻說，要令我嚇一大跳，臨時決定要和我同船到長崎。可是這些小姐，船出去馬關、門司海峽，進入海面之後，開始暈船，有的人吐，有的人躺下去，糟糕透了。

如此這般，船於十三日上午四時到達長崎，投宿迎陽亭。該日上午，松田源五郎君來，就貿易港口之長崎說了許多意見。中午左右，農工銀行委員招待我吃中國料理。當時之長崎書記官的田中隆三君作陪。

正金銀行決定在長崎設立分行，前幾天剛剛由三菱購買了其土地用作為分行用地，遂去看看該筆用地。地點很好，遂將其情形寫信告訴了相馬君。

中午，接受了莊田平五郎之招待，作陪者有岩崎久彌、木村久壽彌太以及三菱之諸君。此時莊田君笑著說：「今天早上一行許多人到達迎陽亭。大家很熱鬧在洗澡，問旅館的女服務生說今天早上的一行人是誰，女服務生回答說，據稱是高橋先生夫妻及其身邊的人。後來一查，竟是我們都熟悉之馬關大吉樓的女侍應生和藝妓，大家哄堂大笑。」

考察上海分行：發現其病根

二月十四日（一八九八年）上午十一時，離開長崎前往上海。田中隆三君專程為我準備縣政府之小汽艇，送我上船。三菱之格羅巴父子也送我到船上，並給我香上銀行香港總行之傑克遜氏及上海分行之格列特氏的介紹信。

十七日上午九點，到達上海郵輪碼頭。正金銀行之西卷分行經理以下諸位來迎接，我遂住進亞斯達飯店，隨行之一宮君住日本旅館。

到達上海之後的幾天，忙於社交的往返和參觀市區。與郵輪公司之永井君，領事小田切（萬壽之助）君，三井物產之小室君等交往歡數次。二十一日晚上，應永井君邀請到他家作客，陪客有盛宣懷、盛查孫、黃開甲、蔡鈞、鳳儀、張義樹、鄭清麗等中國名人。

及至二月二十三日，正金銀行倫敦分行來電報報告說，中國之外債一千六百萬英鎊（要交給日本之所剩賠款），決定由香上銀行和德國銀行來辨理。與此同時，小田切領事也以書面告知：今天早上見到盛宣懷時，盛宣懷告訴他，倫敦之李某來電報說，外債將於農曆元月底成立。

從二月二十六日起，開始調查上海分行之業務。我要他們提出自本月十七日以來每天之匯兌契約，以及其買賣金額之報告書。當時上海分行之病根是，一八九六年十月以後，因賣印度魯比過多沒有買進，致使虧損五萬兩左右。可是分行經理在一八九六年下半期之決算表不但沒有記載這項虧損，而且列入同樣數字之利益，迨至一八九七年上半期始列出少少損失於表上，在該年下半期之決算彌補若干，但仍然隱藏虧損兩千五百兩左右。分行經理大概認為，以今後匯兌之利益，可以逐漸彌補。最近上海分行利益之減少許多，可能就是由於此種原因。但如果把它公開，則非調動分行經理不可。同時將被社會知道自一八九六年以後之決算表都是假的，正金銀行不能公開這一件事，所以只將其內容報告相馬董事長，並表示我個人之意見。

我在上海滯到三月八日，在這期間，我盡量和中國人接觸。三月五日，我招待盛宣懷氏、蔡道台等人午餐。陸軍大佐神尾光臣君、領事小田切萬壽之助君、郵輪公司之永井久一郎君、三井之小室三吉君以小田貫雄、中村錠太郎君等人作陪，是一次非常愉快的晚宴。餐會之後，永居君又邀我去張園看戲，然後到演員之中聲音最好的文杏元家去玩。

如此這般，我於三月八日上午十一時半，乘坐那達爾輪往香港出發。在船中和德國人馬克思氏成為好朋友。此人非常活潑和健談，我們談很多，記得有如下：

「我的公司主要把南美之物品推銷到東方，為取得顧客，每年都派店員。今年輪到我，首先登陸新加坡。可是我在船上穿著很差，而且船到港口登陸一個錢不花，所以大家都不理我。我自己也知道這個理由，但還是沒有辦法，因為我們公司沒有規定一天出差費多少錢。派遣員要把所花費用統統記下來向上司報告，上司看看所花費用和得到多少定貨來評估派遣員之成績。我們每一個人都不知道前面派遣員到底花了多少錢。因此必須儘量節省，俾能得到好的成績。」

聽完了他的話之後，我深感德國人之如何認真。

那達爾輪最初午餐非常之差；其服務生也不用心。馬克思氏等餐後之咖啡等了二十五分鐘，因為等得太久，他氣瘋走了。但晚餐以後，與午餐不同，改變很多。

寂滅塔之怪誕與英國之殖民政策

我們所搭乘之那達爾輪，三月十日晚上十一點半抵達香港。當天晚上在船上睡覺，隔天早上正金分行行員來接我，住進香港大飯店。此時，日本銀行之河上謹一君來電報說：「搭孟加拉輪去，但不去孟買」。因孟買分行來連絡說「沒有檢疫」，故我連絡雙方說「我們按照預定乘孟加拉輪去孟買。」一到達香港當天就去分行檢查和聽取報告。在此之前，香港之中國人在此地拼命買銀帶回中國大陸，因此銀之需要者非常之多，香上銀行製作發行銀行之銀證印美元，銷路極佳。因正金銀行也認為銀證印美元情況很好，我遂指示長（姓長）分行經理，要盡量設法購買圓銀，在倫敦和日本本土，要購買銀塊。

三月十一日，在長分行經理之晚餐席上，我被介紹在香港最負眾望之仲介經紀人斯就亞特君，這個人說，俄國和日本之衝突將不可避免，報刊、風聞都說，這兩國不久會發生戰爭。在香港，我和日僑以及中英兩國有力人士都有過交往。中國人也請過我好幾次。

有一天，正金分行之買辦招待我去過中國俱樂部。在此席上有多位在香港知名度很高的中國人，都說很流利的英語，因而過了很愉快的一夕。

為什麼我被邀請去中國俱樂部呢？因為香港屈指可數之大地主是這個俱樂部的會員，這個人之甥子被正金分行錄用，所以他們把我請去。由此我得知在中國工作的人，為其工作，要選擇其為人和門第，起用年輕的中國人，除店的工作之外，也具有非常好的影響。

三月十七日，河上謹一君一行，乘孟加拉輪到達香港。我登這一條船，十九日離開香港，二十四日抵達新加坡，翌日出發，三十日到達哥倫坡。

河上君一行，在這裡轉乘維克多利亞輪，我坐原船孟加拉輪前往孟買。在哥倫坡時，收到中國對俄國割讓（應該是租借⋯譯者）旅順大連之電報。對它泰晤士報報導說「英國政府無意推翻中國所許者」，但香港電報相反說，據稱，英國之東方艦隊有意開戰，已經在北上。

從哥倫坡航行四日，四月三日下午八時到達孟買。正金分行行員來接我們，因已經很晚，決定明天早上登陸。

四日上陸，以至十二日滯留孟買。當時之領事是山田敬德君，他於六日撥冗前來瓦遜大飯店宴請我。當時作陪的有間島豐吉、高柳敬勇、吉川卯三郎、安川雄之助、曾根伊作諸君。

從香港我曾對相馬董事長建議要多買銀塊，對此相馬董事長回電說，政府完全贊成你的意見，但無奈，目前在英國買不到銀塊。對此我回電說，只要是銀塊，不一定是英國的，奧地利的銀塊也無妨。

四月七日，仲介人特布向招待我們去參觀士人女人舞蹈。去一看，特布向夫人、千金、妹妹好多位上流人士在場。樂人都是男性，十三個人，配合其音樂，穿著很漂亮衣裳的七個小姐，優優又唱又跳。主人在我們脖子上套上香味極重的花圈；夫人獻給我花束。給我、山田領事、川島、松尾四個人的脖子花圈和花束最大。這個晚上過得實在非常愉快十一點鐘才回到旅店。

有一天，去參觀了寂滅塔（Tower of silence）。這是依印度某一派宗教之習慣，將死人之死屍給鳥吃的地方。這個宗派的人死了以後，要把他（她）的死屍抬到這個寂滅塔很大圓型塔上擺在那裡。此時鳥會爭先恐後地來吃屍體。據說，屍體少的時候會吃得光光，只剩下骨頭，多時吃不完，會把多餘的肉帶走丟在水源地等等。我去的時候，也有四百隻左右好厲害和好大的鳥。想到這樣鳥會吃人肉，我覺得好噁心。我也參觀了火葬場。這是可能有兩萬坪大的地皮，周圍用圍牆把它圍起來。信宗教的人死了以後，要把屍體放在木板上，在其上面蓋一件薄薄的衣服，不分晝夜，大搖大擺地走著街道，抬到火葬場去火化。印度，因為其為英國之殖民地，我以為印度已經歐洲文明化，卻毫無其痕跡。在此地，我感覺英國政府很用心在實施其殖民地政策。即對於土人之信仰，完全不干涉和壓迫，自由放任，這是有道理的，我相當欣賞。

試探募集外債之可能性

四月二十三日，我離開孟買前往歐洲。橫斷波斯灣花了五天工夫，十七日下午二時抵達亞丁。

在船中，和法國公使館之亞當氏成為朋友，透過這個人認識殖民部之局長（司長）勞恩氏，勞恩氏替我給前商務大臣西費特氏寫了推薦信。

十七日半夜由亞丁動身，二十三日下午八時到達蘇伊士。土人來船上賣雪茄菸。說是一匣三西林，我給他身上的十西林，他給我一匣香煙和兩魯比，遂溜走了。

四月二十七日下午六時到達馬賽。正金里昂分行之市川君來接我，住日內瓦大飯店。到達馬賽當天晚上和隔天，參觀了市內。在夏隆茲．布利加樓吃的早餐是鮮魚和牡蠣料理，因長時間航海之後，故覺得更美味。溜達市內時在街道上看到小孩在賣蠟火柴。我買它，非常便宜。在法國，火柴是政府的專賣品（公賣品），價錢都蠻貴，問為什麼那麼便宜。其答案是說，准許貧窮小孩把火柴限於賣給外國人。

四月二十八日下午八時十五分，離開馬賽，隔日下午七時三十五分到達倫敦之加陵廣場火車站。中井分行經理來接我，立刻住進特．凱折爾．皇家大飯店。

當時之駐英公使是加藤高明君，其官邸在沙色克斯廣場。倫敦總領事荒川君住在坡蘭路官舍。三井分公司之經理是渡邊專次郎君，井上準之助君是日本銀行之留學生，正在巴斯銀行實習。正金銀行之竹內金平君剛從東京帝國大學畢業不久，他常常來找我，並很熱心地對我說明如何改善正金銀行組織之意見。

倫敦分行經理的中井君問：「隨行之一宮君是否要帶回日本？」我說「準備把他留在紐約」，於是他說「拜託把他留在倫敦如何？」我說「那把他帶到美國，由美國再回來倫敦好了」，中井非常高興說：「務必請這樣做。」

河上謹一君比我先到達，到我們到達時，他患喉嚨症，有點發燒，躺在床上。爾後他漸漸好起來，五月五日往利物浦出發。

迨至五月十八日，我才去巴斯銀行，會見董事威廉．丹氏和倫敦分行經理何烏爾氏。五月二十日，同樣在巴斯銀行，因向特氏之介紹，與票據銀行業者之佛列查氏見面。此時我向他依井上大藏大臣之意思試探發行外債之可能性，他說：

「上一次之四分利公債，其成績並不好，這對於以後之募集公債不利。又一下子要發行一千六百萬英鎊（當時之日幣兩億圓）這樣龐大數字實在並不利，倫敦市場能夠消化的最高金額頂多是五百萬英鎊左右。第一次要募集，票面金額愈小愈好。分成三年繳納絕對不是聰明的辦法。依今日倫敦之市場情形，我覺得由日本大藏省發行證券最有利。若以一年或兩年為期限，四分利來發行，應該可行。但發行第一次時，最好能透過承包人。如果不是大藏省證券，而要發行公債的話，一定要採用有承包人的辦法。如果能以四分利，票面之九〇%發行的話，算是成功。但財界的狀況，實有如天空之雲，變幻無常，所以要好好觀察，不能有差錯。又關於鐵路公債，照俄國政府所做去做就行。但票面金額大的時候，要應募者提供擔保，如果票面金額不大，可以以無擔保發行。

其次，日本國內工業要引進外資的時候，最好能以土地作擔保。但這個土地之稅要公平和不會隨便更動才行。引進外資的另外一個方法是，經由銀行來吸收。譬如說，正金銀行出面時，正金銀行對於十二個月期限的存款，給四分半之利息。但要在到期之前領回去的時候必須三個月之前通知銀行。又對於欲存款十二個月以上之長期存款者，分行經理如果能在報紙上刊登說願意與其懇談，一定能夠吸收更多資金。」

關於募集外債之可能性的問題，主要我聽了向德氏的意見。此外，向德氏還給我介紹了倫敦商業會議所會長莫爾勒氏、史達吉斯特雜誌社之魯意特氏、加達銀行的巴特氏等。他們也給我表示了各種意見。我把有關募集外債之可能性的各位意見加上我自己看法，給井上伯爵寫了報告。

親切的向德氏——銀行家應有之態度

明治維新之前，在橫濱金柱銀行我備受其照顧的向德氏，此時他已經回去倫敦，擔任巴斯銀行倫敦分行之副經理。我往訪他多次，就銀行業務，請教很多。我把我特別想知道的，一條一條寫下來，並請他給我一一作答。向德氏都很親切地給我回答，有時候甚至親自勞駕正金分行，很親切地給我說明。

向德氏的談話中，至今我還記得的很清楚的是，他說，銀行業者，不管事之大小，都要始終細心留意。當然不能給人家騙，但我們一定要對人家親切。即使顧客有毫無道理的要求，或者對於顧客之金錢的用途覺得不安的時候，要以親切心腸諄諄告誡對方，使顧客不能失敗，使銀行之貸款有所損失。因為銀行之提醒停止事業之計劃，或者因而不借款的人，日後因為聽從忠告沒有受傷而來道謝的人，相當之多。

總而言之，最重要的是，要讓顧客覺得：那家銀行雖然沒有接受無理的要求，要使一般顧客由衷覺得這家銀行實在很親切。事實上前幾天有一件事讓我傷透腦筋。即有一位我們銀行的股東同時又是顧客的一位貴族，為其公子，特別以其公子名義開一個清算戶頭，我留意看其公子開出轉來的支票，其金額之高，支票之經路，好像不是用於正當方面，而用於俱樂部、玩樂、賭博等，因此將公子叫來好好勸他說：

「令尊是我們銀行很重要的股東，同時也是顧客。他用你的名義開了清算帳戶，但看你開出的支票，好像沒有用在正途。將來用錢，請能用一點心。」

我以為他公子的品行會好一點，但還是沒有改，因此我又把他叫來重重對他說：

「上一次我對你的勸告，好像沒有什麼效果的樣子。令尊以你用於正當的錢，金額多少他一定都不會在意，但我相信令尊不希望你把錢用在不好的地方。希望你能夠接受我的勸告，稍稍留意金錢之用途。你如果再不聽我的勸告，我一定告訴令尊這一件事。」

我聽完了向德氏這番話，更深感身為銀行業者應有的態度。向德氏是一位非常親切的人，我談到明治維新之前，我於橫濱在他手下當小弟時代的事時，他總不肯讓我說下去。這不僅對我這樣，現今為大久保利賢太太之我女兒和喜子，爾後在倫敦認識向德氏，小女曾對向德氏謝謝他曾經照顧過其父親，但向德氏卻一再否認有這一回事。這個人非常用心，他對我的態度都是誠心誠意，實在了不起，很值得人家尊敬。

旅行歐洲大陸：川村君嚮導

一八九八年八月四日，我由倫敦出發，開始遊行歐洲大陸。一行為河上謹一、伊藤欽亮、植野繁太郎、赤石以及里昂分行之市川和我六個人。

這一次旅行大陸大約一個月左右，大多參觀博物館、公園、劇場、寺院、美術館等等。因找不到旅行歐洲大陸當時之日記，無法完全回憶當時情形，實在好可惜。

我記得，在德國著名的孟特爾尊以及德亞銀行總經理和董事見面的事。又在比利時，見了國立銀行總裁，聽了他的意見。也見到井上勝之助君、岡恒次郎、栗野慎一郎、川村純藏、牧野伸顯諸君。記得當時的西班牙公使是赤羽四郎君，曾一再邀請我們，但不克去拜訪。

我在旅行歐洲大陸期間，主要照拂我的是里昂分行之市川君和川村純藏君。不知何故，川村君被當作日本銀行之留學生，是布魯塞爾大學的畢業生，法文很好，很熟悉地理。因此河上謹一君一行，好像請他帶路，不知為何，有一天川村君來找我說，河上君那邊似沒有什麼事，以後是不是由他來做我的嚮導，我說這樣太好了，所以回到倫敦之前的大約十天，請他帶路。我和他告別的是在奧斯典特的女王大飯店。這家飯店剛剛蓋好沒有多久，但房間設備以及料理菜色都非常齊全。尤其是因為當時除我們兩個人之外，幾乎沒有什麼其他什麼房客，因此我們受到很鄭重照應。在一個月的旅行中，覺得心情最愉快的是在這一家飯店的時候。以後與川村君沒有太多見面的機會，但我覺得他是一個光明磊落，有什麼說什麼，非常快樂而愉快的好伙伴。在比利時，能夠和國立銀行總裁會面，也是由於他的盡力。

河上一行六人到達巴黎之後，他們受到林正忠所經營販賣日本商品之店員的幫忙。可是有一天，河上從買東西回來時候非常不爽和不滿。問其理由，他說，他想買一顆鑽石帶去作禮品，乃請林正忠之店員陪他去。河上叮嚀那個店員千萬不要告訴對他的身分。可是一進去店裡，便拿出好大包鑽石袋子，掏出好大顆鑽石給我看，令我嚇壞了。因買不起這樣大顆鑽石，我說給我小一點的看看，對方又拿出好幾包有許多鑽石的袋子，我覺得還是買不起。最後送來了最小顆，總算買一顆回來。如果先把最小的給我看，漸漸看大的便有面子，從很大的，愈看愈小，實在太丟臉。

在旅行歐洲大陸期間，對於井上伯爵所吩咐募集外債一事，我曾經細心研究，但在我所遇見人們之中，有一位公使，使我感覺井上伯爵似告訴過他，他好像知道這一件事的樣子。但與這些人交談時，我都沒有提到具體的事，只在德國和法國，測量過有沒有募集外債之可能性。對於這一件事，我的整個感覺是，專業的證券買賣業者，似在鼓勵繼承父母遺產生活的遺族、寡婦或貴族購買利多的日本國債，但大體上來說，無論在德國或法國，一般民眾大多不知道有日本公債，不關心這樣的事體。

前往美國：留別會的各位

我結束歐洲大陸旅行，再回到倫敦是七月十日（一八九八年）。遂往訪加藤公使，就募集外債一事交換意見。他似已經得到井上大藏大臣來函，知道此事的模樣。

與河上君一行見過面的植野繁太郎君，在德國調查過銀行業務，根據他的說法，在日本，匯款是使用支票，但在德國，不用支票，而用一種特殊的格式文書來匯款。

我問了正金銀行舊金山分行有關由舊金山開往橫濱之船期，它回答說別爾吉克輪九月三日，柯布迪克輪將於九月二十二日由舊金山出航。乃決定七月二十三日搭乘由利物浦出發的魯卡尼卡輪離開英國，九月三日乘別爾吉克輪離開舊金山回國，這樣電告日本和紐約。

因我決定於七月二十三日離開倫敦，二十日晚上，乃在梅茲羅勃爾大飯店招待在倫敦期間受到照顧的朋友們的留別（辭行）會。那一天晚上出席者如下：

加藤高明、松井慶四郎、山座圓次郎、小池張造、白須直、荒川巳次、加藤元四郎、山下芳太郎、向山鎮吉、近藤基樹、櫻孝太郎、由比光勝、藤井少裕、三井守之助，犬塚信太郎、須田信次、大倉喜三郎、門野幾之進，門野重九郎、井上準之助、土方久徵、安岡雄吉、伊藤祐侶、小林德、植村繁太郎、福島宜三、根岸錬太郎、平生釟三郎、南條金雄、中井芳楠、奧村忠三郎、岸幹太郎、巽孝之丞、伊藤欽亮、赤石等諸位。

又曾邀請，但未能出席者有：黑部廣吉、白井宏、白石元次郎、向德氏諸位。隔天向德氏前來說明昨天晚上未能出席之理由，並就外債問題表示，「我認為，在外國馳名的，譬如由伊藤（博文）公爵等規劃成立信託公司，相信外資會去日本。」又班繆爾．哥爾登這個人來說：

「除第七條外，公債之價格，五分或一成的確過高。如果是四分利九五%，其發行應該可行。」在上海、香港之間的船上認識的馬克思氏也來說：我希望和有信用的日本輸入商人交易，請你給我介紹適當的人。我要好好學習學習，佣金，耐用商品一點二五%，非耐用商品兩%左右就行。目前，我和橫濱之艾札克商會和一位猶太商人作買賣，一年送大約八萬英鎊商品到日本。我作這個生意已經四年，對送往日本之物品，有相當之經驗和聯絡，所以一定能夠令交易對象滿意。我於七月二十三日，乘坐丘拿得特別列車由猶斯頓火車站出發，下午四時半前往往利物浦。加藤公使等許多人來送我，此時加藤公使對我說：

「為外債事外務大臣曾經來了電報，這一件事我已經向井上伯爵報告過，我已經回了信。除非確定要募集，否則無法可想。」」

大西洋之航海，非常順暢，七月二十九日抵達紐約。由專程前來德國接我的正金銀行行員陪同，住宿第五街之華茲羅法斯多利亞大飯店。

紐約與舊金山：提醒青木分行經理

我在紐約大致滯留十天。當時之正金銀行紐約辦事處處長是長崎君，岩原謙三君是三井物產之支店長。

我在調查專利當時受過其許多幫忙的茲利氏，帶來了其朋友阿爾佛列特．布朗瑪氏，在「哥聶島」海濱一道進餐，暢談到將近半夜十二時。

八月十日下午六時，我離開紐約，前往尼加拉。長崎夫妻與我同行。隔天上午八時到達尼加拉，整天坐馬車觀光。從尼加拉到舊金山有兩條鐵路。一條是利奧克蘭特丹佛線；另外一條是聯合太平洋線。坐聯合太平洋線可以早一天到達舊金山，但太熱，風景欠佳。利奧克蘭特丹佛線雖然慢一天，但比較涼快，景色又好。因大家建議我搭利奧線，故決定這樣做，乃於八月十二日上午六時二十分，由尼加拉火車站出發。的確，途中有時候會下下雨，所以不大覺得苦熱，旅途愉快。

在火車上四天，八月十六日下午八時四十五分到達舊金山。正金銀行分行之青木經理及其他行員來到奧克蘭來接我。我們一起去皇宮大飯店共進晚餐，聊到半夜十二時。這一天，很意外地收到奧田義人君來信。它說：「我和平賀義美君到達溫哥華。本來準備到舊金山，因平賀生病，故決定直往紐約。到達溫哥華之後馬上詢問正金銀行紐約辦事處你人在何處，他們說你已經前天離開，互相擦身而過，真是遺憾云云」，同時附上我家兒女託他寫給我信。

八月十七日起，開始檢查分行之業務。在美國，各州的銀行法都不同。因紐約不准設立分行，故長崎個人以正金銀行之代理在營業。所以首先我得聽聽舊金山的情況。然後看看分行之業務狀況（課稅情形），結果其上半期是賠錢。理由是，對於香港匯款問題。

面對這個事實，因我有所思，遂對青木經理提醒：「我不是因為這個分行賠錢要這樣說，如果這是對日本國內交易而賠的，我會覺得很爽。原來，正金銀行是要促進協助日本和外國貿易之金融機構，不是其他國家間之貿易機關。搞錯這個宗旨，以美國為本位做工作，才會有諸多和香港、中國的生意。今後一定要全心全意以日本為本位來工作。要把與中國、香港之生意當作副業來做。」

八月二十一日星期天，依預約，前往聖羅沙之長澤葡萄園訪問長澤氏。此時，聽了長澤氏以及其他人的話，使我非常佩服。長澤氏說：

「我在這裡所作的葡萄酒和香檳酒，採取全部輸出歐洲的方針。我沒有參加其他任何釀造家伙伴，自己經營自己的。我看美國人之經營事業，著手多不是自己一代所能完成，而希望由其兒子或孫子來完成的遠大事業。反此，日本人就沒有這樣的遠大抱負，大多辦理自己一代就能完成的工作或事業。這是日美兩國國民氣量之不同，也因此在事業上才有差等之差異。」我集中精神傾聽了他肺腑之言。

一宮君因與倫敦分行中井經理之約定，我令其前往倫敦，他乃搭乘八月二十四日下午五時半前往奧克蘭渡船出發。

因領事館之天野君，告訴我佛爾別基夫人住址，我便利用快要離開美國之前的一日，前往訪問她。我去阿爾美達之傑斯鎮，她的長女恩瑪出來說：

「家母病在床上，很抱歉，無法和您見面。不久我準備去日本，已去世之家父傳記，格利費斯博士會負責撰寫。舍弟江寧現在在馬尼拉。舍妹在舊金山的幼稚園工作。」顯示仍然貧困，真是好可憐。

在舊金山，我見了加州銀行董事長威廉福特氏和該銀行副出納長史密斯氏，也訪問了盎格魯加州銀行經理史達茵哈特、該銀行之利利恩達爾氏、舊金山商業會議所會頭（會長）克列格氏、昆多亞國家銀行之西爾斯達因氏等，並面談。此外，也曾和櫻井千歲艦長、柳澤醫師、陸奧（宗光）領事再三來往。

我於九月三日，搭乘柏爾吉克輪，離開舊金山回日本。

報告募集外債——對正金銀行提建議

一八九八年九月，出差七個多月的我回到國內，此時政柄由伊藤（博文）伯爵轉到大隈（重信）伯爵手裡，成立所謂隈板（大隈、板垣退助）內閣，大藏大臣是自由黨的松田正久氏。我一到新橋，大藏省便派人來傳話說：「大藏大臣等著你回來，請你馬上去看他」，於是我遂去看松田大藏大臣。他是非常有禮貌，說話很輕聲細語的人，他說：

「你對於有關外債之報告，井上前大臣已經把它移交給我了。目前非募集外債不可，必須早日著手，所以我等你回來。」因此我回答說：

「依今日之市場情況，一下子要發行大量外債或許有困難，五千萬圓或一億圓，以四分利，應該可發行九〇%至九五%，最好能趕緊決定和著手。我認為不必再做調查了。」

我同時又對正金銀行董事以及日本銀行當局，報告海外分行之情況，以及我個人之意見：

「今後要使正金銀行能在海外提高其信用及功能，第一不但要使倫敦分行不只辦理匯兌業務，也應該辦理其他業務譬如支票之貼現，自由貸款等等。今日，正金銀行之舊金山分行，把所受匯兌金錢匯往紐約分行，紐約分行把日本之輸出匯兌與由舊金山匯來之金錢匯往倫敦分行，以增加倫敦分行購買匯票之實力。

但出入正金銀行倫敦分行的仲介人，只是搞東洋方面匯兌的那幾個人，在倫敦市內最有信用得到重視的仲介人幾乎都不到正金銀行來。這是因為業務之性質上限於交易東方之匯兌所致。要使正金銀行在倫敦具有和其他重要銀行同樣之地位，必須在倫敦市內之金融市場立足工作，這樣，許多一流仲介人便會朝夕出入正金銀行。此時，正金銀行在倫敦才能夠獲得大家特別是金融界之認同，進而得到應有之地位。而最重要的還是要有資金，所以最好請政府作為匯兌以外之業務的運用資金，從存在英格蘭銀行之清朝賠款撥出兩百萬英鎊，以最低利率融資給正金銀行。」

大致上照我的意見作了決定。又在這一次的出差中，在上海、香港以及倫敦，有關在國外工作人員之增加津貼問題，我說明了在現地之感覺而獲得了通過。

另外，從前，金銀塊皆由倫敦購買，現在決定擴大市場，也要從上海購買。因此以在倫敦、紐約、舊金山各個市場之金銀比價，在上海之黃金與庫平兩之比價，其搬運之運費、保險費、仲介佣金、捆包經費等以及自神戶、大阪之上貨費等為基礎，依每日之行情，由總行指示，作成計算表。

此外，又製作每月之輸出人貿易表，通牒各分行，要其以日本貿易為主體。

對諸實業家之首次診斷（四十五歲左右）

岩崎日本銀行總裁可能因為和大藏大臣不同其意見，終於辭職，於是產生後任總裁之問題，日本銀行內部，大有推薦河上謹一君之傾向。可是在社會上，有一批人在活動要推出山本達雄君，連星亨氏都牽連到這個問題，開始表示意見，大有產生政黨或將影響日本銀行之傾向。日本銀行內部的人們覺得如果這樣下去必將帶來禍害，支持河上君的這些人，遂團結起來放棄其原來意見，改變支持山本君，由此山本君終於出任總裁。那個時候，在各種場合，有和政界馳名人士見面之許多機會。在商業會議所和日本經濟會等，選舉法之修改和日本銀行之課稅問題等是議論的中心，甚至有成立有關團體之氣氛。

因我代表正金銀行，為橫濱商工會議所議員，故有時候以橫濱會議所代表身分，參加在東京商業會議所之聯席會議等等。有一次在日本銀行，鶴原說：

「據說，最近以東京為首之幾個都市的商業會議所代表，在發起建議政府希望節減政費的運動，企業家不反省自己，只責難政府之不檢點，這是不公道的。你代表橫濱會議所有時候也會出席該會，如果有機會，請表示表示意見，不要只責難政府。」

於是我對鶴原說：「記得日本銀行有調查民間公司銀行之投資狀況之統計表，把它抄給我」，暗中準備，以等商業會議所聯合席會議開會那一天。

爾後有志聯合席會議在東京商業會議所召開會議了。我和大谷嘉義兵衛君代表橫濱出席。開會前大谷君告訴我說，在這裡聽完了澁澤氏演講之後整合會議所意見，然後要參加紅葉館之晚餐會。實業界的主要人士也會參加晚宴，在這裡要作全體一致之決議云云。

當時我還是（橫濱）正金銀行之副董事長，與東京方面之財界主要人物沒有什麼交往，也不大為人知道我這個人是誰。

在商業會議所聯席大會，澁澤氏就財政膨脹對於政府促請反省之很有條理的演說。演說完了之後，澁澤氏回到其座位並表示，各位有什麼意見請不要客氣說說，沒有人發言。

此時議場的情況，代表議員都在座位，旁聽席也有許多人。末延道成君也坐在旁聽席。

澤氏坐在主席位子，副會頭的中野武營君坐在他身邊。

因為沒有人說話，我便站起來對會頭提出了大約下面的意見。我說：

「防止政府之財政膨脹，促使其反省當然很好。但財界之首腦大家站起來大聲疾呼要求政府反省希望有效果的話，我們也得反省我們受到被責難的是什麼。可是觀察這幾年來實業界之情形，民間投資之膨脹遠比政府之政費膨脹更加厲害。在民間，對於某一項計劃，絕少作其基礎調查研究，大多列出馳名人士名字希望以增加其信用，人們也看到這些人名字，便開始購買其股票，一旦募集都還沒看到其實際成績，便有其酬金。歐美之實業界，要辦理新事業或要設立新公司的時候，首先要研究其基礎計劃如何，以及其負責人是怎麼樣，這兩件事齊全之後，人家才會肯出錢。所以如果輕視基礎計劃，不重視負責人之技術和能力，即使開始有佣金，開始其事業之後，結果往往是相反的。民間之事業，其情況大致是這樣。今天如果我們按照澁澤會頭之演講意思促請政府反省，萬一對方反問說『那你們是如何呢？』我們要如何回答？西諺說『笑人家骯髒的人，要先搞乾淨自己的衣服』，因此我認為在建議政府反省之前，我覺得我們實業家需要先反省反省，所以我不能贊成澁澤會頭之意見。」

這是我第一次在日本經濟界馳名人士面前發表之意見。

爾後，大家在紅葉館舉行懇親會，我沒有參加，直往日本銀行，報告今天開會之情況。大家都對我的言行興高采烈。後來據說，這個有志會之聚會決議，沒有按照最初之目的出現。又關於日本銀行之課稅問題，由於山本總裁之努力，依今日之課稅法，決定不徵收收益稅，徵收發行稅。

往中國發展金融

一八九九年一月上旬，我命令上海分行經理西卷，可以進行購買分行要使用之土地和房屋之談判。

一月二十六日，松方大藏大臣把我找去大臣官邸。在座的有山本總裁、松尾局長和我三個人。問題是討論是否可以在中國大陸設立特殊金融機構。大藏大臣覺得，只是正金銀行一家到中國去，恐怕不能給在中國工作之日本人足夠之資金。所以是否需要設立一家新金融機構，或是令日本興業銀行設立分行來辦理此業務，不知道你們三個人意見如何？

我說：

「不管要在中國設立新銀行還是要興業銀行去幹，首先需要的是精通中國之交易習慣等的人物。今日如果要找精通這樣事情的人物，雖然不是頂好，但恐怕只有從正金銀行業務員中來找。所以此時，乾脆就由政府融資正金銀行大約一千萬圓，作為正金銀行之匯兌業務以外之貸款用途如何？也就是說在中國之日本商工業者請求融資時，即由正金銀行做信用調查，對於認為沒有問題的人，由該銀行給予貸款，並每一次將其移交興業銀行，一直到興業銀行有相當之人物，令正金銀行代理其事務，可能最有效和最安全。」

松方大藏大臣贊成我這樣的意見，以後從日本銀行到正金銀行，在倫敦以相當於黃金一千萬圓大約六十萬英鎊，以一年一朱（一兩之二十四分之一）利息融資，正金銀行便以這一筆融資所得利益，逐漸在中國採取增蓄銀行資本之方針。與此同時，正金銀行也著手開闢由上海輸入金塊之途徑。如此這般，當時非常盼望要為商工業者等，設立辦理匯兌以外之金融機構之議論，至此遂告一段落。

調停日本銀行之人事安排

從一月底左右，日本銀行之河上、鶴原等一派，與山本總裁之間的關係似有欠缺圓滑跡象，我遂與河上、鶴原兩君見面表示，總裁與理事之間的溝通好像不是很好，如果你們不反對，我願意來調停調停，他倆說沒有調停之可能，叫我「不要多管閒事」。

二月一日，我出席了在大藏省舉行的台灣銀行設立委員會。開完委員會之後我去了日本銀行。我一直掛念山本總裁和河上等人之間的關係，很想予以緩頰，慢慢私下和雙方交換意見，結果實現了山本、鶴原和我三個人在島村料亭之餐敘。

我對他們兩個人說：「以山本總裁為首，河上以及鶴原，都是川田總裁以為日本銀行培育人材而提拔的，可以說都是弟兄。特別是在川田總裁在世時，曾一次和三田秘書同座；一次是我一個人和川田總裁對座，川田總裁甚至兩次都是坐在地板上，並一邊笑著說『我死了以後，我手上培養的人，可能會分道揚鑣，有的人可能去做官，有的人會到民間，互相攻擊和打架』，他非常擔心此事，並說了兩次這樣的話。他的這個表情仍然歷歷在我眼前。這兩次，我都斬針截鐵地說，絕對不會這樣。所以勸告他們說，如果他所培養的人，互相堅持己見，感情用事，彼此相爭，將對不起在九泉之下的總裁。」

關於日本銀行之內訌，我也很痛心，我很想設法使山本總裁和河上、鶴原等和好，但毫無效果，他們的關係，日益惡化，愈走愈遠。鶴原乃對我說，「不可能和好，你就不要多嘴」。我問他：「沒有這回事，原因是什麼？你告訴我具體的理由。」鶴原說「請不要問我這樣的事」。因我絕聽不進去，於是鶴原說：

「我們也不能把我們之間的事情一一告訴你，如你所說，說感情用事，或許可以這樣說。本來山本決定為岩崎總裁之後任，是因為我們的伙伴全體一致支持他的結果。因此我們期待山本一定會作我們後盾，但山本以後的行動，不靠內部，而依靠外部。他有以在外部獲得的力量來壓迫內部之傾向。這是為什麼我們感覺山本為可惡傢伙的基本原因。同時他知道我們有反對意見，卻意圖重用首藤諒這樣的人。此外日常事也有許多事讓我們很不爽。尤其是最近，即在二月間的大會，對於股東的分紅事發生問題。它把岩崎前總裁之慣例的一成二分紅減到一成，監事等從此時便開始不滿。所以從山本總裁以後，監事，特別是森村君，以股東代表之意見，上一次之減少分紅有問題，故主張這一次應該把它回復。山本君明明知道監事們強硬主張增加分紅，但又不好意思違反前總裁之決定，被挾在中間，很無奈的樣子。於是以河上為首的我們，以監事之主張頗有道理，為使總裁放心，乃以它做為我們的意見，遂令三田君往訪在大磯之岩崎前總裁，請他能夠諒解。岩崎氏欣然同意，三田君遂趕回來東京，興高采烈地向我們回報，同時也向總裁報告。我們以為總裁會很高興並感謝，可是他卻說『回復是不行的，我覺得一成一分比較妥當』，同時很不以為然的樣子，所以連那麼忠厚的三田都非常憤慨。但我們很清楚總裁在想什麼。總裁心中高興的是，有一天他見到岩崎氏將要這樣說：『因諸監事意見特別多，我覺得應該增加一分左右紅利，不過據說有人拿要回復以前之案，並徵得您之諒解』，因以為對三田這樣說，故更搞壞了感情。

另外一件事是要令調查役（人員）出差的時候，要報請董事會作成決議才能出差，可是完全沒有告訴我們就令某調查役出差大阪。這是山本總裁之自作獨斷。由於這一種原因，雖然你一直關心此事，惟因沒有可能性，所以請你以後不要再提。」

聽鶴原說法，好像不無道理，但我不能只聽片面說法，遂立刻前往總裁辦公室，把鶴原這一番話全部說給山本總裁聽聽。對此他辯解說：

「這完全是錯誤的。令三田君有這樣想法，是一件非常遺憾的事，我說這已經相當不錯了，因為岩崎氏不可能同意完全回復，頂多增加一分，這實在太好了，我完全沒有惡意。至於令調查役出差，是為了公事，我不知道這需要向董事會報備。」

爾後大家一起用午餐，餐後我對鶴原說：「我去聽了山本總裁的說法，我覺得你們也有弄錯的地方。我想是不是現在就去看總裁，我不說話，完全由你們和總裁開誠布公交換意見。我覺得你們和總裁欠缺意見之溝通才會這樣感情用事。」

但鶴原好像不大願意的樣子，因我極力勸說，故似無可奈何地跟我一起到了總裁辦公室。在這裡我專門做「聽長」，他們充分交換了意見。首先總裁說「今天早上我聽了高橋所說，增加分配紅利和令調查役出差事，你們似乎有很大誤解」，同時作了對我所說同樣的說明。可是鶴原進入總裁辦公室以後一句話也沒有說，聽完了總裁之話以後，他只說「讓我把這番話轉告大家」，講完話，站起來就離開了。於是我向總裁辭行出去外面，此時鶴原對我說：

「你看這個樣子，不行，他只是自我辯解，毫無反省。」於是我說：

「總裁既然這樣說，你就應該站在中間來緩和緩和他們的情感。」而與其告別。我期待總裁與他們之間的感情會好一點，當天我便回到橫濱。

內閧爆發——我出任日本銀行副總裁（四十六歲左右）

二月二十三日，我和日本銀行董事們應豐川良平君邀請，在築地之花谷晚宴，我由夕景去。宴會中途，鶴原請我到另外一個房間告訴我說：「你一直為調停總裁和我們之間的關係，非常用心，但這在兩三天之內便會破裂，到時請你不要講什麼話。」我很嘆息這種結局，當天晚上回去了橫濱。

二十五日，星期六，下午我前往葉山別墅（昭和天皇之別墅也在這裡……譯者）。可是二十六日凌晨兩點鐘左右，島甲子二君來電報，繼而山本總裁也來了電報。都是請我火速去東京的。

二十六日，我一早便造訪山本總裁邸，他告訴我河上等董事提出辭職。於是我立刻訪問松方大藏大臣面告此事，並問他將如何處理這一件事。他說「川田所培養的這麼多有為人材，當然不能和山本一個人比」。

於是我說：「這個說法當然有其道理，但日本銀行是國家樞要之機關，此時要請閣下考慮的是，日本銀行是我國的中央銀行，等於是英國的英格蘭銀行。如果其董事和員工對政府所任命的總裁集體罷工，結果政府更換總裁，不知道海外的人會如何看待日本的中央銀行。如果當時之總裁沒有什麼難寬恕的罪過，不待員工之一起罷工，政府實有解除其職務的責任。如果沒有任何過失，因為員工之感情來排斥總裁，政府如果接受排斥者之意見，請總裁走路，我中央銀行和政府都不能走這樣的道路。」

松方伯爵對我的說法表示：「你說的也有道理，不過不知道山本本身的態度如何？我很想聽聽他個人的意見。」他同時說「我隨時或許有話要給你說，所以今天晚上你就住東京，希望隨時能夠和你連絡，你準備住哪裡？」

我說「那我去住築地的有明館好了」。於是我遂去有明館，同時也請首藤諒君到這裡來。

隔天早上，我去山本總裁邸。告訴他我見松方伯爵時松方所說的話，並轉告他，松方伯爵想聽他的想法，我建議他去看松方伯爵，但他不肯去。爾後，為表示我個人意見，我往訪井上（馨）伯爵，但他不在家。於是去看山縣（有朋）總理大臣。他好像很忙的樣子，故令平田東助（山縣之左右手…譯者）和我見面，我對平田表示了我個人之意見，準備離開首相官邸的時候，碰到同樣為此事在奔跑之河上（謹一）和片岡（直輝）兩君，同樣被山縣首相婉拒，故以「同病相憐」而一起大笑特笑。那一天，我一旦回去橫濱，到銀行，黃昏又到東京，往訪井上伯爵，但還是不在家。晚上住山本邸，早晨四時許才睡覺。

二月二十八日早晨，我往訪井上邸。幸好他在家，我便對於這一次日本銀行之鬧事表示個人意見，井上伯爵指示說「此事去給陸軍大臣說說好了」，於是我立刻前往陸軍大臣官邸去找桂太郎陸軍大臣說有關日本銀行的事，桂說「我明白了，我現在就去找山縣首相談此事」。

爾後，這一天下午三點多。松方大藏大臣把我找去說，「內閣決定把山本留下來。只是總裁和董事（三野村）一人，成立不了董事會。因此需要設一個副總裁。我想請你擔任副總裁，希望你心理有所準備。」

此時前田正名君也在來大藏大臣官邸，他拚命叫我接受。

我覺得事情來得太突然，乃予以婉拒，惟因內閣已經作了這樣決定，並將送來派令，事情緊迫，我終於不得不同意。

迨至下午八時左右，松方財相來電話。我立刻去其官邸，他把日本銀行副總裁派令交給我並懇切地說：

「對於辭職的董事，你來說服他們，叫他們盡量能夠撤回辭職書。」於是我說：「在情意上我是同感，但考慮將來，我想是否同意其辭職比較好」，並詳細說明其理由。松方財相於是說「如果是這樣也沒辦法」而死心。

前此在皇宮見到山本達雄君時，偶然談到日本銀行騷動時山本說：

「起初岩崎桑把我找去並稱『受到政府之壓迫和干涉，我實在無法完成日本銀行之任務，因此我今天去向大隈（重信）首相提出辭職，我覺得後任者你來做最好，本來我認為你先做副總裁一、兩年之後出任總裁比較好，因我突然提出辭職，所以想請你來接』，我說『我不是這個材料』，予以婉拒，但岩崎桑還是把諸董事請來，告訴他們他已經提出辭職，並表示後任由山本來接比較好。不過另一方面，也有人在支持田中光顯伯爵，星亨等也在活動，最後我得到大家支持，我終於同意。」

所謂日本銀行之騷動，實開始於二月分之股東大會，營業局長鶴原出任董事，必須決定後任之營業局長，山本總裁想起用當時之西部支局長首藤諒為營業局長；可是鶴原想用當時之西部支店長（分行經理）志立鉄次郎來出任，並叫志立趕緊前往東京。可能鶴原告訴他，要讓他出任營業局長，所以志立便把一切家當統統捆綁帶回來東京。於是山本生氣以為，「真是豈有此理，完全沒有跟我商量，鶴原竟擅自作主張說要讓志立出任營業局長，並把他叫回來東京，實在太過分」，因此種來龍去脈，志立回來東京，山本準備好好對志立說明。在還沒有進行此項疏道工作之前便爆發了內訌，河上董事以下這些人便提出辭職。

工作方針，當時之經濟界

一八九九年三月一日，我開始在日本銀行上班。這是我以副總裁身分上班的頭一天。當天，山本總裁、三野村董事和我三個人舉行董事會，決定待決之懸案的人事任免問題，並立刻往訪松方財相，徵得其同意並發表，同時完成一切移交手續。那一天晚上，我回去本所（地名）自宅過夜，吩咐家人原田彥熊安排由橫濱搬回來東京。

三月二日，一早召開正金銀行之臨時董事會，我提示總裁之准許辭職命令，發表離別講話，並問有關後任者之意見。下午二時回來東京，往訪出本總裁，一道去日本銀行上班，三野村董事和森村監事也一起，共同商量日本銀行之各種業務。三野村、森村兩位特別建言今後總裁之態度要格外謹慎。

三月三日，安田善次郎君突然前來日本銀行來看我，熱烈推薦奧田義人君接正金銀行副董事長也就是我的後任。迨至八日，因奧田君婉謝而作罷，最後為松方財相所欣賞的三崎龜之助君出任副董事長。

現今之葉山的別墅，就是這個時候蓋好的。宮內省說想租用這個別墅，我同意了。爾後，柳原權典侍來居住過一陣子。

我就任副總裁之後的一貫方針是，日本銀行致力增加黃金儲備時，對於援救銀行家銀行諸公司時，往往依人與人之關係的不自然情分動機，對於這樣的風尚，要決定一定之標準，以排除私情主義和情面主義。關於日本銀行內部的問題，費用最亂七八糟，紙張筆墨等之消費品，都是請書記定購各種各樣，再來分配給各單位，種類繁多，各自採購，浪費很多。於是請明治維新以來，從事教育事業，當時專門負責學校事務的鈴木知雄君來日本銀行，負責費用之統籌。以後統一和限定用品之種類，依各局課長之請求予以配給，不准像從前那樣，各行員之隨時請求。同時實行適材適用主義，製作日計表，特別要用心以改善常常遲滯之國庫局事務。當時，鈴木知雄在第一高等學校辦理會計，我請他來日本銀行的時候，其母親和富田鉄之助氏都不贊成，他母親還相當怪我。當時是官尊民卑的時代，日本銀行也被認為是民間的實業界，而予以俾視。當時的時世就是這樣。

當時的經濟界，第一流是名人澁沢榮一氏，中野武營君也算是主要的一個人。豐川良平君算是另外一方面的慧星，合拼豐臣秀吉、德川家康、張良、陳平作為自己的名字，所以極欲做龍頭的人。他常常自吹自擂說，「川田總裁時代，把山本推薦給日本銀行的是我。令相馬出任正金銀行董事長的也是我」。不過山本君及其他等人，也都不一定會作模作樣說自己是川田總裁手下。

山本總裁上任之後，還沒有辦過宴會，故乘我就任副總裁，乃於四月八日，在芝紅葉館舉辦正副總裁上任披露園遊會，邀請朝野名士共襄盛舉，來了八百人，非常的盛會。

十月下旬的某一天，承蒙伊藤博文侯爵之邀請，前往濱町之三野村別墅。據說是伊藤旅行海外時受到正金銀行分行之許多照顧，但對於總行之作法有些不滿，遂對相馬董事長大罵一頓。

及至該年十二月，要令是賢（高橋是清公子）出國留學，依照青木鉄太郎君意見，在學好語言之前，在正金銀行倫敦分行學習，因此決定這樣做。

三野村氏去世一銓衡後任董事

一九〇〇年十二月中旬，正金銀行三崎副董事長來說，倫敦來了很長的電報。事情是仲介商班繆爾．戈登商行建議令史排爺兄弟公司在美國市場介紹和出售日本公債，應該如何因應和處置的問題。可是研究結果覺得對方真正的用意是，認為日本財政困難，如果說要購買日本政府所擁有之四分利英鎊公債，以及日本銀行所有之英鎊公債，很容易到手，以獲得一時之利益，我乃和山本總裁商量，決定回答對方說，日本政府沒有窮到非以便宜價錢拋售所擁有之公債，感謝你們的好意，但我們要婉謝這個好意。我此意內容文書交給三崎副董事長，請他給倫敦回這樣的電報。

又那個時候，日本銀行在倫敦所擁有之四分利英鎊公債票面兩百萬英鎊，因需要轉入保證準備中乃與大藏省商量結果，請來正金銀行董事長，請其電命倫敦其處置措施。

可是隔天正金銀行副董事長來說，日本銀行所擁有之英鎊四分利的公債，在正金銀行倫敦分行使用於交易之擔保，不能立刻全金額編入，於是令其電令先編入一百萬英鎊，另外一百萬英鎊四、五天以後再說。但爾後，正金銀行之相馬董事長來說，和倫敦分行交涉結果，無論如何四、五十萬英鎊回收困難，暫時無法編入，故命令綜合正金銀行總行所擁有之軍事及整理公債，匯往倫敦，以交換英鎊四分利公債。

十二月二十二日，三野村董事之夫人突然去世。這實在令人震驚，遂與山本總裁前往弔唁，當天回家之後我也感冒，發燒三十九點四度，曾有肺炎之慮，便不出門，在家養病。我病中之十二月二十四日，四男是彰出生。爾後我漸漸恢復健康，可是全家人包括內人和傭人都感冒，真是不得了。除夕，我搬到葉山之別墅。正月三日，山本總裁派人送信來說三野村董事病危，甚至於說已經去世，若是銀行之許多事也需要思考，要聽聽我的意見，希望我能立刻回東京。

幾乎同時，山口宗義君來電報說「三野村董事去是逝秘密」，於是當天晚上我給總裁寫了一封信，要旨如下：

「此時馬上應該做的是，以天野為之為調查役，在大阪分行工作，以吉井由兒為檢查局長，伊東祐之出任名古屋分行經理，中山尚之助（？）為株式（股票）局長，高橋捨六為營業局長，在二月的股東大會，使首藤諒當選為董事，暫時令其兼任大阪分行經理一職。」

對此，山本總裁以書面回答說，希望我暫時兼任營業局長，山口董事兼任株式（股票）局長，接受我的建議，由首藤諒接任三野村董事之空缺，並已經開始作這樣的準備和安排。至於要天野為之馬上負責大阪分行經理一職，社會反應應該不錯，但不知道內部的人會作如何看法，有一些顧慮，故對於這一件事，希望我再三考慮。首藤君之昇任董事，以後逐漸具體化，我於一月十一日回來東京，到銀行上班，當天召開的董事會作最後決定，總裁將於明日往訪伊藤首相，以求得其諒解。

二月四日，財相突然找我，乃往訪其在永田町之官邸。他說：「董事候選人擺得太久不好。我想像三野村這樣的老人很好，但顯要的人都有事，不得空。所以只有推薦首藤。可以和宮內省商量商量。」我說關於宮內省方面，前幾天已經和宮內大臣和內藏頭見面談過此事，現在就是等待官內省之回音。於是財相說「不要等，應該去獲得其確實回答才對」。

剛剛這一天，內藏頭來電話說希望和我見面，我於是前往宮內省，關於董事候選人，和早上大藏大臣說的完全一樣。

從宮內省回來之後，木村清四郎君來說，據稱，對於要首藤出任董事一事，宮內省和大藏省都不同意，非常躭心，我把今天早上和大藏大臣、宮內大臣見面之經過詳細說給他聽，聽完了，他便放心和很高興。

九州財界危機——趕去救濟（四十七、八歲左右）

從一九〇〇年秋天左右，民間銀行業務很不順利，頻頻發生狀況，為整頓銀行，需要更換營業局人員，我推薦了土方、山岡兩君。

此時，土方（久徵）剛剛檢查完前橋三十九銀行回來，他其報告說：「像從前那樣由日本銀行以信用融資，對地方產業並不好。日本銀行之信用貸款，是條例章程所不允許的。又把融通支票視同商業支票處理，會妨害真正的商業支票之發達，所以最好以地方庫行之擔保來貸款更妥當云云。」我覺得非常有道理，乃對他回答，將和總裁商量並要這樣做。

爾後，對於福島町生絲捆包保管股票及福井生絲羽二重倉庫公司保管之股票，有予以再打扣之請求，答應研究之後給予回答。

及至十二月十一日，熊本第九銀行之服部直臣君突然來訪，就救濟方策懇談。要點是，該銀行因以股票作抵押，貸款資金過多，因股票市價下跌，故損失很多，已經沒有什麼東西可以作擔保，事情至此，日本銀行也束手無策，告訴其此種情況，乃建議他去找安田善次郎君商量，想想辦法。可是與此前後，肥後（今日之熊本縣）銀行之高橋長秋君來訪，也來談第九銀行之救濟問題。我對他，回答和對堀部君所說的同樣內容。

一個星期以後，西部分行來電報說「第九銀行窮迫，無論如何明日必須準備七百萬餘圓，請與肥後銀行商量指示」。因此立刻請來肥後銀行之高橋長秋君聽取說明，他說肥後銀行也和第九銀行完成了協議。調查和瞭解結果，雖然有予以救濟的價值，但要予以救濟，事先日本銀行得同意對肥後銀行，以信用貼現二十五萬圓，擔保貼現二十五萬圓予以融資，因此我和總裁商量之後，決定予以同意。急需之七萬圓，因高橋君沒有接到任何報導，乃由日本銀行總行對西部分行致電說，如果肥後銀行門司分行背書，可以作七萬元之貼現。於是高橋長秋、堀部直臣兩君遂趕往熊本，為救濟第九銀行盡全力。可能因為這樣，迨至年底的十二月三十日，熊本來電報說，對於第九銀行之整頓，由商業會議所成員，各銀行員工以及股東各選出十名委員。親自調查借貸對照表，決定最好的方法，並將附諸明年一月十日之股東大會討論和決定。

可是以對於第九銀行之擠兌為開端，九州以及馬關、門司之金融界不少開始動搖。

一九〇一年一月二十二日，馬關第百十銀行董事長請求救濟，繼而二月上旬，西部分行經理來電報，報請救濟第十七銀行。

為什麼九州地區之銀行這樣接二再三地陷於危機呢？一般來說，因為九州方面欠缺資金，因此利率高，借方也覺得這是理所當然的事，只要能夠得到融資，不問利率之多寡。所以大阪方面金融緩慢的時候，便將其閒錢匯去九州投資。金融一緊迫便把在緩慢時期投資的九州之資金收回來。結果是地方銀行替他們把錢還給大阪，這樣繼續幾年下來，終於像那麼實在的第九、第十七、第百十銀行，變成需要救濟。

如此這般，因九州之形勢日益險惡，我遂和山崎書記，於二月十日下午六時由新橋往九州出發。該夜宿神戶西村，隔日中午，搭山城輪前往門司。在船上偶然碰到麻生太吉（現任日到首相、麻生太郎之祖久—譯者）君。他已經由井上伯爵得知我去九州，他正在要趕回去福岡縣。

如此這般，十二日上午九時抵達門司，九州一帶風雨交加，迨至十五日，馬關門司間渡船往往不能行。及至十六日始到達博多，十七日抵達熊本，至十九日談整頓第九銀行之事，爾後經由久留米，二十日來到馬關，二十四日乘火車，在神戶、大阪、京都等各一宿一夜，三月二日回到東京。

研究處理國庫現金及寄存事務

一九〇一年一月中旬，正金銀行之相馬董事長前來表示，美國某人以受苦克商行委託，說欲賺買一億美元的日本國內債，說明了其概要。這和我從前聽過的事同樣內容，公債證書特別要求寫明本利之償還，要在美國以日本金幣支付。相馬君說他曾對大藏省之松尾理財局長說過此事，他希望我能對日本銀行高橋副總裁說說，因此來看我，我說這要先聽聽政府意見，現在沒有什麼可以商量，我對他回答說，我只聽聽你如此說說而已。

後來，我去大藏省會見大臣的時候，談到相原君所提到的事，並問此時政府有沒有發行公債之必要。大臣說，調查對方是否可靠，如果可靠，可以先與之談談，不過此事因為大藏省之差錯，談判沒有成功。

我們曾經從倫敦購買金塊，那時候在英國，英鎊和先令等硬幣通用於市中（社會），紙幣只有五英磅以上才能看得到。所以通用的硬幣幾乎都磨損得很厲害。因此有人以輸出海外為目的，要求英格蘭銀行販售許多英鎊、先令硬幣時，據稱他們都以「論斤」計算，所以有人以輸入英鎊、先令，以硬幣來替代，故於一九〇〇年十一月，曾經令正金銀行購買五十萬英鎊的硬幣。可是收到以後在造幣局測試結果，英鎊先令都磨損得非常厲害，所以遠比購買金塊之利益差的太多了。由此我們得知，英格蘭銀行「論斤」賣硬幣，還是曾經精打細算過的。

當時之正金銀行，在大阪造幣局鑄造著中國之兩銀，並將其輸出於上海。日本銀行西部分行在保管這些兩銀，有一天，正金銀行之三崎副董事長來商量說，西部分行在抱怨保管兩銀非常麻煩，希望日本銀行早一點把它搬走。調查結果得知，一週如果輸出二十五萬兩，不會影響兩銀之行情，如果超過，其行情馬上會下跌。因此告訴西部分行此種情況，請其繼續保管。

其次日本內地之銀行，對於內地之金山經營者融資的人，會帶著一些金塊去造幣局，獲得硬幣證書以交給日本銀行為條件，以獲得一定之無利息之融資，以鼓勵國內黃金之生產，並對台灣銀行作同樣約定，以樹立輸入金塊之方策，這一方面，與預期相反，其繳納數目不多，也沒有說明其理由。因此日本銀行為得到所需要之報告，便作樣本寄給台灣銀行，令其填寫其報告。

日本銀行在檢查來往銀行的時候，以往只是限定於國庫錢之部分，後來內部會議決定也要檢查營業部。可是以往的　例是，對於國庫錢之處置，都給予佣錢，但規定國庫錢一概不得流用，但實際上各銀行都在暗中使用國庫款，檢查的時候，便當天營業部的錢自不必說，也從其他部門暫時借來應付。因此各銀行都日本銀行說要開始檢查，便非常苦心於預測其日期。

可是決定下一次要同時檢查國庫錢和營業部，要其改正多年來之壞習慣。這需要令在處理國庫錢之銀行，對日本銀行提供公債證書作擔保，日本銀行以其公債面額為限度，以無利息存款方式使用，否則將增加處理國庫錢之佣錢，嚴禁使用國庫錢，要該銀行決定那一個方式，乃命令檢查局長作充分研究，以便實行。

至於法院訴訟人提存之現金或公債證書，遵照法院之指示，在日本銀行保管。日本銀行依法院給予提存者許可證，還其提存物品給其本人，以後如果控訴院或最高法院下了相反之判決時，歸還提存物品之責任，將由日本銀行來負。因此日本銀行不能放心收提存物品，需要採取匡正之方策，因此同時也要好好研究這個問題。

那個時候操心的是

從一九〇〇年至一九〇一年，向日本銀行請求救濟的銀行，有第九銀行、肥後銀行、第百十銀行、第十七銀行、第三十九銀行、第百二十二銀行等等，為處理這些困難，全體行員費盡苦心，吃盡了苦頭。

對於革新銀行業務，我訓示：首先命令各局課長以及分行經理，提出行員之人物考查表，規定對於每一個人之勤怠、能力、品行等評分方法，告訴大家盡量不要出席招待之宴會等，要樸素又勤又儉。從前年，我令木村清四郎君所作有關公休日制度之修已經完成，乃提出董事會討論，以其不容易實行，沒有通過。由之與總裁協議，決定七天之公休。

那時候在中國之日本郵局，在辦理對日本國內之匯款，其外匯行情，不是像正金銀行以倫敦銀塊行情為基本，天天修改，而以正金銀行某一天為基準，三、四天使用同一匯率，同時一筆匯款不但沒有設匯款最高金額，反而有以匯愈多愈好為風尚，故外國銀行等遂利用這一點，在日本國內匯款，有以賺取匯款行市之差額，把日本金幣帶出去之傾向，為此事，正金銀行非常頭痛，這是正金銀行相馬董事長私下所說的。因不能等閒視之，我遂要日本銀行和正金銀行建議大藏省設法改進。

一九〇一年十二月下旬，發生了年終津貼的問題。以往，年底都對銀行員工發津貼，可是山本總裁卻說今年以後不再發了。不知何故，這個消息漏出去，大家遂鬧起來。大家怨我，恨我。

在此之前，有一個人來告訴我說，在銀行餐廳附近有行員間之沙上偶語。它說在最近之每一次董事會，協議獎金、增加薪資時，對於各局長之提案，高橋副總裁都反對，這一次廢止年底之津貼，其主謀者就是高橋，據說這些人在暗中這樣傳說。

我遂往訪總裁，對於要廢止發今年年底津貼表示反對，同時對他報告我所聽到的沙上偶語，由於如上所述，現今我沒有人望，愈久愈不受歡迎，我覺得這樣對銀行也不好。等到真正不受歡迎才辭職反而更難看，乾脆現在辭職好了，請讓我離開，總裁說，「我沒有聽過這樣的事，你不要辭」，拼命挽留我，同時接受我的意見，今年照樣發年終津貼，但我以為我不應該領取此項津貼，乃予以婉拒。

現在回憶當時之種種，我服務於正金銀行的時候，實宛如開在原野之菊花的心情。雖然沒有受到社會的大歡迎，但也沒有任何操心事，覺得乾淨磊落。在日本銀行服務之心情，或許可以譬喻為香氣漂流，色澤亮麗的薔薇，工作華美，也為社會所知悉，但令人不得不覺得花朵背後有刺。

閒日月之效用（四十八歲左右）

令人非常難耐的話題拖延很久。在這裡我必須改變我的話題。在我這樣變化多端連續的生活中，多少也有悠閒的時候。工作不忙或心情欠佳時，我便前往葉山的別墅。腳下洗著眷戀的波水，眺覽附近由比濱、江之島之名勝；遠看富士雲峰，此時此刻，心情便會豁然，胸底之鬱魂將被全部洗滌無遺。當時（一九〇一年）小孩正是淘氣、任性、不可救藥，家中時或甚至發生感情上之衝突，令人非常痛心。有一天因為這樣，心情不好，早上出門時我說今天將由銀行前往葉山，家人便說，這樣暴雨大風還要去葉山，我在嘴裡這樣說著出門：

「哭臉嘴臉皺臉，目不見的葉山風雨算什麼。」

我對於書畫也很有興趣。即使有巧拙之差別，面對真心真意的作品，會令我肅然起敬。何況一筆一劃用全心全意認真完成的精心作品，更是莊嚴。在此種意義上，我非常有興趣觀賞書（字）畫。

一九〇一年十月六日，應伯爵伊達宗基氏邀請，前往其位於府下大井町之公館。目的是要參觀最近奧羽（東北）地方要舉行陸軍大演習，大元帥陛下（明治天皇）將親臨幸駕，屆時將呈獻天皇伊達家重寶國永之名劍，以及藤原公任親筆之前後集二卷。當天，除此兩項寶貝以外，也拿出來伊達家珍藏之書畫（字畫）給來賓欣賞。其中主要者有梁楷筆普化僧、因陀羅筆寒山拾得等，其他有馬麟、月潤、牧溪、毛益等作品，皆為上乘。器物著名的有砧青磁花瓶等。出席者大約二十多人，非常豐盛的午餐，因而過了很優雅的一天。

那時候，我買到抱一筆之伊勢小町雙幅，有一天某友人看到它說，這不是伊勢小町之雙幅，而雙方都是小町的畫。其所謂雙幅，一個是觀瀑之畫，另外一個是在看萍的畫，這個人告訴我說，瀑畫是音羽之瀑布，是小町的歌，是取材於：

作何事徒增馬齒　瀑布形如故

另外一幅是同樣：

未種　以何種而有浮萍　宛如波浪繁茂

根據這個人的說法，亨保時代（一七一六至一七三五年）有一個名叫弄齋的僧侶作歌，叫做弄齋節，非常風行，並給我看其歌詞。

見面立名立其內　不見而立立其名
想起來是因為忘記　忘記想不起來
悲嘆過日子　還有什麼生
即使今宵天陰就陰　揮淚望月亮
棲身塵世隨緣　月入山端

一九〇二年七月十二日，我參加了佐佐木高美君之告別式。佐佐木君行年四十有一，實在可惜。前個月其長女去世，今其嫡子又先走，老佐佐木伯爵之悲傷當可理解。

我哀悼佐佐木伯爵歌
去月失長女本月嫡子又去，
想起古歌有云「憂上加憂，正考驗有限之力氣」，

老身無測心年　只裝飾表面
憂事隨年相累積　正考驗心靈
見聞老後送子女　皆成淚水源
老伯爵時年七十有三，察其心中，無從安慰。

該年七月十四日，因早已約定，故往訪芝公園之九鬼男爵邸，參觀其收藏之畫及佛像，並晚餐，這是上一次前往鳥尾將軍邸，觀賞其珍藏和晚餐時說好的。可是此時鳥尾將軍生病未能前來，來了高島將軍和西樞密顧問官。有過各種趣聞，其中主人九鬼男爵談高島中將說：

「最近將軍新蓋邸宅，由大倉喜八郎包工程，因已竣工，大倉請其分年付款，將軍卻罵他說，錢是有錢的時候才要付的，收錢者怎麼可以規定其日期，真是豈有此理，大倉由之打了退堂鼓」云云。

對此高島將軍辯稱說：「還好。賣另外一棟房子之錢還剩兩萬多圓，故用於新蓋房子之費用。可是因保別人舊借款發生問題，錢統統被拿走，所以對於大倉之付款發生困難」云云。此時，我想起卡乃基之青年訓中所提，人生三大敵人：飲酒、替人作保和投機，我也說給大家聽，閒聊數刻，很晚才回家。

興業銀行參加發行外債

一九〇二年元月元旦，天氣晴朗，心情非常心怡的開始。這一天，赤坂表町之新蓄房子，除玄關和走廊外，大致已經大功告成，因此便從邸內老家搬過去。我們全家人在新飯廳喝新年酒，吃年糕慶祝，大家歡欣住進像人住的房子。

這一年秋天，發生發行五分利之公債的問題。十月一日早上。山本總裁被大藏大臣找去官邸。大臣說：

「政府這一次決定經由興業銀行發行五千萬圓五分利公債，約定賣給香上銀行。此項公債背書元利在倫敦支付，將在倫敦市場賣出，政府實收九十八英鎊。」

山本總裁突然被告訴這一件事，他對其程序覺得有一點不大對，他回來說：

「以往在外國發行公債，通常都是經由日本銀行或正金銀行，只有這一次，沒有經過任何商量，便決定經由興業銀行賣給香上銀行。這或可以解釋，日本銀行和正金銀行沒有信用，因此遂去見桂首相，說其不是。」

不久，正金銀行之相馬、三崎正副董事長來說，他們收到倫敦的電報，並說：「這一次的事是令箭。我們剛剛收到來自倫敦的電報說，香上銀行對弊銀行倫敦分行稱，有關此次五分利公債之出售，一半由貴行負責，這實在太有關我們正金銀行的面子問題。對於公債之發行，以往都是交易銀行巴斯銀行是我們的伙伴，連一個招呼也沒有排除該家銀行，立刻和香上銀行商量，從道義上來說還是不好。因此正金銀行令倫敦分行拒絕香上銀行之提議。

那一天黃昏時刻，添田興業銀行總裁來訪表示：「關於此次公債之出售，應該事先來商量，惟因有不能來之原因，故今天特地來說明並表示歉意。」因此我說並問：「你完全沒有對我個人致歉之必要。但這一件事，有關正金銀行之面子和信用問題，為什麼不和正金銀行事先商量，而先去找香上銀行？」他說：「因為這和香上銀行有秘密約定，故請以它為前提聽聽我的話。」

他說，以前在倫敦募集公債時，由於以正金銀行為主體，香上銀行橫濱分行經理以對英國以及其總行非常沒有面子，因此再三懇求下一次發行公債時務請能以香上銀行為主體。當然，自始就和香上銀行談好要以正金銀行為承受銀行，絕對沒有把正金銀行除外的意思。希望正金銀行不要有誤解，拜託請能夠參加發行伙伴。因此我對濱田君以至今日，對正金銀行，政府以及日本銀行所採取方針，詳細說明發行日本公債時，與正金銀行連手之巴斯銀行的關係。

聽我這樣說的浜田君非常驚訝，遂往訪和拜託相馬君，也對倫敦拍電報請巴斯銀行加入，所以請協助使這一次事情能夠圓滿成功而離去。

可是隔天濱田君卻來電報說，昨天之事電告了倫敦，同時正金銀行說等不及倫敦分行之回電，同意參加發公債之伙伴。巴斯銀行沒有參加發行銀行，卻以辛迪加銀行團負責十萬英鎊，至此一切問題完滿獲得解決。

伊藤侯爵流淚：逝者如水（四十九歲左右）

一九〇二年十月十五日，大磯之伊藤公館，舉行了其六十大壽宴會，所以我下午四時出門。這一天，朝野之貴顯達官皆都前來，惟因山縣侯爵生病，其祝詞乃由寺內陸軍大臣代讀。其文字非常簡單，敘述伊藤、井上兩位侯爵之一生簡歷，並稱讚其豐功偉績。在朗讀這個祝詞時，這兩位侯爵靜聽之餘，大概不堪懷舊之念，暗中流下眼淚。回途，同席之鮫島武之助君在車站對我說：

「伊藤桑在像今天晚上的時候，平常都淡淡若無其事的樣子，可是像今天晚上那樣流淚，表示他已經年老了的徵象，實在可嘆。」

同年十一月十七日，從葉山回東京車中，和小村（壽太郎）外務大臣同車。他極力主張要創立日清銀行，倡議對中國政策，因我有稍稍反對之意見，故毫無保留地表示了我的意見。如此這般，一九〇二年過去了。一九〇三年元月元旦，到銀行拜年之後就回去葉山別墅，滯到六日。

濛濛千代田城廣前　今日新玉之春開始

這是我年初之感慨。一月八日，大藏省把我找去，松尾理財局長說：

「去年在英國發行的公債五千萬圓現款，希望儘快以金塊運回來。考慮其對我國金融社會影響，以及與日本銀行之利害關係，希望對我國經濟界不會產生人為之波動才好。」

因此我說：

「去年米作欠佳，因此今年恐怕需要臨時輸入三千萬圓左右的米。若是，我們的覺悟輸出這個數目的金幣。所以要把金塊運回來一事可以暫緩。如果把英鎊賣給日本銀行，日本銀行可以命令正金銀行，一個星期以內運用於短期之貸款，以防備萬一輸入之過多。等總裁從鎌倉回來，商量決定日本銀行意見之後，再正式奉告。」說完之後遂與其告別。此事後來完全照我的提案辦理了。

一九〇三年三月二十四日，家父是忠因為成為半身不遂而去世。根據其遺囑，二十五日簡單地辦理了喪事。

迨至四月中旬，我的喉嚨開始痛，又因為醫生之建議，我遂前往葉山之別墅靜養。幸好不是那麼痛，經過四、五天以後好了。可是四月二十二日早上，偶然看到時事新報之廣告欄卻說橫尾東作翁昨天早上突然病逝。實在太意外了。他是早在慶應二年（一八六六年），我和鈴木知雄在橫濱學習中時候由仙臺藩派來監督我倆的人，曾一時一道生活過，也受過我祖母照顧過的人。他長期從事過南洋貿易，在這方面應該算是先驅者之一，最近沒有見面機會而已。可是他於今年四月三日下午四時左右，突然來找我聊天明治維新之往事，我祖母的種種，其樣子令人寒心，很快就說要回去，因此我勸他洗個澡吃了飯回去。翁欣然同意這樣作。然後我們兩個人一起洗澡，翁洗完澡，用水潑身體，非常健壯的樣子，我們喝了葡萄酒等，吃了十分豐盛的晚餐，漫談新舊世間事，興高采烈地坐黃包車回去。回去的時候還說：

「我今天早上去了鈴木大亮家，回家時順便到這裡來。因最近要去南洋的船回來了所以我來東京，辦完了事就要回仙台。將來要組織股份有限公司。」可是不到三個星期之今日，竟得悉翁之仙逝，簡直不可思議。

對曾禰荒助財相建議降低利率

一九〇三年晚春，記得是梅雨之前的事。為因應和恢復經濟界之不景氣，日本銀行想降低利率，乃舉行例行之午餐董事會議，與決定此事之同時，為取得大藏大臣之認可，山本總裁要親自前往大藏省。惟因大藏大臣感冒，臥病官邸，所以山本總裁便前往官邸，請大臣同意。

因為都是能夠馬上能作決定的事，所以我們沒有解散董事會議，等待總裁回來。日本銀行的貫例是，經過大藏大臣同意之後，發表它的下午四時許，股票交易結束之後，等待在該日晚報（這是後來的事）出來之後，再向新聞記者宣布，以便刊登在隔天早報，這是相當費神費力的。可是山本總裁去了大藏大臣官邸之後卻一直沒有回來。大家正在寒暄為什麼這樣的時候，大藏大臣官邸來電話，要我馬上去官邸。我立刻前往，大臣在會客廳舖著棉被躺在那裡，山本總裁、阪谷（芳郎）、松尾兩君座在其旁邊。我覺得氣氛有一點不大對，我對大家打了招呼之後，大臣便面向對我說：

「剛才山本總裁來要我同意降低利率，但大藏省認為現在不是降低利率的時候」

於是我問：「為什麼說現在不是降低利率的時候呢？」大臣說，「今年如果米穀歉收，輸入必將增加。日本銀行如果敢保證輸入不會增加，我可以同意降低利率。否則我不能同意降低利率。」於是我說：

「今年的米作好不好只有神（天）才知道。目前好像會好的樣子，還有兩百一十天、兩百二十天時間，因為氣候關係，或許會比往年差也說不定。除這個無法預知的事情以外，依目前之情況，我們覺得現在降低利率不會造成輸入過多。反此，今日我們之利率過高，因此造成（生產）事業不振，製品成本太高。所以現在有降低利率，予經濟界以活力之必要，這是日本銀行之意見。不錯，您們都是很聰明的人，天天在用心於各種各樣政務。我們天天在想經濟界的事，特別是注重金利政策，不斷地在思考這個問題。因此我覺得在專問思考這個問題者的意見應該得到尊重才對。如果政府以為今日降低利率對國家不好，有其他某種政治上理由自當別論，否則對於今年米作日本銀行不保證就不降低利率，那是沒有道理的。誰敢或能夠保證今年米穀會豐收？日本銀行最重要的工作是金利政策，因此我們不分晝夜都在研究這個問題。如果鈞座覺得我們這些人不值得信賴和信用，那就另請高明好了。我們董事今日召開會議，決議認為有降低利率之必要，特地前來請示，敬請同意。」曾禰大臣再度思考之後，終於同意，我和總裁遂趕回日本銀行。

歸航大時化與船長之感情

山本總裁之任期到一九〇三年十月二十日屆滿，我們希望他能夠連任，故有時候會對他有所建言。因為我們感覺財長和總裁有不同意見之處。對此總裁常常說：「那沒有什麼關係，這是無所謂的。」毫不在乎，完全不聽我們的意見。我在心理暗中想：總裁大概有他自己的自信。可是我從八月二十八日以後要去北海道視察，出發前我對秘書土方久徵君說：

「總裁任期快到了，我希望他有所考慮和行動，但他卻都馬耳東風，毫不在乎，希望你也要好好對總裁有所建言」。對此土方君說：

「對於這一件事，我也曾經對他提過幾次，但他都叫我不要管。不過我還是跟他提的。」

我抱著關心總裁之任期的心情前往北海道。陪我去北海道的有三輪奈良太郎、岡崎知達、川島書記三個人。出差的主要目的是要檢查救濟北海道商業銀行之內容，調查北海道鐵路以及製麻公司之實際情況。

我繞了北海道一圈，於九月二十八日早上回到上野（從前，由東京往東北、北海道的火車，全部由上野出發——譯者），我另外有其日記，因找不到，故無法細說。至今還記得是，那個時候從函樽鐵路從兩邊正在進行工程，中間是空的，所以俱知安的原野，必須騎馬走。在小樽，承蒙高橋直治君招待到他家，他把他來北海道以後之大豆價格作成表格貼在屏風上面，並說明了他建立販賣大豆經過之慘澹經驗談。他又說，小樽將來一定會熱鬧起來，看看當時之火車站停場情況便可以理解，我問將來可能發展土地所有者是誰，結果都是與北海道有關係的長官、官吏之所有地，使我嚇一大跳。

從小樽我坐船去根室。根室附近有著名的濃霧襲來地，據說萬一被其侵襲，一個小時、兩個小時甚至一整天，船會停下來；繼續不斷地鳴笛，這個氣氛令人覺得非常孤單和寂寞。

在根室參觀了養牛等的牧場。好像經營困難的樣子，但我覺得將來蠻有希望的。很意外的是，我忘了其名字，有一個學校的老師太太，令我參觀了她以在根室天然成長的桑樹葉養的蠶所吐出來的生絲。這是非常好的生絲，她說這裡的蠶的成長遠比內地結實的多，絲量又多，作為養蠶地，前途無量。從根室我們又坐船走上回途。此時天氣變壞，風又大起來，更可能會下大雨。船又小，上等客艙只有四個，其中間有餐廳。上等客艙客，除我們只有一個人。據稱這個人出生於北海道，他喋喋不休北海道的事。我們說「這樣天氣，不知道會不會開船？」此時船長來了，並稱「沒有問題，五點鐘左右可以開航」，說完話之後，上甲板上去了。此時這個船客說：

「這裡的船長是不行的，說這樣大話的他，一開船出去，看天氣不對，不是馬上開回來，便會躲在最近的港口。」這樣挖苦船長。

旋即船開了。風愈來愈大，風雨交加，船像樹葉般飄來飄去。連說大話的那個船客也躲進船艙去了。只有我一個人留在餐廳，想著「會不會像那個人所說船會開回來？」可是沒有開回來。海上變成暴風暴雨，波浪衝上甲板上。不知何故，甲板上的天窗是開的，海水由這裡一直進來。

於是我爬上梯子大聲喊叫提醒水夫。水夫趕緊把它關了。我從梯子下來，看到餐廳也流進了海水。因為門下面的木板沒有關緊，從其縫隙進水所致。吩咐水夫設法因應，他最後做到，已經不進海水了。

這樣的風，船便寸步難行，以至早晨五點鐘左右。此時船長來說，「會馬上穩定的。非常感謝。」說畢，他又上甲板上去了。

迨至六點鐘左右，風平浪靜了。此時船長又來了。於是我問他說，「這樣大暴風雨，為什麼不開回來或進最近的港口呢？」船長回答說：「昨天晚上那一個船客說，這個附近的船長是不行的，開航之後看天氣不好就開回來，我聽到這一句話非常生氣，所以死心塌地不開回來。」

此時我深深體會到：人是感情的動物，上了船以後，絕對不可以隨便批評船長。

據說，這個船長曾經擔任過郵輪公司的歐洲航線之船長，技術不錯，但愛喝酒，品行欠佳，因而被派到北海道。爾後在俄日戰爭中，我在倫敦時，在報紙看到來往根室的船失事，船長死亡的新聞，就是那個時候的船長。可能是逞強的結果。

伊藤、山縣、桂：抗議更換日本銀行總裁之方法

一九〇三年十月十六日黃昏，跟我很熟的耶穌教信徒姓竹內的女士來看我並突然說，「這是我一生的請求，請您能夠包含」。我說「妳的請求是什麼，說說看」。她說「這不是您做不到的，所以請您能夠同意」。「那是不是叫我不要再喝酒？」她說「正是如此」，她回答，並稱：「我擔心您的身體健康，因此請您千萬不要再喝酒，我天天為您身體之健康，在向神禱告，所以請您不要再喝酒。」

因看到她這樣熱心為我禱告，由衷感激，所以我說「我以後不再喝酒了」。她非常高興，當場為我禱告。因此我在俄日戰爭被派遣倫敦之前，一直沒再喝過酒。

十月二十日，山本總裁照樣到銀行上班並稱：「今天早上被叫去大藏大臣官邸，告訴你多年來辛苦了，今天是任期屆滿的一天，決定以松尾理財局長為後任，同時看了大臣的

一些字畫。」我們聽完了這番話，簡直啞口無言。旋即曾禰大藏大臣把我找去，他先就更換總裁對我說：

「不服氣新總裁的行員，請其走路好了，留下來的，你要幫他們。」我只聽完了他的話，什麼也沒有說就與其告別。但慢慢想了之後，覺得大藏省的作法既太突然又太不講道理。於是我開始調查各種情況，結果發現了這樣的事實。在這之前，先總裁為自己任期屆滿之事似乎找過伊藤（博文）侯爵談過，有一天伊藤侯爵問桂太郎首相說「有更換日本銀行總裁的傳言，有沒有這一回事？」桂首相回答說「我自己完全沒有這樣想法」，山本好像知道這個事，因此一直認為自己可以連任。於是我趕緊去訪問桂首相，並問他說：

「這一次更換日本銀行總裁的程序很有問題。我們要請傭人走路，至少也要一個月左右前告訴對方，讓他（她）心理有所準備。可是到總裁任期屆滿那一天之前沒有任何表示，到那一天只是說你辛苦了一句話就叫他滾蛋，這是不是總裁有什麼過錯？我這個副總裁一直和他工作在一起，到今日，我認為對方增加正幣之準備、義和團事件等都有所貢獻，沒有什麼失誤。尤其是據說您曾經對伊藤侯爵說過沒有更換日本銀行總裁的意思。把中央銀行總裁的位置這樣處理，實有失中央銀行總裁之權威，和對外國之信用。我認為必須使日本銀行具有和英國、德國之中央銀行同樣重量才行。因此事有關國家大計，乃敢冒昧前來奉告。」對此桂首相說：

「因伊藤侯爵問我有沒有更換的意思，我回答說沒有這個想法，這是事實。惟因大藏大臣說今日日俄之間將引起很大的關係，萬一這樣，以現今之總裁，他無從完成作為大藏大臣之任務，既然現任大藏大臣這樣說，我就認了。」

因我也不能就此閉嘴，故我遂去找山縣侯爵訴說政府處置之不當，尤其強調這樣草率處置日本銀行總裁更換，在國際視聽上對日本非常不利。對此山縣侯爵表示：

「我也覺得是這樣。兩三天前，桂來說，他要更換日本銀行總裁，因不知道這樣的來龍去脈，所以我只說是嗎。那麼現在應該怎麼辦？」我說：

「這樣好了。今天已經決定的事沒有辦法挽回，不過如果總裁有過失，希望把其過失弄清楚，如果沒有什麼過失，就承認其在職中之功績，使上面賜予升等授勳之機會如何？」於是山縣侯爵說：「授勳不容易，推薦為貴族院議員如何？」我說「很好。在德國，中央銀行總裁給予貴族院議員並令其出任預算委員會委員長，因此這個安排很好。」他說「那你就去桂那裡告訴他，說這是我交代的。」因此我立刻去找桂侯爵這樣告訴，桂侯爵說「我明白了。」我說「請愈快愈好，拜託拜託」，與其告別；過了幾天，未見下文，我又去催促兩次，終於發表了。

河上謹一氏之來函

拜呈久未致意問候歉甚，諒必日益康健，大慶至喜。前此抛棄榮爵，過悠閒自得日子，令人敬佩，所謂功成名遂，悠悠仙境便是如此，令人羨慕不已。小生老來愈來愈懶惰，已經三五年未去東京，知友九成已凋落，回顧過去不勝感慨萬千。惟年初兄在大阪朝日新聞所連載之一代記，極引起小生之興趣。敘述五十年以上各種事實，無微不至，非常詳細，你的記憶力，令人嘆為觀止。故人之人名雖然有兩三個錯誤。譬如把開成學校校長名字伴正順氏寫成伴正臣，把大藏省官員加藤濟氏寫成加藤瓦，類似此種筆誤，但全篇文章內容沒有什麼影響。看完大作之後，我覺得學到很大的學問。至於有關關成學校之事體，作為史料，還有許多事情可以說。最近有大學方面的人來跟我說，在一八七七年以前，因為老人已經多凋零，逐漸無從問起，因此有人來問小生可否談談當時之回憶。但我覺得兄長之一代記足足可以滿足他們之希望。小生雖然沒有什麼特別值得一談，一八九八年陪遊歐洲之時，小生在倫敦患喉嚨病臥床，其實這是在香港得之病，病症為冒腸卡他或許是赤痢，船上也沒有相應之醫生，小生抱病硬去倫敦，在該地暫時平臥，得小康，赴柏林住院治療，前後四個月抱病旅行，因此也沒有什麼值得回憶，至為汗顏。唯因兄長之一代記使小生回憶當時的一些行動。在柏林住院時，兄長曾來看小生，其前夜與同來者諸氏久違豪遊，此事記憶猶新。這是小生生病時記得最清楚的一件事。此外，兄長之一代記，還散見有關小生之事，這是小生意外之光榮。

惟今日大阪朝日新聞所刊載有關更換日本銀行總裁，小生欲乘此機會，談談當時之一端，以供參考。

日本銀行內部有人推舉小生接任岩崎總裁之位子。其勢力不小，小生以自己非此種料子，亦不能隨便接斯種重任，事實上小生疏於算計，對經濟沒有興趣，以為投身實業界為一生之失策，川田總裁去世之後，小生遂提出辭呈，完全沒欲望。當時推薦小生者，為兩三名淺見之徒，大勢並非如此，彼等擬以小生為稻草人，計劃以田中光顯伯爵作龍頭，此事或為兄長有所悉。此事尚未成熟之前，外面政黨政客已經在插手，為防止其染指，鶴見氏提出山本男爵為總裁，小生立刻讚成，小生同時促使藤井氏等人之同意促成此事。小生完全無意與山本男爵競爭，自可瞭然。

上述完全無意更正什麼，只供參考而已。如果小生與山本男爵競爭，小生必將被評價比實際上更高，兄長自可理解小生之苦衷，呵呵。小生對功名沒有什麼興趣，一九〇三年之後，徬徨於醉生夢死之境，至今未餓死，實在不可思議，請忽見笑。今日，小生勉強在保持餘喘，為現世之回憶，極欲再拜見兄長一顏談舊，想找一日前往東京，請能諒解。匆匆頓首。

九月五日　　　　謹一拜
高橋先生大人
左右

手記者註

非常感謝河上先生同意刊載其大札全文。由此當可更加能令讀者瞭解當時之真相。所提醒人名之錯誤，不是高橋先生之記憶錯誤，而是手記者之筆誤，在此謹致歉意。本一代記完全是高橋先生之口述，由手記者筆記，謄寫之後，請高橋先生過目兩三次，以期其正確無誤，惟因高橋先生眼睛不是很好，所以每每由手記者在高橋先生面前念給他聽，以補充和更正。其結果，諧音的發音，濟（わたる）和亙（わたる）便是手記者之誤寫，這是手記者之過錯。因此連累了高橋先生，手記者覺得很過意不去，在此說明其來龍去脈，敬請各位讀者包含。

〔十五〕爆發俄日戰爭

俄日之危機——敏感的大阪財界

一九〇三年十月二十日，曾禰大藏大臣把我找去官邸，並說山本總裁今天任期屆滿，將由松尾理財局長接替，突然這樣說完之後並稱：「如果有不服氣的就走路，留下來的希望你能幫助他們。」這令我感覺當時流行的一句話「鎧袖一觸」（採自德國皇帝之話）。但我覺得這不是政府對待中央銀行總裁應有之態度，乃遂去訪問山縣侯爵和桂首相談判。當時我自己看看政府對山本前總裁之態度和新總裁之態度如何，準備立刻辭職。

可是如前面所說，山本前總裁之事獲得圓滿解決，松尾新總裁於十月二十五日晚上，專程來我住處看我，就日本銀行業務表示，他完全信賴我，正金銀行之監督和海外之事務，懇切希望我今後更要盡力。我和松尾氏，自我在正金銀行時代就關係不錯，既然這樣，我也沒有他意，所以更換總裁事遂圓滿告一段落。

我為山本總裁勅選貴族院議員問題和桂首相談判時，首次得知日俄之間有重大案件之交涉。但我沒有問這是什麼案件，也沒有太重視這個問題。可是記得（那一年的）十一月十日前後，松尾總裁私下對我表示：

「今天早上大藏大臣把我找去並說，日俄談判之經過並不理想。或許會破裂。萬一日俄開戰，日本銀行必須籌措軍費。國內之支出可以增加發行兌換券來因應，需要從外國購買許多軍械必需品，屆時必須以金幣付款，所以對此事現在就必須作充分的準備。」

當時我以日本銀行副總裁身分，兼任橫濱正金銀行之業務監督。因此以這個立場表示意見，同時和總裁商量請來三崎副董事長，要其暗中調查以下各項。

一、對於三井物產、高田商會等當時之主要輸入業者，正金銀行給予多少信用金額及期限。

二、輸入匯票之預約金額及其期限。

三、輸入業者所購買物品中政府之訂購部分，與民間所需部分之區別品目及其金額。

四、外國人在日本內地之存款，以及外國銀行在日本內地所擁有資金之概數。

這個調查之目的是，萬一開戰的時候，馬上需要使用金幣，當時日本銀行之金幣有一億一千七百萬圓，到底能不能負責兌換，亦即是為了推測與開戰之同時，是不是需要禁止金幣之輸出的問題。

此時，正金銀行開始盡量暗中從事這樣的調查，一方面對出售匯票或信用狀盡可能採取保守態度。

可是，敏感的商人，自然而然地知道此種情況，以為會發生什麼事。特別是大阪的經濟界。

現在回想起來，真是不勝有今昔之感。當時，民間都不知道日俄之間有開戰之危險的重大外交談判。真正知道這個事體的只有四、五個人，我只是因為工作關係聽到而已，但完全不清楚所謂麻煩的交涉條件之內容。真是保密到家。

太少的軍費：回憶採購軍艦之內幕

大阪之財界，從一九〇三年十二月初便開始在懷疑，雖然沒有公開說出來，但在偷偷傳言日俄之糾紛，因此有人心不穩定跡象，經濟界亦多多少少有動搖之徵兆，由之政府也相當憂慮。

如此這般，及至十二月中旬，曾禰大藏大臣把松尾總裁找去說：「日俄談判一時曾經令人擔心，不過看樣子似可以和平解決了。可是在大阪方面之財界似乎卻有動搖之徵兆，為了不能使其太悲觀，是否有什麼方法予以緩和？」松尾總裁這樣跟我商量。

我覺得這是很困難的事情，因為日本銀行不能對財界公開說你們可以放心，我們兩個人商量結果，先以松尾總裁要回去掃墓，順便在大阪下車，與當地之主要人士見見面，很自然地告訴他們不必擔心比較好。

因此總裁便於十二月二十五日這樣做，去了大阪。同時答允正金銀行將以某種優惠。根據到此時之正金銀行的調查，推測開戰之後我總將流往海外金幣金額為：

一、外國銀行可能帶出去之金幣　三千五百萬圓

二、支付輸入品金額所將流出去金幣　三千萬圓

共計　六千五百萬圓

由當時日本銀行所擁有之金幣一億一千七百萬圓扣除這些金額，所剩只有五千兩百萬圓，而且這還不包括開戰後必須支付海外軍需品之金錢，因此非常令人憂心。

如前面所述，談判情況日有進展，可是到十二月二十九日晚上，大藏大臣突然把我找去。記得是九點鐘左右，我去參加一個宴會，因此我從宴會場直往其官邸。此時，除曾禰大臣外，阪谷次官和相馬正金銀行董事長也在座，他們等著我。大臣看到我便說：「前此政府曾在倫敦購買兩隻軍艦，電訓駐英林（權助）公使立即與對方簽契約，對於付款，因正金銀行倫敦分行之差錯，未能付款，致使林公使進退維谷。林公使的電報說，如果不能支付此筆款項，與解約之同時他必須離開倫敦。林公使之立場既然如此，政府又希望購買

這兩條軍艦，因此日本銀行有沒有可能設法此筆款項？」

我說，此事極重要，而且刻不容緩，所以我提出兩個方案：

一、令林公使以公使身分開一張期票交給對方。

二、如果對方要求擔保，日本銀行可以以其所擁有之四分利英鎊公債三百萬英鎊借給正金銀行，由正金銀行倫敦分行開出支票來保證。

幸好，我這兩個方案得到在座者之同意，立刻電訓林公使及正金銀行倫敦分行。結果以第一案成事，這兩條軍艦遂回航日本。這就是日進、春日兩艦。

（註）關於正金銀行倫敦分行之差錯，後來我為募集外債到倫敦，會見林公使時，他告訴我其來龍去脈是這樣的。林公使在簽訂購買兩條軍艦契約之前，曾請正金銀行倫敦分行山川勇作君經理去商量付款事。其總金額為一百五十萬英鎊，與簽契約之同時要付一成十五萬英鎊之訂金，這是契約之要點，林公使拿契約書給他看。山川君諒解林公使之意思而予以同意，於是遂簽署契約。可是到付款時，山川說「我以為付訂金十五萬英鎊就好了，因此我答應，我無法籌措更多的錢」，因而慌了。山川君又說，倫敦分行不可能有一百五十萬英鎊，我以為其一成的十五萬英鎊就行，所以我答應了。

（譯註）譯者譯過《林權助回憶錄》一書，此書於二〇一五年二月，由台北致良出版社出版，但完全沒有提到這一件事情。

日俄斷交與財界之苦心

在這裡，我想來談談日俄開戰前後之情況。自一九〇〇年之義和團事變以來，俄國在東北（滿洲）駐屯大軍，不但無意撤兵，而且大有南進之勢，其爪牙甚至要由滿洲伸到朝鮮。一九〇三年四月八日，是俄清條約之第二次撤兵日期，俄國毫無履行此條約之誠意，於是清國決定要直接和俄國開始談判。可是這個談判繼續了幾個月，不僅未能解決問題，俄國且對滿洲方面集中軍隊，欲達到吞噬遠東之野心，日本輿論由之沸騰，演變為所謂七博士之主戰論，對俄同志會也主張對外強硬論，以促進國民之覺醒。

可是政府卻寄以一縷之希望，期待俄國之讓步，隱忍自重，會商十幾次。在這期間，曾以各種各樣條件和方式折衝，但民間完全不知道這是什麼條件和有過怎麼樣的交涉。

一九〇四年元月元旦早上，阪谷大藏次官來電話說：

「談判將破裂，所以請你開始準備一切。我會連絡，也希望你以電報促請在故鄉之松尾總裁火速回來。」

我對於事情之急轉直下非常驚愕。乃電報省親中之松尾總裁，並請來三崎正金銀行副董事長，請他開始實行以前我們已經談好之計劃。特別是對於屬於民間所需輸入品尚未上船之前的東西，令其減少金額或予以解約，以致力於維持金幣。在另一方面，研究禁止輸出金幣之得失，如果開戰，必須由外國購買之軍需品，其金額可能相當大，因此非募集外債不可。可是如果一開始就禁止金幣之輸出，對海外將失去信用，所以必須考慮這對於募集外債將是不利的因素。反此，如果令金幣自由輸出，流出之勢將自然而然地緩和。左思右想，審議研究結果，認為此時此刻禁止金幣之輸出，並非上策。

在此之前，俄國軍隊東漸，出現於滿韓之域，此時我國政府欲和平解決此一問題，乃於一九〇三年七月二十八日提議「日本承認俄國在滿洲之特殊利益，相反地俄國要承認日本在韓國之優越利益」，可是俄國拖延四個月時間，及至十二月十一日，始回答上述之提案。它說：

「韓國領土內任何部分不得用於軍略上目的，韓國領土北緯三十九度以北為中立地帶，滿洲屬於中立地帶之外。」

上述是俄方主張之重點，完全無視日本在滿韓之利益，只主張和維護自己之利益。因此日本政府於一九〇四年一月十二日舉行御前會議結果，對俄國發出要求其再思考之通牒。在爾後之二十天，日本政府曾督促回音四次，俄國不表示何時要回答，由之時局日緊，刻不容緩，乃於二月四日御前會議決定與俄國斷交，隔天（五日）電訓栗野慎一郎駐俄公使通牒俄國政府，六日，日本公使館撤退。當天，小村（壽太郎）外務大臣親自把斷絕邦交之通牒交給俄國公使羅前。如此這般，日俄開始交涉以來，前後協商十六次，但談判終於破裂。

日俄開戰與募集外債

一九〇四年二月六日，日俄正式斷絕邦交，並進入戰爭狀態。戰時財政之要務，由井上、松方兩位元老指導，御前會議也決定募集為軍費所需之外債。

井上、松方兩位元老和松尾日本銀行總裁商量結果，決定派遣適當的人物為財務官，前往倫敦，視適當時機募集外債。松方伯爵首先提議以高橋是清為財務官，並和我商量過，我以自己不是這個料子予以婉拒，並說園田孝吉君為最適當人選而先離開。曾禰大藏大臣和松尾日本銀行總裁主張說，今日指揮最重要的正金銀行業務的高橋副總裁不能不在國內，另一方面園田孝吉君說，他的健康不容許他去海外而謝絕。

如此這般，財務官人選遂陷於難產，兩位元老也頗傷腦筋，迨至二月八日，瓜生戰隊在仁川海面傳來捷報，日本聯合艦隊砲擊旅順，擊沉三艘敵艦，至此局面始一變，於是大藏大臣和松尾總裁便對上面報告說：「看這樣情勢，現在可以讓高橋離開了，請立刻派高橋君前往倫敦。」於是情況完全一變，二月十二日晚間，井上伯爵把我找去，我一去他便說：「辛苦你，希望你到倫敦去募集公債。」並表示：「松方伯爵一開始就主張派你去，起初我以園田君比較合適。因為看了當地打給日本銀行和政府的電報，要給予回答日本國內必須有精通海外情勢的人，否則政府和政府派在當地者很難溝通，甚至會引起誤會。因此要你留在國內，以便和園田用電報連絡，所以才想把園田派到國外去。可是園田對其健康沒有把握，硬要他去，等於要他去死，所以不能勉強他。因此是不是以園田為日本銀行顧問，和你連絡有關募集外債事誼，我看就這樣辦好了。」

當天我回去銀行之後就把這一件事轉告松尾總裁，商量結果認為，日本銀行不方便公開請園田君為顧問，不過因為實際上有這個必要，故決定由總裁口頭拜託他效勞，頭一年，需要時請他來商量，以後就中斷了。

我聽到井上伯爵的話之後，覺得此項任務之重大，必須弄清楚政府之決心，乃回答說：

「如果要我擔任這樣重大任務，我要請政府一定遵守約定。即政府談起外債時，必將出現所謂掮客，他們為賺取佣金，會對政府談東論西。這樣時候政府絕對不可以受到他們任何影響，否則將阻礙派在當地之人的工作，最後政府將非常困擾和損失，所以不管是誰說什麼，政府都不能也不可以理，要絕對信用所派遣的人，如果政府沒有這樣的決心，我不能接受此項任務。」對此井上伯爵說：「你說得很對，這我可以保證。希望你把這些統統寫出來，明天早上交給我。」

我遂告別，隔天早上我往訪井上伯爵，並把備忘錄交給他。其內容如下：

出差者之希望

一、政府要定十分之條件，賦予相當之權限。

二、政府要訓令林公使，要對出差者在外交上，為遠到此目的在公私上要給予充十分之援助。（附言）要不要嘗試英國政府之保證，依國家之大計打算請決定可否。

三、政府除前項情形外，不得對出差者以外之人直接間接叫其經辦外債。

四、有關外債，對於在日本國內之外國人之申請，政府一概不得理會。

五、政府要暗中命令橫濱正金銀行、日本銀行之當事人，不得理會外國人之有關公債的任何提議。

六、所發國內五分利公債之背書方便賣出時可以這樣做。

對此井上伯爵說：

「你所說的每一樣都很有道理，我已經都把你的意見和要求轉告了大藏大臣等人。他們都贊成你的意見，政府負責人都說一定會遵守承諾，請你放心。」因此我決定接受這個任務。

〔十六〕出國募集外債

從美國到英國：船中之女明星

由於如上所述經過，我以日本銀行副總裁身分，受託辦理募集外債事宜。因此以後有時候我也常常列席元老大臣之評議。此時政府所編的預算是：

「一八九四、九五年甲午中日戰爭的時候，總軍費之大約三分一流往海外，這一次也以它為標準，以計算所需正幣金額。即總軍費為四億五千萬圓，假定以其三分之一，一億五千萬圓支付對外國之採購，現在日本銀行所擁有之正幣餘力還有大約五千二百萬圓，可以以它來支付外國採購，若是將短缺一億圓。這個不足金額只有依靠外債。也就是說，年內無論如何必須募集外債。由於是戰時的募債，所以可能被要求擔保。但還不能社會正式公開，但要以海關稅作擔保，已經得到層峯之核可。你要以這樣的決心，立刻動身，年內一次募集不夠，再進行第二次，無論如何要募集到一億圓。」

阪谷次官又說：「這筆戰費已經積存一年，其目的是要從朝鮮趕出蘇軍為目的，如果戰爭延續到鴨綠江之外，恐怕得增加戰費。」

當時，我因為騎馬受傷，還沒有痊癒，左手還不能動。尤其是西裝，一八九八年在外國訂作的，也沒有時間訂作，因此馬上可以出發，遂以英語英文俱佳、現今為日本銀行總裁深井英吾君為秘書，乘二月二十四日由橫濱出發的航輪前往美國。到達美國之後直往紐約，與三、四家銀行的人見面，探探情況，一般美國人都以小孩般的日本國民，膽敢向力氣那麼大的巨人俄國挑戰，而稱讚其勇氣，很同情日本，真是意外，我感覺很愉快，這個時代的美國，為發達自己國家之產業，需要引進外國之資本，所以要在美國發行外國公債，既沒有經驗，我跟他們談過一次，得知毫無希望，故只逗留四、五天，於三月初就離開美國，前往英國。

在大西洋船上，當時之英國電影女明星蘭格雷桑也同船。她帶著兩三個侍女，用餐時她們有其專用餐桌，也不大和其他船客來往。可是有一天我到甲板上，有人從我後面在喊叫。回頭一看，究是蘭格雷姑娘。她說：

「日本演員在舞台上演死亡的時候，臉色自然會變，你知道它的秘訣吧。是不是用藥，我很想知道。」我說：

「我不知道。不錯，這樣一說，的確日本的演員，演死亡的時候好像會變其臉色。那不是用藥，可能是一種心理狀態。」對此她說：

「我不覺得是這樣。你知道而不告訴我的吧。」好像不相信我的話。我們閒聊一陣子，據其他船客說，蘭格雷小姐最近好像沒有太多收入，正在賣她的寶石的樣子。

開始談公債：英美人對戰爭之看法

倫敦之旅館，在離開美國之前，請正金銀行紐約分行，打電報給倫敦分行，代訂從前住過的多・凱哲爾・皇家飯店，因此一到倫敦便落腳這裡。

從此以後，我必須開始談公債事，我認為我一定要以正金銀行為本體，與其有交易的巴斯銀行、香上銀行、加達銀行、聯合銀行先進行交涉才行。

幸好老友向特氏是現今巴斯銀行倫敦分行經理，乃先去看他，由其介紹董事長巴氏，與總行總經理丹氏等見面。同時與香上銀行、加達銀行、聯合銀行之幹部以及柏也林商會之列伯列斯多克卿也會了面。

在此之前，我到達紐約以後不久，正金銀行倫敦分行經理山川勇木君以電報表示：「倫敦沒有募集之可能，今日正金銀行一分錢的信用都沒有。」山川君的意思是說，募集外債要在美國搞，來英國只有出醜的份。

我一到達倫敦，如前面所述，和巴斯銀行總經理丹氏以及倫敦分行經理向得氏，香上銀行、董事經理優恩．卡梅龍卿，仲介商班謬．戈登商會之柯荷、列比達兩氏以及其他成員成為好朋友，再三和他們見面，告訴日本政府有意要募集一千萬英鎊外債。他們都非常熱情的同情，但只是聽聽，並異口同聲說，依目前情況要發行日本公債很不容易，印證了山川君電報之所說，並非虛言。

旋即因班謬．戈登商會之列比達氏介紹，我往訪著名的羅思柴爾德家族並成為很熟，我尤其與其最小弟弟阿爾福列．羅柴爾德氏關係最好。我也與羅柴爾德齊名之金融業者阿矗斯特．卡色爾爵士交往。但我和羅柴爾德氏和卡色爾不談公債事，只聽聽他們談倫敦及巴黎之經濟市場情況。

在我專門以銀行業者為對象進行交涉的過程，最後表示善意，和正金銀行一起負責募集公債的只有巴斯銀行和香上銀行，加達銀行拒絕了。不過加達銀行之參加與否，在出發日本之前就有一些憂慮。因為最早在橫濱，與香上銀行和加達銀行雙方經理談公債的時候，香上銀行之經理很冷淡，很意外地加達銀行經理反而蠻有意思的樣子。他說：

「幾天來，我曾以電報建議加達銀行總行支持日本發行公債，但總行不積極，非常糟糕。這一次你到英國，希望能促使以加達銀行為主。」這樣一句話。所以加達銀行會不會成為伙伴就是一個疑問。因此此次遭受拒絕我一點也不失望。

這是有關公債的事，來到倫敦以後我發現，英美兩國國民，對於日俄戰爭，看法不同。一般來說，美國人大多認為，日本在陸軍會贏，海戰日本會輸；在倫敦，大多認為海戰會贏，陸戰打不過俄國。

英美兩個國家的國民，對於日俄海陸兩項戰爭之看法完全相反，對此事實我覺得非常奇怪。

靠大資本家還是銀行家？

到達倫敦幾天以後有一天，柏亞林商會的列柏爾斯特克卿來訪並說：

「聽說日本希望要發行公債，但公債之條件再好，要對一般民眾募集是很困難的。你所正在交涉之銀行家的躊躇不前，不是完全沒有道理。貴君之立場，很值得同情。我商會對於從前之日本的鐵路和礦山事業欲予以貸款而遣派過店員去日本。當時井上伯爵非常贊成我的這個計劃，逐漸瞭解日本的法律，得知貸款礦山事業和鐵路資金時，不能像在外國設定抵押權，我提醒他這一點，迨至最近日本國會提案制定了這樣的法律。由於和我們的商會有這樣的特殊關係，我們很同情日本之募集公債，也很想盡一臂之力。但要對一般民眾募集，我完全沒有把握。所以現在只能由我的商會來應徵。從前日本政府所發行四分利英鎊公債之中，現在是兩百萬英鎊為日本銀行所擁有，就以作抵押，以日本政府之大藏省證券之形式，最高我可以融資六十五萬英鎊。」他這樣提案。這是願意貸款給日本政府的第一位。

我聽完了他的話，非常感謝他的好意，同時說明日本政府沒有窮困到這樣地步，暗示不考慮這個提案，聊聊天之後與其告別。

柏亞林商會的立場是這個樣子，其他銀行也不分彼此，只要有機會我便和他們談發行公債的事。但都沒有什麼進展。

當時，我一直在思考到底拜託羅斯柴爾德或卡色爾這一種自己有錢的人好，還是一樣繼續請銀行業者協助好。可是一直得不出結論。很想和別人商量，但又沒有這一種人。在再三再四思考時，忽然想起出發日本之前，被英國駐日本公使麥克納介紹給我的喬治・蘇札藍・馬肯紀爵士。

麥當勞公使告訴我說，這個人是公使夫人之姊妹婿（連襟），雖然不是銀行家，卻是現今英國之大輪船公司社長，他是一位人格高尚，在社會上很有信用的人，有什麼事，找他，公使還特別替我寫了一封介紹信。因我想起這一件事，我遂決定去請教他。

於是隔天，我便往訪其私邸。他很豪爽地和我見面，當時其夫人已經去世，他是單身漢。

我很坦誠地告訴他，我是來募集公債的，為此事我曾和銀行家商量過，因沒有反應，所以想乾脆去找羅斯柴爾德或卡色爾這樣的大資本家商量。其得失如何我想不通，因此來請教您。他說：

「麥當勞公使告訴我說你會來看我，今天和你見面，我覺得非常榮幸。你現在所煩惱的事是理所當然的。因為我不是銀行家，無法給你十分的建議，但對其得失我可以表示一點意見。現在你所正在商量的銀行都是股份有限公司。在運用大家的存款，很少有去搞長期公債這樣的錢，所以再如何同情你的希望，因為自己沒有這樣的能力，最後只有拿到股東那邊去商量。大家需要評估和觀察，因此很不容易馬上給你確實的回答。反此羅斯柴德或卡色爾，因為有自己可以作決定的本錢，不管別人怎麼想，只要自己覺得有希望，有錢可賺，他一個人可以負責日本政府的公債。對於今後日本政府發行公債，則非靠他不可。可是資本家要把一切利益抓在自己手上，所以對於日本政府一定會提出不利的條件。相反地，因為銀行是股份組織，其利益不可能只到少數董事手裡，會到多數股東口袋。因此與個人不同，其條件只要是公正，他們便會滿足。因此從發行條件來說，就日本政府而言，以銀行家為對手，比依靠資本家有利。」

他這一句話對我有很大的參考價值。因此我決定以銀行家為對手來進行募集公債。這一天我和他充分溝通了意見而告辭。他非常親切，我告辭時他說：

「有問題要問的時候，不要客氣請來，我會盡力協助你。」

在局外中立國籌措軍費之問題

決定要以銀行家為對象來發行公債以後，我便更加積極與銀行家之溝通和談判。銀行家對負責日本公債之消極是有原因的。第一個原因是，當時俄國政府得到法國銀行之協助，所以自日俄戰爭以後，在巴黎和倫敦的俄國公債行情，沒有太大浮動，是有一點上升的味道。相反地，日本之四分利英鎊公債，戰爭前為八十英鎊的，很快就迭到六十英鎊，對於日本公債行情之展望很差。所以現在要發行新公債，是不是能夠得到一般人之興趣，會不會成功，其判斷非常不容易。

其次，日本此時此刻發行公債，如果沒有人購買而失敗的話，將證明日本政府不可能透過倫敦市場來籌措其軍事經費。其結果是，日本公債必將更加下迭，日本軍費由之將愈來愈困難，這必將重大影響第一線軍人之士氣。與此同時，從銀行本身在社會上之信用來說，從前之四分利公債，今日這樣下迭，擁有日本公債的一般民眾已經蒙受不少損失。如果再發行公債失敗，將不得了，故不能不慎重考慮。這三點是使銀行家對於承受日本公債裹足不前的主要原因。

我再進一步瞭解其內情，不清楚英國政府當局對日本發行公債作如何想法，日俄戰爭是白種人和黃種人的戰爭。尤其是俄國皇帝和英國皇室有近親關係。此時只有英國單獨替日本籌措軍費，作為白種人之一員，被認為是有一些說不過去，又具有偉大財力的法國是俄國的後援者，在戰費上沒有問題，從兵力來看，日本戰不過俄國，銀行家對於日本公債之發行，當然不看好。

到此時為止，我幾乎每日和銀行家見面，但不大強求公債事，在閒聊中努力於使對方能夠多了解日本的種種。

也就是說，這一次之戰爭，日本是為國家之生存，為自衛不得不站起來，日本國民兩千五百年來，上以萬世一系之皇室為中心，男女老幼團結一致，準備戰到最後一個人；同時又談武士道，說明國家組織係建立在家族之上。當時銀行家不大清楚日本的情況，故皆很熱心地聽我講話。如此這般，我們彼此日益打開心窗交往。

可是聽了前述喬治．馬肯吉氏的話之後，我改變緩慢態度，決定出於積極作為。但銀行家之間突然產生了一個很重要的疑問。就是日英兩國雖然是同盟國，但英國對於日俄戰爭仍然是局外中立之地位，因此現在籌措軍費，是不是違反局外中立之本義。

對此我說，我不是很清楚，不過在美國南北戰爭時候，中立國曾經有過籌措軍費的例子，所以局外中立國之籌措軍費應該沒有什麼關係，你們如果擔心，可以請你們信賴的著名法官或歷史學家查查看，調查結果法官和歷史學家都說沒有問題，因此諸銀行家便放心了。

成立英鎊公債契約

到達倫敦以後大約一個月，大致過了如上所述之日子。三月以後，迨至四月十日左右（一九〇四年），公債事才有一些眉目。亦即諸銀行業者，大家商議結果，盡了最大努力，提出如下之條件：

一、發行英鎊公債。
二、以關稅收入為抵押貸款。
三、年六分利。
四、期限為五年。
五、發行價額九十二英鎊。

六、發行額最高限度三百萬英鎊。

此時關於要以關稅收入為抵押一事，有許多議論。英國銀行業者說既然以關稅作抵押，就像羅勃．哈特爵士在中國一樣，應該由英國派人去日本管理海關。這個意見相當強大，但我完全不理，並稱：「你們把日本看成中國，那是錯誤的。日本政府對於外債，本利都全部付清，即使是內債，本利還清，從未欠過一分錢」，於是他們說「那是名義上之抵押。」而答應了。

對於英國銀行家提出之條件，我遂以電報和我國政府商量，發行之最高限度三百萬英鎊，以日本政府所希望一千萬英鎊之一半的五百萬英鎊，以期限五年為七年，發行價額九十二英鎊為九十三英鎊，作了這樣的修改和堅持。這一點英國銀行家點頭了。

此時我擔心的是，發行公債及其條件決定之後，還沒有真正發行公債期間，此事洩漏出去市場，帶來弊端時的因應問題。因為在發行前一洩漏出去，投機分子便會乘機開始作一廂情願的買賣，而且當時之法國金融勢力反對日本發行公債，所以這股勢力將帶來反動作用。

因此既然決定了內容和約定，在尚未在社會洩漏出去之前，必須早日發行。時至今日，在實際上使我最難堪的是，公使館或總領事館的人問起發行公債事情的時候，我沒有辦法回答這一件事。惟對於林（權助）公使，因為我們在明治維新之前就認識，也互相知道彼此心地，所以我有時候會對他說些公債的事。對其他人，我完全不說。

如上所述，和銀行家談妥，簽下臨時契約記得是四月二十三或二十四日。可是此時發生了非常好的事情。

那是曾經來過日本的我友希爾氏，得知我和銀行家簽了臨時契約很高興，請我晚餐。當時在希爾公館被介紹美國人喜佛氏。喜佛氏是紐約昆羅艾布商會的首席代表人，每年都來歐洲旅行，回國途中來到倫敦，因為和希爾氏是好朋友，同時應邀到他家裡來。開始用餐時喜佛氏坐我旁邊。用餐中他拼命問我日本之經濟狀況，生產情形，日俄開戰後民心民情如何，我盡量詳細予以回答。並說最近談妥五百萬英鎊公債，我國政府希望募集一千萬英鎊，但倫敦之銀行家表示五百萬英鎊以上很困難，不得已，遂與其簽約。餐後我們又談了很多。

可是隔天，項德氏來說，巴斯銀行之客戶紐約昆羅艾布商會之喜佛氏表示，日本公債所剩五百萬英鎊，他們願意在美國發行，為此事他特地來問我的意見。

一帆風順：美國銀行家也參加

我聽完項德氏的話，覺得非常意外和驚訝。因為喜佛氏昨天晚上在希爾家獲得介紹才認識，我從來沒有聽過「克羅艾布商會」、「喜佛」這樣的名字，因此，完全不知道喜佛是何許人。

但項德氏卻突然替我帶來極好的消息，如果這是事實，對日本政府來說是太好不過了，因此我回答說：

「如果我可以相信倫敦之諸位銀行家覺得他們參加作為伙伴沒有關係，我自己沒有不同意見，自可立刻進行這一件事。」惟因此事與我政之外交政策有關，我想應該沒有什麼問題，但為了慎重起見，我遂打電報確認政府之意向。政府答覆說沒有什麼問題。

由於喜佛氏之主張，事情遂決定，英美立刻承諾一千萬英鎊之公債。我以為這是一種天助而非常高興。

這不只我和日本人，連英國人也非常高興。理由是，如前面所說，或由於和俄國帝室的關係，或從黃白種人之戰爭的觀點，只有英國人幫忙日本。因為今日連美國資本家也參加，表示同情日本的不只是英國，連美國也是一樣，這似乎給英國政府和一般國民很大的滿足。譬如外交部長蘭斯坦侯爵，由香上銀行之優恩・卡梅隆爵士聽到美國參加此次公債這個消息時，據說非常歡欣。喜佛為了此事與聶斯特．卡色爵士承蒙愛德華陛下賜予午餐，在此席上，陛下特別嘉許喜佛氏參加日本公債之發行。

爾後，以勅令之案文及其他等等，與政府以電報往返，完成英美兩國之發行日本公債手續，並決定於五月十一日，英美兩國同時發行日本公債。

決定細目之前，喜佛氏把事情拜託列伯斯多克卿就回去美國，列伯斯多克卿都一一用電話告訴和英國銀行家商量之結果。可是對於以海關收入作抵押一事，喜佛氏似乎也有疑問的樣子，乃問起沒有設管理人，只是名義上之抵押，萬一不實行抵押權時要怎麼辦的這個問題。對此列伯斯多克卿只回答一句話：

「Warship!」（軍艦！），喜佛氏懂了。這是後來列伯斯多克卿告訴我的。

五月十一日公開發表日本在英美兩國要發行公債。而在這之前的五月一日，因報紙刊載日軍在鴨綠江戰爭獲得全勝的消息，日本公債由之得到意外的好風評，申請購買的人數，在英美立刻增加發行額之數倍，當天下午三時就截止。

為了看看情況，我去了發行銀行附近走走，我目睹要申請購買公債的人，排隊長達兩三百公尺。這是倫敦絕無僅有的光景。後來聽說紐約的情形也是一樣。在此之前，日本銀行總裁再三來信和電報說，自開戰以來，正幣之流出遠比預期多，兌換之維持日益困難，故督促我早日完成募債。可是一旦募債情形因電報通曉全球，正幣之流出馬上停止，松尾總裁遂大放其心。

發行當日之插曲：承辦銀行大顯身手

發行第一次六分利公債當時，還有一個插曲，這是發行當天，承辦銀行之情形。

五月十一日（一九〇四年）發行當天，我去看了倫敦市內之發行銀行的情況。其中申購者最多的是巴斯銀行。我進去銀行內部，看到比平常多得許多的行員在那裡工作。據說從市內及附近分行臨時調來六十個人左右前來支援。

我問：「為什麼需要這麼多的人？」總經理回答說：

「這是因為處理證據金需要這麼多的人手。因為申購公債者達六、七倍，他們帶來的證據金非常龐大。所以為證據金所需要的資金也龐大。如果不採取把證據金收下來從右手移到左手這樣的方法，倫敦之金融市場，將因為資金之偏在，勢將馬上引起恐慌。因此這家銀行一接到證據金便立刻把它移往英格蘭銀行。對於申購人之證據金的融通，大致上都經過仲介人，而對於仲介人，即由自己銀行以支票融通。也就是說要這個期間的工作處理得很順暢，需要這麼多的人。」募集的成績，巴斯銀行首屈一指，其次是香上銀行，正金銀行排名第三，各銀行雖然都很擁擠，但辦事都非常順利，就是由於內部如此用心所導致。

手記者追記：乘此機會，擬介紹發行第一次六分利公債當時為高橋翁之隨員在倫敦之現任日本銀行總裁的深井英五氏的談話。

深井日本銀行總裁之回憶

高橋翁和喜佛氏，後來成為非常親密的關係，第一次六分利公債談判進行中，偶然在希爾公館社交上會面前完全不認識。可是以這個宴席為機緣，很意外地喜佛氏答應承接第一次六分利公債之一半。在進行這個業務之後，高橋翁和喜佛氏還沒有見過面。迨至喜佛氏決定承擔一半時，巴斯銀行之項德氏才來對高橋翁說：

「喜佛最近要回去美國，在這之前他希望和你見一面。」於是高橋翁反問他：「這是怎麼一回事？是不是要我去訪問喜佛氏的意思？」對此項德氏回答說：「大概是這個意思。」高橋翁有一點生氣說：「喜佛氏算是偉大的人物，對於這一次的功勞我對他表示敬意和感謝，但今日我代表國家來此地，如果想跟我見面，他應該自己來才對。」項德因自己講出這樣不得體的話，遂狼狽不堪，倉皇離去。

當時，因承擔一半的日本公債，喜佛氏之聲譽大大地提高。因此英國皇帝招待喜佛和卡色爾兩氏午餐，並賜懇切談話，喜佛氏之聲譽高漲，此時高橋翁敢出此言，膽子實在太大了，這令我非常驚訝。

可是項德回去以後，似乎照實把事情之來龍去脈說給喜佛氏聽的樣子，旋即喜佛氏和項德一道來看高橋翁。當時高橋翁之住處叫做特・凱澤爾・老爺飯店，是三流四流的旅館，有如東京馬喰町之諸國商人館這樣的規格。當時的日本人，除非地位非常之高者以外，是不會住第一流飯店的。大抵上會住此種程度之旅館，如果需要長期住宿，多去下榻有包含早餐和晚餐的公寓。高橋翁因上一次來倫敦時住這裡，所以這一次來倫敦之前，也以電報請正金銀行倫敦分行預約這個公寓。

當時，高橋翁也不問住處之規格，就在這裡和喜佛氏見面，不過既然人家來了，總得回禮，拜訪對方。於是馬上去了。那時喜佛氏住在倫敦第一流之克拉立吉大飯店，據說，來這家大飯店住的都是各國之皇族、貴族和大富翁，其設備應有盡有，盡善盡美，與特・凱澤爾皇家飯店比較，簡直是天壤之別。因此高橋翁非常感慨萬千，回到旅館，他講了這樣一句話：「喜佛的住處像皇宮，我們也應該搬家。」

於是我們開始找，但很難找到合適的地方，尤其又快要回國了，所以便作罷，爾後於一九〇五年三月到倫敦的時候就住相當好的飯店了。

承辦日本公債之喜佛氏的本意

喜佛氏是一位非常誠實的人。由於他是銀行家，所以不可能賠錢來募集日本的公債，但也不是想乘機大撈一筆的人。

關於當時喜佛氏之所以立刻敢答應五千萬圓，心中自有其自信，相信在一般募集能成功，萬一沒有成功時，他自己的金融機構也可能擁有這樣覺悟和資力，但從一般銀行家來看，這是相當冒險的。

因此喜佛氏為什麼會自告奮勇願意承受剩下的五千萬圓，此時我實在搞不懂，無從解開這個謎。

因為從前我對於喜佛這個人，既沒有聽過他的名字，及至前一天晚上在希爾家見過一面而已。尤其是兩個月以前，從日本到美國，和紐約的銀行家、資本家見面，看在美國不可能募集公債，因此才前往英國，所以美國人的喜佛氏，而且在歐洲大陸回美國途中，在一個晚上偶然見面閒聊，隔天竟表示願意承受五千萬圓公債，真是不可思議。

可是爾後我和喜佛氏成為非常好的朋友，如同家人般的對待，漸漸聽他的話，才知道其真正的原因。

在俄國帝政時代，特別是在日俄戰爭之前，在俄國的猶太人，很受虐待和欺侮，不但不可能被採用為公務員（當官），連旅行國內的自由都沒有，其專制達到極點。因此在其他國家的猶太人的有志之士，為拯救在俄國之自己同族的猶太人，給予各種各樣物質上援助，同時也直接對俄國政府嘗試各種運動。因此俄國政府需要金錢時，也給予相當之援助，俄國政府向其借錢時說盡好話，可是事後卻裝傻。因此俄國政府對猶太人之待遇，一直沒有得到改善。所以長久和俄國政府之財政有關係的銀行，協助許多俄國鐵路公債的巴黎羅斯嘉以特家也非常憤慨，自十幾年以前就和俄國政府斷絕關係了。

由於如上所述的原因，喜佛這樣富於正義感之士，對於俄國政治，極為氣憤。特別是，他是在有許多猶太人之美國的猶太人會長，對於救濟貧民，他以自己財產作慈善事業，所以日俄開戰之後，他想很多是可以了解的。喜佛氏首先想到的是，日俄戰爭之影響，必然會帶來俄國政治之一大改革。不消說，他不敢期待俄國會發生廢止帝制走向共和制度之革命，但他認為，改良政治之方法這正是時候。也就是說，他深信：改良政治之方法，不失為將是由水深火熱中拯救在慘澹痛苦現狀之猶太人的一個方法。因此他希望日本能夠戰勝，即使不能得到最後的勝利，在戰爭過程中，俄國內部無法控制，進而發生政變。他希望戰爭能夠拖延到這樣的時候。據說日軍士兵訓練到家，很能打仗，所以只要軍費足夠，他相信因為俄國政治會改良，同族之猶太人，將由苛政得到解放，這是為什麼喜佛氏承受發行日本公債的真正原因。

前幾年喜佛氏去世之後，他的公子莫爾吉莫亞·喜佛氏說，他準備替其父親出版一本傳記，希望我就喜佛與日本之關係撰寫一章，他同時表示，其母親也盼望我這樣做，於是我將此事告訴深井英五君，請他參考有關文件，用英文寫作了當時之情形一章。

深井君將文章寄給小喜佛氏，傳記出版之後，小喜佛氏為我寄來一本，深井君所寫一章，幾乎原文照登出來。

這一本傳記，可能也寄了一本給倫敦的項德氏，項德氏寫信給我說，最近莫爾吉莫亞·喜佛氏寄來其父親傳記，打開一看，看到他寫的一章，覺得非常有趣。關於喜佛氏之承受日本公債之動機，我陪他去看你的時候在馬車上問過他，喜佛氏回答得雖然很簡單，可是與他詳細所寫的內容是完全一樣。

關於喜佛氏承受日本之公債，主要的商量對手是，當時之倫敦的理財家，比倫敦·羅斯嘉德家更有聲望的阿聶斯特·葛色爾氏。他是愛德華七世之太子時代就得到信任，在皇宮獲得特別的待遇。他和喜佛氏有如弟兄，再三在美國國內共同運用資本。原來，關於日本的事，喜佛氏在前一天晚上聽我說的知識以外，因幸好卡色爾氏對日本情況非常熟悉，關於日俄戰爭之原因等等，多問卡色爾氏意見，卡色爾氏又一向很同情日本，因此第一次六分利公債也由之募集得非常順利，從此以後，喜佛氏和日本政府發生非常親密的關係，日本政府要募集外債時，他隨時願意參加發行銀行之伙伴。

第二次之募集公債

如上所述，第一次之六分利公債，於一九〇四年五月十一日，在英美兩個國家同時開始募集，都得到很大的成功。於此我的任務遂告一個段落，準備回國，惟因英國分成五次繳納（美國是一次繳納），其最後一次繳納是八月十五日，因此除非萬事全部完成，不便回國。所以在此期間我去一次紐約，以處理美國方面繳納公債的部分。

可是此時日本政府又來電報，命令我募集第二次軍備公債兩億圓。此次之抵押是除香菸專賣（公賣）利益外，必要時可以提供鐵路之收益。

我看當時之英美的情形，第二次公債之募集不會太困難，暗中心想，這個戰爭會繼續到什麼時候，此次政府電命之兩億公債，是不是能打完這個戰爭？如果能結束這個戰爭，以政府所提出之抵押也無所謂，但在這一點，我還是很擔心。因此我想，第一次六分利公債之擔保的關稅收入，我記得是四千三百多萬圓，以它作一億圓的擔保，因此還有相當的擔保餘力。我計算其餘力，在其所允許範圍內限定此次之發行額，覺得不要以香菸專賣益金或者鐵路收益作擔保，以留待他日之用，這樣研究結果，發現還有一億兩千萬圓分的擔保量。因而我將此意電報政府，同時以書面詳細奉陳。政府看了我的電報，以為募集公債一億兩千萬圓以上沒有問題，對我發來反對之訓令。由此政府和我用電報問來問去還是不得要領，此時收到我的信，政府才明白事體之來龍去脈，於是來電報說同意我的意見。因而以關稅收入之擔保餘力為第二抵押，在倫敦和紐約募集一億兩千萬圓，便遂與各位銀行家開始商量。

開始發行第一次六分利公債的時候，對於日本人和外國人，都沒有出現要插手它的仲介人，一旦傳誦第一次募集成功之消息以後，似乎出現了對政府提出獻策者，這一次說要以香菸專賣益金作擔保，以鐵路收益作擔保等國內的風聲，時或出現於報端。因為倫敦之諸銀行家，也曾經聽到這樣的傳聞，所以我和他們開始第二次談判時他們就說：

「由來自日本電報報紙所刊載消息看來，日本政府要以香菸專賣益金或鐵路收益作擔保，唯有你在反對，說要以海關收入擔保餘力作擔保，這是什麼道理？是即以政府之意見進行，大家比較贊成，為什麼不這樣做呢？」

我照實對他們詳細說明我和政府之間的往返電報和書信，我們要珍惜擔保。關稅收入既然還有充分的擔保餘力，應該先用它，香菸專賣益金和鐵路收益等等，留待將來必要時再來使用。對於我的說法，銀行家都說這有道理，談判遂進行得非常順利。

因此第二次公債條件也和上一次一樣，六分利，期限七年，決定在倫敦和紐約發行，最後繳納款項，倫敦為隔年也就是一九〇五年二月十五日之前，紐約為年內（一九〇四年）十二月五日。

昆羅艾布商會之大金庫

如上所述，第二次六分利公債之募集，非常順利，十二月五日，美國方面之繳納公債款項全部繳完，為結束一切有關事務和手續，我離開倫敦，前往紐約。現在回顧，有一則會笑死人的故事。

在此以前，對於美國之銀行界，我並不大熟悉，因這個公債之募集進來的錢，存進去萬一領不出來的話，我將對不起自己祖國。因此，我便和喜佛氏商量，問他如何是好，喜佛氏說：

「如果為日本政府設想，放在這裡的錢，必須讓它得到更多的利益。若是，存在銀行，不如存在信託公司。銀行一年利率可能兩分五釐，但如果是信託公司，一年會有三分利息。」我問：「那一家信託公司比較好？」他說：

「保證．托辣斯」。我說：「那就存在保證．托辣斯，該公司對於存款會不會提供有價證券作擔保？」聽我這樣說的喜佛氏張大眼笑著說：

「什麼？要擔保？由信託公司對你們存款提出擔保？美國沒有這樣的事情。不過兄如果不放心，這個保證的東西，為使日本政府放心，我可以提供。但提出其擔保，我的銀行一定要收五分的手續費。這暫且不談，對於我提供的擔保品，兄準備如何保管？」不得已，我便說：「暫時由正金銀行來保管。」但當時之正金銀行實在很可憐，地下室只有兩個不像樣的金庫，我這樣說出之後很後悔和擔心。喜佛氏好像看出這個底細，乃說：

「我不知道正金銀行之金庫怎麼樣，不過既然要由兄來保管，至少必須和我們的金庫大同小異才行。總而言之，先來看看我們的金庫再說。」並表示要親自陪我去。於是我和喜佛氏去昆羅艾布商會，參觀建設在那裡的金庫。據說是在一樓，有大約十八公尺和十四公尺半，高大致四公尺，金庫周圍地板上舖著寬六十公分左右牢固的鐵絲網。喜佛氏就它說明道：

「店員時間一到，統統要回去，不會有人留在這裡。但如果有人來金庫周圍踩到鐵絲板，馬上自動會對警察拉警報。同時金庫之屋頂及其四面牆壁都有鐵絲網，其上面都有電，是不能碰的。要破這個金庫，其鐵壁用七種不同的鋼鐵合起來作成的，所以即使要用鑿來破，也得用七種不同鑿，否則不可能挖洞。當然不怕失火。」

這樣說明外形之後，他打開金庫門讓我看內部。一進去裡面，三方擺列著十二個金庫。這些寫著一月至十二月的記號。美國自不在話下，英國、歐洲大陸之公債證書、股票以及其他各種各樣債券類和日本之公債等等，整理得有條不紊。在一月份應該付利息和分紅的全部放在一月份金庫裡頭，二月份的全部保管在二月的金庫，一直到十二月。而防止偷竊和火災之嚴謹，實在令我佩服不已。由此我得知存款不可能獲得擔保，並電告政府，政府也同意了，終於以作沒有擔保的存款，並辦完了其手續。

在紐約期間，萬事經喜佛氏之介紹和安排，與銀行家、鐵路公司、信託公司董事長以及著名企業家交往，得到喜佛氏之照顧。因此同時也商量正金銀行和昆羅艾布商會之交易。

一年後回到日本

完成在美國的事情之後，經過將近一年，於一九〇五年一月十日，回抵橫濱。先在正金銀行總行休息，乘中午火車回到東京。

隔（十一）日早上，松尾總裁來我家，談談電報解釋之出入，以及一年來之日本國內之經濟情形。十二日，我前往大藏大臣官邸，大致報告募集公債之經過。十三日和十四日，分別訪問松方伯爵和井上伯爵作報告，十五日是星期天，我去總理大臣官邸，報告桂首相。十六日上午十時半，奉命進宮，晉見天皇，退出後和松尾總裁往訪井上伯爵談重要事。

在此之前，回國不久，來了明寫一月十一日日期之正金銀行倫敦分行電報說：

「班繆爾．戈登商會表示，可以利息五分半，期限大約三十年，發行價額八十五英磅之條件，可以發行五百萬至一千萬英鎊，對這個發行銀行之意見，觀察目前國內外之情勢，因將逐漸對日本有利，此時要趕緊再募集外債對日本政府並非良好時機。因此對於班繆爾．戈登商會之提議，擬予以否決。」

對此我回答說：

「要尊重發行銀行之決議。但日本政府在不久的將來需要募集外債，所以在相當時期，可以問問發行銀行之意見。」

可是迨至一月十七日，班繆爾．戈登商會之柯賀氏來電報說：「一般來說，目前市場景氣很好，最近日本政府之信用大增，依利率和發行價額，沒有低押也可以募集外債，五分半利率，發行金額八十五英鎊，期限可以為三十年至四十年。」因此我電報倫敦分行經理山川說，柯賀所提出之條件中利率和發行價額不好，務必與發行銀行協議之後再呈報發行銀行之意見。對此山川一月二十日之電報回答說：

「如果日本政府內心希望趕緊募集外債自當別論，如果不是這樣，等待奉天會戰結果以後如何？俄國內部之混亂似在日趨激烈。」

關於發行銀行之意見，山川說：

「與發行銀行商量結果，如果日本政府不是急需現金，現在募集外債時期尚早。如果今後形勢對日本更有利，一定會比柯賀所提出更有利的條件來發行。」

一月二十六日收到的電報報告發行銀行的意思說：

「最近日本之公債在市場日益上漲。故公債之發行暫時延期，其條件會更好。但這個會議席上，傑克遜卿取代卡梅隆出席。」

可是一月二十七日之柯賀電報卻說：

「募集公債，不可失去此機會，但利息五分，日本銀行所有第一次四分利英鎊公債也出售如何？請賜告。」同一天山川之電報說：

「如果回復和平尚遠或奉天會戰費時，稍提高柯賀所建議之發行價額，現在開始著手如何？俄國之紛擾日甚，為此俄國政府日益抑壓，惟可能不會革命。」於是我於一月二十七日回電山川說，柯賀所提發行價額過低，不可行。

敘勳募集公債之功勞者

如上所述，我回國之後，進宮向皇上報告募集公債之經過，同時也去向各位要人有所報告，募集公債有功勞者敘勳，其結果說要對募集公債有功勞者敘勳，決定授與列伯斯特克卿勳一等瑞寶章；授爵士傑克遜氏和巴氏勳三等瑞寶章；喜佛氏勳二等瑞寶章；陶聖特氏勳四等瑞寶章。於是我依照政府指示，一月二十八日電告正金銀行倫敦分行經理山川勇吉：

「如左以英文用高橋是清名義通知列伯斯特克、傑克遜、班、喜佛各氏，敝人回國之後，特別承蒙陛下召見，立刻報告兄盡力募集第一次、第二次募集外債之成績，陛下對此甚為滿意，嘉許兄之盡力，乃裁示對兄贈與勳章。此不外乎嘉許兄前此之貢獻，同時期待兄能繼續有所盡力。

勳章，將經由駐貴國之日本公使奉贈。於茲敝人要由衷恭禧兄。現今日本政府看英美市場情形有意再募集外債。對其時機及條件等希兄有所留意。」

及至一月下旬，桂首相找我，遂去總理大臣官邸，席上除首相外，伊藤侯爵、山縣侯爵、松方伯爵、井上伯爵諸元老也都在座。

首相看著我問說：

「現在，我想再募集兩億至兩億五千萬圓外債，有沒有可能？」

我回答說：「兩億五千萬圓左右應該沒有問題。只要我一通電報就行。」在旁邊的井上伯爵說：「只用電報不行，你應該去跑一趟」。此時伊藤侯爵向山縣侯爵表示，「高橋說錢沒有問題」，於是山縣侯爵站起來，把兩隻手插在口袋裡，臉稍稍向上，邊走室內，自言自語般地說：「如果是為了經濟，那沒有辦法，如果為軍事。」此時桂侯爵突然問我說：「打戰打敗了，也可能嗎？」我回答說：「同樣被打敗也要看怎麼樣個敗法。在被打敗期間是辦不到的。但如果在被打敗過程中能夠穩住一個時間。在這樣時刻是發行外債的機會。不消說，此時之條件當然會比較差。也就是說要看怎麼輸法，大概不會敗退到朝鮮吧。」

因我的任務到此為止，故我先離身。以後說些什麼，我並不清楚。惟因井上伯爵叫我跑一趟，故我決定再去倫敦。二月五日我電告正金銀行倫敦分行經理：

「我回國之後的今日，又奉命要再度出差，決定搭二月十七日由橫濱出發之印第亞那皇后輪出發。此事請私下通知發行公債銀行。對於列伯爾斯多克告訴上述事情外，我曾說要另行寫信給他，因最近將在倫敦會面，就不再寫信了。」

獲推薦為貴族院議員──特派財務委員

在這前後，亦即於一九〇五年一月二十九日，我獲得天皇勅命為貴族院議員，二月一日，以特旨進二級，敘從四位。而且為使此次出差交涉募集外債更加順利，對於我的待遇，政府特別考慮，在內閣會議稟請，經過決議，委任我為日本帝國政府財務委員。為使當時之情況更加明瞭，該內閣會議議案如下：

去年負募集外債任務派遣英國之日本銀行副總裁高橋是清，結束第一次及第二次募集英鎊外債之後，為復命回國為因應戰時財政，今年內至少要募集兩億圓之外債，茲附其募集之權限，再派該人前往，惟為使募集公債之交涉更加順利，晉見該國君主或總統，接近其他外交部長以及最著名財政家等，俾有利交涉，故有必要以在本國具有財政上地位有名望之人物，因除高橋日本銀行副總裁外無更適當人選，該氏具有去年在倫敦募集公債之經驗，為特別厚待該人，派遣該人時擬附以另記之名稱，敬請內閣會議指教。

一九〇五年二月三日

大藏大臣男爵　曾禰荒助
內閣總理大臣伯爵　桂太郎殿

日本帝國政府特派財務委員（Special Financial Commission of the Imperil Japanese Government）一九〇五年二月三日，為請議募集外債，對於高橋日本銀行副總裁委任日本帝國政府特派財務委員派遣外國一件通過。一九〇五年二月八日。

一九〇五年二月六日
內閣總理大臣伯爵　桂太郎

二月十一日，亦即紀元節（日本建國紀念日））那一天，我被找去大藏大臣官邸，得到募集外債之命令書及政府之委任狀。當天上午十時半，我往訪美國公使。他問我說：「這一次會在美國募集嗎？或者會和從前一樣，以英國為主，令美國參加（公使的意思是美國和英國之地位是不是平等）認識不認識莫爾甘氏？斯吉爾曼呢？」

我回答說：「我個人認為，至少在交戰期間，最好不要變更募債方式。我見過斯吉爾曼氏，但還沒有機會和莫爾甘氏謀面」。公使說「是嗎」，我們懇談一陣子，同時給我寫了幾封介紹信。

從同一天下午五時半，接受在井上伯爵別墅亦即位於麻布龍土町之小林羅克（羅克為片假名音譯）之晚餐。在座者有野村子爵、早川千吉郎、室田義文、馬場恭平，朝吹英二等諸位，受到很懇切的待遇。此時井上伯爵作了一首歌，隔天派人送來給我。它說：

無論好壞渡過高橋聽聽雁金聲

伊藤侯爵之財政眼光

二月十二日雖然是星期天，伊藤侯爵找我，我便於上午十時半前往位於杉田之別墅看他，一起用午餐，懇談數刻，下午二時許告辭。當時伊藤侯爵對我談的話，其內容大致如下：

一、由於我國位置還沒有到達能夠有微妙作用之境地，因此戰後之財政，要由其大勢之打算來定大方針，必須在自己國家力量範圍內定其計劃，擴張海軍已經在戰後之計劃踏深一步，今日在國內已經開始製造艦船。因此戰後之財政計劃更需要有更多的用心。萬一其計劃錯誤，或有金紙之差，或將產生一八八一年之財政經濟之困難。

一、政府之專賣种紙，引進外客之政策等乃為當前急務。有如義大利之重視外客之用錢，日本也應該積極招攬外國人來旅遊。據說在義大利，單單佛羅倫斯市，外國人一年就花費不下一億法朗。

一、對於哈爾濱以南之鐵路，俄國已經投資兩億至三億盧布。即使日本取得這個鐵路，其他國家也不會有什麼反對才對。當然在相當期間內不可能有什麼利益，但前途有利的話，外國人會很樂意購買這個債券。

一、當然我希望早日和平，但目前沒有這個可能性。但到今年夏天，這個戰爭可以結束。

一、即使你這一次完成募集外債回國之後，你還是需要和有關人士用書信來往，這有助於將來整理外債有幫助。

一、戰後，末松、金子等回國比較好。這我已經對當局說過，萬一當局命令回國，應該遵命回國。你可以轉告他們，他們所寫的報告內容，外務大臣都告訴過我。

一、我感謝林（董）公使常寄新出版書給我。有關日英同盟繼續問題，外國媒體已經在報導，關於此事希望你能轉告他們，要他們好好研究。又請轉告，關於末松和林公使之間之事，伊藤什麼也沒有說。

一、這一次再募集兩億圓，日本之國債，內外加起來將達七億圓，其利息一年要大約三千五百萬圓。這是相當吃重的。如不能以此次外債終結這個戰爭，日本將陷於非常之困難。但我相信這一次之募集外債，應該可以達到戰爭之目的。請你這樣告訴井上。

一、沙河之戰爭，你三月初到達紐約前後當能得悉其結果。或許雙方有五萬人死傷，其位置可能不會有所變更。若是，其結果要到夏天才能知曉。真希望此次之募集外債為最後一次，以結束戰爭。

一、去年九月，威特（俄國之財政部長）之所以要求和林公使見面，後來經由其他大使等確認結果是，他準備告林：戰爭俄國將獲得最後勝利，日本最好此時提出議和。若是，林公使未與其見面是對的。

伊藤侯爵對我說了許多事和許多話

二月十四日，日本銀行松尾總裁在三井集會所，為我舉辦了歡送宴會，來賓有井上、松方兩元老、桂首相、小村（壽太郎）外務、曾禰大藏兩大臣、水町理財局長、澁澤（榮一）男爵、鰻會會員、日本銀行各位理事（董事）以及各局長。在這席上松方伯爵說：「戰爭既然拖長，故結束第三次外債募集之同時，將停止國內之兌換。」此外桂首相和小村外相也講了話，澁澤男爵還為我作了一首和歌相送。

花開春色香為國
我先來折花

〔十七〕成立第五次外債之經緯並回憶英美德法財界掮客之策動

一九〇五年二月十七日，我離開橫濱，經由美國前往倫敦。這一次的同伴者是日本銀行秘書深井英五君和日本銀行書記橫部君兩個人，此外要監督在美國募集之公債的存款，要去紐約的柳谷卯三郎君和大塚書記也同船。

二月二十八日下午十二時許抵到達溫哥華，住一宿，隔天立刻往紐約出發，途中因積雪很厲害，火車慢行，三月六日下午六時才到達紐約。

一到達紐約，收到來此日本電報說，二月二十七日在國內發行第四次國庫券一億圓，條件為年六分利，發行價額九圓，期限七年，成績極為良好。

我出發日本時，日本公債在倫敦和紐約非常吃香。因此在國內外掮客，對政府提出各種獻策，同時在英國和美國也有掮客在策動。尤其囂張的是，美國之史拜芽．兄弟商會。這個商會在第一次發行公債之前極為冷淡，跟我毫無關係，迨至傳說喜佛氏承受在第一次六分利一億圓之一半以後，他們便開始拼命活動，很想加入喜佛氏之伙伴，甚至於提出條件，直接間接和井上伯爵與大藏當局交涉和請託。連班繆．戈登商會之哥荷氏，此時也來游說在倫敦出售日本國內國債如何。這些運動不僅在美國或英國，甚至更出現於法國和德國，形勢相當堪慮，因此我曾電報政府，把國內公債在外國市場出售，將妨害我外債之發行，請其因應。不過我自己事先知道這一件事，所以在離開日本之前，曾向政府有關當局，無論任何人說什麼，都不要和不能理他（她），因此政府對於這些掮客的運動，都回答「這一次一切完全委託高橋」，沒有理他（她）們。因而很幸運，沒有受到任何影響。

到達紐約的第一件工作是，與喜佛氏商量，決定如何把在美國募到的現款匯到倫敦去。當時日本政府在海外所擁有之金塊，全部集中在倫敦，以支付軍需用品及其他之用，因此在美國募集到之巨額公債，要以最有利之方法匯去倫敦，這是我最重要的課題。所以一到美國，我便決定辦理這一件事。同時我也和喜佛氏商量在最近之將來要發行第三次戰費公債之募集金額問題。我說：

「政府交代我要募集兩億至兩億五千萬圓，我覺得募集得愈多愈好，所以我想發行三億圓如何？」喜佛氏說：「當然，如果是這樣，其一半，在美國我來負責。過去在美國的地方各城市，有許多人想購買，故一定要在各城市決定其連絡人。我的親戚所來往漢堡之麥克斯．瓦巴格，如果告訴他，在德國也將有相當可觀的成績。」

大成功的三千億英鎊外債

在美國的商量大體上已經告一個段落之後，我於三月十一日離開紐約，同月十九日到達倫敦。遂往訪駐英公使林董君，我告訴他，我有關發行公債之構想，他也非常贊成。

因此隔（二十）日早上，我便把正金銀行、巴斯銀行、香上銀行、羅特．列伯列斯特克銀行等有關人員請來，協商第三次發行戰費公債事宜。其內容：

「要在英美兩國發行日本公債三千億英鎊，以香菸公賣益金作擔保，利息年四分半，發行票額九十英鎊，期限二十年。歐洲大陸如果有人希望本公債，以當地之有力銀行為代辦人」等等。此種商議，大體上當天就得到結論。於是將協議結果電報政府，同時透過林公使電請政府，將委任狀中之募債金額二億圓修改為三億圓。

如上所述，由於此次之募債商議非常順利，發行金額很大，故必須事事非常小心。首先，在協議這個公債之過程中，日本銀行總裁問：以奉天會戰之大捷為機會，擬發行第五次國內國債，你覺得如何？我回答說：「之發行國內國債沒有問題，但希望其發行延期到這邊外債之發行結束之後。」另一方面，因發行額多，以日本公債會下跌，有人已經開始拋售。如果不管這樣情況，將予發行公債以不良影響，為維持倫敦之金融市場，電請政府委任使用三千萬圓，並經獲得其許可。又這一次之發行，適值月底，為倫敦金融市場見挺，為緩和市場之金融，將預託英蘭銀行之金額中的一千萬圓，通知存款於正金銀行倫敦分行，作為一星期之放資倫敦市場之用。

在這期間，前述之史拜芽兄弟商會插手運動似仍然在繼續，三月二十二日，東京發日本政府之命令的總裁電報對我說：

「政府對於岡田治衛武等，當然不必怕洩露秘密，希望對史拜芽兄弟商會，英美銀行團能夠手下留情。」

當時，史拜芽兄弟商會甚至提出條件，對我政府要人極力活動，雖然多少有牽制英美資本家之效果，如果日本政府把史拜芽商會、德國銀行、德亞銀行為直接承受銀行，從前之英國銀行家決議要撤走，所以又不能與史拜芽搞得太熱。最後，給史拜芽一百萬英鎊，德國銀行家三百萬英鎊，由英國銀行家收取二分七厘五毛之傭費，英方都同意了，因德方堅持為直接的發行者，因此終於破局。但我對於德國銀行業者細心因應，使其不會留下後遺症，所以破局之後，德國銀行還派遣兩個董事來看我表示，這一次雖然未能參加合作，但非常希望下一次德國銀行業者也能公然成為日本公債發行者之伙伴。我也把此事通知了松尾總裁。

如此這般，及至三月二十四日，完成了第一次四分半利之公債三千萬英鎊之契約。但其條件為發行銀行之間所協議，以香菸公賣益金為擔保，發行價額九十英鎊，期限二十年，每年二月十五日和八月十五日，發放前後半期之利息，英鎊和美元之比率，一磅值四點八七美元，倫敦之銀行業者一千五百萬英鎊；紐約之昆羅艾布商會承受一千五百萬英鎊。

對此，政府也立刻來了同意之電報，三月二十八日發表計劃書，隔（二十九）日，同時開始募集。這一天，倫敦之發行銀行上午九時開門，申購者在外面成群排長龍，在非常成功盛況中，下午二時半截止。如果加上歐洲大陸之申購者，倫敦之交易金額大約高達一億英鎊，而且還收取一分至一分五厘之手續費；在美國也相當受歡迎。在美國按照喜佛氏之計劃，在波士頓、費城、芝加哥、聖路易、舊金山以及加拿大之蒙特利〇等地設立申購地點，很意外的是申購小額金額者很多，為分配給他們，延長兩天的截止時間，結果申購者大約五萬人，其金額多達五億美元，其中之四萬三千人為兩千美元的小額申購者。

奉天會戰之勝利與發行內債

三月十日之奉天會戰，日本得到空前之勝利，此時俄國理應會提出媾和才對。就日本而言，這是絕無僅有的難得機會，此種議論，非常普遍。正當其時，記得是三月二十六日，我往訪阿爾佛列特．羅斯加以特於羅斯加次特事務所，談及媾和事時他說：

「此時即使要媾和，如果日本要求太多的賠償，媾和不可能成功。譬如說，假設日本要求一億英鎊，俄國可能會說我們沒有那麼多錢。此時日本不要堅持現款，而說俄國之政府公債就行。其公債之期限為二十年，利息四分半，接受票面價格，其中四千萬英鎊存於法國銀行，四千萬英鎊在英國銀行，兩千萬英鎊放在我們這裡，這樣俄國便能夠支付賠款，日本政府便能融通。若是，羅斯加以特家願意伸出援手。」

此時羅特．羅斯加以特也在旁邊說：

「的確，此次開始媾和談判，應該有最精通金融財政者擔任委員，你為什麼不去擔任其委員？」

我對其回答說：「日本有許多精通財務的人，我可以不必去。」

如上所述，倫敦之募債事宜已經大致告一個段落，迨至四月七日，我乃將後事交託吉井（友兄）監督役，準備前往紐約，電請政府首肯。政府隨即來電表示同意。

可是四月十日左右，倫敦市場之日本公債行情一時下跌。為什麼下跌呢？第一個原因是，路透消息報導傳言日本政府將在國內發行比四分半利更有利的國庫債券，深怕它出現於外國市場；第二是（俄國）波的艦隊通過新加坡，日俄海戰之結果如何難測，由之和平希望拖延，加上英國在四月二十日左右是避暑季節之開始，經濟界等同停業，因此市場不旺是原因之一。

日本政府對於公債之下跌也非常緊張，訓令我要仔細說明此次之國庫內債不會到國外，以免引起誤解，在疏通好這個事情之前，要我留在倫敦。

因為流傳要發行第五次國庫債券之風聲事，發行上一次之四分半利公債還不到旬日，所以英美資本家之非常驚訝是理所當然的。他們幾乎不敢相信這是事實。萬一是事實，他們都將異口同聲地說日本政府的作法太離譜了。不消說，把內國債拿到外國去出售便具有和外債一樣的性質，購買的人也把它當成外債來購買。所以買日本政府外債不到旬日就出現比它更有利的國庫債券出現，前幾天申購外債的人當然會覺得自己上了當，發行外債的銀行對於申購者，也會感覺非常遺憾。尤其是這樣短短時間繼外債之後就要發行內債，這顯示日本陷於財政之困難，如果非發行內債不可，英美之發行銀行希望日本政府延期內債之發行時日。譬如戈賀氏，他雖然不相信發行內債之傳聞是事實，甚至希望日本政府出面澄清這個傳聞。

我個人的觀察和英美之銀行業者大致上一致，我覺得他們的說法不無道理，乃立刻和政府往返電報，政府說這個事實已經確定，無從變更。因為上一次也就是發行第四次國庫債券時，最初是一次發行兩億圓，因市場關係，分成兩次發行，當時政府曾對銀行業者私下承諾，故現在不能變更條件，如果延期發行，必須增加發行兌換券，這對國內財界產生不利影響。因此我電報政府說：

「今日政府既然不可能變更債券之發行條件，我認為最好要盡快發表，並盡可能地將其申購期限縮短，趕緊結束為上策。此次要發行之國庫債券是和國內銀行約定之剩餘金額，政府要公開聲明此項宗旨並表明這是純粹的國內債券，政府不希望外國人購買這個債券，並必須在國內外報紙刊載，到四月二十日左右，將入暑假期間，倫敦經濟界，等同放假，因此必須在此之前予以解決」，同時對英國銀行業者以及美國之昆羅艾布商會詳細說明這個事體之來龍去脈，以求得其諒解。幸好，英美兩國之資本家和銀行團都諒解了我的說明，因此我於四月二十二日離開倫敦，前往紐約。

日本海海戰殲滅敵艦之捷報

我依照預定，於四月二十一日，乘色列底克輪離開倫敦，該月三十日到達紐約。到達美國的第一件工作是，存在美國所募集之公債金。此事與喜佛氏商量之後作了如下之決定。

○○　一千萬英鎊
○　一千萬
○　五百萬
○　五百萬
○　三百萬
○。　三百萬
○　二百萬

我把公債金之存款事宜處理完畢之後，覺得需要令政府弄清楚充分理解英美金融界之實際情況，電請准許我暫時回國。

旋即總裁轉來政府之命令：

「所請一事，悉。在美國所募集巨額公債，其儲存銀行公司，然後匯往倫敦一事，務必細心留意。發生萬一，危險萬狀。故政府有留負責人在該地之必要，尤其正在考慮目前之財政，協議成立之後，需煩吾兄，此時當在六月中，故兄需滯留至七月初。」

於是五月二十二日，我覆電松尾總裁稱：

「從本月下旬至十月底，此地重要人士多前往其別墅，或旅行海外，離開此地為其習慣，獨我個人留在此地，將成為笑柄。如果硬要我留在美國，我只有作不必要之旅遊。所提公債金之儲存，以及匯款倫敦，我都已經作好妥善安排，我已經沒有理由和必要留在此地。如果這樣還是不准許敝人回國，敝人因有跟人家約好，擬自本月二十四日旅行波士頓三天。」因對方說些太不講道理的話，故我故意講一些半開玩笑的話。於是我於五月二十四日前往波士頓，二十九日回紐約，看到松尾總裁的電報說：

「從前天下午，在對馬海峽開始海戰，我國艦隊大勝。」迨至五月三十一日，總裁又來電報轉告政府命令說：

「此次在對馬海峽殲滅敵艦隊，並俘虜羅澤史特恩斯基、聶坡卡多夫、恩克艾斯特三提督。以此捷戰為機，能否在英美再募集三億圓或以上公債？」

於是我立刻這樣回電說：

「對馬海戰戰捷後，歐美希望和平之氣氛日盛，日本頗受歡迎。不過英美兩國人卻完全沒有想過日本政府會再募債，因為他們相信整理戰時公債是克服和平後之最好方策。特別是前此剛剛募集三億外債，日本政府擁有許多在外金幣，要再募集外債，應該在克服和平之後，或今後為繼續戰爭所需，其中之一種情形才行。否則沒有理由再募集外債。」

對此，六月三日的總裁電報表示：

「戰爭如繼續下去，擴大戰局，軍費預算將達七億八千萬圓。因此無論如何，必須再募集三億圓左右之外債。為此事或許需要召集臨時國會。募集外債可能很急，供參考。」

因此我於該日回電報說：

「外債募集之時期不可能在十月中旬之前。最好的時期是明年三、四月左右。敬請准許暫時回國。」

奉命「火急暫時回國」

日本海大戰是決定日俄戰爭之最後輸贏的決戰。日本滿洲軍，在三月十日之奉天會戰獲得大勝，其戰線展開長達幾百英里，四道駢進，欲一掃俄軍於滿洲大地之外，北韓軍與其呼應，渡過豆滿江，大有壓沿海州之勢。亦即不管從哪一方面來看，俄軍之敗勢，洞若觀火，羅斯福美國總統認為媾和時期已到，乃於六月二日，會見俄國駐美公使卡西尼表示，如果俄國繼續戰爭哈爾濱自不在話下，日軍勢將佔領海參崴和沿海州方面，故最好接受諸文明國家之希望，向日本求和，並建議其上奏俄國皇帝。迨至六月五日，對日本駐美公使作同樣的建議。六月九日，美國駐日公使以公文建議日本外務大臣媾和，同時在俄國，六月十日，美國公使邁也晉見俄國皇帝，轉達美國總統之意思。如此這般，日俄兩國皆接受美國總統之建議，於是開始進行媾和談判。

這對於財界似予以很大衝擊，巴繆．戈登商會之列比達電報給我說：

「顯現媾和曙光可喜可賀，其成立德國態度具有很大影響力，德國是否和美國政府在致力於媾和，兄如能查明，煩請賜告。」

因我曾經聽過喜佛氏說過，於是回電說：「根據我所知道，我想德國也以和美國總統一樣想法在努力於媾和。」

在日俄兩國媾和問題正在如上所述進展之際，我於六月初電請暫時回國，及至該月十四日，接獲「立刻暫時回國」之電報命令。可是隔（十五）日，政府決定其意向，並以日本銀行總裁名義來電稱：

「奉井上伯爵及大藏大臣之命拍此電報。目前雖有和平之徵候，但無法斷定其結果。軍事費之預算，今年就不足兩億圓，到明年（一九〇五年）三月之戰費預算將需要二億三千五百萬圓。共計五億三千五百萬圓，其中五億圓必須靠公債。可是在國內已經發行將近五億圓之國庫債券，因現在各銀行皆擁有巨額公債，故要再募集國內公債實在非常困難。所以準備買回一部分從前發行之國庫債券，予以背書之後在外國市場出售，以便在國內市場再發行新公債，此時，有美國人艾姆．亞爾．莫爾斯者，持史拜也兄弟商會兄弟之代理委託書前來拜訪井上伯爵，表示希望能夠承受巨額之日本國內公債。井上伯爵以個人身分和莫爾斯見過幾次面，最後莫爾斯表示願意負責二億至三億圓。可是井上伯爵以這是要發行新外債一樣，不能只以史拜也兄弟商會商議，鑑於與以往承受外債之各銀行的關係，覺得這樣不妥，因其與井上伯爵之想法大異其趣，乃予以婉拒，故不受其拘束，隨時可以拒絕，如前面所述，不久之將來，需要募集五億圓公債，其中三億圓必須在外國募集。萬一比預定早日恢復和平，所募集之外債將用於撤兵，若有剩餘，準備用其整理國內國庫債券。我認為國內公債最遲要在九月，外債也希望在此前後發行，請兄本此意，以個人身分與現今之辛迪卡銀行或其他私下調查，盡快回國，但關於今後之募集外債，因需要再勞駕吾兄，此事請諒解。」

隔（十六）日，政府又來電報稱：

「俄國現在之行動是否希望媾和實大有疑問。政府需要下定決心，軍事上自不在活下，在財政上也要準備繼續戰爭才是上策。如果可能應該募集三億外債，不得已時也得募集其一半。關於此外債，背書國內國債也可以，新發行也行。抵押必要時可以用香菸公賣益金，或者用鐵路收益，之以這樣構想問與我從前有關之資本家意嚮盡速回電。萬一現今之辛迪卡以為無法承受外債，雖然非理想，不得已亦希與史拜也商會進行商議。」詳細訓令我。

德國皇帝之一言——再外債之計劃

我接獲如上所述有關募集第四次戰費外債之電命是，發行第三次（亦即第一次四分半利公債）戰費公債三億圓還不到兩個月半，而且在倫敦，最後之繳款尚未結束。尤其是募集第三次的時候，我應英國銀行團之請求，特地聲明此次之募集是要用於今後一年之年費的。可是這話說出還沒有多久，政府卻又命令我要再募集三億圓，的確非常意外。而且政府來的電報，並沒有使我能令資本團願意點頭的理由。因此起初我接到這個電報時，我甚至於想予以拒絕。但經過冷靜思考一番之後，覺得在即將進行媾和談判之今日，還需要募集三億圓外債，一定有其特別的用意，體貼政府之用心良苦，想著要對資本團之理由，乃於六月十六日上午，往訪喜佛氏，與其商量。我說：

「政府命令我再募集三億圓，我覺得非常意外，不知道兄認為有沒有可能？」喜佛氏也驚訝說：

「不久以前說為一年分之戰費募集三億圓，在英國有的還沒有完成繳納債款，現在却又要再募集三億圓，這到底是什麼道理？何況最近更在傳言日俄要議和。」因我事先預料喜佛氏會這樣說，故我表示：

「日本政府完全沒有拒絕議和和繼續戰爭之意圖。但日本政府都看得很遠，在細心規劃一切。雖然說是要議和，但這個談判到底能不能成功又不得而知。到議和之成立不知道需要多少時間。談判媾和期間要停戰，但停戰是不打槍炮而已，二十萬之日本軍隊還是需要駐屯在戰地。每天仍然需要許多軍費。媾和談判萬一破裂，在盼望日俄戰爭早日結束的歐美人一定會非常失望。此時說需要軍費，開始募集，恐怕很難成功。又在談判中要募集外債也同樣很困難。尤其是在俄國政府內部有強大勢力的軍方說，俄國要出力打，現在才要開始，日本的軍費不久一定枯竭。所以此時日本實在更需要募集外債，以事實來打破俄國之宣傳。如果媾和成功，有多餘的公債，日本可以它來清理國內債券，以振興國內產業，以活絡民間金融。由於此種原因，我想先來聽聽您的高見。」

喜佛氏聽完我的話之後，思考片刻之後說：

「你說得也對。你的意思我明白了。如果是這樣，這一次募集，跟上一次的同樣條件就行。到夏天，主要的人都會去避暑，英美的金融市場會變成很冷清。市場的時期秋天比較好，惟因媾和談判就要開始，一般大眾都在希望和平，順此機會，在舉行媾和會議之前來募集，或許反而可能受到人們的歡迎」。隔（十七）日，我電報英國銀行，尋問有關發行外債之意見。與喜佛氏商量之後，也給德國之「瓦巴格」去電報，照會「日本政府現在想想發行三億圓公債，在德國能不能承受一億圓？」

後來聽說，這分電報落在「瓦巴格」手上，剛剛是他正在參加「漢堡」之快艇比賽，陪同德國皇帝所乘之該艦上。因中央銀行總裁等柏林財界之許多巨頭也都陪同在該艦，故「瓦巴格」收到電報之同時，當場向諸銀行家公開。大家的意見是皇帝既然在場就說應該問問皇帝之意見，皇帝說了「好吧」的一句話，於是「瓦巴格」遂回答「好」的電報。喜佛氏遂這樣通知我。於是德國之德國銀行、德亞銀行等十三家銀行全部成為日本公債之辛迪卡，各銀行又連絡其客戶，參加日本公債之募集。

不久，英國的銀行家也回電說：「與銀行團商量結果，非常意外地，金融市場、一般大眾以及新聞記者都沒有興趣。不過關鍵的柯賀氏目前在其母國比利養病靜養中。他應該會於六月二十二日回來倫敦，到時再與其商量，並給你確實的回音。據代理之『列比達氏』的說法，只要地中海（莫洛哥事件）之妖雲散去，不是不可能。但如果日本政府說無論如何一定要發行，結果失敗得一塌糊塗，我想兄也會同感的」。因此我便又打電報給英國銀行通告：「此次之公債必須發行，同時要把德國銀行業者之位置與紐約．昆羅艾布商會擺在同等地位。其發行手續，我回到倫敦五天之內要完成一切事體，紐約方面對於我的計劃毫無異議。」

及至六月二十一日，在布魯塞爾的柯賀來電報表示：「令德國參加，將來會成為結合法國和日本之經濟關係的障礙」，反對德國之參加。如上所述，英國之銀行家的意見也不清楚，柯賀氏不贊成德國之參加，情況不甚樂觀，因此我又去和喜佛氏商量。喜佛氏聽完了我的說明之後說：「英國資本家說的不無道理，所以應該去英國好好地與其商量。」於是我直截了當地問他說：「若是，我去倫敦萬一此事沒有談成，德國和美國能不能承受三億圓？」喜佛氏表示：「不必擔心，我相信英國的銀行團會跟過去一樣承受，萬一沒有接受，由紐約和德國各承受一億五千萬圓好了。總而言之，你要趕緊去倫敦設法。對於兄在倫敦談妥條件，我毫不會有異議。」

英國銀行團與英國媒體之反對意見

因美國資本團之意嚮是如上所述，故我遂決定趕回倫敦，六月十八日我給正金銀行倫敦分行經理山川勇木君打了如下內容之電報：

「我乘六月二十四日（一九〇五年）艾多爾利亞輪出發紐約，預定七月三日抵達倫敦，請為我和深井訂哥巴克大飯店房間。」

我正在準備回英國的時候，鐵路王哈理曼氏派人來說，將於二十一日，要為你舉辦午餐會，請我務必出席。我欣然接受其好意，當時哈理曼氏邀來二十多位紐約第一流之資本家參加盛會，介紹了我。此時大家都異口同聲地稱讚說：

「日本政府雖然在『紐約』發行了巨額的公債，卻很用心不攪亂發行地之金融市場」，大予讚揚。

記得是這個時候的事，與井上伯爵很要好的阿爾溫這個人突然來看我。他從頭到尾沒有說明來找之目的，但從其口氣來判斷，好像是來暗查我的行動的樣子。他談話的要點是：「雖然有人在說你的是非長短，但你可以完全不理它。井上伯爵百分之百相信你。我要對喜佛氏說明日本政府特別是井上伯爵如何信任你，所以請你給我介紹喜佛氏」，因此我給他介紹了喜佛氏。可是後來我和喜佛氏見面時，喜佛氏告訴我說，阿爾恩只問喜佛氏對我如何看法，沒有談其他的事。

迨至六月二十三日，巴斯銀行之項德氏來電報說：「我和船公司交涉決定由皇后鎮至利物浦和你同船。」

我照預定於六月二十四日由紐約出發，前往倫敦，船抵達皇后鎮，如電報所說，項德、山川兩君上來了。

兩君相繼稱，此次之募集外債不甚理想，而且倫敦之主要新聞記者都在反對。反對的理由是，上一次之四分半利之三億圓公債有的都還沒有全部繳完款項，今日還要募集三億圓，提供這樣龐大的金錢（當時日本政府在外國資金，美國有一億圓，倫敦八千萬圓，其他四分利公債尚未繳款部分），縱使開始媾和談判，日本政府對俄國之要求由之更多，由之反而可能成為媾和談判之障礙。兩君更說：「各位新聞記者之意見雖然如上所述，但在高橋君到達倫敦，聽他的意見之前不會發表他們的反對意見，所以高橋君到達倫敦時我們希望和他見面，因此請從利物浦電告會見時間及地點。」我們三個人商量結果，電告記者，到達利物浦隔天早上八時，在哥巴格大飯店和他們見面。

我在船上詳細聽了項德、山川兩氏所說記者的反對意見之後，我對項德和山川都說明了同樣的理由。項德氏說「真是不得已」而予以諒解。他同時表示：「既然是這樣，我相信我們伙伴應該能夠理解，因哥賀極力反對，其主要原因是日本政治府把德國銀行列為直接的辛迪卡的原故。」哥賀的反對理由是，他本來想為把日本和法國聯合起來的工作準備大顯身手，因德國銀行也要參加，可能成為一種障礙，另外一個理由是，把德國銀行擺在和喜佛氏同樣地位，結果他們能夠拿到的手續費由之將減少所致。

第四次外債在英德也獲得大成功

艾特爾利亞輪，提早預定一天亦即七月二日到達利物浦。立刻住進哥巴格大飯店。

在出發紐約之前，因這一次外債之募集必須在最短期間完成，沒有功夫一一和日本政府往返電報，有關事項特別是授與權限之委任狀，已經請政府寄來倫敦公使館，因此七月二日一到倫敦。公使館便把日本政府寄來的電報委任狀交給我。

它說：「此次日本帝國政府計劃在英、美、德三國或英美兩國募集三億公債，茲委任先生在駐英帝國公使館監督之下，負責與資本家商議有關募集公債事宜。茲委任左列權限。」

一、要在英、美、德三國或英、美兩國募集三億圓公債。

二、代表日本政府與辛迪卡及其他願意承受募集公債者談判並訂契約。

三、承認募集公債之劃書。

四、決定和製造要發行之公債證券券面金額之種類及樣式，但每一張公債證券需有日本駐英公使館之證明。

五、除上述之外，處理有關募集公債之必要事宜。

等等主要事項。

隔（三）日，依約定，上午八時來了五位倫敦之第一流新聞記者，見面聽聽他們之反對意見，然後對他們作了對喜佛氏所說的話更詳細的說明。他們聽完了我的說明之後表示，事情既然是這樣，於是答應支援此次之募集外債而回去了。

諸位新聞記者回去之後，銀行團的人們來了。因銀行團之意嚮已經由項德氏告知，故我對他們說了同樣內容的話，同時說明此次公債一定要募集，並大力暗示，如果英國不承受，不得已的時候將在其他地方募集。此時他們覺得不可能令日本政府停止募集公債，乃當場決定大體上和上一次同樣條件來承受此次之公債。但要把德國銀行團與英國銀行團擺在同樣地位，因德國之法律習慣不同，需要許多時日，恐怕趕不上像今日這樣匆匆忙忙之發行，是不是說服德國銀行團，使其能夠諒解，所需手續以後再辦，這一次募集完全由美國銀行團來承受。也對強硬反對的哥賀氏作說明，他也接受了。

如此這般，七月三日晚上，倫敦銀行團與德國銀行團商量之後決定發行條件，並來告訴我。七月六日，簽署正式契約，因必須在發行計劃書寫上勅令之年月日，乃電報政府勅令案所需要之今日的契約綱要。對此，七月八日松尾總裁來電報照回說：

「深謝您此次募集之盡力。募集之勅令剛蒙核可，理應立即發表。其次在德國所募集之公債金保管儲存由倫敦要以匯票匯出時，需要其指揮監督者，因柏林無領事或日本銀行之監督者，對此等機關作如何看法？」因而我回答稱：

一、德國之應募金駐德公使可以替日本政府受領。

一、公使要立刻將所受領款項交給日本銀行代理店之橫濱正金銀行倫敦分行經理。

一、倫敦經理應立刻以日本銀行代理店款項存入德國銀行。

一、每次收受繳款時日本銀行倫敦代理店之正金銀行經理要出差柏林。

一、將上述存款匯往倫敦之方法，時以若干金額由代理店移往正金銀行倫敦分行，作為匯兌資金，存入德國銀行，以此項資金買進倫敦匯票，出售德國匯票。

一、上述匯票行市，日本銀行要看倫敦代理店市場情況盡量在不超過公債票面所定行市範圍內決定，又公債之本利支付要令柏林德亞銀行作為橫濱正金銀行倫敦分行之代理人，但德亞銀行為方便起見要在漢堡和佛法蘭克福等地設代理處支付。其手續費，支付利息時，因其支付金額的八分之一％的本金之手續費未定，故一切在橫濱正金銀行收取日本銀行本利支付手續費內負擔。

我對於總裁作了這樣的回電。

如上所述，這個公債於七月十日黃昏發表其計劃書，在倫敦當天晚上就明示三％之手續費，德國之馬格思．瓦巴格來電表示，風評極佳，手續費一％，故一開始馬上便會超過發行其募集金額。

七月十一日發行當天，在倫敦當日下午三時半截止，約有十倍的人申購。德國之瓦巴格通知，少額申購者尚未截止之前無法知道，不過看起來可能超過七倍的申購人數。

如此這般，第四次亦即第二次四分半利公債，非常順利而圓滿地完成募集。於是於七月十二日，外務大臣電報林公使說：「請你轉告大藏大臣給高橋之傳言。此次募集時期雖然困難，卻得到良好結果，乃因您迅速盡力所致，深謝其辛勞。亦請轉達英美，德國各銀行及其他有關人士及政府之謝意」。故我遂向各位代致謝意。

晉見英國皇帝陛下

一九〇五年七月二十一日，我應邀出席阿聶斯特．葛色爾爵士晚宴，晚宴之後，加上他妹妹三個人前往欣賞歌劇。

葛色爾氏固定契約後排池座，所以他一個人去那個座位，我和葛色爾千金坐在棧敷席。此時很意外地宮內卿法卡卿過來和葛色爾千金打招呼。葛色爾千金和宮內卿閒聊，似乎問了皇帝陛下是否駕臨，然後她問我說，「您拜謁過陛下沒有？」我回答說「還沒有」，於是她對於法卡卿說「可以不可以把高橋桑帶去晉見陛下？」並對我示意。法卡卿表示「可以」，要我一起去，但我說「首次晉見，在這樣地方實在惶恐」，於是宮內卿說「這也有道理」，所以當天晚上沒有晉見。

惟法卡卿也是巴斯銀行之董事，因該銀行之人們得悉此事，遂設法安排結果，迨至七月三十日，外交部長通知我，要我於七月三十一日中午，由林公使陪同，著便服晉見英國國王。於是該日中午，我和林公使，一起前往白金漢宮殿。當天似乎有授勳典禮，有許多穿著大禮服的顯官達吏，充滿於宮殿之內外。在被嚮導走著走廊過程中，遇到顯官們，有的人還和林公使打過招呼。

走到皇宮走廊最裡頭的地方，嚮導開了好大房間大門。此時有一個穿大禮服的人站在那裡，他遂站在前頭，領我們往裡頭走。我們跟著他後面走去。這個房間特別大，房間裡頭沒有什麼東西，中央只有三個椅子。他坐中央的椅子，要我坐右邊的椅子，令林公使坐左邊的椅子。

此時，我才知道這位先生就是皇帝，令我非常惶恐。我覺得林公使應該走前面，因為他始終跟著我後面，我實在犯了好大的錯誤。皇帝和我以及林公使分別握手之後問說：「聽說你是來募集公債的，結果如何？」我回答說：「結果非常好，我很高興」；林公使也從旁插嘴說：「高橋君因募集公債成績非常好，所以他很高興。」於是陛下說：「那太好了」；然後對林公使和我說：「有沒有和平的可能？」林公使回答說：「日本帝國非常盼望成立和平，威特伯爵出任俄國全權代表，為媾和談判帶來很大的光明。」於是陛下稱：「日本希望以媾和條件當然取得的全部是應該的。」陛下遂改變話題問說：

「有栖川宮兩殿下現在在哪裡？」林公使回答說：「兩天前我接到他倆經過玻特色特的通知」；於是陛下又問「兩位殿下對於訪問我國不知道作何感想？」林公使奉答說：「兩殿下非常感動英國朝野之熱情的款待」，陛下好像非常滿意的樣子。陛下最後問我：

「你在這裡準備滯留到什麼時候？」我回答說：「因我得聽政府之指揮行動，故到現在為止我不敢奉答能滯留到什麼時候。」旋即告辭。

退出時，陛下先站起來，爾後我倆也站起來，我們走向剛才走進來之方向，此時陛下專程送我們到門口。這樣簡單，實在令人惶恐。

成立日俄媾和談判

如上所述，由於美國總統之提議，日俄媾和談判在美國樸茨茅斯舉行，日本以外務大臣小村壽太郎、駐美大使高平小五郎出任全權委員，俄國於同一天任命威特及駐美大使羅踐為全權委員。小村全權代表一行於七月八日往美國出發。媾和談判開始於七月下旬，曾見數次，因庫頁島割讓以及賠款問題雙方全權談不攏，一時曾經出現過很險惡的狀態。可是迨至八月二十九日之會議，日本讓步，以庫頁島北緯五十度以南割讓給日本，日本撤回賠款之要求，至此，媾和談判便大功告成。

日俄媾和成立之消息，一時傳遍全世界。當時在巴哈巴別墅的喜佛氏來電報說：「萬歲！貴國所表現之謙遜和克己最值得驚嘆。謹致慶賀。」又德國之馬格斯．沙巴格也拍來了很鄭重的賀電。我一一予以回電，我同時也對於在美國之小村全權代表和高平公使拍了賀電：「感泣天皇陛下之仁慈睿智。祝賀成立和平，感謝閣下之忍耐及忠誠。」我對日本銀行總裁也拍了與上述大致類似內容的賀電。

在此之前，該年一月，自攻陷旅順以後，英美對日本之觀感由之大好起來。恢復和平之後，日本要由俄國取得賠款是理所當然這一種想法在歐美各國國民之間是非常普遍的。事實上七月十六日，我應邀去阿爾佛列特・羅思柴爾德氏別墅時，他表示日本要向俄國要求賠款是理所當然的，但不要要求太多，賠償之決定，現款有困難，所以最後可能得到俄國的公債，提醒屆時之處理方式等等，阿聶斯特・卡色爾爵士也表示，得到俄國的賠償公債，在倫敦和法國市場出售就行，亦即在英美財界的人們之間，都認為日本之向俄國要求賠款是理所當然的事。

可是八月三十日之各報卻都報導說日本政府撤回了賠款之要求，由之自然對於日本公債之市價產生不良之影響，同時由美國傳來日本政府因拿不到賠款，可能還需要發行外債，對於日本公債出現不感興趣和不看好的現象。

正在此時此刻，西敏寺報以及路透通訊社記者訪問我，尋問上述募集新外債之傳聞，以及有關媾和之意見，我回答說，日本軍之撤退及結束戰爭所需之費用，現在之資金是足夠的，今後如果要發行外債，不外乎是要整理從前之高利公債，我們應該滿足於達成和平，有無債金不是主要的問題等等。

這些話，刊登於八月三十一日之西敏寺報晚報，路透社也在同一天晚報報導，其結果，九月一日之各報早報也統統有所報導，由之偶然產生人們之共鳴和支持。爾後，中央新聞報記者來說，股票仲介人因申購日本公債，以為將募集新公債，顧慮申購者之利益，暫時不申購，但據稱，各報刊登我的意見之後，都大放其心，爭先恐後地開始申購。其實我本身並沒有深思熟慮對記者說話，這一種事算是芝麻小豆事，只是改變人們之想法的一個例子而已。

本來，此次戰爭之沒有得到賠款之結果，在開戰之當初，日本國民就有此種想法，爾後由於海陸軍連戰連勝之結果，連在英美各國，也有人以為應該割讓土地要求賠款，而日本國民也逐漸有這樣的想法和念頭，在媾和談判當時，日本國民都相信割讓土地和要求賠款是理所當然的。

當然，俄國以為日本會作這樣的要求，但他們似乎沒有答應的意思。俄國之所以同意贊成舉行媾和會議，以為讓遠東長久陷於戰亂將予世界人心惡感，因此欣賞同意美國總統之斡旋，派遣議和代表，俄國有由衷祈求和平之誠意，以一掃世界對俄國之惡感，並盼望利用這個機會募集外債，似乎具有這樣的兩個目的，遣派了代表。其證據是俄國全權代表威特赴美途中，在巴黎，試探了募債之可能性，到達了美國之後，欲與美國資本家私下談話而遭受婉拒，終於死心而保持緘默，裝若無其事，得到明證。

又據說在俄國宮廷內仍然具有相當勢力之主戰派，如果斷然拒絕要求賠款，認為和平之調停可能不會成功。惟不料，日本大幅讓步，撤回賠款之要求，圓滿達成和平之解決，不僅令俄國之主戰派驚訝，歐美的有識之士和報紙，對於日本之態度，都佩服其智慧、寬容和忍耐以及大加稱讚。美國總統決定和平之後，一方面對之國民拼命稱讚和平之條件，不能說是其會議已經成功。像此次兩國在其國內表示不滿意的解決，這個會議保持了平衡，才算是圓滿的證據。我覺得這是非常有道理的。

呈獻英國皇后陛下狆

記得是一九〇五年七月下旬，我應邀前往阿聶斯特．卡色爾卿公館時候的事情。此時提到日本的狆，他希望我能夠由日本弄來一隻狆。

那是因為前幾年英國皇帝之加冕禮時，日本天皇之代表的有栖川宮殿下前來英國當時，日本皇后贈送英國皇后日本之狆。從日本運出來四隻狆，其中三隻在中途死掉，只有一隻雄狆無恙到達英國。

英國之皇后，非常喜歡狆，幾十年前，羅思柴爾德家曾經呈獻過狆，英國皇后非常疼愛牠。可是這一隻狆經過幾代後，已經變了形，其身體也變大了。可是這一次日本皇后送的狆小巧而極為可愛，可以擺在手掌上，為英國皇后所珍愛。可是由日本安全送到的是雄狆，皇后覺得牠一隻太寂寞，太可憐，於是有一天對皇帝說，能不能弄一隻雌的來和牠作伴，於是英國皇帝對阿聶斯特．卡色爾卿說：

「希望你請你的朋友高橋想想辦法如何？」卡色爾很高興，遂跟我商量這一件事。我立刻答應，並給松尾日本銀行總裁打電報，請他協助。

松尾總裁立即回電報說：「原來狆這個動物，在日本也非常少，只有名古屋這個地方才有。其體重只有一公斤半左右，要訓練成不怕生人，很有禮貌，像前一次那樣不暈船，非常不容易，所以不可能馬上找到牠。」於是遂得此種情形告訴卡色爾氏，他很高興地將其情形報告了皇帝。

卡色爾氏所要的狆，爾後派人到名古屋去，只找到四隻，訓練牠之後，記得一九〇五年年底或〇六年元月，派一個專人，由日本出發，因我在狆到達之前也，就是在一九〇五年年底離開倫敦，經由美國，回去日本，因此有關狆的一切，交給在倫敦日本銀行監督吉井友兄君，以及山川正金分行經理。

爾後，這個狆安全到達倫敦，假卡色爾之手，呈獻英國皇室。卡色爾氏一再表示，有關狆之一切費用他要負擔，但我說請不必費心，而予以婉謝。

狆到達倫敦之後，卡色爾氏馬上往訪吉井監督，向其提出一千英鎊支票並表示：「請你把它寄給高橋桑，請他以其認為最好的方式處理。」對此吉井君說：「這樣只會造成高橋氏困擾。」沒有接受，互相討價還價結果卡色爾氏說：「那就把狆當作禮品領受。但這一張支票，請以高橋氏之名義捐贈給東北飢饉一事。」吉井君說：「使用高橋君之名義，將為他造成困擾，故以您名義捐贈如何？」但卡色爾卻說：「東北飢餓已經成為過去，因此是不是能以高橋的一個英國朋友寄給他，請他自由處理。」不得已，吉井君終於同意，遂將支票寄給我，我便以一個英國的朋友這樣的名義，捐給澁澤（榮一）氏之養老院及其孤兒院，並將其收據寄給吉井監督，由他交給卡色爾氏。

以日本興業銀行為輸入外資之機關

日本政府（主要是井上馨侯爵）一直想以日本興業銀行為日本事業用之輸入外資之機關，因此，我也一直關心這一件事情。

惟從前，伯亞林格商會之「羅特．列柏爾斯特克」曾經想投資日本之鐵路和礦山，並派其員工來日本作過調查。可是當時之日本的法律，不得設定現今外國所行之所謂抵押權，必須修改其法律，於是「列柏爾斯特克」擬訂了日本人法律的修正案，寄給井上伯爵。日本政府根據它制作法律修正案，提出國會審議和通過。

由於上述之來龍去脈，日本興業銀行引進外資，亦即發行債券事，命令我要和「羅特．列柏爾斯特克」商量，我乃於一九〇五年四月上旬，往訪「羅特．列柏爾斯特克」商量此事。他說：

「日本政府和井上伯爵之用意非常之好，但我的商會（公司）前幾年曾經派人去貴國作了調查，但日本之私營鐵路，營業成績非常好，基礎堅實。因此這些公司所發行之公司債，根本不必要經由興業銀行。興業銀行在日本國內或許是非常好的特別銀行，但在外國民眾之間還沒有其知名度。扮演連結外國之資本家和日本之企業家的仲介者，只是在日本國內馳名的公司是不夠的。它必須是在外國市場相當著名，否則要得到人們之信賴是很困難的。不調查自己公司在日本之信用如何，只相信日本興業銀行之調查，將其介紹給外國市場，我們是不會幹這一種事的。今日之外國投資家，對於為其債券所提供之抵押物件，債權者希望直接擁有其抵押物件，不希望自己該擁有之抵押物件供託在日本興業銀行。」

如上所述，柏亞林格公司之所以不歡迎日本興業銀行之插手，是因為柏亞林格公司和香上銀行有私下約定：要把日本物品推出市場時要共同合作。因此，柏亞林格公司以為，如果日本興業銀行要把日本製品介紹到倫敦市場，不僅徒使日本興業銀行成名，製造自己之競爭者，而且違反與香上銀行之私下約定，所以要透過柏亞林格公司把日本興業銀行介紹到倫敦市場，因我得知其來龍去脈及其不可能之理由，電告政府。雖然如此，以後我為使日本興業銀行發行債券事，繼續和倫敦銀行界朋友，一再與班繆爾・柯爾頓商會（公司）之柯賀氏等協議，如何設法才能夠使倫敦市場知道日本興業銀行之存在及其重要性。對此柯賀氏說，最好能使英國人也擁有其股份，使其成為日英合辦之銀行，並提出如下之具體方案：

一、日本興業銀行要盡快將尚未繳納之股金全部承受，再發行其增資股份一千萬圓。

二、班繆爾・柯爾頓公司，承受這增資全部股份，並將其一半賣給年輕的確有力資本家，其餘一半，由一般人募集。

三、班繆爾・柯爾頓公司，將股票面之全部金額繳納日本興業銀行。

四、為獲得發行之費用及其手續費，班繆爾・柯爾頓公司得發行股票面額以上價格出售。

五、日本興業銀行倫敦代理店，要根據日本政府指示而定。

六、日本興業銀行，將來為在海外發行債券股票等等，要以班繆爾・柯爾頓公司為專任仲介商，仲介手續費為發行金額之二分之一%。

七、日本政府承認上述之請求時，班繆爾．柯爾頓公司在日本興業銀行完成快速增資手續的時候，今日和日本興業銀行約定實施上述之事項等等。

我覺得，上述要求乃是所有商量過事情當中最具體而適切，故我與電報松尾總裁之同時，又表示希望告知下面幾件事：

一、現在能否把興業銀行尚未繳納股金全部繳清？

二、能否一開始便對於增資股分給予每年六分之紅利？

三、繳納未繳納股金及增資資本之用途如何？

四、新股可否以無記名式發行？

及至八月二十五日，總裁回電稱：「關於該件，政府至今未有命令回電，據說前田壽一君在奔走，大體上政府似無異議。但未繳納之七百五十萬圓之全部繳納有困難，延至明年六月底如何？又擬以班繆爾．柯爾頓公司為專任仲介一節，以其為第一位商量對象如何？新股票一千萬圓之中，七百萬圓在外國出售，三百萬圓在國內推出如何？另外舊股票現今還有大約三十萬圓之積存款，如以此利益令增資新股與舊股均霑，是否將使舊股東蒙受損失？又對於將來一年六分紅利為可能。將來兩年政府保證一年五分之利益。大致在如此流傳，似乎因此才拖延對兄之回信。這給兄作參考，相信近日中會有回信。對上述各節，兄如有高見，請賜告」。我遂於八月二十八日回電說：

「來電敬悉。如果不在三個月內發行新股票，這個商量將為不可能。以政府保證五分利作法，不可能勸進資本家。云云積存金以及股票之市價之不足，完全無商量之餘地。我們想法，將來要以興業銀行為事業資金之輸入機關，因此如果云云目前之少利，我實在無法接受。要以英美及歐洲大陸有力人士為股東，日本興業銀行對於內外資本首先應該做的第一件事是，向海外介紹日本國內之踏實的事業，輸入低利之資本，以獲得更多利益為目的。」九月一日，政府來電報說：

「與班繆爾．柯爾頓公司之商量（關於日本興業銀行一件）如果不成，回國途中，希望你和美國資本團商量看看。最近外國商館屢屢前來表示擬貸款私營鐵路。但因希望外資之引進要盡量透過日本興業銀行，故請兄能為此盡力。」

巴黎之交易所

從前之第一次四分半利公債募集結束之後，透過班繆爾．柯爾頓公司之柯賀氏，巴黎股票交易所仲介委員長維爾努以瑜氏，奉法回財政部長之命，請求秘密會面，因此我答應了。旋即於三月二十七日（一九〇五年），柯賀氏來訪說：

「維爾努以瑜氏今日專程由巴黎前來，我安排明日會面。惟如果會談情形漏出去，將給俄國諸多困難，因此此事必須守秘密。所以明天下午四時，請來我辦公室見面如何？」我答允前往。該時柯賀氏說，本來巴黎交易所有七十多名官派仲介人（official broker），上面有仲介委員長，是由政府任命的。此外雖然還有一般的仲介人，但他們叫做員外件介人（open broker），在信用責任等遠不如官派仲介人。交易所所發行之公定行情表（official quetation）所刊登之有價證券，主要是法國政府或有信用之外國政府公債以及確實之債券類，這是只有官辦交易所才能立行情。而員外仲介人所處理的有價證券是，因限定不許刊登於公定行情表者，自然而然地屬於二流三流以下之貨色。刊載於公定行情表之有價證券有確實之信用，都被認定為第一流之投資證券，所以其選擇非常嚴格。因此其種類也不太多。這是為什麼富於勤儉儲蓄且放資力最大之法國國民苦於放資目的物之稀少的主要原因。定奪要不要刊登於公定行情表之權，完全操之於交易所委員長手中，故而要在巴黎市場推廣日本公債，徵得交易所委員長之『點頭』最重要。今日我稍微問過他有沒有可將貴國之公債刊登於公定行情表，在大體上他表示沒有異議。但和平以後，日本公債之信用達到頂峰，其價格昂貴時要在法國發行，要法國國民申購得到些少利益就要其滿足，實在不是聰明的作法。交戰中，同盟國對俄國還有一些顧忌，只要一掃戰塵之後，我們反而很盼望在我國發行公債，其發行額，寧願不是小額而是大額，他這樣表示。」

這是我和法國資本家接觸之開端，由於柯賀氏大事盡力之所賜。若是，柯賀氏是透過什麼管道才有這樣的關係？是因為其夫人是法國嘉格．特．昆茲布爾格男爵（Baron Jacque de Gunzburg）夫人是姊妹，該男爵是法國工商銀行（此家銀行為當時之財政部長魯比艾氏入閣前擔任過董事長，俗稱魯比艾銀行）之董事，魯比艾氏和維爾努以瑜氏是非常要好朋友，柯賀氏先找昆茲布爾格男爵談，經由該男爵接近維爾努以瑜氏，終於跟我取得連絡。

接近法國資本團

三月二十八日下午四時，我照約定往訪柯賀氏辦公室，極秘密地和維魯努以瑜氏會面。他說：

「我是財政部長魯比氏要我和您見面，承蒙立即惠允，非常感謝。如所周知，法國國民曾經投資俄國政府許多公債。以今日日本金錢來計算，多達大約七十億圓。具有此種很深經濟關係的法國，認為一直戰爭絕非辦法，非常值得憂慮。因此希望早日和平。直至今日，我們法國人未能認識日本之真正價值，實在可恥。反此，英國人的確機敏，義和團事變時就肯定日本之出兵，進而與日本同盟。故財政部長魯比艾氏表示，此時此刻，應該設法早日媾和，但萬一一直連戰連勝之日本，趁勢要求賠款，俄國自不會同意，媾和不可能成立，如果日本不要求賠款，法國願意在日俄兩國之間，說服俄國政府媾和，您覺得如何？這是我的第一項使命。」對此我說：

「若是我將暗中電報政府問其意見如何？」

於是維努以瑜氏說：

「魯比艾氏的意思不是要您問日本政府之想法，只是想知道您的想法就行。既然知道您的想法就夠了。這個戰爭即使是因俄國之戰敗而結束，將來俄國一定會發動報復的戰爭。若是，最困擾的將是法國。所以如果法國和日本在經濟上建立密切的關係，將來日俄之間發生糾紛，法國可以居間協調。這是魯比艾氏的想法。希望今後法國能和日本建立密切的經濟關係，日俄戰爭結束之後，希望立刻在巴黎發行日本公債。」於是我說：

「這實在太好了，我相信日本政府一定會接受這個好意。到時，我將盡全力配合魯比艾氏的意思。」並與其告別。

爾後維爾努以瑜氏回去巴黎，報告魯比艾氏，透過昆茲布爾格男爵和柯賀氏轉告，魯比艾氏也很滿意。

因騷擾報導日本公債下迭

我與法國資本團之關係，有過如上所述之幾個月的經過。

及至八月上旬，偶然有與主要資本家聚會之機會，問了他們的意見，他們回答說：「日本政府如果希望和平後之發行外債，最好能趁締結媾和條約立即著手。因為成立和平之時，一般人對日本之印象最好。過幾個月之後，俄國的慣用手段是使用報紙或其他策略努力於恢復其國家之信用，因此隨時間之經過，像今日日本之國情，遠比俄國還要好的觀念將逐漸消失，故對於利用日本受歡迎之氣氛將不可能。因我也非常同感，故我將其所說內容電報政府。」

對此政府回電說：「關於你所說一事，因政府亦覺極重要，準備決定媾和後將有所處置，至於發行新公債，不必新緊急勅令或發布法律。依本年度法律第十二號第三條，可以整理之名義發行，特地告知。」

經過大約一個月之後的九月四日，我接到九月一日，日本政府所發電報。它說：「媾和談判大致已結束。無賠款，為整理前所發行公債，希望發行二億圓至三億圓公債，英美法德之情況何如？火速試探及報告資本家意向。」我回電說：「日本政府之讓步賠款，成立和平，風評極佳，若為整理國內債要發行外債，今日時機適切。俄國政府此時在（歐洲）大陸發行財政部證券，籌措其應急之資金，及至恢復信用之後，似要出於發行長期公債之手段。如果要此時發行外債以整理國內債，需明示公債之種類，需要現金時，得明示其用途，其次如果要利用法國市場，以無抵押發行利率四分價額九十％，要使外債能夠成功，對於尚未產生償還權之第一次第二次六分利英鎊公債，必須採取能給多少利益以交換新外債的手段。要試探資本家之意向，基於上述之理由，必須先決定要募集新外債才行。又此時，必須取締國內之亡國論，否則將失去海外之信用，不能以小事改變海外之形象，這是令人非常擔心的一件事。」

可是與其先後，松尾日本銀行總裁來了極機密電報。他說：

「和平談判雖然值得慶幸，因無賠款，維持正幣之準備極困難。共計現今政府及日本銀行在國內外之所有正幣及第四次外債之未收金額，實不超過五億一千八百萬圓，此外再也沒有其他正幣之收入。目前在日本之外國銀行分行及其他以兌換券要求以正幣匯票者每日平均大約一百萬圓，一個月三千萬圓左右。以此來判斷，將來不出二十個月，正幣準備將拂底；特別是今年稻穀收成似將欠佳，恐非輸入食米不可。對於上述之因應，目前政府正在調查和研究中，如前面所述，因非常急迫，拯救之道似甚少。鄙人甚為憂心忡忡。有沒有妙方？請回電表示高見。」他又來電說：

七月二十七日大札收悉送卡色爾之狆正在設法中。

又美國哈理曼前天來日已安排款待。於是我回電稱：

「所提一件極為重要，不根據事實之調查，無從表示意見。但現在必須上下一心，決心斷行之時，不必有如戰爭中之警戒，不能奢侈浪費，好手遊閒，除原料、生產資本之機器類物品，輸入外，要以政府力量予以干涉，重課關稅，採取防止增加輸入之方針，另一方面要提供生產事業資金，設法增加歐美觀光客，政府要率先自戒，政府事業中與殖產興業無直接關係者，盡量延後辦理，擴張海陸軍備，必須予以斷然抑制，不可以搞國力以上之設施。有關此時之財政，天皇（明治）非常煩惱和操心，所以各種設施尤其是陸海軍之設備，是不是超越國力，希望各有關大臣要上奏，敬請陛下親自裁決。」

八月三十日，在媾和談判，因日本撤回賠款，一時日本公債在市場自然下迭消沈，但不久又馬上回升，迨至九月初左右，歐美報紙異口同聲地稱讚日本天皇之英明決斷，使海陸軍之連戰連勝，更大放異彩。加以日英同盟又改訂完成，由之可以長久保持東亞之和平，日本公債之景氣也由之良好，市價上漲，在這一兩個星期之內，譬如四分半利英鎊公債，可能漲價九十七、八，維持了市價。

可是及至九月六日，由於對於和平條件之不平和不滿，東京發生一大騷動之報導（因電線被破壞而遲延），隔（七）日起，倫敦媒體刊登此項消息，遂予英美市場對於日本感情發生極大變化，導致極受歡迎的公債大迭，日本公債一時曾迭三分多。因我覺得這個情形大有問題，曾欲挽狂瀾於既倒，但想不出一個好辦法。此時，路透社等新聞記者們來訪，問起我對於東京大騷動之意見。因我手上有六日之松尾銀行總裁之電報說：

「昨五日發生對和平條件不滿之騷動，警察與運動者衝突，有些騷亂，及至今日上午已安靜，沒有什麼問題，因有記者之誇張報導，特予奉告。」故遂對記者們說：

「不必擔心，對於媾和條件不滿之徒，一時氣憤聚會，警察之處置稍稍欠缺妥善，發生小衝突而已，不是倫敦各報所報導那麼嚴重。絕對不會影響媾和條約之批准。」

我的說詞刊登於各報，旋即日本公債市場也稍稍回升，但終於未能像從前之情況。但俄國政府抓住這個機會，在美國、德國、法國和上海等，操控媒體，如能使歐美人對日本產生不安，這樣可以促使歐美人湧起對俄國人好感。

計劃加上法國募集外債而前往巴黎

一九〇五年九月八日，日本政府來了緊急電報大致說：

「第一次第二次六分利公債之二千二百萬英鎊，為整理國內第四次第五次六分國庫債券二億圓，加上法國，如能發行以無擔保四分利長期公債價額九十以上之三億至四億圓則屬萬幸。以上述各條件為基礎，希望能私下協議」。

可是當時之歐美市場對於日本公債，因為東京之騷動，曾有過變化的時機，所以不宜由我方搞出問題。幸好因前此班謬爾．戈爾頓公司提出同樣問題，希望日本政府諒解此旨，我遂以日本政府因戈爾頓公司之提起，日本政府才有整理公債之意思，而逐漸與資本家私下商量。結果所有資本家都表示反對的意見。其理由大致如下：

一、在因東京騷動以來對日本公債不欣賞之今日，現在更要發行公債，實不可能有令日本政府能夠滿足之成績。

一、再等幾個月之後，各國將重新認識日本之財政經濟之信用，由之，到時候日本公債之市價將會上升，到那個時候再發行。

一、目前，日本政府在海外擁有許多現金，如果再募集公債，將在海外金融市場具有巨大實力，這對金融市場或將造成動搖和不安。

一、無論條件如何，俄國政府正在商議外債時，日本要發行公債是有問題的等等，表示此時日本要發行公債不是好時機。此時，把在聖．彼得堡探視其姊姊病況的班繆．戈登公司之戈賀氏叫回來，聽取他的意見，但他也沒有什麼好的辦法，認為事情之成敗在於法國市場要不要響應俄國之發行公債。如果俄國決定要募集公債，此時日本也想發行公債，絕對不看好，要發售大藏省證券實不適宜，和以上的說法同樣意見。

又列柏爾斯特克爵士說，讓日本政府一時擁有過多現款，決非維護金融界的安全之道，受此觀念之影響，認為不是募債之時，更非出售大藏省證券之日。

譬如阿聶斯特．卡色爾表示，日本在僅僅四個月之內就發行六千萬英鎊外債，非常成功，但是，因巨額之發行額，公債還沒有達到其目標，甚至有人在伺機想拋售，除非到真正的投資者手裡，其市價必然會被抑制，所以日本之發行公債，最好再等一陣子，如果為整理公債非有現金不可，就發行十二個月期限五分利之大藏省證券給資本家，整理之多額公債，最好等到明年春天再來發行，這樣較比有利。

英國之情況，大致如上所述，美國方面，如用電報連絡照會，萬一漏出去見報將造成無謂之麻煩，正在想其辦法的時候，西佛氏來信說，日本之發行整理公債，晚一點比較好，因此我也大致得悉了美國的情況。由於這樣情況，我乃於九月八日對政府去電說：

「因對和平條件之東京騷動，日本公債非常不受歡迎，我雖曾對本地新聞記者盡力作了說明，只少須經一週，難斷定可否整理公債。」於是政府於九月九日來電稱：

「要把募集公債延至明年春極難。故此時務必以要發行之態度去談。（東京）市內昨日起完全平靜。反對和平者，幾天來在後悔其騷動，故請放心。即使恢復和平，在軍隊完全撤退之前，仍需許多費用。至明年三月分之費用，需要募集國內債二億圓，惟因對和平條件不滿，相當期間內無法募債。故為整理和償還國內債，最需要恢復人氣。巴黎之資本家『索艾巴克．達爾曼』公司之索爾巴克對大藏大臣表示願意承購公債，故如適宜介紹給君，將為君介紹。對法國，是否需要外交上之援助，亦請君賜告。」

對此我覆電說，關於在法國募債一事，前此已經開闢與第一流資本家交涉之管道。事實上現在在巴黎的資本家拼命要我前往巴黎。而且間接告訴我，如果我到巴黎，魯比也首相想和我見面，所以只要俄國政府沒有募債，應該很有希望。但是萬一俄國政府募集公債，我們的募集公債，只有暫停，又我也調查了政府所提的索艾爾巴克．達爾曼公司，但這是地方的貸款業者或者是仲介商人，有相當信用，但在紐約或倫敦並不為人知，不能當作募集公債之對象的資本家，以上是我回電之要旨。

不久，日本政府對於我之交涉對手的巴黎股票交易仲介委員長之維爾努也瑜氏，由駐巴黎之本野公使的電報照會結果，確認該氏為法國理財社會最有實力和最有信用，乃於九月十二日，因有俄國募集公債之風聲，遂命令我趕緊和維爾努也瑜氏進行交涉，交涉上認為有必要時，可以和本野公使直接交涉，政府已經這樣通知了本野公使。

如上所述，我國政府一二連三地督促我。但此時的先決問題是，必須先弄清楚俄國之募集外債的談判是否在進行，乃決心前往巴黎去探視。不過如果我突然到法國，可能產生非常錯綜複雜的情況，首先，這一次發行和平後之整理公債時，完全不對戰爭中有關係的資本家打招呼，前往法國談發行公債事，在道義上日本政府不僅不能這樣做，損傷了他們的感情，對日本絕對沒有好處。其次，法國的資本家不喜歡德國參加以有討厭和他們一起發行公債之傾向，我必須留意這一點。由於此種原因，我靜待著時機之到來。惟因日本政府一再地急催我要早日開始談判，乃令英國資本家，我無意把募集中心移往巴黎，告訴他們我的真心，令其放心，排除一切困難，我前往了巴黎。

與法國首相魯比也氏會談

一九〇五年九月十五日我抵達巴黎，隔天上午十時，我便和維爾努以瑜、昆茲布爾格、柯賀諸氏私下商量發行公債的問題。

我以發行總金額為五千萬英鎊，其中二千四百二十萬英鎊分第一次和第二次，六分利充當英鎊公債二千萬英鎊之更替，在英美發行，剩下的二千五百八十萬英鎊，充當國內公債之償還，在英國、美國、德國和法國發行。發行條件是無抵押四分利發行價格九十以上為基礎以進行商量。這三位在大體上都同意，但因法國市場之關係，九月、十二月、一月，公債之發行並不理想，十月沒有問題，故下一個月可以發行，因俄國在交戰中就提出要發行公債，所以在俄國發行公債之前，日本要發行公債是有困難的。又要以倫敦為起債中心，因英國和日本是同盟國家的關係所產生之自然的結果，因此到時希望法國派一位代表，能以和英國資本家同等地位來商量，發行條件為無抵押四分利，價格九十以上是相當有希望，因四分利之日本公債事實上在倫敦交易所買賣，自然會受到當時之交易價格所影響。又既然要在法國，推廣日本公債，在達到最高價格之前，亦即要在有前途之前來發行，讓法國國民也能夠得到因其價格上漲的利益，法國之所謂大眾投資者是名符其實的細民，其中有不少是五百法郎的申購者。他（她）們和其他國家之大眾不同，在申購前不會去請教銀行之經理或聽資本家之意見，決定他們之向背的是報紙之報導，據稱，因需要操作中央和地方之報紙以抬高其行情，因此需要估計相當之負擔。

所以當天之商量，非常順利，我便回去旅館，隔天的九月十九日下午四時，依約，由維爾努以瑜、昆茲布爾格和柯賀各位陪同，前往總理大臣官邸，拜訪了魯比爾首相。

首先由維爾努以瑜氏把我介紹給魯比爾氏，說我有意在法國市場募集公債而到法國來，於是魯比爾氏說：

「我覺得日本政府締結了媾和條約是非常有智慮的措施，我願意和法國國民祝福此事。在此時機，介紹日本公債給此地市場，適得其所，希望在日本公債之市價還沒有達到其頂峰以前能夠發行，同時盼望法國發行銀行能給予法國之發行銀行同等的地位，好好商量。」

於是我回答說：

「日本政府一直希望在法國市場發行公債，並等待著其時機之成熟，現在拜聽閣下之一番話，我非常高興，據稱法國和英國等不同，政府之意向對金融界之走向有很大影響，敬請以後多多指教。」以及談到諸如發行公債之條件，英日同盟等等，談得輕鬆而愉快。當天我和首相之對談，主要由柯賀氏口譯，有時候維魯努以瑜氏也幫忙。告別時我說，因我不說法語，未能盡情表達己意，很是遺憾，對此魯比爾氏說，他用其不大靈光的英語未能和遠道而來的珍客充分直接溝通，非常遺憾。爾後，魯比爾氏又來過我所住宿之利茲大飯店共進午餐，隨愈熟悉和知己，我們兩個人便直接用英語交談。

對於有關公債之談判，開始產生微妙的國際關係。是即對於此次之募集公債，要不要讓德國參加，英國和法國的資本家都絕口不談。但在心中，因有以往之義理，似乎希望讓德國擁有一部分的樣子。可是法國之維爾努以瑜氏和魯比爾氏，完全不提德國。實在非常微妙，有如一場冷戰。總而言之，因先開口者將成為其他人之怨恨對象，誰都不願意先開口，英國資本家，以其為日本政府之意，希望德國參加；法國資本家同樣以日本政府之意思，似欲拒絕德國之參與。也就是說，令德國參加，法國會不高興；拒絕德國參加，將傷害英美銀行家之感情，同時令德國懷恨，其拿捏非常困難，我將此微妙情況報告了日本政府和松尾日本銀行總裁。

羅思柴爾德家也加入發行外債

此次之發行外債，預定讓法國參加，準備其一半在巴黎發行為前提，和魯比爾首相及維爾努以瑜氏等進行商量，既然決定在巴黎發行，自應該讓巴黎之羅思柴爾德家參加，使其成為日本政府之發行銀行，無論從金融上或信用上，絕對有其必要。而為要羅思柴爾德家參加，最好請倫敦之羅思柴爾德家來勸誘最有效。

無須說，羅思柴爾德家財富之為世界之冠是毫無疑問的，我一直認為與其發生親密關係，將來對我國一定會有很大的幫助（利益），因此透過班繆爾．戈登公司之列比達斯氏與倫敦之羅思柴爾德家親密交往，尤其與其老么亞佛列特．羅思柴爾德氏和列比達氏特別要好，因此很自然地我也和他們要好，再三邀我一起吃午餐。

所以這一次要到法國，我便首先請列比達氏連絡倫敦之羅思柴爾德家，我為和維魯努以瑜氏商量要到巴黎，如果日本要在法國發行公債時，能不能得到巴黎．羅思柴爾德家之幫助，請賜告高見，此時亞佛列特．羅思柴爾德說：

「巴黎該家之人們多是病人或年輕人，故會不會自動成為日本公債之發行者不無疑問。」但羅思柴爾德爵士卻說：

「我想請巴黎之本家參加，但最好由高橋氏自動提議，如果日本政府和高橋氏希望，我願意給巴黎本家寫信，請柯賀氏設法開啟文涉之管道我乃拜託羅思柴爾德，同時請柯賀氏比我早一天去巴黎交涉。

巴黎．羅思柴爾德家算是羅思柴爾德爵士的侄子，一切都很尊重倫敦羅思柴爾德。因此我的交涉也先與倫敦羅思柴爾德家商量之後再給予巴黎回信，遂立刻派特使去倫敦，商量結果，九月十八日（一九〇五年）來了回信。它說：

「參與克復和平之後的日本發行公債，沒有問題，但對於在倫敦、巴黎兩地發行之日本公債，倫敦．羅思柴爾德家不參加英國之發行，反而只希望巴黎．羅思柴爾德家參與法國之發行團，將讓社會覺得很奇怪，因此只有婉拒之一途，不過如果倫敦之本家成為英國發行者的話，巴黎之本家可以為法國之發行者。」於是我又再透過列比達氏運達倫敦之羅思柴爾德家上述巴黎羅思柴爾德家之意思，並拜託他商請倫敦羅思柴爾德家務必成為伙伴。

可是倫敦之羅思柴爾德家卻不肯點頭。理由是戰爭中英國之銀行人沒有請羅思柴爾德家為伙伴還是成功於募集了一大筆公債，現在它就沒有參加之必要，羅思柴爾德爵士寫信給巴黎本家，請其諒解，但巴黎本家以為，倫敦羅思柴爾德家既然不參加，它自沒有參加之理由。因此倫敦羅思柴爾德家終於同意，成為倫敦之發行銀行。

如此這般，確定了倫敦和巴黎的羅思柴爾德家皆成為日本公債之發行銀行。可是其他銀行所擔心的是，羅思柴爾德家之參加，對於日本政府是一件好事，本來倫敦羅家之列名發行銀行就是極不平凡的事，羅家既然參加，自非以其為首席不可，若是，這說明以往之發行銀行的我們信用不夠，需要羅家之援救和補牆，這樣對於一般大眾，我們或將失去面子。問題是不以羅家為首席時候，它願意不願意參與。因此我和羅思柴爾德爵士懇談，結果他以發行銀行所說的話有道理，同意照從前一樣，以巴斯銀行名為首位。譬如聞悉此事的巴斯銀行總經理何華列氏，高興得無從形容。

如上所述，這樣我們把倫敦之羅思柴爾德家加上日本公債之發行者。據說，在此之前，俄國媾和全權大使威特氏，由美國回國途中在巴黎停留，請當地之羅思柴爾德家承受俄國公債，並提供有若仲介費之六分，發行價額完全由羅家決定，同時法國銀行（Banque de France）之責任和手續費完全不麻煩羅家，擬以羅家為發行銀行之首位，請能同意，但羅家斷然予以拒絕。可是對於日本之發行公債，英法之羅家都樂意參與，這對於日本將來之財政上，是最大的後盾。

有關發行俄國公債

如上所述，請倫敦和巴黎之兩羅思柴爾德家成為發行銀行之伙伴，獲得非常的成功。但是從這個時候，歐美之金融行市開始見挺，利率上漲。因此在年內要發行日本公債有其困難。尤其在俄國進行發行公債談判期間，日本更不能公開談募集公債，不得已，我只能暗中和英法銀行家談此事。可能本野（一郎）公使電稟外務大臣需要操作法國輿論，政府來電報問我的意見。可是操作媒體，因巴黎之羅思柴爾德在負責一切，故我對政府回電說，在此地沒有操作媒體之必要。因為我確認了巴黎之羅思柴爾德家平常操作著法國的四十多家主要報紙，一切由羅家負責，我方根本不必花什麼費用。

十月過半之後，得知俄國政府為商量發行公債，邀請了銀行界代表去聖・彼得堡，大致談妥了事情。

因也得悉了其發行日期可能為十一月十日左右，便將其電告政府。及至十一月二十五日，因確實弄清楚俄國之發行公債事，認為其發行公債之日期不遠，為進行談判，我請示政府以下各事：

一、如果銀行團非以四分利，發行價格在九十以下不可時，暫時停止法國公債，以六個月至十二個月之期限，以暫借款商量。

二、此次發行之公債為六分利英鎊公債，以及以償還國內國債為主旨，私下所進行交涉，如果政府以此公債用其他目的，必將傷害政府信用，留後患於來日。

三、最近國內外有許多人，欲把我國五分利國庫證券賣到海外在奔走，這有壓抑我國已經發行之英鎊外債上漲，和要新發行之外債有競爭關係，事實上其傳聞已經有不良影響，故請政府要特別留意。又最近我國官民之間，頻傳要引進外資，但要把國內國債賣到海外實等同國家發行比較高利之外債，不感覺這是國家之損失，實在很遺憾。

四、此次日本在法國要發行的公債，明言是要用於償還國內國債，但卻沒有說明要償還公債的種類，因此政府要償還任何種類之公債是自由的。所以政府有在國內市場有時候買出售的債券來償還，以維持我國五分利之公債的市價的必要。

對於我以上的建議，日本政府於十月二十七日（一九〇五年）回信說：

「如你所建議，發行價格希望一定不低於九十，但要使談判不成功時，要問政府意見，第二點以下皆同意；暫借款不必要」。

關於以後俄國之發行公債，因為俄國國內之爭鬧，法國銀行界由之在躊躇。據說將延期，同時十月二十九日，旅行西班牙的總理大臣魯比也氏已經回來巴黎，所以我立刻去訪問他，請他能馬上批准日本公債之發行。可是法國以為，在對俄國的政略上，抬面下談妥之後，最好由日本駐法國公使本野一郎君正式向總理大臣魯比也正式提出比較好，因此我於十一月三日，向日本政府發出大意如下內容之電報：

「因俄國延期發行公債談判，故我擬在巴黎發行日本公債盡力中。魯比也總理大臣和敝人私下談妥後，表面上由本野公使向魯比也氏提出有趕緊發行日本公債之必要性，這是法國對俄國政略上所必需，故請事先訓令本野公使，敝人在適當時機告訴本野公使時，他要立刻往訪魯比也總理大臣。」日本政府立即回電稱：已經訓令了本野公使。

十一月七日，本野公使經由倫敦公使館電稱：

「今日與昆茲柏爾克男爵見面結果，與法國外交部長見面，電報日本政府如下。關於公債一事，魯比也氏意見為，將盡量能夠滿足日本之希望，因很早。與俄國有約，需要聽由俄國回來之銀行家（法國）意見之前，歉難確實奉答。明日上午與代表見面，下午將於俄國大使會面，故至晚星期六可以回答」。

及至十一月十三日，本野公使來電報稱：法國政府同意日本可以比俄國早日，隨時可以募集公債。

於是該日，為著要在法國發行公債，請日本政府將委任狀，經由倫敦公使館電達。

十一月十五日（一九〇五年），為著要和巴黎之羅思柴爾德家公開商量，我與柯賀氏聯袂預定滯留兩天，前往巴黎。

該日黃昏抵達巴黎，由車站直往羅思柴爾德家，與其主人及經理見面，馬上進行會談。首先，協定了發行價格，其次，因羅思柴爾德家表示，以此次募債來償還國內債，不希望當作六分利英鎊公債之交換，我遂表示，這樣日本公債可能將不受英國人之歡迎，最後決定發行金額為五千萬英鎊，其中兩千五百萬英鎊協定充當六分利英鎊公債之交換。此外，協議繳納款項等事項之後，當天我們便與對方告別。

隔天（十六日）上午，維爾努以瑜氏及昆茲布爾格男爵來訪表示，俄國因內訌幾乎陷於無政府狀態，由之歐洲經濟市場有引發恐慌之虞，因此希望日本早日本發行公債；下午零時十五分，依照約定，加上上述兩氏及柯賀四個人，一起往訪魯比也總理大臣，商量發行日期，然後又去羅思柴爾德家，協議提前發行日期一事，繼承昨晚所談，決定了發行條件。隔天（十七日），與羅思柴爾德家有所商議，至此因在巴黎之各種談判，皆圓滿落幕，遂於十八日早上離開巴黎，回到倫敦。

成立第五次外債，經由美國回國（五十三歲左右）

出發巴黎之前，我事先向英國銀行團報告在巴黎交涉之經過，同時告訴我將於十八日

（一九〇五年十一月）晚上回去倫敦，希望該天晚上在飯店和他們見面，因此該夜，倫敦之發行銀行全部到齊。我首先向他們報告和巴黎羅思柴爾德家所協定之條件，並提議能夠早日和美國與德國之銀行團進行交涉。銀行團也提出了意見，因此次之主要發行者是巴黎的羅思柴爾德家，大家幾乎都同意了。十九日，漢堡的瓦巴格氏來，遂與其協議德國之承受金額，以及繳納款項等事宜。同樣於十九日黃昏，美國之希佛氏來電報，恭喜在法國協定之成功，同時就此次之發行，將盡力以符合日本政府之希望。如此這般，因有關發行公債之英國、法國、德國、美國的意向，已經大約一致，我於十九日晚上，便給松尾日本銀行總裁拍了如下內容之電報。

「魯比也總理大臣最具善意，表示務必在本月中一定要發行，巴黎羅思柴爾德家，正在努力於在本月二十九日發行。至今日商量所得要點如下：

一、公債發行金額英鎊公債五千萬英鎊，公債面額有十英鎊、二十英鎊、一百英鎊、兩百英鎊四種。償還期為一九三一年一月一日，但一九二九年一月一日以後，日本政府保留依六個月以前之通知，償還面額之全部或一部分之權利。

二、發行總額五千萬英鎊之中，兩千五百萬英鎊，保留交換六分利英鎊公債，明年三月十五日以後之適當時期，在倫敦和紐約發行預測書。所剩兩千五百萬英鎊將在英國、美國、法國和德國募集，並使用於償還日本政府之國內債，但在法國之募集金額為一千二百英鎊，餘額一千三百萬英鎊分配於英國、美國及德國。

三、發行價格面額一百英鎊為九十英鎊，政府實收八十八英鎊，一九〇六年一月一日要交前六個月利息給發行者之收受利息證書。

四、利息之支付定為每年一月一日，及七月一日，英、美、德與前一次一樣，法國由巴黎羅思柴爾德銀行支付。

五、繳款自今年十二月至明年三月，分月繳納。法國之繳款，以日本銀行計算，自各收款日起兩個月，由羅思柴爾德銀行支付一年一分利息，但兩個月以後即使法國市場恐慌等時儘量不提款」等等，極為詳細。

隔天（二十日），因應羅思柴爾德家邀請午餐，乃又與羅思柴爾德爵士和阿爾佛列特·羅思柴爾德再商量有關發行日期。前幾天決定準備於二十八日分發預定書，二十九日開始申購，二十九日因要支付從前募集之日本公債之利息，會非常擁擠，故改為提早兩天（二十七日）分發預定書，二十八日開始申購，並曾與法國商量，因沒有異議，乃決定這樣實行。

及至二十一日，政府來電照會：「發行公債五千萬英鎊，其中保留兩千五百萬英鎊，至明年三月十五日以後，在紐約和倫敦發行預定書，其實際手續無法理解。發行規定之勅令，應該如何記載？文說明年三月前條件未定是否不利？」

本來此次之發行總金額為五千萬英鎊，先發行其一半，另外一半之所以延至他日，完全遵照倫敦、巴黎之發行公債的習慣以及考量其聲勢。也就是說，此次之公債，如果只是為償還國內公債而發行，從前申購六分利英鎊公債之英美的資本家，將會擔心他們的利益。所以英方認為和主張，此次日本發行公債不能只是為整理其國內公債，必須同時聲明今後也要償還六分利公債。可是法國主張，這與從前之六分利公債無關，故不能如英方所說，以償還六分利公債為條件來發行，也就是關於發行條件，其看法和英國不同。因此萬一法國不高興，拒絕參加，問題很大，要在年內發行也就非常困難。如何調和雙方意見之衝突使其一致，是我所最費心的事。

經過思考研究妥協之結果，將六分利債券之償還，插入明年三月十五日以後一句話，才使雙方互相讓一步，得到意見之一致。也有人主張乾脆一次發行五千萬英鎊，同時交換國內國債和六分利公債，但這會發生事實上之不方便。因為，如果以此次所發行之公債來充當六分利公債來繳款的話，必須對對方馬上發給繳納全部金額之臨時證書。但現款申購者不是一次付款的，不能像借款轉期申購者獲得臨時證書。因此，一方面在買賣上非常不方便，另一方面，反而不利，甚至於會對於新公債之市價予不良影響。尤其從當時之情勢來判斷，如果明年四月左右進行六分利之更換，或許比今天的條件更好，故我便對政府電報稱：

「敕令案請寫要發行票面額五千萬英鎊公債，但本公債之中，票面額兩千五百萬英鎊之發行票面額一百英鎊，以九十英鎊在英國倫敦、美國紐約、法國巴黎及德國募集，票面額兩千五百萬英鎊，將使用於一九〇四年五月及十一月在英國倫敦及美國紐約所募集六分利英鎊公債兩千兩百萬英鎊之更換。其更換日期及方法由大藏大臣決定。上述兩千五百萬英鎊中更換剩餘金額以現款募集。其時期及募集金額由大藏大臣決定。」

十一月二十五日（一九〇五年），政府經由林公使送來了發行四分利公債之敕令文。

如上所述，十一月二十七日黃昏，在英國、美國、德國和法國發表預定書，從隔（二十八）日起開始受理申購。可是其結果，這一次也非常受歡迎，申購者在倫敦所分配五百七十二萬英鎊之二十七倍多；紐約所分配一千三百六十七萬美元之四倍；德國所分配五千七百十五萬馬克之十多倍；法國所分配兩億六千五百五十八萬法朗之大約二十倍多。

政府對於此次募集之成功也非常滿意，十一月三十日，以大藏大臣名義，來了賀電。

因此四分利公債之募集極為順利，募集金之用途事務也大致完成，我乃電請松尾日本銀行總裁同意我，擬於十二月二十七日之前離開倫敦，經由美國回國。對此，松尾總裁回電同意我的行程，我乃決定十二月二十日（一九〇六年）由倫敦出發經由紐約，搭乘該年一月二十三日，舊金山出發之西伯利亞輪回國。

國家圖書館出版品預行編目資料

近代中日關係研究. 第一輯：高橋是清自傳 / 上塚司編者 /
陳鵬仁譯著. -- 初版. -- 臺北市：
蘭臺出版社, 2021.05
冊； 公分-- (近代中日關係研究第一輯；1)
ISBN 978-986-99507-3-2(全套：精裝)
1.中日關係 2.外交史
643.1 109020145

近代中日關係研究 第一輯1

高橋是清自傳

編　　者：上塚司
譯　　者：陳鵬仁
主　　編：沈彥伶、張加君
編　　輯：盧瑞容
美　　編：塗語嫻
校　　對：周運中
封面設計：陳勁宏
出 版 者：蘭臺出版社
地　　址：台北市中正區重慶南路1段121號8樓之14
電　　話：(02)2331-1675或(02)2331-1691
傳　　真：(02)2382-6225
E—MAIL：books5w@gmail.com或books5w@yahoo.com.tw
網路書店：http://5w.com.tw/
https://www.pcstore.com.tw/yesbooks/
https://shopee.tw/books5w
博客來網路書店、博客思網路書店
三民書局、金石堂書店
經　　銷：聯合發行股份有限公司
電　　話：(02) 2917-8022　傳 真：(02) 2915-7212
劃撥戶名：蘭臺出版社　帳號：18995335
香港代理：香港聯合零售有限公司
電　　話：(852)2150-2100　傳真：(852)2356-0735
出版日期：2021年5月 初版
定　　價：新臺幣12000元整（精裝，套書不零售）
ISBN：978-986-99507-3-2